教育学

主　编　丁永强　陈培霞

河南大学出版社
·郑州·

图书在版编目(CIP)数据

教育学/丁永强,陈培霞主编.—郑州:河南大学出版社,2018.12

ISBN 978-7-5649-3582-5

Ⅰ.①教… Ⅱ.①丁… ②陈… Ⅲ.①教育学—高等学校—教材 Ⅳ.①G40

中国版本图书馆 CIP 数据核字(2018)第 283452 号

责任编辑 孙增科
责任校对 陈 巧
封面设计 翟淼淼

出版发行 河南大学出版社
地址:郑州市郑东新区商务外环中华大厦 2401 号 邮编:450046
电话:0371-86059701(营销部) 网址:www.hupress.com

排 版 郑州金点图文设计有限公司
印 刷 开封日报社印务中心
版 次 2019 年 7 月第 1 版 **印 次** 2019 年 7 月第 1 次印刷
开 本 787mm×1092mm 1/16 **印 张** 19.5
字 数 512 千字 **定 价** 49.00 元

目　录

前　　言

教育学是高等院校教师教育专业的公共必修课，具有理论性和实践性双重特点，对于培养学生热爱教育事业的情感、提高教育理论素养、形成教育教学能力、初步学会进行教育教学研究、实现教师专业化发展具有十分重要的作用。

本教材的主要目的是为教师教育专业的学生从事教育工作奠定理论基础，激发学生的教育理论兴趣，拓宽学生的教育理论视野，提升学生的教育理论境界，培养学生创造性地发现问题与解决问题的教育理论思维方式，使学生具备一定的教育教学能力，并形成科学的教育观和教育创新思想，将来成为基础教育所需要的合格教师。

本书由丁永强、陈培霞担任主编。具体编写分工如下：丁永强负责编写第一章、第二章、第五章，陈培霞负责编写第三章、第四章、第六章，赵琳琳负责编写第七章、第八章，程胜负责编写第九章，程芳负责编写第十章、第十一章，汪莉园负责编写第十二章、第十三章、第十四章，全书由陈培霞统稿、定稿。

在编写过程中，参阅了国内外许多学者、相关教材和部分高校精品网络课程的观点、材料和成果，在此，我们表示诚挚的谢意。

由于编者水平有限，书中不足和疏漏之处在所难免，恳请广大读者、专家和教师给予批评和指正。

编　者

2019 年 7 月

第一章 绪 论

本章学习指导

1. **识记**:教育学、教育现象、教育规律的概念、教育学的研究对象及任务。
2. **理解**:了解并掌握教育学发展历程中四个阶段的主要代表人物及其代表著作。
3. **应用**:明确学习教育学的意义和方法,树立做合格教师必须学好教育学的正确思想。

第一节 教育学的研究对象、任务和主要内容

一、教育学的研究对象和任务

每门学科都有自己特定的研究对象、特定的研究内容,学科区分的根据就是学科对象所具有的特殊矛盾。任何一门学科因其对象的特殊性而与其他学科区分开来而成为一门特定的学科。教育学是以什么作为研究对象呢? 要回答这个问题,首先必须弄清楚什么是教育学。

在西方,教育学源于希腊语“教仆”,由“教仆”派生而来,词源的意思是照管儿童的学问。在使用英语的国家,“教育”和“教育学”几乎成了同义词。在欧洲,教育被理解为对儿童的培养过程,教育学被理解为教育儿童的学问。

在近代,教育学从古代哲学中分化出来进入独立发展的阶段,以学校教育在一些资本主义国家开始普遍发展为实践基础。教育学的对象虽然有所扩大,但仍仅被理解为是关于儿童的教育、教养的学问,人们的教育视野仍仅局限于对青年人的学校教学活动。

现代教育学的研究对象,不仅不能局限在对儿童教育的引导、教育的方式方法上,也不能只理解为研究如何教育儿童的学问或科学,它是以人类社会一切教育现象、教育问题为研究对象的。

教育学就是研究人类社会教育现象和教育问题,揭示教育规律的一门社会科学。其任务是在揭示教育规律的基础上,阐明教育工作的一般原理,进而确定教育工作的内容、方法、途径和组织形式等,以指导教育实践。

教育现象是客观存在之物。教育作为社会生活的一个方面,和社会的政治、经济、民族、文化、人的发展等因素相互联系和影响,教育必然是客观存在的社会现象。教育活动是人们认识客观世界、改造客观世界的活动,是接受前人的经验,掌握人类已有的知识,教育所表现出来的人的认识活动是客观存在的认识现象。

教育现象是教育实践的产物,包括各种形式、各种类型、各种模式的教育事实、教育活动、

教育问题、教育学说和教育著作等。

教育现象是以教与学为主体形态的客观存在。构成教育现象的要素必须有一个规定性，即教与学为主体形态的客观存在，否则便不能构成教育活动。

人类教育现象的表现形式多种多样，内容纷繁复杂。有广义的教育现象，有狭义的教育现象；有宏观的教育现象，有微观的教育现象。总之，凡是一切培养人的活动的外在形态和表面特征，都可称为教育现象。教育现象是人们可以感知、可以认识的客观存在，只有被看作教育问题时才会构成教育学的研究对象。教育学研究教育问题和教育现象仅仅是表面的东西，是一种手段，其目的在于揭示教育规律。也就是说，研究教育现象和教育问题不是教育学的目的，真正的目的在于透过教育现象分析教育问题，认识教育本质，揭示教育规律，指导教育实践，使人类更有效地进行教育活动。教育学就是以教育问题为研究对象的科学。

所谓规律，是不以人们的意志为转移的客观存在，是事物间本质的、必然的联系。教育这种社会现象的发展过程，同其他社会现象一样都是有规律可循的。教育规律就是教育现象和社会现象之间或教育现象内部各要素之间的内在的、本质的、必然的联系或关系，即教育发展过程中的本质联系和必然趋势。教育规律可分为一般规律和特殊规律。一般规律反映教育领域矛盾的普遍性，即教育的基本规律，存在于一切教育现象中，如教育与社会发展之间的关系、教育与人的身心发展之间的关系。特殊规律存在于具体教育现象中，如教与学的关系、传授知识与发展智力的关系，等等。

教育学不等于教育方针、政策。教育学是揭示教育规律的，教育规律是不依人们的主观意志而客观存在的，具有客观性、普遍性和稳定性的特点。而教育方针、政策是一定社会的人们根据对教育规律的认识，并联系一定历史时期的任务、条件制定出来的，它是人们主观意志的反映，具有主观性、区域性和时间性的特点，并且有国家意志、国家强制的属性。由于人们对教育规律认识不足，或受社会条件限制，在制定教育方针、政策时部分或全部不符合教育规律和实际的情况是存在的。正确的教育方针、政策，反映了教育的客观规律，却不能代替教育规律。因为规律是客观的，如果把教育学所揭示的教育规律理解为教育方针和政策的汇编，甚至企图创造出教育规律去解释教育方针和政策，这是本末倒置的做法。这不仅不利于探索教育规律，而且会导致唯意志论。教育学虽然也要阐明一些教育政策的问题，但教育政策并不是教育学的主要研究对象和最终依据。如果把阐发、论证教育的方针和政策作为教育学的主要对象，就会忽视对教育规律的探讨，最终会导致按主观意志办教育的错误。

教育学也不等同于教育经验的汇编。教育规律是教育经验的高度概括，是上升到理论上的东西。教育实践经验是发展教育理论的源泉，我们应当给予高度的重视。但教育经验汇编的内容多为教育实践的直接经验，它们只是表面的、局部的、个别的具体经验，尚未经过系统整理并上升到理论的高度，还不可能阐明教育的一般原理和普遍规律，有些教育经验不一定符合规律。因此，如果把教育学变成教育经验的汇编，仅仅满足于教育经验的介绍，那会无视教育学是一门科学，就要犯经验主义的错误，就会给教育工作造成危害。我们要善于把教育实践经验加以总结，将其提高到理论高度，从而克服盲目性，提高自觉性，增强预见性。因此，教育学所揭示的教育规律不等于教育实践经验。

二、教育学与教育科学

教育有着悠久的历史，教育学成为一门独立学科的历史并不长。《大教学论》距今三百多年，《普通教育学》距今仅仅二百年，但教育学已经发生了剧烈分化。随着教育的发展和科学的进步，教育科学的研究领域越来越广，分工越来越细，门类日益增多。在这种情况下，教育科学逐渐形成一个庞大的科学体系。教育科学这个词，已经不再等同于某一门具体的教育学科，它已代表一个科学体系。在这个体系中包括许许多多各有自己特定的研究对象而又相对独立的学科。其中每一门具体的教育学科，都是从一个特定的领域来揭示探讨教育的有关规律，属于整个教育科学体系中的一个分支学科。

目前教育科学体系究竟包括哪些分支意见并非一致。一般认为，教育政治学、教育经济学、教育哲学、教育人类学、教育法学、教育心理学、教育生理学、教学论、德育论、学校管理学、学校卫生学、教育社会学、教育技术学、比较教育学、中国教育史、外国教育史、教育统计学、教育控制论等学科都属于教育科学体系中的基本分支学科，而教育学则是教育科学体系中的基础学科。

三、教育学研究的主要内容

由于教育现象的复杂性、多样性，以及人们对教育问题研究的深入，目前出现了多种多样的教育学，如有专门研究家庭教育现象、揭示家庭教育规律的家庭教育学，专门研究社会教育现象、揭示社会教育规律的社会教育学，专门研究学校教育现象、揭示学校教育规律的学校教育学。就学校教育而言，有研究幼儿教育规律的学前教育学，研究小学教育规律的小学教育学，研究中学教育规律的中学教育学，研究大学教育规律的高等教育学，研究聋哑儿童或有特殊才能儿童学校教育规律的特殊儿童教育学等。此外，还出现了许多交叉学科，如教育哲学、教育心理学、教育经济学等。

这本教育学属于普通教育学，是教育科学的基础学科，侧重于普通中小学教育的研究，揭示中小学的教育规律，为普通中小学教育工作提供理论依据。它主要包括以下几个部分：

第一部分，教育基本原理，主要探讨和研究教育与人的身心发展的关系、教育与社会发展的关系、教育目的、教育制度（主要是学制）、教师和学生等方面的问题。

第二部分，关于教学工作的基本原理，主要包括教学工作的意义和任务、教学内容、教学方法、教学原则、课程理论、教学组织形式、教学技能、教学工作的基本环节、教学过程及其基本规律等。

第三部分，关于德育工作的基本原理，主要包括德育工作的意义和任务、德育内容、德育原则、德育过程及其基本规律、德育的途径与方法、班主任工作、课外教育工作等。

第四部分，关于中小学教育管理的相关理论，包括学校教育评价、教育科研和学校管理等内容。

第二节　教育学的发展历程

任何一门学科，都有它的产生、发展和完善的过程。教育学是在社会对教育需求日益增长的情况下产生和发展起来的，它是人类社会和教育实践发展到一定阶段的产物。教育学的发展经历了萌芽阶段、独立形态阶段、发展多样化阶段和发展深化阶段。

一、教育学的萌芽阶段

在漫长的原始社会，生产力水平很低，人类的经验很简单，教育只是一种实践活动。自从人类进入奴隶社会以后，随着生产力的发展，出现了脑力劳动与体力劳动的分离，产生了文字，出现了学校，人们的教育经验逐渐丰富，教育工作日益复杂，越来越需要对教育工作进行研究，对教育经验加以总结。一些哲学家、思想家开始对教育实践进行总结和概括，对教育问题进行研究，并在他们的政治、哲学等思想中有了对教育问题的论述和说明。这些对教育经验的总结概括，多是和其他方面的思想，如社会政治、伦理道德、人性善恶、治学态度等交织在一起的，包含在一个庞大的哲学体系之中。如中国古代的孔子、孟子、荀子、墨子、韩愈、朱熹等，古代西方的柏拉图、亚里士多德、昆体良等人，他们都是哲学家、思想家和文学家，同时也是教育家。这一阶段在欧洲始于古希腊到资产阶级革命以前，即从公元前 5 世纪到公元 16 世纪；在我国是从春秋战国开始，一直持续到清朝末年，即公元前 6 世纪到公元 19 世纪末。

孔子（前 551～前 479）是中国古代最伟大的教育家。以孔子为代表的儒家文化对中国文化教育的发展产生了极其深刻的影响。孔子一生大部分时间和主要精力是聚徒讲学和整理古代文化，弟子三千，精通六艺者七十二人。他在文化教育方面有两大贡献：第一，整理和保存了我国古代文化典籍；第二，开创私人讲学之风，积累了丰富的教育经验，成为我国古代教育思想的奠基人。孔子的教育思想集中表现在《论语》中。《论语》是孔子的弟子对孔子关于哲学、政治、伦理和教育的言论、见解和论说的汇集，其中有关教育的论述在教育学说中占有重要的位置。

孔子的政治主张的基本出发点是“为政以德”，认为通过文化教育，培养人们的道德风尚，取得民众的信任，才是立国之本。孔子从“为政在人”的政治主张出发，一方面提倡“礼贤下士”、“举贤才”，要求吸收和重用社会上已有的贤能之士；另一方面致力于通过教育培养士、君子和成人。“仕而优则学，学而优则仕”比较准确地概括了孔子关于教育目的的主张。孔子从教育与人的发展的关系上论证了教育在人的成长中起重要作用。“性相近，习相远也”，人的本性是很接近的，后来之所以有较大的差别，是教育和学习的结果。所以他极力主张扩大教育对象，明确提出“有教无类”。

孔子是我国古代伦理学和道德教育的奠基人。其学说以“仁”为核心和最高标准，同时强调“爱人”。孔子在道德教育上主张“立志乐道”、“自省自克”、“身体力行”、“改过迁善”。在教学思想和教学方法上，孔子承认个别差异，朱熹概括孔子的教学经验为“夫子教人各因其材”，遂有“因材施教”一说。孔子的“不愤不启，不悱不发”，强调教师在教学过程中只有使学生进入积极的思维状态，才能适时地诱导、引发，帮助学生打开知识的门扉，端正思维的方向。孔子特别重视学思并重，“学而不思则罔，思而不学则殆”，认为只学习不加思考就会迷乱而不明，只思考不学习就会空乏而不实，提出了解决学习与思考、掌握知识与发展思维的矛盾问题。孔子要求教师“学而不厌，诲人不倦”，把“仁者爱人”的精神倾注到学生身上，提出“其身正，不令而行，其身不正，虽令不从”，强调身教重于言教 。

《礼记·学记》是中国教育史和世界教育史上一部最早、最完整的教育专著。写作年代大约在战国末年，传说是孟子的学生乐正克所做，它比外国最早的教育著作、古代罗马帝国的教育家昆体良（35～95）写的《论演说家的教育》一书还早三百多年。《学记》全书 1229 个汉字，以简赅的文字、生动的比喻，系统而全面地对教育的地位和作用、教育的目的和任务、古代的学校教育制度、教学的原则和方法、教师的地位和作用以及师生关系等问题做了精辟的论述。《学记》是我国先秦时期儒家学派按照自己的世界观和方法论总结出来的教育经验和理论的概括。如“道而弗牵，强而弗抑，开而弗达”、“不凌节而施”、“长善救失”、“禁于未发”、“及时而教”、“教学相长”、“时教必有正业，退息必有居学”等，在一定程度上反映了教育的规律，达到了对教育规律性的部分认识，成为千古传颂的教育格言，至今对教育工作仍有很大的指导意义。

在西方，古希腊、古罗马时期以及中世纪和文艺复兴时期的许多教育家和思想家，也为教育学的萌发做出了重要贡献。例如，古希腊哲学家柏拉图(前427～前347)的教育思想散记在他的哲学著作《理想国》一书中。国外最早的教育著作、古代罗马帝国的教育家昆体良(35～95)写的《论演说家的教育》是古代西方第一部系统的教学方法论著。《论演说家的教育》是昆体良对自己20年教育教学工作经验的总结，是古代希腊、罗马教育经验的集大成者。该书系统地论述了有关儿童教育的问题，这是昆体良教育体系的精华部分。昆体良非常重视研究儿童的天赋、倾向、才能，强调根据其倾向和才能进行教育和教学，教育必须遵循儿童的年龄特点。他认为德行是雄辩家的首要品质，只有善良的人才能成为雄辩家。他十分重视道德教育，并提出专业教育应建立在广博的普通知识基础上。这些主张反映了昆体良对教育规律的认识，给文艺复兴时期的人文主义教育家以深刻的影响。

我国古代及西方的一些思想家们，他们在长期的教育实践中所做出的经验总结，其中不少是符合教育发展的客观规律和人们的认识规律的。他们在这方面所留下的珍贵遗产，为以后科学教育理论的产生奠定了基础。

但是，由于历史条件的限制，当时社会的科学文化发展水平不高。教育学萌芽阶段的特点可概括为：一是没有形成独立的体系，反映古代教育思想的著作混杂在政治、伦理、宗教、哲学等著作中，教育学上的独立命题和范畴没有明确的规定性，也没有得到充分的展开；二是理论上抽象概括的层次较低，停留在现象的描述、形象的比喻上，缺乏科学的依据，带有相当程度的臆断和简单的形式逻辑推理。

二、教育学的独立形态阶段

教育学逐渐发展为一门独立形态的学科，是从17世纪欧洲资本主义上升时期开始的。这个时期，正是资本主义生产方式建立和发展的时期。随着生产的发展、科学的进步和教育的普及，教育家在总结前人和自己教育经验的基础上，在近代自然科学特别是实验心理学的推动下，建立了自己的教育学理论体系，终于从哲学中分离出来而成为一门体系比较完整和内容比较丰富的学科。

首先，生产发展、科技进步和教育普及对教育学独立形态的形成提出了需求。资本主义的产生和发展，需要大量的具有一定科学文化知识的劳动者。为了培养这些人才，入学人数增多，学校规模扩大，教育在更大范围内得到实施，教育内容由于吸收了新成就而得到充实。教育实践中遇到的各种问题急需做出理论性的概括。

其次，自然科学特别是实验心理学的发展为教育学独立形态的形成提供了条件。教育实践日益丰富，人们对哲学、生物学、心理学的研究日益深入，使得人们对各种教育现象能够具有较高度的抽象和更合乎规律的认识，对教育学的研究也开始慢慢脱离哲学的母体走向独立的形态。

在教育学发展的独立形态阶段，西方资产阶级出现了许多对后世颇有影响的教育理论家及其代表作，如捷克夸美纽斯的《大教学论》、英国洛克的《教育漫话》、法国卢梭的《爱弥儿》、德国赫尔巴特的《普通教育学》等。

夸美纽斯(1592～1670)是17世纪捷克的伟大的教育改革家和教育理论家。他继承了文艺复兴以来人文主义教育思想的成果，总结了自己40余年丰富的教育实践经验，系统地论述了教育的理论和实际问题。1632年他所著的《大教学论》，是独立形态教育学的开端。他对世界教育的发展做出了巨大的贡献，因此，在世界教育史上占有特别重要的地位。

夸美纽斯从他的民主主义的“泛智”思想出发，提出了普及教育的思想。他的泛智思想要求“把一切事物教给一切人”，并且认为“一切儿童都可以教育成人”，热切期望所有的人都受到完善的教育。夸美纽斯主张建立适合儿童年龄特征的学校教育制度，论证了班级授课制。他关于学年制和班级授课制的理论，是他对世界教育史做出的重大贡献之一，对普及教育的发展起了很大的推动作用。教育适应自然的原则是贯串夸美纽斯整个教育理论体系的一条根本的指导性原则。夸美纽斯在《大教学论》中具体规定了广泛的教学内容，提出并详细阐述了一些重要的教学原则，高度评价了教师职业，强调了教师的作用等。总之，夸美纽斯对教育学的创立起到了举足轻重的作用，《大教学论》是西方最早的、系统的教育学著作，是近代独立形态教育学的开端。

教育学真正成为一门学科，标志性的事件是1806年赫尔巴特《普通教育学》的出版。德国近代著名的哲学家、心理学家、教育家赫尔巴特(1776～1841)在长期的教育实践和理论探讨的基础上，明确提出把教育学建成一门独立学科的设想，并为此做出了巨大的努力，提出了一个较为完整的教育思想体系。《普通教育学》被认为是第一部现代意义上的教育学著作。

《普通教育学》这部巨著已经完全脱离了哲学的体系，形成了教育学自身的话语体系，开始构建自身的教育理论体系。在《普通教育学》中，赫尔巴特认为，要形成独特的教育概念和独立的教育思想，就必须把教育建立在一定的学科基础之上。赫尔巴特教育思想有双重理论基础，即伦理学和心理学，他认为伦理学指明目的，心理学指出途径、方法和手段。在赫尔巴特的教育思想中，伦理学主要起着价值规范的作用，为教育目的和基本方向的确立提供依据，心理学为实现教育目的确定途径、方法和手段。赫尔巴特最突出的贡献在于：在伦理学的基础上建立起了教育目的的理论，在心理学的基础上建立起了教育的方法理论。

赫尔巴特认为教学活动必须符合人的心理活动规律，强调要按照受教育者心理活动的规律去划分教学的过程和阶段，选择教学方法，提出了教学的教育性原则和教学方法的阶段论，创建了一个比较完整的课程体系，重视教师的作用，重视书本知识和课堂教学。总之，赫尔巴特的教育理论体系对近代世界各国教育和教学的发展起了巨大的推动作用。

在这一阶段中，教育学已具有独立的形态，成为一门独立的学科，教育学著作的结构日趋合理，体系日趋完善，有了自己特定的研究领域，对教育问题的论述逐渐从现象的描述过渡到理论的说明，并开始运用诸如心理学、伦理学等相关的学科知识来阐明教育学的理论问题。但是，由于历史的局限，他们对教育问题的研究还缺乏科学的方法论指导，对教育问题的认识始终没有摆脱唯心主义和形而上学的束缚，还缺乏科学的唯物主义世界观的指导，这就导致这些教育理论尚未真正达到科学化的程度。

三、教育学的发展多样化阶段

自19世纪50年代到20世纪中叶，随着科学技术的发展，新兴的学科如社会学、人类学的出现，老牌学科如数学、哲学得到了新的发展，教育学的理论基础发了生变化。教育学不仅从这些学科中吸取了相关的研究成果，而且也逐渐利用这些学科中的研究方法来研究教育问题，从而使教育学向着实证的社会科学转化。随着资本主义生产的发展和学校教育的逐渐普及，资产阶级教育家对教育理论的研究越来越深入，形成了许多流派。在不同的理论和流派基础上发展起来的教育学开始在相互对峙和批判中不断发展，如实验教育学、文化教育学、实用主义教育学、批判教育学等不同的教育学派由此产生。其中，实用主义教育学对20世纪整个世界的教育理论研究和教育实践的发展产生了极大的影响。实用主义教育学是19世纪末、20世纪初在美国兴起的教育思潮，是在批判以赫尔巴特的理论为代表的传统教育学的基础上提出和发展起来的，它以实用主义作为哲学基础和理论依据，其代表人物是美国的哲学家、教育学家杜威(1859～1952)。1916年出版的《民本主义与教育》最集中、最系统地表述了杜威的教育理论，其基本观点是：教育即生活，教育即生长，教育即经验的改造，学校是一个雏形的社会，学生在其中要学习现实社会中所要求的基本态度、技能和知识；课程组织以学生的经验为中心，从做中学、从经验中学，而不是以教师为中心，教师只是学生成长的帮助者，而非领导者，以活动性、经验性的主动作业来取代传统书本式教材的统治地位；教学过程应重视学生自己的独立发现、表现和体验，尊重学生发展的差异性。这些便构成了实用主义教育的思想体系。从此，西方教育学出现了以赫尔巴特为代表的传统教育学派和以杜威为代表的现代教育学派对立的局面。

这个时期，还有许多教育理论流派，如改造主义教育、要素主义教育、存在主义教育、永恒主义教育等。各种教育思想流派的争鸣更加丰富了教育理论，更加有力地推动教育理论向纵深发展，使教育学建立了完整的理论体系。

马克思主义的诞生是人类思想史上的伟大变革，为教育科学奠定了正确的理论基础，为教育学的发展开辟了科学化的道路。马克思主义哲学不仅为教育现象的研究提供了科学的世界观和方法论，而且也对教育学中的根本问题做出了科学的说明。首先，从社会存在决定社会意识、经济基础决定上层建筑的观点出发，指明了教育由社会关系所决定，揭示了教育与其他社会现象的关系；其次，做出了人的本质是社会关系的总和的论断，教育学由此出发，才能正确地把作为教育对象的人作为一个社会人来加以考察，才可能对人的发展和遗传、环境、教育之间的辩证关系做出科学的说明；再次，马克思主义的认识论，为正确说明教育和教学过程中感性认识和理性认识、理论和实践等关系提供了科学的依据。

在马克思主义指导下，苏联的一些著名政治家和教育家，为创建马克思主义教育学做了不少尝试。其中以马克思主义为基础，最早探讨教育学问题的当属克鲁普斯卡娅。她的代表作是《国民教育与民主制度》，书中既分析了资产阶级教育的实质，又提出了在社会主义条件下实施国民教育的理论问题，阐述了卢梭、裴斯泰洛齐、欧文等教育家关于教育与生产劳动相结合的思想，强调如何根据马克思主义教育与生产劳动相结合的理论在苏联实施综合技术教育等问题。

同时代的苏联教育家及其教育学代表作还有加里宁的《论共产主义教育》、马卡连柯的《教育诗》、凯洛夫的《教育学》等等。对苏联和我国教育界有深远影响的是凯洛夫的《教育学》。凯洛夫总结了苏联建国初期的教育实践经验，第一次运用马克思主义哲学中的许多观点解释教育问题，在教育论和学校管理方面创建了社会主义学校教育新理论，在教学论方面继承了从夸美纽斯到乌申斯基教育理论中的合理部分，把传统教育学理论推至一个新的高度，对马克思主义教育理论体系的建立起了积极的作用。凯洛夫的《教育学》强调严格的教学计划、教学大纲的作用，强调系统知识的传授，强调教师的主导作用，提出了一系列行之有效的教学原则。因此，苏联中小学教育在凯洛夫的《教育学》指导下，取得的成绩是显著的。中华人民共和国成立初期基本上是学习凯洛夫的《教育学》，尽管当时有完全照搬不顾中国实际的缺点，但成绩是主要的，它对提高我国的教育质量起了积极作用。当然，今天看来，此书有一些形而上学和教条主义等缺点，但应看到这是一部力图以马克思主义理论为指导的社会主义教育学。

我国新民主主义革命时期，杨贤江于1950年以李浩吾的化名出版了《新教育大纲》。它反映了我国无产阶级教育科学所取得的成就。这本著作尽管还不成熟，但它是一本最先系统地用马克思主义观点来阐述教育问题的著作。这本著作阐述了教育的本质和作用，批判了教育超政治、超阶级的观点和教育万能论，叙述了教育领域中阶级斗争的历史。

20 世纪 50～60 年代，我国广大教育理论工作者以马克思主义为指导，曾编写过一些教育学著作，如华中师范大学王道俊老师主编的《教育学》、首都师范大学张燕镜老师主编的《教育学》、陕西师范大学谢景隆老师主编的《普通教育学》等。这个阶段是马克思主义教育学在我国的创建阶段。

四、教育学的发展深化阶段

自 20 世纪 50 年代以来，由于生产力和科学技术的迅猛发展，智力的开发和运用成了提高生产效率和发展经济的主要因素，这引起了世界范围的新的教育改革，促进了教育理论的新发展。同时，世界范围内的教育改革为教育科学提出了一系列新的课题，也为教育理论的深化提供了大量的第一手材料。由于科学的综合发展，教育学也日益与社会学、经济学、心理学等学科相互渗透，使教育学在理论上逐渐深化，在内容方面更加丰富。信息论、控制论和系统论的产生与发展，给教育学的研究提供了新的思路、新的方法。因此，这个时期，各国的教育学在不同的思想体系指导下都有了新的发展，在理论上进一步深化了。80 年代以后，耗散结构论、协同论、突变论的方法论原理，又引起教育学界的高度重视，成为人们认识教育现象、研究教育问题、揭示教育规律的工具。如今，教与学领域内出现了“方法无界限”的局面，如常规研究方法的改进、各学科研究方法的引进、多种方法的优化组合及方法论原理的革新，这无疑会使教育学家的理论视野更加广阔。

近几十年来，出现了以下较为著名的教育学著作：1956 年美国心理学家布卢姆出版了《教育目标分类学》，1963 年美国教育心理学家布鲁纳发表了《教育过程》，1975 年苏联教育心理学家赞科夫出版了《教学与发展》，1972 年以来苏联教育科学院院士、副院长巴班斯基出版了系列著作《教学过程最优化》，1970 年联合国教科文组织成人教育局局长保罗·朗格朗出版了《终身教育引论》，等等。这些著作对教育学的进一步发展起到了促进作用。

布卢姆在《教育目标分类学》中把教育目标分为认知目标、情感目标、动作技能目标三大类，每类目标又分成不同层次，排列成由低到高的阶梯。他的教育目标分类为帮助教师更加细致地去确定教育评价提供了一个框架，受到了世界许多国家教育界的重视。

布鲁纳在《教育过程》中提出了“结构主义”学说，强调“无论我们选教何种学科，务必使学生理解该学科的基本结构”①。他倡导“发现法”，要求培养学生的科学探索精神、科学兴趣和创造能力，这些主张在各国的教学改革中普遍受到重视。

赞科夫的理论是从他领导的教育与发展问题的实验研究中得出的。赞科夫的实验，从 1957 年莫斯科第 172 校一年级的一个班拉开序幕，到 1975 年全部实验成果的总结性专著《教学与发展》问世，前后经历了 18 年。赞科夫提出了“发展教学论”，其核心内容是以最好的教学效果来提高学生的发展水平；强调学生的一般发展和特殊发展的结合，提出了五条新的教学原则，即高难度、高速度、理论知识起指导作用、使学生理解学习过程、使全班学生包括“差生”都得到发展的原则。赞科夫教学与发展的理论有力地推动了苏联 20 世纪 60 年代的教学改革，对社会主义教育学科的发展有很大的影响。

---

① 【美】布鲁纳著，邵瑞珍译：《教育过程》，文化教育出版社，1982 年版。

与此同时，苏联富有创造精神的教育家苏霍姆林斯基的教育理论也日益得到关注。他从自己20多年的中学校长的实践出发，潜心研究教育理论，对教育与教学提出了许多独到的见解，如教师要无限关怀爱护儿童，重视学生德、智、体、美、劳全面发展，关于学校管理工作的有益见解等等。他的教育理论反映在他的40多部教育专著、100多篇论文、1200多篇童话和短篇小说中。这些成果被译成29种文字发行。他的论著被誉为“活的教育学”和“学校生活的百科全书”。

此外，在教育学的发展中，德国教育家根舍因首创的“范例方式教学理论”、瑞士教育家皮亚杰在《教育科学与儿童心理学》中提出的儿童智力发展阶段与教学关系的理论（提出当代需要培养具有实践能力和创新精神的人才的思想）、保加利亚的心理学家洛扎诺夫创立的暗示教学法（把人的理智活动和情感活动统一起来，使学生在轻松、愉快的环境中学到知识）等等教育理论和思想在一定程度上反映了新的历史条件下教育的某些特点和规律。

纵观几十年来教育改革的方向和教育理论研究的成果，新时期教育理论的发展具有如下特点：

第一，教育学与其他学科高度结合。教育是一种复杂的社会活动，随着对教育现象研究的深入，教育学与政治经济学、社会学、脑科学、心理学等学科的相互渗透、高度结合成了近几十年来教育学发展的一个突出特点。当今一些学者就是利用其他学科的知识和研究方法来探讨教育问题、揭示教育规律的，这种新思路为丰富和发展教育理论做出了很大贡献。例如，赞科夫就是运用心理学的方法来研究教学与发展的课题，从而提出了新的教学论体系的。

第二，教育理论建立在实验的基础之上。传统的教育理论基本上是教育实践经验的总结，大多是经验的描述和理论的思辨。而现代教育理论则是通过对大量的实验材料的分析和对大量实验数据的精确统计之后得出来的，这样的教育理论具有更大的可靠性和更强的科学性。如赞科夫的《教学与发展》，就是他1957～1975年长达18年之久的教学改革实验的总结。通过实验，他提出了教学应走在学生身心发展的前面，从而促进学生发展的观点。赞科夫建立在实验基础之上的教育理论，具有较强的科学性，对苏联的学制和教育改革起到了很大的推动作用。

第三，重视教育对象的研究，强调能力的发展和培养。年青一代的文化科学素质和能力水平，直接制约着人类文明的进步和社会的发展。培养和发展年青一代的能力，提高他们各方面的素质，使之适应现代社会知识增长速度快、知识更新速度加快的局面，已成为人们研究的“热门”课题。为此，现代教育理论侧重于对教育对象的研究，侧重于对人的智力开发的研究，以便解决知识的增长与年青一代学习时间有限之间的矛盾。例如，布鲁纳提出的发现学习法以及主张学生掌握学科的知识结构的观点；赞科夫的高速度、高难度、理论知识起主导作用、使学生理解学习过程、使全班学生都得到发展的教学原则；巴班斯基的教学过程最优化的理论等都说明发展和培养学生的能力是近几十年来教育学研究的一个突出特点。

目前，我国的广大教育工作者正在以马列主义、毛泽东思想、邓小平理论和“三个代表”重要思想为指导，坚持科学发展观，认真总结我国的教育实践经验，研究我国教育事业发展与改革过程中的重大理论和现实问题，以便深化教育学的理论，提高教育学的科学水平，努力编写出具有中国特色的社会主义教育学。

第三节　学习教育学的意义和要求

一、学习教育学的意义

教育学是研究教育现象、分析教育问题、揭示教育规律、指导教育实践的一门学科。学习和研究教育学，掌握教育的基本理论，是从事教育工作的必要前提，是教师必须具备的基本素养。

（一）学习教育学有助于树立正确的教育思想

学习教育学，可以帮助我们提高教育理论水平和思想水平，树立正确的教育思想，更好地理解我国颁布的教育方针、政策的依据，提高贯彻教育方针、政策的自觉性。党的十七大明确提出了“坚持育人为本、德育为先，实施素质教育，提高教育现代化水平，培养德智体美全面发展的社会主义建设者和接班人，办好人民满意的教育”的教育方针，并制定了相应的教育政策。学习教育学，可以帮助教育工作者更深层次地理解马克思主义教育基本原理、我国新时期教育方针的科学内涵和精神实质，自觉地贯彻执行我国的教育方针和政策，保证学校教育按照正确的方向和轨道运行。

（二）学习教育学有助于巩固热爱教育事业的专业思想

学习教育学，可以更加明确教育在经济发展和社会进步中的作用和地位，认识教育工作的意义，这有利于巩固热爱教育事业的专业思想。教育学知识还告诉我们，教师是崇高的职业，也是艰苦的职业，教师工作的性质和劳动特点决定了教师必须要有高尚的道德情操和文化素养。

教育学从多角度论述教育对社会的发展、教育对人的发展的伟大功能。学习教育学，可使我们充分认识到社会发展、民族兴旺、科技进步的关键在教育，教师肩负着国家的重托和民族的希望，从而激起教师热爱教育事业的思想情感，巩固专业思想，坚定为教育事业献身的信念。同时，学习教育学，还可以使教师明确教师的劳动特点和教师应具备的素质，全身投入教育事业，对业务精益求精，这有利于教师有目的地按合格教师的要求去提高自己，为“未来工程”和“希望工程”奉献聪明和才智。

（三）学习教育学有助于科学地指导教育实践

众所周知，没有实践依据的理论是空洞的理论，而没有理论指导的实践是盲目的实践。教育工作是一项十分复杂和细致的工作，要做好并取得预期的效果，没有科学的理论为指导，不掌握科学的方法，是难以办到的。教育工作者要通过教育理论的学习，认识和掌握教育的客观规律，树立正确的教育观，按照教育规律进行教育实践活动，这样才能避免盲目摸索，避免走冤枉路，这对于未来的教育工作者是极其重要的。掌握了科学的教育理论，可以在教育、教学工作中以此为指导，增强自觉性、预见性，取得预期的教学效果，全面提高教育质量。

（四）学习教育学有助于推动学校教育改革和教育科学研究

随着时代的发展，在教育实践上出现了许多从未有过的新情况、新问题，这就需要进行改革。要改革，必须具有坚实的教育理论基础，才能使改革沿着正确的方向健康发展。学习教育学，有助于推动学校教育改革。

教育理论来自实践，又反过来指导实践。只有学习了教育理论，才可能将自己在教育工作中积累的经验加以理论化、系统化，并上升为规律加以认识，从而更好地使理论回到实践中去指导实践。这种从实践到理论的总结概括过程，其实就是教师的教育科学研究过程。因此，学习教育学，有助于推动教师的教育科学研究。

二、学习教育学的要求

（一）坚持科学的指导思想

马克思主义是我国教育理论的理论基础，也是我们学习教育理论的指导思想。一要学习马克思主义关于教育问题的论述，为教育学的研究提供理论依据。二要用辩证唯物主义和历史唯物主义的观点和方法来指导教育研究，来解决在新的时期出现的新情况、新问题。科学在发展，时代在进步，教育现象和教育规律也在不断的发展变化之中。要办好中国的教育，就必须根据中国的国情和现实，既要满足社会经济发展的需要，又要代表广大人民的根本利益，满足人民的需求。中国特色社会主义理论是对马克思列宁主义、毛泽东思想的继承和发展，反映了当前世界和中国的发展变化对党和国家工作的新要求，是加强和改进党的建设、推进我国社会主义自我完善和发展的强大理论武器，是全党集体智慧的结晶，是党必须长期坚持的指导思想，在新的历史时期是指导我们思想的理论基础，是我们学好和进一步研究社会主义教育学的最根本要求。马克思主义为社会主义教育学提供了一般方法论，对教育的一些根本问题做出了科学的说明。中国特色社会主义理论为我国新时期的教育发展指引着方向。坚持以马克思主义为指导，最根本的就是要坚持实践是检验真理标准的观点、对立统一的观点、与时俱进的观点以及科学发展观，只有这样，才能批判地吸收中外教育的一切优秀遗产，实事求是地分析和研究国内外现状，客观地总结我国社会主义教育实践的经验教训，正确地认识教育现象及其客观规律。

（二）坚持理论联系实际

理论联系实践，是马克思主义认识论的基本原则，也是学习教育学的根本方法。学习教育学，要自觉贯彻理论联系实际的原则，要把主要精力放在认真钻研教育理论上，深刻领会本门学科的基本概念、基本原理和发展趋势，努力掌握教育学在发展中已经取得的成果，密切联系教育工作的实际并进行一定的教育实践活动，以加深理论知识的领会，培养将理论知识运用于实际的能力。

（三）要做到学习与思考相结合

学习和思考相结合，是古人倡导的学习经验，也合乎现代学习的规律。孔子说："学而不思则罔，思而不学则殆。"学习教育学，一方面要认真研读教材，聆听教师的讲解，努力吸取前人已经取得的教育科学方面的成果；另一方面要结合教育现象、教育问题进行积极思考，培养分析问题和解决问题的能力，加深对教育理论的理解和掌握。

（四）坚持学习相关学科的知识

教育现象不是孤立的，与其他社会现象、自然现象发生着密切的联系，同时，教育学是在不断地综合其他学科知识的过程中发展起来的。因此，反映教育现象的教育学也必然与其他各门学科的知识发生密切的联系，如哲学、社会学、伦理学、生理学、心理学和各科教学法等。因此，要学好教育学，必须同时学好其他相关学科的知识，这样才能形成完整的知识结构。

综合练习题

一、选择题

1. 世界上最早的一部教育专著是______。

A.《大学》 B.《礼记·学记》 C.《论语》 D.《论演说家的教育》

2. 教育学作为一门独立的学科形成于______。

A. 欧洲资本主义上升时期 B. 原始社会
C. 奴隶社会 D. 封建社会

3. 近代最早一部系统论述教育理论和实际问题的教育学著作是______。

A.《爱弥儿》 B.《教育漫话》 C.《大教学论》 D.《人的教育》

4. 主编第一部社会主义教育学的作者是______。

A. 赞科夫 B. 苏霍姆林斯基 C. 凯洛夫 D. 巴班斯基

5. 西方最早的教育名著是古罗马昆体良的______。

A.《理想国》 B.《论演说家的教育》 C.《大教学论》 D.《教育论》

6. 英国教育家洛克的教育代表作是______。

A.《大教学论》 B.《教育论》 C.《教育漫话》 D.《爱弥尔》

7. 德国教育家赫尔巴特的教育代表作是______。

A.《教育漫话》 B.《普通教育学》
C.《林哈德与哥笃德》 D.《教育论》

8. 教育科学现已形成了一个庞大的科学体系，这个体系的基础学科是______。

A. 教育学 B. 教育哲学
C. 教育心理学 D. 教育经济学

9. 苏联以马克思主义为基础最早探讨教育问题的是______。

A. 克鲁普斯卡娅 B. 苏霍姆林斯基
C. 马卡连柯 D. 凯洛夫

10. 我国最先以马克思主义观点阐述教育问题的著作是______。

A.《新教育大纲》 B.《教育漫话》
C.《教育过程》 D.《论语》

11.《教育过程》一书的作者是______。

A. 皮亚杰 B. 布鲁纳 C. 赞科夫 D. 凯洛夫

12. 现代教育学派代表杜威的教育思想体现在______。

A.《教学与发展》 B.《教育过程》
C.《民主主义与教育》 D.《教育目标分类学》

二、简答题

1. 什么是教育学？教育学的研究对象是什么？

2. 教育学的发展大致经历了哪些阶段？说明各阶段的主要特点、教育家及其代表作。

三、论述题

1. 学习教育学有什么意义？

2. 联系实际谈谈如何学好教育学。

第二章　教育的本质

本章学习指导

1. 识记：教育的概念、构成要素及特点。
2. 理解：教育的社会属性及不同社会形态教育的特征。
3. 应用：掌握教育起源的不同观点并正确认识教育的本质。

培养人是一门学问，要做好培养人的工作，就要学习和研究教育理论，掌握教育规律。研究、学习教育科学首先就是要揭示教育的本质，如教育是什么、教育由哪些基本要素组成、有怎样的特点、教育是如何起源的、历史上经历了哪几个不同的教育阶段，等等。这些都是本章要讨论的问题。

第一节　教育的概念及构成要素

一、教育的概念

教育是培养人的一种社会活动，是传承社会文化、传递生产经验和社会生活经验的基本途径。教育与人类几乎同时产生，与人的发展密切相关。然而什么是教育，这是教育学首先要回答的问题。对此，历来有着各种不同的解释。

据考证，“教育”一词，在中国最早见于《孟子·尽心上》中的“得天下英才而教育之”。按《说文解字》的解释，“教，上所施，下所效；育，养子使作善也”，这说明了教育者与被教育者的关系，表述了教育者的要求和受教育者的发展。从受教育者的发展来说，教育既有教，又有育。

我国古代思想家和教育家在许多典籍中说到教育多用一个“教”字，如《中庸》的“修道之谓教”、《荀子·修身》的“以善先人者谓之教”、《礼记·学记》的“教者也，长善而救其失者也”，都明确认为教育是培养人的一种活动，目的在于使人为善。

在西方，“教育”一词，英文为 education，法文为 education，德文为 erziehung，均来自拉丁文 educare。前缀“e”为“出”的意义，词根则为“导”的能动意义，二者合起来为“引出、导出”的意思，意思就是采取一定的方法和手段，把原本就潜藏在人身上的东西引导出来，使潜质变成现实。

西方思想家和教育家对教育的认识也是见仁见智，莫衷一是。如柏拉图认为，教育是为以后生活的训练，使人变善；卢梭认为，教育的目标“就是自然的目标”；夸美纽斯认为，只有受过一种合适的教育之后，人才能成为人；杜威则认为，教育即生长，教育即改造，教育即生活。

以上各种观点，虽然各有差异，但它们有一个共同点，就是都把教育看成感化、陶冶、培养人的活动，是促进年青一代身心健康发展的一个重要因素，揭示了教育是培养人的社会活动这个本质特征。

教育作为特定的科学概念有广义和狭义之分。广义的教育是指有目的地增进人们的知识和技能、影响人们的身体健康和思想品德的一切活动。这种活动不论是有组织的或是无组织的、系统的或零碎的都是教育。自从有了人类社会就有了广义的教育，它对个体的成长、发展和社会化起着重要的作用。随着社会的发展，人类社会实践活动复杂化、多样化，一种专门从事培养人、造就人、发展人的教育活动，从生产、生活、文化、宗教、政治、经济等活动中分化独立出来并不断发展壮大。它对人的社会化，对人的潜能、才智、品德等发展发挥了至关重要的作用，承担着个体自身发展和社会所需人才培养的重任。所以，人们对教育有了狭义的解释。狭义的教育，主要指学校教育，是根据一定社会的要求和个体的身心发展规律，在教育者的积极主导和受教育者的主动参与下，教育者有目的、有计划、有组织地对受教育者的身心施加全面系统影响的社会活动。

由此可见，教育的概念具有以下几点特质：第一，教育是培养人的社会过程，以专门培养人为目的，反映社会和个体的需要；第二，教育要遵循受教育者身心发展的规律；第三，教育具有明确的目的性、计划性和组织性；第四，教育具有双边性；第五，教育对人的影响是全方位的，指向人的身心发展的各个方面，最终目的是使受教育者的身心发生预期的变化。

普通教育学主要是研究学校教育。学校教育是人类社会发展到一定历史阶段的产物，是广义教育整体中的一部分。在研究过程中，既不能忽视学校教育本身所固有的特征，也不能忽视与广义教育的联系，不能离开家庭教育和社会教育。

二、教育的构成要素

事物总是由一定的相互联系的要素构成的，要彻底认清事物的复杂性，揭示出事物的本质，就必须研究该事物的要素组成及各要素间的基本关系；否则，对事物就不可能有深刻的认识。

教育活动是一个由多因素组成的非常复杂的整体系统。关于构成教育活动的基本要素，学者们的观点还不一致。有人认为教育由教育者、受教育者和教育影响（教育实践活动的手段）构成，有人认为教育的基本要素分为教育者、受教育者和教育措施（包括教育的内容和手段）。我们认为，教育应该由教育者、受教育者、教育内容、教育手段四个基本因素构成。任何教育都是教育者借助一定的教育手段把教育内容传授给受教育者的活动过程。

（一）教育者

教育者是教育过程中“教”的主体。在教育活动中以教为职责的人是教育者，教育者是构成教育实践活动的基本要素，是社会文化和价值取向的传播者，是科学知识和社会文明的传播者，是教育活动的设计者、组织者和实施者，对教育活动的开展起领导作用，是学生学习发展的指导者，是一个具有自我提高能力的学习者。教育者代表着社会的利益和要求，受过专门的培养和训练，承担着为社会培养人的神圣使命，其基本职能就是以其自身的活动来引起和促进受教育者的身心按照一定的方向发展。离开教育者及其有目的的活动，教育也就不存在了。

（二）受教育者

受教育者是教育过程中“学”的主体。在教育过程中以学为职责的人被称为受教育者。受教育者是教育实践活动的对象，自然就成为教育活动的基本要素，没有受教育者，同样也没有教育活动的存在。受教育者不仅是教育的对象，而且是学习的主体。受教育者是学校存在的主体，是学校和教师评价的主体，是教育任务完成的主体。此外，受教育者的主体性还体现在，受教育者的身心发展特点制约着教师的教，受教育者的独立性、选择性、需要性、创造性和他们个人的兴趣、爱好、主观能动性等这些主体性特征也制约着教师的教学活动。在教育实践活动中，如果没有受教育者的积极参与，没有学生主观能动性的发挥，教育活动就难以取得预期的效果。随着受教育者知识和能力的增长，其主观能动作用在教育活动中表现得愈来愈明显，所起的作用愈来愈大。

（三）教育内容

教育内容是师生共同认识的客体。教育内容是教育者作用于受教育者的影响物，它基于一定社会的生产力和科学文化技术发展水平之上，根据教育目的经过精心选择和加工，是适合受教育者身心发展水平的特殊影响物，是人类文化的精华。教育内容是联系教育者和受教育者的中介，在学校中的具体表现形式是课程计划、课程标准和教科书以及其他形式的信息载体，是向学生传授的知识和技能、灌输的思想和观点、培养的习惯和行为的总和。

（四）教育手段

教育手段是指教育者将教育内容作用于受教育者所借助的各种形式与条件的总和。教育手段包括精神手段和物质手段。精神手段主要指教育者对教育规律的认识、教育方法的掌握、教育艺术的运用以及教育途径的选择。物质手段主要指进行教育活动时所需要的一切物质条件，如教育的活动场所与设施、教育媒体及教育辅助手段等。教育手段作为教育者影响受教育者的中介，是构成教育实践活动不可缺少的基本要素，是实现教育目的、全面完成教育教学任务的重要保障，它直接影响教育的质量和效果。

教育的基本要素既相互联系，又相互独立，共同构成了教育活动这个极其复杂的体系，如教育者与受教育者之间的关系、教育者与教育内容和教育手段之间的关系、受教育者与教育内容和教育手段之间的关系、教育内容与教育手段之间的关系等。关系就是矛盾，这些关系就是教育活动的内部矛盾，这些内部矛盾的不断解决，推动着教育活动的不断发展。教育过程所要解决的基本矛盾是教育者和受教育者的矛盾，其他矛盾都是围绕这个主要矛盾而展开的。为了实现教育目的，解决教育者和受教育者之间的矛盾，教育者就必须要解决同教育内容之间的矛盾、同教育手段之间的矛盾，创设必要的教育环境，从而促进受教育者的身心发展，使教育达到预期的目的。

第二节 教育的社会属性与特点

一、教育的社会属性

对教育属性的认识，就是了解教育的本质特别是了解教育这种社会现象与其他现象之间存在的差异与矛盾，从而了解教育区别于其他事物的本质属性。所谓本质，是该事物区别于他事物的内部规定性，它是由事物内部矛盾的特殊性决定的。教育的固有本质是一种培养人的社会活动，教育的本质属性就是人类特有的、以影响和发展人的身心为直接目的、有意识地培养人的社会实践活动。

教育作为一种社会现象，是社会的一个组成部分，与社会生活各个方面有着广泛的联系，因而教育还有体现自身特征的社会属性。

（一）教育具有永恒性

教育是人类社会特有的现象，它产生于人类社会的生产劳动，并随社会的发展而发展。只要人类社会存在，教育就存在。教育的永恒性是由它本身的职能决定的。教育作为传承文明的手段，使人类文明代代相传；教育作为社会发展的前提，使人类社会不断完善。教育从产生之日就具有传递社会生产经验和社会生活经验这两种最主要、最基本的职能。人依靠生产劳动维持生活，依靠教育来传递社会生产和社会生活的经验。如果没有教育，任何社会都将无法进行物质财富和人类自身的生产和再生产。可见，教育是人类社会赖以存在和发展的必要条件，是人类社会物质资料和人类自身的生产与再生产必不可少的手段。因此，教育是人类社会生活普遍的、永恒的范畴，具有永恒性。

（二）教育具有历史性

教育随人类社会的产生而产生，随人类社会的发展而发展。在人类社会不同的历史时期，教育的性质、目的、内容、具体表现形态各不相同。教育是一个历史的范畴，具有历史性。教育的历史性集中表现在时代性和阶级性两个方面。教育的时代性主要是指教育的发展受不同时代生产力发展水平的制约。不同时代有不同的教育，不同时代的教育有不同的特点；同一时代的教育，无论其社会性质如何，会有某些共同的时代特征。教育的阶级性是阶级社会里教育的属性之一，指一定的教育反映一定阶级的利益并为之服务的特性，即教育为谁培养人的问题。教育的阶级性是由一定社会占统治地位的阶级所决定的，集中地体现为教育的社会性质。教育的阶级性不是永恒的，而是历史的，是人类社会发展到一定阶段的产物，它只存在于人类社会一定阶段的教育中。

（三）教育具有社会性

教育的社会性是教育的基本属性，指教育是培养人的一种特有的社会现象。教育同社会的产生和发展有必然的联系。教育是传递生产经验和社会生活经验的必要手段，是人类社会延续和进步的必要条件。教育以越来越复杂的形式适应社会发展的需要，为一定社会的政治和经济服务。教育主要通过语言和文字来进行，而语言和文字是人类社会的产物，是人类社会所特有的。教育起源于劳动，而劳动是在人类社会集体中进行的。教育是适应人们在生产劳动过程中传递生产经验和社会经验的实际需要而产生的。教育自从生产劳动中分离出来后，便担当起独立的社会职能，成为专门传递人类社会的物质与精神文明和培养人的活动，最终目的是使人社会化。

（四）教育具有相对独立性

教育是专门培养人的活动，与人类社会的生产生活紧密联系，但它在发展中形成了自身的规律，表现出自己的独立性特点。教育的发展体现出自己的发展逻辑，与过去的教育有深厚的渊源，具有自身的继承关系。教育与社会政治经济制度和生产力发展水平不是完全同步的，存在着教育超前或滞后的现象，表现出与社会政治经济发展具有不平衡性。

总之，教育这一社会活动与社会其他活动之间存在着本质的区别。教育以人的身心为其活动的对象，以促进人的发展进而促进社会的进步为根本的目的，这是教育的本质属性的基本反映。

二、教育的特点

教育同社会其他事物一样具有自己的特点。这些特点反映了教育的特质，即教育质的规定性。

（一）专门培养人是教育的根本特点

在人类社会中，存在着众多的社会现象，每一种社会现象都有它的本质特征。教育区别其他社会现象的根本特征在于教育是有目的、有意识地培养人的社会实践活动。专门培养人是教育的根本职能，是教育的特质所在，这是教育的最基本的特征。

对一个具有生物实体的人，只有在其成长的过程中，给予必要的教育，他才有可能从一个生物实体的人转化成为社会人。教育活动的目的就在于使人能够成为一定生产力的承担者、一定生产关系的体现者和一切精神生活的积极参与者，在于把生物实体的人转化为社会现实的人，在于使个体的发展和社会的发展相统一。培养人是教育最直接的目的，也是教育最本质的属性。因此，教育最基本的特点是专门培养人，这一本质特征贯穿于人类社会的一切教育之中。

其他社会现象也对人直接或间接地产生影响，如环境、社会实践活动及上层建筑等。但是由于它们不是以培养人为专门的职能，因此对人的影响不是系统的、全面的，都有极大的偶然性和片面性。而以专门培养人为根本职能的教育，又有专门经过培训的教师，对人的影响总是在遵循人的身心发展规律的前提下，有目的、有计划、有组织地进行的，因此，它对人的影响总是全面而系统的，指向人的身心发展的各个方面，对人的影响也是最有效的。

专门培养人是教育的核心特点，教育的其他特点都是围绕这个特点而展开的不同方面。

（二）教育影响的全面性和系统性

教育影响人的一个突出特点还在于全面性和系统性。教育是培养和塑造人的专门活动，它不仅把个体人作为自己的活动对象，而且也把受教育者作为一个完整的人来施加影响。

一个社会的人，为了适应社会生产和社会生活，必须承受社会现有的生产力和社会关系，同时，参加生产和生活实践活动，这些都必须以自己的身体这一物质基础为前提。因此，一个人的形成是身心的统一，是思想意识、知识技能及体质、体力等方面的综合发展。教育对人的综合发展的影响是全面的。

人的各方面品质的形成不是一朝一夕的事情，具有由低级向高级连续发展的规律，并且各品质之间存在着相互影响、相互作用的关系。这些就决定了教育的连续性和系统性的特点。

教育的全面性和系统的特点，要求教育实践中对受教育者要进行德智体等全面发展教育，循序渐进，系统培养。

（三）教育活动的双边性

教育过程中存在着教育者和受教育者共同活动并相互制约的关系，这是教育所独有的特点。

教育活动是一种特殊的认识活动。学习对受教育者来说也是对世界的认识过程，主要是对世界的间接认识。学生学习的主要任务是要在较短的时间里掌握人类社会几千年来经过实践已获得的现成的各种认识成果，不再走前人直接在实践中摸索经验的道路。这样，受教育者就要靠从有丰富知识和经验的教育者那里间接获取知识，即靠教育者的传授和指导来认识世界，来获得发展，这就是教育活动。教育活动就是教育者和受教育者的双边共同活动的过程。

人的本质是一切现实社会关系的总和，人的发展总是体现社会的要求。教育是培养人的社会活动，社会对人的发展的要求通过教育来体现，教育者是社会意志的体现者，肩负着按社会的要求塑造人的使命。从这个意义上说，教育者在教育活动中占有主导地位。这样，受教育者作为学习过程中的认识主体，在教育过程中却又变成了被认识和塑造的客体。但受教育者作为教育过程中的认识主体，其身心特点制约着教育活动的展开。

（四）教育作用发挥的自觉性和强制性

教育对人的影响作用的发挥，一方面具有自觉性的特点，另一方面也体现着一定的强制性特征。教育具有自觉性的特点在于教育的对象是人，人是有主观能动性的。教育要真正发挥对人的影响的效能，就必须充分调动教育对象的自觉性。教育要实现社会对人的要求，必须努力把社会的要求变成个体的愿望和需要，从而使个体产生行为动机。但是，要充分发挥教育对人的影响的效能，仅靠教育去调动人的自觉性一个方面是远远不够的，还必须同时辅以“约束”力，即教育具有一定的强制性。教育活动中的自觉性必须以一定的规范性和约束性为前提，而教育过程中的约束性和强制性又要以自觉性为基础。

（五）教育效果体现现实性和未来性

教育从现实出发，要为社会现实服务，其活动效果具有现实性的特点。教育是培养人的活动，是一个长期的过程，具有未来性的特点。教育效果体现现实性和未来性是教育的一个重要特点。

教育的现实性是指教育要满足当前社会发展对人才的需求以及社会成员现实生活对教育的需要和满足。教育要立足现实培养人才，特别是作为知识经济或学习经济时代的核心和主题的教育，必须要满足经济基础和政治利益的要求，为社会现实发展服务。

教育的效果更体现未来性，因为一个人的成长有一定的客观规律和时间过程，需要一定的时间周期和精心的培养，其效果需要十几年甚至几十年之后才能体现出来，即教育效果具有迟效性。“十年树木，百年树人”就是这个道理。从总体上来说，教育总是指向未来的，即它要培养的人不是只简单地为了适应现实生活，更是为了通过对现实生活的适应来改造现实，以创造更为美好的未来。因此，教育正是基于现实而指向未来的，超越性是教育的本质所在。

教育效果的未来性决定教育必定具有超越性。教育的超越性本质并不排斥教育必须从现实规定性出发。具有超越性的教育不是以现实的规定性来束缚和限制教育，而是要树立教育要立足长远、系统艰巨、效果后发的思想，善于把未来性赋予一定的现实性。

第三节　教育的起源和发展

教育是伴随着人类的产生而产生的，并且伴随着人类的发展而发展。不同时代的教育，表现出相应的时代特征。

一、教育的起源

关于教育的起源问题，有不同的认识，目前理论界主要有生物起源说、心理起源说、劳动起源说。

（一）生物起源说

教育的生物起源说以法国哲学家、社会学家利托尔诺(1831～1902)和英国教育家沛西·能(1870～1944)的基本观点为代表。

利托尔诺的《各人种的教育演化》和《动物之教育》认为，教育这种现象是超出人类社会范围并在人类出现之前产生的，不是人类社会所特有的现象，教育起源于动物界，起源于动物的生物本能。他根据对动物生活的观察，认为在动物界存在着大猫教小猫捉老鼠、母鸭带雏鸭游泳、雌象教幼象觅食等之类的教育活动形式。跟动物一样，人为了保存、延续其种族，都会通过遗传所获得的本能，将"知识、技能、技巧"传授给下一代。教育是人和动物所共有的活动，在教育这个问题上，人类和动物没有本质区别。

沛西·能在其《教育原理》一书中也认为教育是一个生物学的过程，不仅人类社会，甚至在高等动物中间，也有低级形式的教育，即教育是与种族需要相适应的，是天生的，而不是获得的表现形式，是扎根于本能的不可避免的行为，生物的冲动是教育的主流。

生物起源说把教育概念生物学化，把人类教育的起源归结于动物的本能行为，没有把握人类教育的目的性和社会性，没能区分人类教育与动物界类似的教育行为之间的差别，把动物适应环境、求得生存而进行的本能性活动作为人的教育的基础，忽视了人的教育与动物的本能性生物行为之间的客观存在的本质区别，从根本上否定了人与动物的本质区别，否认了教育的社会性。

（二）心理起源说

教育的心理起源说以美国著名教育史学家孟禄(1869～1947)为主要代表人物。他认为，教育起源于生物本能的观点忽视了人的心理和动物的心理的本质区别。在1918年出版的《教育史教科书》中，孟禄通过对原始教育系统和深入的研究发现，在原始社会没有专门的学校和教师，缺乏系统的知识和经验，也没有一定的教材，更不可能采用一定的教学形式和教学方法，人们只好采用简单的无意识模仿来获得经验、技能。这种无意识模仿就是教育产生的基础。

教育的心理起源说虽然从动物界回到了人类社会，但这种观点把全部教育都归结于无意识状态下的模仿行为，不懂得人之所以成为人是由意识的本质规定的，人的一切活动都是在有意识支配下的目的性行为。教育的心理起源说否定了教育的意识性和目的性。

（三）劳动起源说

教育起源于劳动的学说，主要是苏联一些教育史家和教育学家的观点。恩格斯在《劳动在从猿到人的转变过程中的作用》中提出了教育的劳动起源说的观点。在恩格斯看来，劳动是整个人类生活的第一个基本条件，劳动创造了人本身，劳动是教育产生的基础。劳动使猿的机体逐渐进化为人的机体，在劳动过程中，作为劳动器官的双手和作为思维器官的大脑逐渐形成和发达起来。大脑的发达，为语言的产生提供了条件，在生产劳动中，人们之间逐渐感到仅仅依靠手势和表情已不能满足需要，常常出现非说不可的情况，这就需要有一种统一的、较高级的信号来传递思想情感和交流信息，于是就产生了语言。人类大脑的发展和语言的产生，为教育的产生创造了必要的条件。

人类在生产劳动过程中，不论是制造工具或者使用工具等方面，都逐步地形成了一定的技能、技巧，积累了一定的经验。为使生产劳动继续进行，保证人类社会的生存和延续，年长的一代有必要把这些技能、技巧和生产经验传给年青一代。教育就是从这种生产劳动的实际需要中产生的。人类在生产劳动中，不仅要同自然界发生联系，而且人与人之间也要发生关系，也就是说，人们在从事物质生产的同时，也就建立起某种生产关系。人类的劳动从一开始就是一种社会的共同劳动。在这种共同劳动的过程中，社会的成员必须遵守一定的社会行为准则，如服从劳动纪律、尊敬有生产经验的长者、敬拜神祇等，所以，年长的一代为使年青一代尽快习惯于在一定生产关系和社会制度中进行生产劳动和生活，就把一定的社会传统、道德观念、行为规范以及宗教禁忌等方面的经验和知识传给年青一代。这些思想、观点和知识经验的传递，也促进了教育的产生和发展。教育就是从这种生产劳动的实际需要中产生的。

人类为了生存和发展，把世世代代在生产劳动中和社会生活中积累起来的经验，传递给下一代。这种教育活动是有意识、有目的的，是只有人类所具有的，它区别于动物的无意识的本能的行为。动物只是单单地使下一代被动地、单纯地去适应环境，这是动物的本能活动，是天生的，是由遗传获得的，在意识上是不存在的。而人类要使年青一代在适应的基础上认识社会，改造社会，促进社会的发展。教育不是产生于本能的需要，而是出于人所意识到的社会需要。通过教育活动来进行经验的传递，这是人类社会所特有的。其他动物在种系的发展中，对于怎样适应环境更便于自身的生存，也有一种信息的储存和传递，而信息主要储存于遗传基因中，这种信息不是以教育和学习的方式而是以遗传的方式在一代一代之间进行传递的。较高等的动物有时也可在后天习得经验，但由于没有意识和语言，所以个体所习得的经验，不可能以教育的形式使下一代所掌握，只能随着个体的死亡而消失。人类在生产劳动和社会生活中所获得的经验与知识，可以借助语言和文字，使之脱离个体而独立存在，可通过教育和学习在个体之间相互传递。

教育的劳动起源说认识到了推动人类教育起源的直接动因是劳动中人们传递生产经验和生活经验的实际社会需要，突出了教育的社会性、目的性和意识性，广为人们所接受。

二、教育的发展

教育自产生之日起，就随着社会的发展变化而发展变化。在人类社会发展的不同历史阶段，由于生产力发展水平不同，生产关系和政治制度不同，教育也就有着不同的性质和特点，从而形成了不同形态的教育。随着社会的发展，教育相继经历了原始教育、古代教育、近代教育和现代教育四个基本阶段。

（一）原始社会的教育

原始社会是人类的第一个社会形态。人类对自然、对人类自身知之甚少，生产工具主要是采用自然之物或经简单打磨的石器。这种知识的贫乏和工具的简陋反映了早期人类的实践水平低下，这制约了早期人类实践的范围，由此获得的物质生活资料在数量和种类上都是有限的。劳动的产品只能维持最低限度的生存需要，没有剩余，因而没有私有，没有阶级。为了维护族群的生存，人类过着原始的共产主义生活，集体劳动，集体分配食物。原始状态的社会生产状况和社会生活方式，就决定了教育的原始性质。

1. 教育过程的原始性

原始社会的教育在内容上和形态上都还未达到独立的专门化的状态，它主要是在生活中进行的，即教育活动与生产活动的不分化性。年长的有经验的老人是当然的教育者，儿童则是教育的对象。

2. 教育的无阶级性和平等性

由于生产力十分低下，没有私有，没有阶级，体脑劳动也没有分离，教育对象没有等级的区分，所以原始的教育是平等的。教育资源为全体社会成员所共享，教育面向所有氏族部落的儿童，教育也就不具有阶级性。

3. 教育内容的贫乏性和教育方法的简单性

教育内容是与生产直接相关的经验与技能以及与生活密切联系的各种行为规范，内容十分贫乏，如有关生产工具的认识与使用，追捕野兽的方法，原始的宗教、艺术、礼仪、习俗等。教育方法也比较简单，主要是口耳相传和实践模仿。

（二）古代社会的教育

古代社会包括奴隶社会和封建社会两种社会形态，这两种社会形态虽然生产力的发展水平不同，但社会性质基本相同，在此基础上的教育也存在着许多相同之处。进入阶级社会，生产力有了巨大的发展，教育也获得了极大的发展并完全被统治阶级所把持。这一时期的教育具有以下特点：

1. 出现了专门的教育机构——学校

随着铜制、铁制生产工具的出现，生产力水平得到了提高。生产力的发展为社会提供了相当数量的剩余劳动，为学校教育的产生奠定了物质基础，出现了依靠剩余劳动生存的学者和学生。加之文字的记载和整理达到了一定程度，文化的发展使得所有内容都能够传递且必须传递。同时，统治者对接班人的需求又推动了学校产生。学校由此产生，标志着教育在历史发展中进入了一个新的阶段。教育开始了专门化，从生产和生活过程中脱离出来，形成自己相对独立的形态。

世界上主要的文明中心和国家的学校教育都产生于奴隶社会。据可查证的史料记载，公元前 2500 年，最早的学校出现在世界上第一个进入奴隶社会的国家——埃及。古代中国也在公元前 1000 多年出现了学校，郑玄注《仪礼》说："夏后氏之学在上庠。"《礼记·王制》说："夏后氏养国老于东序，养庶老于西序。"《汉书·儒林传序》说："夏曰校。"说明在我国刚刚进入奴隶制国家的夏朝已经有了"庠"、"序"、"校"等三种学校名称。

殷商时期，奴隶制得到了进一步的发展。到了西周，奴隶制已达到了极盛时期。学校教育制度的发展已比较完备，出现了"学"、"瞽宗"、"辟雍"、"泮宫"等当时意义上的学校形式。这一历史阶段的教育，开始同生产劳动相分离，并完全成为奴隶主阶级用来培养本阶级的继承人以及对奴隶实施社会教化的一种工具，文化教育完全为奴隶主贵族所垄断，奴隶根本没有享受文化教育的权利，即“学在官府”、“政教合一”。到了封建社会，不仅有官学，还出现了私学和书院，学校体系初具规模。

古代希腊是西方教育的重要发源地。在古希腊众多奴隶制城邦中，斯巴达和雅典最强大，也最有名，其教育体系在古代西方最具代表性。斯巴达是一个农业国家，实行的是少数奴隶主贵族的专制统治。为保卫政权的稳定，斯巴达教育具有浓厚的军事色彩，把教育看成国家的事情。其教育目的是把奴隶主贵族子弟培养和训练成为体格强壮、受过严酷军事体育锻炼的武士。雅典的教育与斯巴达有很大的不同。雅典的手工业和商业很发达，实行的是奴隶主民主共和政体。雅典的教育目的不仅是要把奴隶主贵族子弟训练成为身强力壮的武士，而且也希望他们成为有一定文化知识的商人和多才多艺、能言善辩的社会活动家和政治家。因此，雅典的教育除重视体育、军事训练和道德教育之外，还注意到智育和美育，在于使未来的公民身心和谐，在各方面都得到发展。

西欧封建社会的宗教神学居统治地位，有教会教育和骑士教育两大体系。教会教育被僧侣封建主把持，以培养为政权和教权服务的教士为目的。骑士教育被世俗封建主把持，以培养勇敢善战、效忠官吏的骑士为目的。

2. 具有鲜明的阶级性和严格的等级性

阶级的存在规定了教育的阶级性。教育的阶级性产生于奴隶社会。在奴隶社会，只有奴隶主贵族子弟才有接受学校教育的权利，他们在学校接受军体教育和道德训练，形成阶级的意识与维护阶级利益的能力。而劳动人民的子弟则没有资格上学，也上不起学。

到了封建社会，教育在阶级性的基础上又加上了鲜明的等级性，即使同为统治阶级，不同官职出身的子弟所接受的是不同等级的教育，学校的等级与权力分配紧密联系在一起。封建社会教育的等级性，在中国突出表现在唐朝的中央官学设有“二馆六学”。这个时期的教育规定：弘文馆、崇文馆招收皇帝及一品文武官员的子孙，国子学、太学、四门学分别招收三品、五品、七品以上文武官员的子孙，书学、算学、律学则招收“八品以下子孙及庶人通其学者”①。在地方设立的学校有州学、府学、县学，这些学校的入学条件虽无严格的等级限制，但由于名额所限，只有地方官吏和富豪地主的子弟才有入学机会。在西欧，宫廷学校为皇室子弟专设，皇室之外的贵族子弟接受骑士教育，僧侣及其子弟接受教会学校教育。

3. 教育内容重视社会的典章制度教育，与生产劳动相脱离

奴隶社会的教育多为军体教育，封建社会教育的内容则多为封建伦理、宗教经典。中国学校主要授以“四书五经”等儒家经典，西方学校则授以宗教教义和宗教仪式，与生产等相关知识的教育处于较低的社会地位。如我国古代奴隶社会学校教育的内容是以礼、乐为中心的文武兼备的六艺教育。礼，包括政治、历史和以“孝”为根本的伦理道德教育；乐，包括音乐、诗歌、舞蹈教育；射，即射技教育；御，即以驾兵车为主的军事技术教育；书，即学习写字的教育；数，即简单的数量计算教育。我国封建社会教育的内容为经、史、子、集等，其中“四书”（《大学》、《中庸》、《论语》、《孟子》）、“五经”（《诗》、《书》、《礼》、《易》、《春秋》）影响最大，是最主要的教材。欧洲奴隶社会中，斯巴达的教育项目主要有赛跑、跳跃、角斗、骑马、游泳、投掷和武器运用等，奴隶主通过严酷的军事训练，使其子弟养成奴役奴隶的残忍性格。雅典不仅使子弟们进行军

① 陶愚川：《中国教育史比较研究》（古代部分），山东教育出版社，1985年版。

事和体操训练，而且也要学习读、写、算，接受音乐、哲学方面的教育，并且更注意后者。西欧教会学校把七艺（文法、修辞、辩证法、算术、几何、天文、音乐）作为主要教育内容，而在世俗封建主的学校中以“骑士七技”（骑马、游泳、投枪、击剑、打猎、下棋、吟诗）作为主要内容。西欧教育内容还有一个最明显的特点，就是宗教思想渗透于各门学科之中，神学处于全部学科的统治地位。

4. 教育方法崇尚书本，呆读死记

教育的阶级性、等级性规定了受教育者从内心到外在行为必须坚决服从社会阶级、等级秩序。教育教学过程是管制与被管制、灌输与被动接受的过程，师生关系是不平等的专制型关系，学生处于依从与被动地位。知识的学习只能是机械记忆、背诵，对既成定论的接收不容许思考、怀疑。同时，辅之严格的纪律约束，对质疑社会秩序、违反纲常伦理者处以重罚。这种崇尚书本、呆读死记的教学方法，压抑人的思维活动、独立个性和创造潜能。当然，也应看到教育方法上的进步，如东方孔子的启发式教学、西方苏格拉底的问答术（产婆术）等重要教育思想都是在这一时期形成的。

5. 教学组织形式是个别施教或集体个别施教

古代社会生产方式决定了教育上的个别施教或者集体个别施教形式。无论是我国的官学、私学、书院、私塾，还是欧洲奴隶社会的文法学校、弦琴学校等，一律采用个别教育的形式。

（三）近代社会的教育

近代教育与资本主义的兴起是联系在一起的。近代教育主要以早期的资本主义教育为代表。16 世纪前后，人类历史发生了重大的转折。航海技术使欧洲人走向海外开始殖民扩张，欧洲贸易逐渐扩大，为新兴资产阶级开辟了新的活动场所，从而促进了欧洲封建生产方式迅速向资本主义生产方式过渡。西欧人在向海外殖民扩张的同时，也在文化、思想、宗教及政治领域完成了重大的变革，而这些变革都象征着资本主义曙光的来临。1640 年英国爆发资产阶级革命，西方进入资本主义社会。新的社会形态和新的生产方式推动了社会的发展。特别是 18 世纪蒸汽机的发明，带来了人类历史上第一次工业革命，引起了社会政治、思想观念和生活方式的巨大变革，也使教育发生了巨大变化。

1. 国家开始重视并干预教育，公立教育建立

19 世纪以前，欧洲各国学校教育的权力被教会或行会所垄断。19 世纪以后，资产阶级政府逐渐认识到教育的重要性，采取措施干预教育，并逐渐建立了公共教育系统。国家干预教育，最初发生在工业革命的策源地英国。1833 年英国议会开始拨款资助发展初等教育，并加强对教育的监督和管理。法国在 19 世纪初颁布了一系列法令，加强对教育的控制，建立了中央集权的教育管理体制，这对法国教育的发展影响深远。

2. 初等义务教育普遍实施，教育全面普及

随着资本主义生产的发展、机械化工业革命的基本完成和电气化工业革命的兴起，从事生产的劳动者越来越需要有一定的科学知识和技术。这就决定了资本主义社会的学校教育，既有培养统治人才的任务，又有培养生产劳动者的任务，从而扩大了教育对象，实施普及义务教育，给劳动人民的子女以一定的受教育的机会。同时，资本主义的发展也为普及教育提供了物质条件，且把普及教育的程度作为社会发展水平的标志。1870 年英国政府颁布《初等教育法》，其中最有意义的是强迫初等教育。英国在 19 世纪 80 年代全国学龄儿童入学率达到 90%。1880 年又颁布教育法令，规定 5 至 10 岁为义务教育年限，1893 年提高到 11 岁，到 1899

年又提高到12岁。法国在1879年颁布的《费里教育法》确立了国民教育义务、免费、世俗化三原则,这有力地促进了法国义务教育的实施和普及。德国是世界上最早提出实行义务教育的国家,17、18世纪就对儿童实行强迫教育,1885年普鲁士实行免费初等义务教育。德国先后颁布了几个《初等义务教育法》,促进了义务教育的发展。在美国,马萨诸塞州于1852年成为第一个颁布义务教育法的州,密西西比州于1918年最后一个颁布义务教育法,义务教育在美国普遍实施。

3. 教育系统开始完善

科学技术的发展和社会分工的日益复杂,不仅为教育规模的扩大和速度的提高提供了坚实的物质基础,而且还对劳动者的科学文化水平提出了不同性质、不同层次的要求。由此,近代教育系统逐步完善起来,形成了一个多层次、多系统的复杂的教育网络。到了资本主义时代,社会上既有普通基础教育,又有各种类型的对劳动者进行单一训练的专门职业教育和技术教育,还有培养高级专门人才的高等教育和各级各类的成人继续教育等,适应了工业革命发展的要求。

4. 创立并采用了新的教学组织形式——班级授课制

班级授课制产生于近代资本主义兴起的时代。资本主义生产的发展,对教育提出了更高的要求,不仅要求扩大劳动者的数量,而且要求提高劳动者的质量。从事生产的工人必须具备一定的科学文化知识,掌握一定的机械原理和技能。这样,就要求学校扩大教育对象,提高教学质量和效率,对劳动者给予必要的文化教育。随着学校教育教学规模的扩大,封建时代的个别教学组织形式已不适应教育发展的要求,于是班级授课制开始产生,成为教学的基本组织形式。捷克教育家夸美纽斯对班级授课制从理论上加以总结和论证。

5. 教育手段日益现代化

近代科学技术的进步和发展使教学设备和教学手段得到彻底更新,教师摆脱了单一的粉笔加黑板的传统教育手段,采取现代化的教学手段,采用了与教学内容相适应的实验、演示、实习及电影等教学手段。

(四)现代社会的教育

人类进入20世纪以来,出现了资本主义和社会主义两大阵营。相应地,现代教育包括资本主义教育和社会主义教育。两种社会形态虽然存在生产关系的差异,但生产力具有相似性,且两者共存于现代社会,都面临着许多共同的问题,存在着许多共同的利益和认识,其教育也表现出许多共同性。

现代社会正在走向以知识、信息为主导的社会,是高科技的文明社会,是更加依赖于教育的社会,是竞争和合作并存的社会,是更加关注生命的社会,是要求人的素质更加综合化、全面化的社会。

现代社会的特点决定了现代教育的特点。

1. 现代教育与生产劳动的结合日益紧密

以现代科学技术为基础的现代大机器生产,要求广大劳动者懂得科学技术,通晓生产原理,掌握现代生产知识、技能。这样的劳动者,文化素质是基础,生产技术素质是条件,仅仅靠脱离生产的教育或是没有教育的生产过程是很难培养成的。只有通过同生产劳动紧密结合的学校教育,才能培养大批熟练工人、技术人员和管理者。教育与生产劳动相结合包括两个方面:一方面,现代生产要求生产劳动和教育相结合,现代生产的特点决定了生产力的提高已不再单纯取决于劳动时间的延长和劳动数量的增加，主要取决于生产过程中科学与技术的应用程度，即劳动者的教育程度越高，劳动熟练程度和工艺水平越高，劳动生产率越高。另一方面，科学技术日新月异的发展所引起的劳动领域的不断变革，又必然要求教育主动同生产劳动相结合，使新兴的技术及时在课程中得以体现，使劳动者通过学习不断掌握现代生产所需要的最新科学技术，以适应现代生产对人的素质的新需要。

因此，现代社会客观上要求教育必须与生产劳动相结合，与现代生产和国民经济发展的要求相适应，反映生产的要求。这是社会生产力发展的客观规律。当前教育与生产劳动相结合已成为现代教育的发展趋势，引起了世界各国广泛的重视，成为与以往教育相区别的一个重要特点。

2. 教育民主化进程加快

在漫长的古代社会，教育被统治阶级垄断，受教育是统治阶级的特权。随着社会的发展，人类进入资本主义社会，伴随着社会政治民主化进程的推进，教育开始打破为少数人主宰和垄断的专制局面，走向民主化。特别是20世纪60年代以来，教育民主化成为世界教育改革的主流，成为许多国家主要的教育政策。

教育民主化包括教育的民主与民主的教育两个侧面。教育的民主是民主外延的扩大，即把政治的民主扩展到教育领域，使受教育成为公民的权利和义务；民主的教育是教育内涵的加强，即把专制的、不民主的教育改造成为民主的教育。

为了实现教育民主化，一方面要做到教育的普及化，另一方面要达到教育质量和效果的平等。教育民主化要使全体社会成员都享有越来越多的受教育机会，受到愈来愈充分的教育，人人都有受教育的权利，在教育机会面前人人平等，人人成为民主化教育的主体，这是教育平等的基本内涵。教育民主化要从外部民主深入到内部民主，关注每一个受教育者的发展，关注受教育者的个性发展，培养社会所需要的具有独立思考能力、独立工作能力和创新能力的个性化人才。

教育民主化既是个人发展的需要，也是社会发展的需要，更是现代教育发展的需要。

3. 教育形式、手段的多样化

进入现代社会，生产力和科技的发展对人提出了更高的要求，也为教育目标的实现提供了物质保障，各种教育形式应运而生，如普通教育、职业教育、特殊教育、函授教育、广播电视教育、多媒体远程教育等教育形式。多种规格的教育形式形成了一个多样化、网络化的立体教育。

教育手段也经历了重大的变革，以电影、电视、广播以及以计算机为核心的多媒体教育手段广泛应用。现代化的教育手段使教育跨越了时空的限制。

4. 教育内容的综合化

原始社会，教育内容原始地融合于各种生产活动和社会生活中。近代社会，科学的发展使各门科学进一步分化出来，形成各门具体的学科。到了现代社会，社会的发展愈来愈要求人们成为具有综合素质的全面发展的人才。教育内容综合化成了现代教育发展的必然要求。

教育内容的综合化在学校教育中最为明显的反映是科学教育与人文教育的融合。科学教育是指向自然科学和技术的教育，而人文教育主要是指向人文精神和人文知识的教育。广义地说，综合化的教育也包括社会科学的教育、美学艺术的教育，通常称之为人文社会科学或哲学社会科学教育。一般说来，无论是西方还是中国，在古代、在中世纪直到18世纪，人文教育始终有着不可动摇的地位和绝对优势，或者说是一种以人文教育为主、人文教育和科学教育相融合的教育。19世纪30年代以来，科学教育在世界教育领域是从科学课程进入西方国家学校后开始的。随着科学在近现代社会发展中的巨大作用日益明显，科学教育也就逐渐在教育领域占据了核心位置，而人文教育被压倒，逐渐处于旁落的地位。从20世纪初西方国家就有一些人开始呼吁要加强人文教育，两次世界大战后呼吁加强人文教育的呼声进一步增大，但是直到今天，人文教育相对薄弱的状况以及人文教育与科学教育相脱离的现象仍然是一个严重的社会现实。这种状况已经引起了各国教育界的深切忧虑。因为现在人们越来越深切地感受到当代世界面临的种种问题和危机，诸如霸权问题、战争问题、人口问题、资源问题、环境问题、恐怖活动问题等等，无不与人文精神的衰落有关。为什么在现代物质文明如此丰富和不断提高的同时却出现了社会伦理道德的沦丧和精神文明的堕落？为什么在科学技术日新月异、突飞猛进的同时，掌握科学技术危害人类的危险程度也日益增加？对于如何解决这些矛盾，人们逐渐认识到在现代社会中必须加强人文教育，重新弘扬人文精神，科学教育与人文教育的融合已成为各国教育界的共识和追求，是教育发展到现代社会的时代精神。

5. 终身教育成为各国的共同追求

教育贯穿人的一生，呈现终身化。在当代社会，科技创新速度加快，社会急剧变革，这就要求人们不断地接受教育训练，因而终身教育越来越成为普遍的观念。

法国成人教育家保罗·朗格朗最早提出终身教育理论。朗格朗指出，数百年来人们将人的一生分为两个阶段，即生活准备阶段(幼年期和青春期)与实际活动阶段，并认为在前一个阶段所获得的知识和能力可以在后一个阶段一劳永逸地享用，这是毫无根据的。他认为，接受教育应当是人的一生不断反复的过程，应当是一个人从生到死一直持续着的事情，教育应当在每个人需要的时刻以最好的方式提供必需的知识和技能。1972年联合国教科文组织国际教育发展委员会发表了《学会生存:教育世界的今天和明天》，对终身教育的理论、原则进行了系统而深刻的论述，其独特贡献还在于它揭示了人的未完成性与终身教育的内在联系，指出:“人是一个未完成的动物，并且只有通过经常地学习，才能完善他自己。”该书的出版直接推动了终身教育思想的迅速传播，使得这一全新的教育理念得到世界各国的普遍认同。

终身教育在时间上具有连续性，它贯穿人的一生，是不间断的学习过程；在空间上，融合了学校教育、家庭教育和社会教育，是多元的立体整合。终身教育思想的提出和实施对于当代世界教育改革和发展具有十分重要的意义。

6. 努力实现教育的现代化

教育现代化是社会政治、经济结构的变革在教育上的反映。社会现代化的发展不仅改变着社会物质生产和生活，也在不断地改变着人们的价值观念、生活方式。社会的现代化要求人的现代化，而人的现代化要求教育的现代化。因此，教育现代化是各个国家在社会现代化进程中不可或缺的重要组成成分。教育现代化包括教育观念的现代化、教育制度的现代化、教育内容和教育方法的现代化，其中教育观念的现代化尤为重要。这就要不断更新教育观念，改革教育体制，变革教育手段，调整教育内容，提高教师素质。教育现代化是一个全球性的不断变革发展的过程。教育现代化的过程中不可避免地出现了教育的多元化。教育多元化包括教育思想的多元化及教育目标、办学模式、教学形式、评价标准等的多元化。在教育界，人们通常把教育多元化理解成教育现代化过程中的必然产物。

综合练习题

一、选择题

1. 教育的正确定义应是______。
   A. 教，上所施，下所效也；育，养子使作善也。
   B. 教育即生长，教育即生活
   C. 教育即培养人的一种社会活动
   D. 教育即教学
2. 狭义的教育一般是指______。
   A. 社会教育　B. 学校教育　C. 高等教育　D. 家庭教育
3. 决定教育永恒性的是教育______。
   A. 目的　B. 内容　C. 方法　D. 功能
4. 任何社会都需要教育，它与社会共始终，这说明教育具有______。
   A. 历史性　B. 积极性　C. 永恒性　D. 相对独立性
5. 教育具有自身的继承关系，这说明教育具有______。
   A. 历史性　B. 阶级性　C. 永恒性　D. 相对独立性
6. 人类社会不同历史时期的教育具体表现形态各不相同，说明教育具有______。
   A. 历史性　B. 阶级性　C. 永恒性　D. 相对独立性
7. 以法国利托尔诺为代表的关于教育起源的理论被称为教育的______。
   A. 生物起源说　B. 心理起源说　C. 意识起源说　D. 需要起源说
8. 教育心理起源说的代表人物是______。
   A. 利托尔诺　B. 孟禄　C. 卢梭　D. 洛克
9. 教育的生物起源说和心理起源说之所以违反科学，是因为否定了教育的______。
   A. 阶级性　B. 历史性　C. 社会性　D. 民主性
10. 教育起源于______。
    A. 无意识的模仿　B. 本能　C. 劳动　D. 心理意志
11. 古希腊斯巴达教育比较重视______。
    A. 军事体育教育　B. 政治、哲学教育
    C. 天文、数学教育　D. 全面发展教育
12. 我国奴隶社会教育的内容是______。
    A. 四书　B. 五经　C. 六艺　D. 七艺
13. 普及教育始于______。
    A. 原始社会　B. 奴隶社会　C. 资本主义社会　D. 社会主义社会
14. 我国封建社会官学的最显著特点是______。
    A. 封闭性　B. 垄断性　C. 等级性　D. 阶级性
15. 古希腊的雅典教育比较重视对年青一代进行______。
    A. 军事体育教育　B. 政治、哲学教育
    C. 天文、数学教育　D. 多方面发展教育

二、简答题

1. 什么是教育？如何理解教育的本质？
2. 教育的基本构成要素有哪些？

3. 教育的特点有哪些?

三、论述题

1. 如何全面认识教育的社会属性?
2. 历史上关于教育的起源的不同观点有哪几种? 如何评析?
3. 人类社会经历了哪几种不同形态的教育? 各个阶段的教育特点是什么?

第三章 教育与社会发展

本章学习指导

1. 识记:生产力、政治对教育的制约作用、教育对生产力和政治的促进功能。
2. 理解:文化对教育的影响、教育的文化功能及教育的相对独立性。
3. 应用:正确认识和深刻理解教育与我国社会主义现代化建设的关系。

教育是培养人的社会活动。作为一种社会活动,教育与社会发展息息相关。一方面,教育的发展深受社会发展的制约,具有社会制约性;另一方面,教育反过来影响着社会的发展,具有强大的社会功能,即教育与社会各因素之间的相互制约关系或彼此的相互作用。人类社会是一个复杂的系统,我们探讨社会各因素与教育的关系,不能把所有的社会因素都用来与教育论关系。根据社会的含义,我们取社会大系统中的关键性因素,如社会生产力、政治经济制度、社会文化等因素,探讨它们与教育的关系,进而论述社会发展与教育的关系。在这种复杂的关系中,教育又有着自身的相对独立性,以自身的规律应对社会发展对教育的需求和挑战。

第一节 教育的社会制约性

一、生产力对教育的制约作用

生产力是社会发展中最活跃、最革命的因素,是社会发展的最终决定力量。生产工具是生产力发展水平的标志,每一次生产工具的变革都意味着生产力水平的极大提升。在进入工业社会以前的漫长历史过程中,由于生产工具相对落后,社会整体的生产力相对低下。进入工业社会以来,先后出现了以18世纪蒸汽机的发明、19世纪初发电机的发明和20世纪中叶电子计算机的发明为重要标志的三次工业革命,推动了社会生产力的迅速发展,影响和改变了人们的生活方式。作为社会发展的最终决定性因素,生产力也必然决定着教育的发展。

(一)生产力发展水平制约着教育事业发展的规模和速度

生产力发展水平为教育事业发展的规模和速度提供物质保障和可能性。因为,任何社会教育的发展规模和速度必须取决于两个方面的条件:一方面是教育事业的存在和发展必须以一定的人力、物力和财力为基础,即生产力水平能提供多少“剩余劳动”决定多少受教育人口、多少从事学习的富余时间以及多少以教育经费形式表现出来的用于教育的条件。在古代社会,由于手工生产,社会不可能有大量剩余产品,教育规模因此很小,发展的速度也很慢。到了资本主义社会以后,特别是第一次工业革命以后,生产力有了极大发展,教育事业发展的规模才不断扩大,速度不断加快。进入现代社会,生产力高度发展,社会所提供的剩余劳动数量使得教育经费的支付能力大大增强,教育经费的支付量直接影响到校舍、设备、师资条件等方面的教育能力,而教育能力是决定教育事业发展规模和速度的主要因素。另一方面是生产力发展对劳动力的需求程度(即需要的劳动力总量、质量和各种劳动力的比例)决定着整个教育发展的规模和速度。生产力发展水平不断提高,就需要劳动者不断提高自身素质,要提高素质就必须依靠教育。古代社会由于生产力发展水平低下,对普通劳动者的受教育程度要求很低,因而对教育事业发展的规模和速度的要求都很低。生产力发展水平的提高,导致对劳动者的素质要求也在不断提高,相应地对教育事业发展的规模和速度的要求也在不断提高。在资本主义发展初期,西方主要发达国家普及初等教育正是为了满足生产力不断发展的要求。随着社会的发展,为了适应生产力新的发展,满足其新的需求,义务教育年限一再延长,成人教育、终身教育、回归教育相继兴起并蓬勃发展。教育之所以能够扩大规模和飞速发展,正是由于社会生产力的发展为其提出相应的需求。

(二)生产力发展水平制约着人才培养的规格和教育结构

教育是作为培养人的活动而存在的。培养什么样的人,不同社会、不同阶级有不同的要求。培养人才的规格不仅体现着政治、经济制度的要求,更反映着社会生产力、科学文化的发展水平。这是因为生产力是由生产过程中所使用的生产资料和具有一定生产经验、劳动技能的劳动者所构成的。在社会再生产过程中,生产资料的状况直接决定着教育所培养的人才的规格,因为劳动密集型产业和知识密集型产业对人才培养的规格要求显然是不一样的。因此,在确定教育所培养的人才的规格时,要依据社会生产力发展的状况。不同的生产力发展水平,对人的知识质量、数量和人的发展水准的要求是不同的。原始社会的生产力状况决定了当时的教育只能与生产融为一体。在奴隶社会和封建社会,占统治地位的生产方式是家庭农业和手工业,整个生产技术水平落后,所需要的是经验型的劳动者,主要通过父传子、师傅带徒弟的方式传递,不需要通过学校教育培养。学校教育与社会生产并没有多少直接的联系,培养人才的规格主要体现了政治、经济制度的要求。资本主义社会,大工业生产的出现,使社会生产成为现代生产,以使用机器和科学技术为标志。从资本主义发展初期到第二次世界大战结束,现代生产经历了三个发展时代,即以蒸汽机为标志的第一次工业革命时代、以电气为标志的第二次工业革命时代及以电子计算机的应用为标志的第三次工业革命时代。这三个时代处于三个不同的经济发展阶段,需要劳动者分别具备小学、初中和高中以上三种不同的文化水平,即社会生产力对人才培养的规格要求明显不同。特别是电子计算机的出现使现代生产发生了根本性的变化。如果说蒸汽机和电能的出现部分地代替了人的体力劳动,延伸了人的手臂,那么电子计算机的出现使人远离工作对象,是人脑的延伸。现代生产已不能单单靠经验和手艺,生产过程中知识高度密集,信息高度密集,机器成为知识的“物化”物,成为物化的智力。生产过程不断更新,生产效率不断提高。现代生产以科学技术为基础,任何新的科学技术的创造发明引入生产后,都会使生产过程体系发生变化。这必然引起劳动者本身的知识结构发生变化,劳动力流动和职业角色变换增多,整个社会劳动结构变化。所以,在现代社会里,新的生产力对于从事生产劳动的人提出了新的要求,要求劳动者既要有一定的生产技能,又要有一定的科学文化知识,不断地提高文化科学技术水平,全面了解生产系统,以适应生产和科技发展的需要。这就要求学校教育培养的人才,不仅具有比较广博的科学文化知识,而且要具有开拓能力。网络技术的运用,意味着人类已经开始一个全新的知识经济时代,同时也预示着人类需要用一个新的评价体系来衡量人的力量。面对这种变化，现代教育不可避免地要接受新的人力评价体系的挑战。在知识超速积累和人们获取知识的方式急剧变化的时代，培养的人才能熟悉获取新知识的方法，并养成独立判断、独立处理问题的能力和不断更新自己的知识的进取性格倾向将是现代教育更为重要的目标。

社会生产力的发展不仅制约着人才培养的规格，同时也影响着教育结构。教育结构通常包括基础教育、职业技术教育、高等教育、成人教育等在内的各级各类学校的组合和比例构成。教育结构不是随意确定的，而是要受到多种因素的制约。生产力和科学技术的发展状况、政治制度、文化传统和人口结构，都影响着教育结构的形成和变化。教育主要受生产力发展水平以及在这个基础上形成的社会经济结构所制约，特别是国民经济各部门之间的比例关系、产业结构和技术结构对教育结构的制约更为重要。国民经济的部门结构和产业结构制约着教育的专业结构；国民经济的技术结构决定着各级各类学校之间的比例关系；国民经济的地区结构造成各地区教育发展的不平衡；国民经济的生产资料所有制结构决定着教育管理体制。学校教育只有适应社会再生产过程中的各种经济构成，培养不同程度、不同专业的人才规格，才能促进生产力的发展。

（三）生产力发展水平制约着学校的专业设置和教育内容的选择

第一，生产力发展水平制约着学校的专业设置。“专业”在《现代汉语词典》中解释为：“高等学校的一个系里或中等专业学校里，根据科学分工或生产部门的分工把学业分成的门类。”专业的出现，既以一定的社会分工为前提，又与一定的学科基础相对应，分工的变化和科学技术的发展、专业的消长息息相关。科技的发展和社会的进步，总是不断引起社会结构的调整和变化，进而引起对各类专门人才的需求。这些需求总是通过市场对人才的需求反映出来。学校的专业设置及结构调整，必须依据人才市场所需要的专门人才的规格及数量而进行，即学校的专业设置受制于社会生产力发展状况。自中世纪大学诞生至 18 世纪，由于生产力水平不太高，社会分工较为粗略，且经济结构变化不大，大学里基本不分专业。18 世纪末，工业的发展促使生产力水平不断提高，使得整个社会结构尤其是经济结构发生了很大的变化，一系列新的产业应运而生，迫切需要各方面的专门人才。社会的需求，使培养专门人才的专科学校首先在大学之外问世。直到 19 世纪末、20 世纪初，大学才开始陆续设置各种专业。随着社会生产力水平的不断提高，人们对客观世界的认识日益深化，而且逐步系统化、理论化，这促进了科学知识不断积累、分化和发展。18 世纪，自然科学从哲学中分化出来。尔后，自然科学本身又分化为不同的领域，因而出现了一系列学科门类，如力学、物理学、化学、动物学、天文学等基础学科。随着科学技术的发展，基础学科不断分化，相继出现了二级、三级学科。与此同时，学科的综合发展趋势也大大增强，主要表现在边缘学科（如生物化学、分子生物学、物理化学等）的产生、综合学科（如环境科学、空间科学、海洋科学、能源科学、材料科学等）的出现、横向学科（如控制论、信息论、系统论等）的诞生。这些都构成了新专业的学科基础。一个国家能以多快的速度发展高等教育，能开出多少专业，要视国家的经济实力而定，要随着物质生产的发展而发展。如果物质生产的水平不高，社会不能提供充足的教育经费，专业就不能大量设置，即使勉勉强强设置了，也不能保证应有的质量，很难巩固下去。因此，学校的专业设置要依据生产力发展状况对人才培养提出的要求，要以相应的学科为基础，要有足够的物质条件作保证。

第二，生产力的发展水平制约着教育内容。学校所设置的课程是教育内容的表现形式，它在很大程度上代表了社会生产力水平。课程的多少、难易程度及性质都受到生产力发展的制约和决定。在古代社会中，由于当时的生产力和科学技术水平低下，生产技术只是一种直接经验，主要存在于个别劳动者的技能中，大部分还没有发展成为与直接劳动相分离的独立知识形态，表现为一种生产的方法，而不是一种科学的理论。这种生产方法主要通过直接经验来摸索，靠父传子、师傅带徒弟的方法来传授。因此，学校的课程与生产直接联系的自然科学和技术方面的课程不多，所设课程多为哲学、政治、道德、宗教等人文学科以及语言、文学等工具学科。随着社会的发展，社会生产力不断提高，使得各门自然科学逐一形成科学体系，学校教育逐渐增设新的学科。14 世纪，算术、几何、天文学被列入学校教育内容。文艺复兴时期，从自然科学到社会科学，涌现出了一个近代科学群，学校中增设了地理和力学。此后，科学有了很大的发展，尤其是 18 世纪的工业革命，给传统的大学教育乃至中学教育以巨大的冲击。瓦特的蒸汽机使能量的利用由分散变为集中，资本主义生产由早期的工场手工业转变为工厂方式，技术的复杂程度和管理的复杂程度大大增加。为了满足工业生产所需要的专门人才，出现了一批新型的工业专门学校，进行科学技术教育，学校教育增加了代数学、三角学、植物学、动物学等。19 世纪的工业已跨过了蒸汽机时代而进入电气时代，以打开原子的奥秘为标志，科学本身跨入现代的门槛，科技教育则以近代科学的全部成就，如牛顿力学和 19 世纪的物理学、化学、生物学等为武器来巩固、拓宽自己的阵地，并不断向社会展示自己的重要性。如数学、物理学、化学、生物学、地质学等基础学科相继在学校中设立专业，形成学科体系。再如在化学中，逐步形成了无机化学、有机化学、分析化学、物理化学、工艺化学等分支学科，构成化学学科体系。同时，一些课程从高等教育向中等教育和初等教育扩散，如在中学里开设生理、化学、地质、天文、植物、动物和物理等课程。进入 20 世纪以后，自然科学课程在中学里越来越受到重视，通过调整，形成了数、理、化、生这样一个基础课程体系。随着现代化科学技术和生产力的不断发展，学校教育不仅出现了计算机科学、分子生物学和遗传工程、空间科学、新能源、新材料、系统论、控制论、信息论等一大批新兴学科所组成的新的学科群，而且对传统的学科群也进行了深刻的改造。在学校教育中不断有新课程出现，也有过时的旧课程不断被淘汰。

在课程的结构上，古代学校普遍存在着重文轻理的倾向，文科构成课程体系的中心。某些自然科学课程的设置也往往是为了形成学生的一定观念。自产业革命以后，特别是近几十年来，由于生产力和科学技术的飞速发展，在课程结构上加强了数学及其他自然科学课程的比重，倾向于重视基础课程。这种倾向的出现是由当代的生产力空前变革所决定的。由于科学技术的发明创造在生产中应用过程的日益加快，为了避免专业知识的陈旧过时，使学生能适应生产力不断变革的需要，就必须加强基础课程。此外，由于当代科学技术的高度分化和高度综合，课程结构上出现了文理、理工相互结合的特点，设置了各种综合性课程、边缘性课程。

在课程内容上，属于生产力范畴的知识内容，如数学、物理、化学、生物学等，它们所揭示的内容是自然界某一方面运动的规律。这些教学内容是受生产力水平所决定的，生产力发展水平影响着这些教学内容的变化。生产力的发展必然引起科学技术的发展，而科学技术的发展又必然推动生产力的发展，从而使教学内容不断改革和充实。但教学内容的变革不能简单地用废除旧的、建立新的方法来实现，而只能把旧的部分作为一定条件下的相对真理包含在新的内容之中。

（四）生产力的发展水平制约着教育手段、教学方法和教学组织形式

人类进行教育活动，必然要借助一定的教育手段。教育手段是教育过程中使用的物质工具，它是作为物质传媒而存在于教育过程之中的。因此，一定社会的教育手段反映了一定社会

的生产力水平和科学技术水平。远古时代，由于当时生产力水平极其低下，人类教育活动只能靠口耳相传和实践模仿。在中世纪生产力水平上，学校使用黑板、粉笔、各种实物、模型、标本、图片等教具，并进行演示和现场参观。自19世纪至今，人们在教育中使用幻灯机、照相机、收音机、电影、广播、电视、电子计算机、人造卫星等现代化教育手段。由于这些现代化信息运载传递的处理手段直接介入教育、教学活动，大大超越了时间和空间的限制，极大地提高了教育的普及率和教育效率。由此可见，只有生产力获得极大发展、科学技术日新月异的变化、经济水平日益提高、物质条件丰裕充足，才有可能为教育的发展提供丰富多样的教育设备和设施。

随着生产力和科学技术的发展，教学组织形式由个别教学发展到班级授课制以及各种形式相结合，现代高度智能化的教学手段的应用，使集体教学的规模有扩大的趋势，同时又为个别教学开辟了新的前景。

随着社会生产力的发展，教学方法也处于不断的变革之中。古代社会的教学方法基本上是机械记忆，并辅以体罚和严酷的纪律。由于自然科学的研究方法被改造为教学方法，现代社会的教育开始重视实验、观察方法的运用，鼓励学生亲自动手，获取直接经验，以培养学生的科学创造能力。特别是现代教育更注重学生学习的主体作用，强调学生的体悟、情感的作用，教学方法更提倡调动学生学习的积极性和主动性。

二、政治、经济制度对教育的制约作用

一定社会的生产关系，包括生产资料归谁所有、生产中各社会集团所处的地位和相互关系、产品的分配形式等三个方面，构成了社会的经济基础，表现为这个社会的经济制度。政治是经济的集中表现，统治阶级总是通过政治来维护自己的经济利益。生产力发展对教育的制约，一般总是通过一定的社会制度起作用的。教育是一定社会的政治和经济的反映，任何国家、任何时代的教育都不能脱离该社会政治的需要和该社会所具有的经济基础而独立存在。一定社会的政治、经济制度必然制约着教育的发展。总体来说，政治、经济制度决定教育的性质。政治、经济制度对教育的决定作用，主要表现在以下几个方面：

（一）政治、经济制度决定着教育的领导权

掌握生产资料是取得教育领导权的物质基础。一个阶级要真正拥有控制、支配教育的权力，不仅要掌握生产资料，还要取得政权，成为国家的统治阶级。只有政治上、经济上的统治者，才能成为教育上的统治者。只有掌握了教育的领导权，才能使教育根据统治阶级的利益要求培养出本阶级所需要的人。所以，统治阶级总是利用他们在政治、经济、思想方面的统治地位，千方百计地把教育的领导权掌握在自己的手中。

在政治方面，统治阶级利用其政治上的权力通过国家所颁布的政策和法令，规定办学的宗旨和方针，并通过强制手段监督执行以及任免各级教育机构的领导人和学校教师，控制着教育的领导权。例如，我国古代奴隶社会的“学在官府”，就说明文化教育掌握在政府手中。我国自汉代以后历代封建王朝、封建政权通过选士制度，选拔佐治臣仆。既然入仕要通过选士，那么，无论是官学还是私学，无形中都要服从选士的要求。欧洲封建社会的教育主要由教会控制，但政权和教会是合一的。资产阶级取得政权后，在中央集权的国家有高度集中的教育行政组织。在一些分权制的国家里，则由地方政府直接管理学校，由中央政府通过一系列的立法来确保各地方的教育方向。教育立法，是国家干预和管理教育的一种重要手段，它将教育政策具体化为法律条文，并赋予强制力量加以推行，以实现国家管理教育的目的。

在经济方面，统治阶级利用拨款和捐款的方法来控制学校，掌握教育的领导权。如我国宋代的书院、清代的私塾，或由封建地主阶级拨给学田办学基金，或由他们出资办学。这类学校当然是听从他们的领导。至于官学系统，由朝廷拨款兴办，领导权更是属于统治者了。在资产阶级统治的国家里，资产阶级通过增拨补助教育经费的办法，控制对学校教育的领导。

在思想上，统治阶级以其统治思想来影响和控制教育。教育是培养人的，用什么样的思想去影响年青一代，是教育的首要问题，学校教育必须坚定不移地向受教育者灌输统治阶级的政治、法律、道德等方面的思想观点，这在任何有阶级的社会都是如此。统治阶级还通过管理教科书的编定和各种读物的发行等，来保证思想上的领导地位。

（二）政治、经济制度制约着受教育权

一个社会的人民群众在何等的范围、层次上享受着教育的权利，是由这个社会的政治、经济制度决定的。不同社会的政治、经济制度，人们享受教育的权利是不同的。在原始社会里，当时的政治、经济状况是生产资料公有制，没有阶级的剥削，因此所有的儿童都能受到同等的教育。在阶级社会里，由于各阶级在政治、经济上所处的地位不同，反映在受教育的权利上也是不平等的。如在奴隶社会，学校是专为奴隶主的子弟开设的，接受教育是他们的特权，奴隶和庶民子弟受教育的权利则完全被剥夺了。在封建社会，不但广大劳动人民的子弟被排斥在学校门外，就是统治阶级内部，由于其政治和经济上的等级不同，受教育的权利也有差别，封建教育等级森严。在资本主义社会，由于生产技术的发展，资产阶级为了竞争、获得高额利润的需要，劳动人民的子弟获得了受教育的机会。特别是20世纪60年代以来，教育民主化、教育机会均等是西方国家喊得最响亮的口号，几乎被解释为一切教育政策的出发点。教育民主化的核心是教育均等，不仅受教育的机会应当均等，成功的机会亦应均等，不使一切智力上合格并希望接受高等教育的青年因为经济原因而得不到教育的机会。并且，西方发达国家不少法律、规章和政策是在这一口号下制定的。为了有利于各种阶层接受各级各类教育而扩建新的学校，延长义务教育年限，国家提供助学金或低息学生贷款等。但是，不可否认的是，在没有解决资本主义最本质的问题（如消灭阶级差别、实现社会平等）的前提下，教育民主化和教育机会均等是不可能完全变为现实的。我国是社会主义国家，宪法明文规定："中华人民共和国公民享有受教育的权利和义务。"但是，由于我国目前经济和社会发展水平都比较低，在真正做到人人都能享受到平等的教育权利方面还有不小差距，在保障教育平等权上还有许多工作要做。

（三）政治、经济制度制约着教育目的的制定和教育内容的取舍

教育的根本任务是培养人，但培养什么样的人，这虽然受一定的生产力水平的制约，但最直接的却是由一定社会的政治决定的。教育目的在整个教育体系中是最基本的决定因素，它在教育中居于核心地位，是教育阶级属性的基本表现，它集中地概括了一定社会政治的要求，超阶级、超社会的教育是不存在的。不同社会、不同阶级由于各自追求的政治和经济利益不同，教育的目的也就不同。原始社会的教育目的是培养年青一代从事生产劳动和劳动中能遵守一定的社会思想行为规范等。在阶级社会，教育目的为统治阶级服务，具有鲜明的阶级性。例如，我国古代社会的"明人伦"、"学而优则仕"，就是要使受教育者修己以治人。统治阶级把教育当作实行他们的"德治"、"仁政"的工具，把自己的子弟培养成为统治劳动人民的官吏。欧洲封建社会通过教会学校培养对上帝虔诚、服从教权和政权、进行宗教活动的教士，通过宫廷教育把统治者的子弟培养成为勇武善战的骑士，以维护其统治阶级的地位。可见，教育所培养

出来的人才必须是符合社会政治、经济的巩固与发展所要求的人。

教育内容是实现教育目的的重要保证，特别是哲学、政治、道德等社会科学则直接由社会的政治、经济制度所决定，具有明显的阶级性。任何阶级的教育内容，都不是单纯的知识教育，它总是体现统治阶级的思想和意志。例如，我国古代教育的基本内容为儒家的伦理、政治观点，即“独尊儒术”。资产阶级的教育通过专门设置“公民课”、“宗教教育”向年青一代宣传资产阶级的思想和宗教精神，并且利用国家机关建立教材审批制度等干预、控制教育内容。社会主义教育内容的确定则通过加强共产党对教育事业的领导而实现。学校专门设置思想政治教育课，重视在教学过程中寓德于教，重视培养和提高教师的政治素质，以保证社会主义教育的性质和方向。

三、文化影响着教育的发展

文化内涵极为丰富和复杂，有广义和狭义之分。广义的文化指人类在社会实践中创造的物质财富和精神财富的总和，包括物质文化、制度文化、精神文化。狭义的文化专指精神文化，是人类以社会成员的身份习得的复合性整体，包括知识、信仰、艺术、道德、法律、风俗和其他一切能力和行为。我们这里所讲的主要是狭义的文化。文化对教育的影响和制约作用主要表现在以下几个方面：

（一）文化直接影响教育内容的构成

教育的基本职能就是传递人类社会积累的经验，即传递人类创造的精神财富，也就是说，教育承担着传递文化的重要使命，文化必然成为教育内容的重要组成部分，人类世世代代积累起来的文化是教育内容的直接源泉。教育离开了文化，就没有了传递的内容。因此，文化的发展状况决定了教育内容的范围，而深层的文化观、价值观和教育观则决定了对其范围内教育内容的选择。如在我国古代，丰富的文史文化和一定水平的技术文化，都可作为可能的学校教育内容，但在当时的文化观和价值观的支配下，学校教育不选择作为形而下者的技术文化，而选择文史文化作为正式的教育内容。

（二）文化影响教育目的和人才标准的确定

民族文化传统的核心是价值观念及取向，影响着人们对教育目的的价值取向。不同民族文化的价值观，就会有不同的教育目的。如中国古代社会，以儒学为主要价值的伦理型文化，反映在人才培养上强调教育目的“明人伦”，非常重视道德教育。西方社会，以知识为主要价值取向的知识型文化，主张“知识就是力量”，注重通过知识的学习而认识真理。我国传统文化中极为重视“仕途”，所谓“万般皆下品，唯有读书高”、“两耳不闻窗外事，一心只读圣贤书”。在这种文化的影响下，人们对教育所抱的期待自然是能够通过各种途径进入仕途，教育成了培养各级官吏的工具。与这种教育目的相适应，人们希望教育培养出来的人能够“格物、致知、修身、齐家、治国、平天下”。在进行人才评价时，道德因素被放在非常突出的位置，“顺从”、“听话”甚至成为考察人才的首要因素。这种传统文化至今仍然深深地影响着我国的教育，在一些老师眼里，不听话的学生就不是好学生，这在一定程度上束缚了学生的独立性和创造性的发展。

（三）文化影响教育方式、方法的选择与运用

我国文化历来强调尊敬师长，重视师道尊严，强调苦行僧式的学习，认为读书和接受教育

是获得知识的最佳途径，所谓“书山有路勤为径，学海无涯苦作舟”、“书读千遍，其义自见”、“听君一席话，胜读十年书”等。这些传统文化经过几千年潜移默化的影响，已经渗入许多人的内心深处，从而导致“多讲多得，少讲少得，不讲不得”的教学现象，教师讲、学生听就成为学校教学的主要方法。

（四）文化影响教育事业的发展水平

由于文化是教育的内容，因此文化的水平必然影响教育发展的水平，文化的性质决定着教育的性质。古代文化是文史文化，决定着教育的发展水平处于人文学科教育阶段，教育要为政治服务。现代文化处于科学技术高度发展的阶段，决定着教育的发展水平处于科学教育阶段，体现着教育为经济建设服务的特点。随着社会文化的发展，人们对教育的需求必然提高，教育事业必然得到发展。实践证明，一个国家国民的文化水平越高，对教育的需求也就越高，各级各类教育也就越能得到发展。

第二节　教育的社会功能

一、教育的经济功能

社会生产力的发展推动并制约着教育的发展，而教育对生产力的发展也起着巨大的促进作用。这种促进作用主要表现在以下几个方面：

（一）教育是劳动力再生产的手段

劳动力是指人们进行劳动的能力，包括脑力劳动能力和体力劳动能力，是人的体力和智力的总和。劳动力是生产力中最重要的因素。但人的劳动能力不是与生俱来的，人是生命体，只要得到正常发育成长，劳动者的体力就在人的身体成长中获得。而劳动者智力的发展、知识的掌握、技能的形成以及运用体力的技能，只有通过教育才能获得。马克思主义认为，具有一定的生产知识和劳动技能的人才是现实的劳动力，而人在掌握生产知识和劳动技能之前，只是一种可能的、潜在的劳动力。在现实的社会生产中，自然人只是作为潜在的劳动力而存在着。如要使这种可能的、潜在的劳动力在社会生产中发挥现实生产要素的作用，必须经过教育和训练。由此可见，教育可以使可能的劳动力转化为现实的劳动力，可以把一般的劳动力加工成专门的劳动力，可以将经验型的劳动力训练为科学型的劳动力，可以将体力型的劳动力培训为智力型的劳动力。教育的这种转化作用，随着社会生产力的高度发展显得更加重要。特别是在现代生产中，科学知识成为生产发展的决定因素，劳动成为科学的劳动。在这种情况下，如果离开了教育对人的培养和训练，就不可能有现代生产。

（二）教育是科学知识和技术再生产的手段

科学知识是生产力，现代生产的基础是科学技术，提高生产力水平的关键就是提高科学技术水平。要使科学技术成果推向市场，进入生产过程成为直接的生产力，必须依靠教育。这是因为，科学作为生产力，只是知识形态的生产力，只有将科学转化成技术并物化在生产资料上，这些技术和生产资料由人来掌握和使用，才能使之与劳动对象结合生产出产品来。通过这个过程，科学技术才能转化为直接生产力。在这个转化过程中，一方面使劳动者掌握现代科学技术，这就需要通过教育实现劳动者掌握科学知识、提高技术水平、增强劳动效能，从而创造出丰富的物质财富；另一方面通过教育所培养的科学技术人员实现将科学知识物化在生产工具和劳动对象上，应用于生产过程，创造出巨大的生产力。可见，教育是实现科学知识和技术再生产的重要手段。不仅如此，学校教育所进行的科学知识再生产还是一种高效、扩大的再生产，它通过有效的组织形式和方法，缩短了掌握再生产科学知识所必要的劳动时间，能使原来只为少数人掌握的科学知识在较短的时间内为更多的人所掌握，并且不断扩大其传播范围，提高全社会的科学文化技术水平，直接推动生产力的发展。

（三）教育是发展科学的重要手段

学校教育的主要职能固然是传播人类已经积累的科学知识和社会经验，但同时我们也应认识到，学校特别是高等院校通过科学研究还承担着生产新的科学知识、新的生产力的任务。高等院校科研力量比较雄厚，学科领域比较齐全，专家学者比较集中，科研后备队伍强大，有利于开展综合性和边缘性科学的研究，这一系列优势条件决定了高等学校必然成为国家的科研主力军。近代资本主义国家的教育发展史也证明了高校的知识再生产的功能。如日本1973年各类研究人员61万，其中40%在高校；美国的基础科学研究都在大学进行；英国剑桥大学著称于世，原因之一就是它有卡文迪许实验室；1775年法国巴黎科学院改组为法兰西学院的一个部门，成为法国教育和科研的重要中心，使当时法国的科学技术跃居世界首位；德国洪堡式的大学明确提出“科学研究和教学统一”。学校与科学研究的紧密结合正是现代教育发展的新特点，许多国家以大学为依托建立“教学—科研—生产一体化”的新型高校模式。大学教师教学时是教授，搞科研是科学家，研究出的成果直接投入生产转化成新的生产力，如美国的硅谷与斯坦福大学，英国的苏格兰硅谷与爱丁堡大学，日本的硅岛与九州、长崎大学和熊本大学等等。目前，我国在逐渐培育、建立和完善高等教育科学成果转化的市场体系，加大科技成果转化投入，鼓励高等学校科技人员参与企业科技创新，如不断涌现的高校科技园区及共建的产学研联合体。

教育可以培养熟练的劳动力，提高劳动力的素质，培养工程技术和科研队伍，使科学技术物化到生产中去，教育还可以提高生产管理人员的水平，使劳动者和生产资料合理组合和利用。总之，教育对社会生产力有极大的促进作用。

以上分析可见，教育与社会生产力发展的关系为教育要受生产力的制约，同时，教育又促进社会生产力的发展，即教育与经济是相辅相成的，既相互促进又相互制约。一些新兴的工业化国家的发展经验证明，要想民族经济得到振兴，有效的办法就是在现有的经济发展水平下增加教育投资，把抓教育以增强国民素质作为提高生产力水平的突破口。美国诺贝尔奖获得者舒尔茨指出：“教育作为经济发展的源泉，其作用是远远超过被看作实际价值的建筑物、设施、库存物等物力资本的。”他计算得出，战后美国农业生产的增长80%是靠教育以及与教育密切相关的科学技术的作用，也就是人力投资的贡献。世界各国经济发展的经验表明，一个国家的经济发展水平取决于该国的国民素质，取决于教育事业的发展，教育肩负着促进经济增长的直接重任。所以，要真正做到教育是立国之本，教育投资就要优先和快于其他各项事业的投资，要强化全民族的教育意识，使全社会了解、支持教育事业，真正认识到经济发展依靠科技，科技进步依靠人才，人才培养依靠教育，并且认真切实地抓好教育，把国民素质的整体水平提高上去，可以将我国的人口负担转化为人才资源的巨大优势。要力求经济和教育之间形成协调的良性循环关系，使二者本身都能为对方的发展提供有利的条件。经济的发展能为教育事业提供必要的甚至比较充分的物力和财力等经济条件，为教育的发展创造良性的前提，而教育的发展也能为经济的发展和社会的进步提供充分的原动力。一种良性循环是促进社会各项事业繁荣和稳定发展的重要机制，是在教育和经济发展相互发生作用的过程中不断克服不利因素和努力诱发有利因素后形成的合理局面。

二、教育的政治功能

教育的性质受政治所决定，但教育绝不是消极和被动的。教育可以能动地作用于社会政治，对政治制度起积极的维护和促进作用。这种作用主要表现在以下几个方面：

（一）教育能为政治培养所需要的人才

任何一种政治要想得到巩固和发展，都必须有一定的人才做支柱，而这些人才的培养，在很大程度上要依靠学校教育。因为任何的国家行为和社会职能，不论是实际的统治和管理，还是对社会经济活动过程中实行的宏观调控，都需要具有一定素质的领导人才和管理人才。学校教育按照社会要求培养和造就各级各类领导和管理人才，直接维持和巩固社会的政治。古代社会，学校主要是培养官吏的场所。近代社会，具有较高科学文化知识水平和领导才能的统治人才，更依赖于学校培养。尤其在现代社会，随着国家机器结构的复杂和社会生产规模的庞大，通过学校教育培养高级政治人才的趋势越来越明显，居于社会领导地位的人普遍具有较高的学历，这些领导者和管理者的素质都会对整个社会系统起巨大的促进作用。

（二）教育可以促进政治民主

一个国家的政治是否民主，是由该国的政治体制决定的，但与人民的文化水平、教育事业的发展程度也有重要关系。一个国家普及教育的程度越高，人民的文化水平越高，人的知识越丰富，就越能识别政治措施的好坏，增强公民的意识，认识民主的价值，推崇民主的措施，在政治生活和社会生活中履行民主的权利，推动政治的改革与进步。这是因为教育可以通过传播科学真理、启迪人的思想意识、提高人的民主观念、鞭笞愚昧和落后而成为社会变革的内在动力。只有具有民主意识的公民，才能建立民主的社会和民主的政体。教育民主化作为政治民主化的重要组成部分，其实践运动体现全民教育，是政治民主化的重要标志，也是推动社会变革的内在动力。民主的教育不仅提高国民的政治素质，推动其参与政治的热情和能力，更重要的是民主教育的实践影响每个学生的心灵，使他们在民主教育中增强民主的意识，推动政治民主化的发展。

（三）教育通过传播思想形成舆论，影响道德风尚，从而作用于社会政治

一定社会的思想、舆论和道德风尚在社会上占统治地位，使大多数人能够接受并服从它，这是政治巩固与发展的重要保证。学校是思想十分活跃的青年人聚集的地方，师生对社会的各种政治变化必然会做出一定的反应，利用教育的过程宣传或交流各自的观点，并传播到其他方面去，从而形成来自学校的社会舆论力量。因此，学校通过主体的言行以及编写教材、出版物等，向社会宣传思想意识和行为规范，是制造舆论、宣传思想、影响社会的有效阵地。而这种从思想舆论上对社会所产生的影响，在巩固和发展一定的政治中具有不可低估的作用。

总之，一定性质的教育总是由一定社会的政治所决定，又对一定的政治以积极的反作用。但是，我们必须明确教育对政治所起的作用也要受政治制约，只能在政治为它规定的轨道上实现，教育对政治不起决定作用，即不可能改变政治的发展方向，更不能成为政治发展的根本动力。

三、教育的文化功能

（一）传递和保存文化的功能

人类文化是后天习得的，这就决定了不可能通过遗传的方式延续，而只能通过传递的方式延续和发展。教育传递着文化，使年青一代接受和继承人类已有的文化，教育是文化的传递工具。教育传递文化，将人类的精神文化财富内化为个体的精神财富而成为整个生命的一部分，这样，人类的精神财富便找到了它最安生、与人类共存亡且具有再生功能的“保险库”。因此，教育作为传递文化的手段，也就具有了保存文化的功能。

教育对文化的传递、保存功能，是通过教育对文化的选择、整理过程来实现的。首先，教育要确定教育内容，而确定教育内容的过程就是选择文化的过程，要把最基本的、最精华的文化传授给年青一代。其次，教育离不开编写教材和教科书，这就是整理文化的过程，这个过程在人类文化传递中有非常重要的作用。教育通过对文化的整理过程使之系统化、逻辑化、简约化、心理化，便于传递。

（二）传播和交流文化的功能

文化既然可以传递，也就可以传播和交流。文化的传播，一般指某一社会文化共同体的文化向另一社会文化共同体的传输过程，是单向的；而文化的交流，则是两种或两种以上文化共同体的文化相互传播，是双向的或多向的。

历史昭示我们，狭隘的地方主义会导致文化停滞。抱残守缺、故步自封的文化，不管它有怎样辉煌的过去，也不可能有真正的前途。一种文化只有对其他文化开放，在与其他文化的主动接触中吸收、融合别的文化的优良因素，才能得到丰富和发展。因为文化的传播和交流，会促使各种文化形态能增生出许多不被原有文化传统所羁束的、从更高层次上超越原有文化传统的新的文化因子。文化的交流，对于双方都是自我超越的过程，都是向自身灌注生命力和新鲜血液的过程。文化的传播和交流，可以通过教育、战争、贸易、移民、旅游等多种途径和手段来实现。其中，教育作为传播和交流文化的重要手段和途径，吸纳了其他民族的文化，经过去劣存优的选择，具有丰富文化的功能。如在日本明治维新运动中，在促进“文明开化”方面，公共教育扮演了先锋的角色。日本邀请许多西方人士到日本来，并向他们学习和寻求异域现代文化的新知识。这些努力，使日本政府和社会得以高速西方化。学校教育被公认为是最有效的文化传播和交流的工具。尤其是学校中的年青一代的思想受传统文化影响较少，对新事物敏感，容易接受新的文化，这更有利于文化的传播与交流。

（三）创造和更新文化的功能

文化不是自然赋予人类的，而是人类利用自己的智慧创造出来的，换言之，人既是文化的承继者，又是文化的创造者。人类为了自身的生存与发展，必须不断地更新与创造文化。教育通过传递已有文化，使个体“社会化”与“文化化”，并培养、造就与文化发展相关的个性和创造力，从而使文化能够得以发展和更新，也就是说，通过教育，把人类已有的精神财富内化为学生个体的精神财富，使他们具有参与文化生活的能力，并培养和发展他们的文化表现方式和创造能力。新的一代，通过教育，迅捷而有效地占有人类全部文化的精华，然后即可站在前辈人的肩膀上进行新的创造。因此，教育作为传递人类文化的手段，不仅具有保存文化的功能，同时也具有“文化繁殖”即发展文化的功能。一般说来，一个人受的教育愈多、愈好，他占有的人类精神文化的财富也就愈多，创造、发展文化的能力也就愈强。而一个民族，教育愈普及，教育的质量愈高，文化发展的速度就愈快，文化水准也就愈高。这是因为，教育是文化系统中的一个能动要素，是文化发展循环加速机制中的一个内在环节。由于教育具有传播和交流文化的功能，从而也就使教育具有了发展、更新文化的功能。因为文化进步的根本动力之一来源于交流，正是交流，使得各本土文化遭到外来文化的冲击、挑战，各个文化得以吸收其他文化中优秀的东西。也正是交流，使得各文化处于不断的分化与重组之中，日益趋向于一种最优化的组合，即交流使得各文化从单一化走向多元化，从而激发出文化创造的生机。

第三节 教育的相对独立性

一般说来，教育为一定社会的政治、经济制度和生产力所制约，但是，又常显示出自身所特有的形式和发展历史。这是因为教育具有其自身运动的内在规律，即具有相对的独立性。这种相对独立性主要表现在以下几个方面：

一、教育与生产力、政治的发展不平衡

教育与社会政治和社会生产力的发展，并不完全同步。在教育与政治的关系上，由于意识落后于存在，当旧的社会制度被推翻以后，反映旧政治和旧经济的旧教育思想往往要残存一个时期，成为新社会和新教育建立的障碍。但在一定条件下，也可能产生某些超越当时社会制度的新教育思想，如在资本主义社会中产生了马克思主义的教育思想。在教育与生产力的关系上，由于教育的周期长，现在的教育是为了满足未来的需要，不但要看到近期需要，而且还必须预见到远期需要，必须充分估计到现代科学技术的发展趋势，也就是说，教育要面向未来，为未来的社会培养人，要使教育在一定程度上优先于生产力的发展。认识了教育与政治和生产力发展的不平衡性，就要去改革教育中的不适宜的东西，以促进社会的发展。但教育改革的办法和政治经济变革的办法并不完全相同，它不能采取经济上的剥夺手段，也不能采取政治上的打碎的办法，而是要做细致的思想改造工作，谨慎地、有步骤地进行改革。

二、教育具有历史继承性

教育自产生之日起，作为一种社会现象，就有了自己独立的发展道路。它和其他社会现象一样，在其历史的发展过程中必然从各个方面吸收和利用以往历史阶段的教育成果和经验。教育的思想、制度、内容和方法等各方面，不仅反映着政治、经济和生产力的要求，而且与教育发展的历史沿革有着渊源，都带有自己发展历程中的烙印。这就是教育的历史继承性。教育是培养人的一种实践活动，其根本任务是把人类积累的生产经验和社会生活经验转化为受教育者个体的精神财富，形成受教育者的个性。要实现这一转化，教育就必须遵循自身活动的规

律。随着人类教育活动的延续，人们对教育规律的认识由简单到复杂、由低级到高级，越来越丰富，越来越深入。如在教育教学的原则和方法上，强调启发诱导、因材施教、自学自得、循序渐进、长善救失、言行一致；在师生关系上，注重尊师爱生、教学相长；在教育思想上，提倡教书育人、论学取友、身教重于言教等等。这些具有规律性的认识是在其历史进程中逐步形成、发展和丰富起来的世代相传的教育珍品，是人类社会共同的财富，不会因政治和生产力的变化而被否定，具有一定的连续性。因此，任何一个历史时期的教育，都是在以前教育遗产基础上发展起来的。社会主义社会的建立，其性质变了，社会的经济基础和政治制度变了，教育的性质和目的也会随之改变，但并不是教育的所有方面都要改变。我们要以科学的态度对待教育历史遗产，取其精华，去其糟粕，批判地继承，并在此基础上发展社会主义的教育事业。

正是因为教育具有历史继承性，在同样的政治和生产力发展水平的国度里，有着不同特点的教育，不同民族的教育具有不同的传统和特点。如同样是奴隶社会下的教育，古希腊罗马较为重视知识教育，我国则较为重视道德教育；他们培养哲人，我们培养贤人。

三、教育与其他意识形态的相互影响

教育这一社会现象，除了反映政治、经济的要求，并反过来为其服务外，同其他意识形态也有着密切的联系。例如，社会的政治思想、哲学思想、法律思想、道德观念、宗教、文学、艺术、科学等多方面的内容，几乎都与教育发生联系。教育不仅是这些精神活动和思想形式继承、传递和发展的重要手段，而且在教育实践的过程中，也综合利用这些活动的成果，并受其发展的制约和影响，特别是哲学思想和政治思想直接而深刻地影响着教育的思想和理论。如孟子主张人之性善，以为恻隐、羞恶、辞让、是非之心，人皆有之，此四者就是仁、义、礼、智等美德的开端，是先天的，是不学而能的“良知”、“良能”。教育的任务，就是“求其放心”、恢复人的先天的本性，以达到“尽心、知性、知天”的境界，因而在教育上特别重视人的主观修养方法。而荀子主张人之性恶，如“目好色，耳好声，口好味，心好利，骨体肤理好愉逸”，都是人性恶的表现。人之所以能改恶从善，是积学而成，是后天努力的结果，因而他非常重视后天环境和教育的作用。他们不同的教育思想都与各自的哲学思想和政治思想发生着直接联系，仅仅用生产力、生产关系和教育之间的一般性联系是无法给予解释的。在现代社会里，科学技术作为对教育具有强大影响的一种力量，主要以思想观念和物质技术两种方式，或直接或间接地通过政治及文化传统的中介对教育施以作用，它不仅加快了现代社会经济的发展速度，而且也必然对教育落后的方面提出挑战，如改变包括人才观在内的教育观念和教育思想。社会的其他意识形态都是人类在长期的社会实践中所创造、发展起来的，任何一个国家和民族在其延续和发展过程中，都要不断地传递和创造自己的政治思想、哲学观点、文化传统等。这样，其他社会意识形态对教育的影响不仅体现在教育的价值观念和培养目标上，也渗透在教育体制、课程教材、道德教育以至教学方法和教学组织形式上。它虽然不同于政治、经济制度及生产力对教育所具有的决定性影响，但对教育的改革却具有不可低估的推动或阻碍作用。如东方教育注重理论基础，强调系统教学，这多与东方人重视个人的修养这一传统文化有关，而西方教育则注重渗透性学习，强调动手能力，这多与西方重视个性发展的文化传统有关。

教育除了同其他意识形态发生联系外，还同其他的社会现象发生着各种不同的联系。例如，地理环境和人口因素都对教育产生着不同程度的影响。地理环境的好坏对文化教育的发展有着直接的影响，如气候的冷热对儿童成熟早晚的影响、交通的便利与否对文化发展快慢的影响等。人口已成为对人类社会发展具有重大影响的因素之一，它对教育的影响结果是较直观的。如人口的数量，直接影响到教育事业发展的数量和质量；人口的构成，直接对教育的结构产生影响；人口的发展和变化，也直接影响教育计划、设施等重大问题。

综上所述，教育这一社会现象同社会生活的各个方面都有着极其广泛而复杂的联系。因此，我们在研究教育问题时，不能把政治和生产力发展水平作为考察教育的全部依据，还应该考虑教育的相对独立性。但是，我们应该注意到，教育的这种独立性只能是相对的，教育最终还是由政治和生产力所决定的。如教育有自身的继承性，但一个时代的教育从以往时代的教育中继承些什么、舍弃些什么，归根到底还要由当代的政治和生产力的需要来决定；教育与社会发展存在着不平衡性，但反映旧政治、旧经济的旧教育，在旧社会被推翻之后，也不可能长期存在，而新的教育思想，只有在新的政治、经济建立之后，才可能成为占统治地位的意识形态；任何一种意识形态，追根溯源地看，无不与一定的社会政治、经济制度相联系，无不脱胎于一定的生产力和生产关系。由此可见，教育的这种独立性不能是绝对的，而只能是相对的。

第四节　教育与我国社会主义现代化建设

一、教育在我国社会主义现代化建设中的作用和地位

教育和科技在现代化建设中具有基础性、先导性、全局性的作用，这是在新的历史时期，中国共产党对教育和科学技术在现代化建设中的地位和作用的深刻揭示。

（一）发展教育是适应在激烈的国际竞争中抓住机遇、应对挑战、赢得主动的需要

当今世界，国与国之间的竞争实质上是综合国力的竞争，而综合国力的竞争，科技是关键，教育是基础，人才是核心。谁能把握先进的科技知识和人才资源，谁能拥有输送大批创新性人才的雄厚教育资源，谁就可能在竞争与合作中占据优势地位，掌握主动权。中国作为发展中的社会主义国家，在西方发达国家占据科技优势的形势下，能不能迅速提升自身的科技创新能力、在高新技术产业拥有自主知识产权，能不能通过发展国民教育培养和凝聚一大批高科技人才，这直接关系到我们能否用好战略机遇、实现国家富强和民族振兴。

（二）加强教育是贯彻落实习近平新时代中国特色社会主义思想、实现经济持续快速协调健康发展和社会全面进步的需要

党的十九大召开，标志着我们党对社会主义建设规律的认识达到了新的高度，对经济社会发展具有长远指导意义。现阶段，我国经济增长方式的两个根本性转变尚未完成，工业化、信息化的双重任务还很艰巨，人口压力越来越大，资源约束愈益明显，生态环境问题日益严重。在这种条件下，要实现十九大提出的战略目标，全面建成小康社会，必须走一条坚持以人为本、统筹兼顾的可持续发展之路，大力发展科技，加快新型工业化步伐，加快产业的优化升级。这就要求必须大力发展教育，使人口压力转化为人力资源和人才优势，把经济和社会的发展转移到依靠科技进步和提高劳动者素质的轨道上来。

（三）普及教育是建设社会主义政治文明和精神文明的需要

高度的社会主义政治文明和精神文明是中国特色社会主义的重要特征，也是全面建设小康社会的重要目标。人民当家做主，依法管理国家，依法管理经济和社会事务，充分享受广泛的民主权利和自由，这些固然与人民的政治地位密切相关，但也同他们的科学文化素质紧密相连。不掌握现代科技手段，就不能及时了解国家政治生活中的重大信息，选举权、知情权、参与权和监督权就不能有效行使；不具有一定的文化知识，民主法制意识、权利义务意识就难以自然形成。同样，如果文盲充斥、科盲遍野，迷信愚昧的东西就容易泛滥，各种伪科学就不易被辨别，文明健康的生活方式和良好的道德风尚就难以形成。因此，优先发展教育和科学，提高全民族的科学文化素质，是建设高度的社会主义政治文明和精神文明的根本途径和基础工程。

二、教育与"科教兴国"战略

1995 年 5 月《中共中央、国务院关于加速科学技术进步的决定》首次提出科教兴国战略。科教兴国战略是党中央、国务院在总结历史经验的基础上，根据我国社会主义现代化建设的现实情况做出的重大战略决策。它是指要全面落实科学技术是第一生产力的思想，坚持教育为本，把科技和教育摆在经济、社会发展的重要位置，增强国家的科技实力及向现实生产力转化的能力，提高全民族的科学文化素质，把经济建设转移到依靠科技进步和提高劳动者素质的轨道上来，加速实现国家的繁荣昌盛。

实施科教兴国战略，就要大力发展教育事业，把教育放在优先发展的战略地位，培育德、智、体、美、劳全面发展的社会主义建设者和接班人。实施科教兴国战略，必须深化科技和教育体制改革，促进科技、教育同经济的结合。要适应社会主义市场经济的要求，逐步建立规范有效的多渠道投入体制，促进科技、教育的发展。实施科教兴国战略，必须大力开发人才资源，加快发展教育事业，普遍提高劳动者的素质，建设一支宏大的、高素质的人才队伍，尤其要培养一大批急需的信息、金融、财会、外贸、法律和现代管理等专业人才。教育是培养人才的基础，对经济和社会发展具有先导性、全局性的作用，要适度超前发展。要加强人才队伍建设，努力营造用好人才、吸引人才的良好环境，形成尊重知识、尊重人才、鼓励创业的社会氛围。要加快建立有利于各类优秀人才脱颖而出、人尽其才的机制。实施科教兴国战略，必须正确处理经济、科技、教育相互促进和协调的关系，把经济建设转移到依靠科技进步和提高劳动者素质的轨道上来。在当前工作和中长期规划中要把经济发展、科技进步与教育事业三者统筹考虑、紧密结合，力求形成良性循环的运行机制。

三、教育与社会主义和谐社会的构建

教育具有十分重要的社会功能，是构建社会主义和谐社会的基石。

（一）教育是落实以人为本、促进人的全面发展、为和谐社会培养高素质公民的基本途径

社会主义和谐社会是国民素质普遍提高的社会，民主法制、公平正义、诚信友爱、充满活力、安定有序、人与自然和谐相处，都必须以全体国民受过相当程度的教育并具有较高素质为前提。教育是提高国民的思想道德素质、科学文化素质和健康素质的基本途径，是体现发展为了人民、发展依靠人民、发展成果由人民共享的重要方面。落实以人为本，离不开以人为对象、

专门培养人的教育工作；促进人的全面发展，也需要充分发挥以培养全面发展的人为根本目的的教育的重要作用。

（二）教育是实现科学发展、转变经济增长方式、为和谐社会提供智力和人才支撑的必然选择

社会主义和谐社会是科学发展的社会，经济不发展，没有坚实的物质基础，以及城乡、区域、经济社会发展失衡，就不可能实现社会和谐。面对人口多、底子薄、人均自然资源相对不足的基本国情，过去我们依托庞大的劳动力资源，以经济建设为中心，改革开放，大力发展生产力，创造了巨大的物质财富，综合国力大大增强。现在，要切实把我国经济社会发展转入科学发展的轨道，就必须转变经济增长方式，创新发展模式，提高发展质量，走新型工业化道路，既要在科技含量高、经济效益好、资源消耗低、环境污染少上下大功夫，又要在人力资源优势得到充分发挥、建设人力资源强国上做大文章。当今世界，知识、科技创新的地位日益突出，人力资源特别是高素质人才具有决定性作用，而这些都离不开教育事业的发展。教育是发展科学技术和培养人才的基础，只有充分发挥教育在建设创新型国家和人才强国中的重要作用，不断培养和造就数以亿计的高素质劳动者、数以千万计的专门人才和一大批拔尖创新人才，把我们巨大的人口压力进一步转化为人力资源优势，才能为构建社会主义和谐社会提供坚实的智力支持和人才支撑，也才能为实现经济社会全面协调可持续发展奠定坚实的基础。

（三）教育是建设社会主义核心价值体系、巩固社会和谐的思想道德基础的迫切要求

社会的和谐、国家的长治久安，在很大程度上取决于全体社会成员的思想道德素质，没有共同的理想信念和良好的道德规范，是无法实现社会和谐的。教育是社会思想道德建设和文化建设的基础，它担负着培育有理想、有道德、有文化、有纪律的社会主义公民的重要职责，在弘扬社会主义思想道德、传承民族优秀文化、推动全社会形成共同理想、增强全民族凝聚力等方面具有不可替代的作用。只要我们坚持把社会主义核心价值体系的内容有机地渗透于各级各类教育中，通过各种形式和手段教育全民特别是广大青少年，就能有效地巩固马克思主义在我国意识形态领域中的指导地位，增强对中国共产党领导、社会主义制度、改革开放事业、全面建设小康社会目标的信念和信心，弘扬以爱国主义为核心的民族精神和以改革创新为核心的时代精神，树立以“八荣八耻”为主要内容的社会主义荣辱观，也就能夯实全体社会成员团结奋斗的思想道德基础。

综合练习题

一、选择题

1. 社会生产力对教育的制约和促进，主要体现在______上。

   A. 受教育权　　B. 教育方法

   C. 对人的培养和促进　　D. 教育领导权

2. 教育和经济的关系，总的来说是______。

   A. 经济决定教育，教育反作用于经济　　B. 教育决定经济，经济反作用于教育

   C. 经济决定教育，教育对经济没有影响　　D. 教育决定经济，经济对教育没有影响

3. 社会生产力与教育内容的关系是______。

A. 社会生产力制约所有教育内容

B. 社会生产力制约与劳动能力有关的教育内容

C. 社会生产力与教育内容无关

D. 社会生产力制约与意识形态有关的教育内容

4. 社会成员中哪些人能够享受学校教育，受什么程度的教育，受教育机会怎样分配，起决定作用的是一定社会的______。

A. 政治制度　B. 生产力水平　C. 科学文化水平　D. 教育方法

5. 政治与教育内容的关系是______。

A. 政治决定一切教育内容　B. 政治决定与劳动能力有关的教育内容

C. 政治与教育内容无关　D. 政治决定与思想意识有关的教育内容

6. 政治制度与教育制度的关系是______。

A. 政治制度制约教育制度

B. 教育制度制约政治制度

C. 政治制度与教育制度无关

D. 只有在古代教育阶段，政治制度才决定教育制度

7. 文化对教育的影响，最直接的方面就是______。

A. 教育制度　B. 教育规模　C. 教育方法　D. 学校课程内容

8. 决定教育发展的规模、速度和结构的是______。

A. 生产力发展水平　B. 生产关系

C. 物质资料生产　D. 人口

9. 教育对政治经济制度起______。

A. 促进作用　B. 制约作用

C. 决定作用　D. 促进或延缓作用

10. 教育为政治经济制度服务，主要是通过______表现出来的。

A. 培养人　B. 参与政治活动

C. 参与经济活动　D. 传播文化与科学知识

二、简答题

1. 生产力如何制约教育的发展？

2. 教育对生产力的发展有什么促进作用？

3. 教育具有哪些功能？

4. 如何理解教育的相对独立性？

5. 简述教育与文化之间的关系。

三、论述题

1. 论述教育的社会制约性。

2. 论述教育在我国社会主义现代化建设中的作用与地位。

第四章　教育与人的发展

本章学习指导

1. **识记**：人的发展的含义、人的发展的特点、影响人的发展的因素及其作用。
2. **理解**：理解并掌握教育在人的发展中的主导作用。
3. **应用**：教育如何适应并促进人的发展。

教育与人的发展是教育的基本关系问题。人是教育的对象，人的发展又有自身的规律，教育要促进人的发展就必须适应人的发展的规律。因此，人是怎样发展的、有什么特点、人的发展受哪些因素的影响以及各因素之间的相互关系、教育在人的发展中的作用，这些将是本章探讨的主要问题。

第一节　人的发展的含义与特点

一、人的发展的含义

发展是事物有规律的运动变化过程。发展既包含着积极的、进步的变化，也包含着消极的、衰退的变化。发展的规律是从低级到高级、从简单到复杂、从量变到质变、从旧质到新质的不断发展、完善的过程。

人的发展指个体的人从出生到生命终止这一过程中，随着年龄的增长，在身体和心理两个方面不断协调、发展和完善的变化过程。

人的身体的发展，包括机体的正常发育和体质的增强两个方面。这两个方面是互相联系的，正常发育的机体才能增强体质，而体质的增强又有助于机体的正常发育。

人的心理发展是指人的精神的发展，也包括两个方面：一是认知方面的发展，如感觉、知觉、记忆、想象和思维等；二是意向的发展，如需要、兴趣、情感、意志等。其中，前者是对客观事物及其关系的反映，后者则是由个体或社会的需求所引起的对客观事物的态度和意向。两者是相互联系的，人们在认识客观事物的过程中，形成了对客观世界的主观意向和态度，而对客观世界的主观意向和态度又促进和制约着人对客观事物的认识。

人的身心各方面的发展是紧密联系、相互促进、相互制约的，身体和心理这两个方面是密切相关的。由于心理是人脑的机能，身体是精神的载体，因此身体的发展，特别是神经系统发展的情况制约着心理的活动及发展，也制约着精神的发展。同样，身体的发展也要受到认识、情感、意志和性格等心理过程和特征的影响。人的身心发展的各个方面绝不是简单、孤立的发展，而是一个复杂的、相互联系的矛盾统一体的发展，它们之间组成了许多相互促进、相互制约和影响的关系。

二、人的发展的特点

人的身心发展是一个有规律的发展变化过程，这一规律性的发展变化具有一系列的特点。

（一）人的身心发展的顺序性

发展是具有一定的顺序的，人的身心发展也是有顺序的。不仅整个身心发展具有一定的顺序性，而且身心发展的个别过程和特点的出现也具有一定的顺序性。青少年的身心发展是不间断地从量变到质变、由低级向高级、由简单到复杂的有序过程。儿童的身体发展遵循着从上到下、从中间到四肢、从骨骼到肌肉的顺序，由软弱到逐步强壮发展，全身性动作方面按爬、走、跑、跳、攀登和超越障碍依次发展。心理发展总是由具体思维到抽象思维，由机械记忆到意义识记，由无意注意到有意注意，由喜、怒、哀、惧等一般情感到理智感、道德感、美感等复杂情感，并且发展的顺序不能逆转，不能跳跃。

（二）人的身心发展的阶段性

人的发展的质变过程体现了发展的阶段性。个体的身心发展在一定顺序的持续不断的发展过程中，某一段时期内往往反映出一些新的生理与心理变化的一般的、典型的、本质的特征，标志着发展由量变到质变，从而使发展进入到一个新的阶段。以思维为例，中学的青少年思维能力迅速得到发展。在少年期的思维中，抽象逻辑思维虽然开始占优势，可是在很大程度上还属于经验型，他们的逻辑思维需要感性经验的直接支持。而青年初期的抽象逻辑思维则属于理论型，在这个思维过程中，既包括从特殊到一般的归纳过程，也包括从一般到特殊的演绎过程，也就是从具体知识上升到理论又用理论指导去获取具体知识的过程。这个过程表明青年初期的思维由经验型向理论型的转化，抽象思维与具体思维高度统一，抽象逻辑思维已高度发展。人们根据这些特点的典型性和普遍性，确定了人的发展的阶段性。前后相邻的阶段有规律地更替，并有部分重叠。整个过程可以分为乳儿期（0～1 岁）、婴儿期（1～3 岁）、幼儿期（3～6、7 岁）、学龄初期或童年期（6、7～11、12 岁）、学龄中期或少年期（11、12～14、15 岁）、学龄晚期或青年初期（14、13～17、18 岁）、成年期（18 岁以后），成年期又可分为青年期、壮年期、老年期。

（三）人的身心发展的个别差异性

在同一年龄阶段，人的身心发展处于同一水平，表现出共同的特征。但是，由于遗传素质的差异、环境和教育的不同以及个人努力程度的不同，同一年龄阶段的不同人的身心发展存在着差异性，即不同个体未必都处于同一发展水平。每个人都生活在一定的社会环境之中，每个人对社会影响也会由于遗传和主观努力不同而做出不同的选择，正是由于个体选择的不同，才使个人的身心发展出现明显的差异。

发展的差异性，首先表现为不同儿童的同一方面的发展速度和水平各不相同，如同样年龄的儿童其智力发展上的个体差异，注意力的集中程度和分配、转移上的差异，在观察事物时识记与遗忘速度快慢的差异，思维能力在敏捷性、独立性、创造性方面的差异等。其次，发展的差异性表现在不同方面的发展的相互关系上。如有的人擅长语言、符号、文字、逻辑、分析等，有的人擅长绘画、音乐和直观、综合、形象思维等。最后，发展的差异性还表现在不同的青少年具有不同的兴趣、爱好和性格心理倾向上。如有的人对数理化兴趣浓，有的则对文史哲特别爱好；有的人对艺术、体育格外有兴趣，有的则喜静懒动；有的人开朗、活泼、善于交际，有的则沉静、谨慎、交际面窄；有的人意志坚定、果断有毅力，有的则胆小拘谨、优柔寡断等。

（四）人的身心发展的不均衡性

人的身心发展速度是不均衡的。这种不均衡性表现在以下两个方面：

第一，个体的同一方面在不同的年龄阶段中，发展是不均衡的。如身高的发育有两个高峰期，第一个高峰期是出生后的第一年，第二个高峰期为青春发育期（十五六岁）。大脑的发展有两个显著的加速期，一个在五六岁，另一个在十三四岁。在高峰期内发展较之其他年龄阶段更为迅速。人的心理发展是一个从量变到质变的过程，是由许多小的质变构成大的质变的过程。每个心理过程或心理特征都要经过几次质的飞跃，并表现为一定的年龄特征。这个质的飞跃，叫作关键年龄，又叫心理发展的最佳期。如人的智力发展有5岁前和12～13岁两个关键年龄。儿童的思维在10～11岁存在着由具体形象思维到抽象逻辑思维的转折，这个转折时期即为儿童思维发展的关键年龄。青少年的思维在12～13岁为发展的关键期。16～17岁是思维活动的初步成熟期，是由经验型抽象思维水平向理论型抽象思维水平转化的时期。15～16岁是品德发展的初步成熟期。

第二，人的身心在不同方面的发展是不均衡性，表现为有些方面发展较快，已达到较高的发展水平，趋于成熟，而有些方面发展较慢，发展的水平较低。例如，神经系统成熟在先，生殖系统成熟在后；在少年期身高、体重的增长已达到较高水平，而骨化过程却远远没有完成；儿童期的感觉、知觉、机械记忆发展得相当好，但抽象思维的发展则刚刚开始。

（五）人的身心发展的全面统一性

人的发展是身心的统一发展，是身心各个方面的全面发展。人的心理是人体的机能，尤其是人脑的机能，也就是人的心理以人的大脑机能为基础的。因此，人的心理的发展不仅寓于身体的发展之中，而且随着身体的发展而发展。同时，人的心理的成熟程度又影响着身体的健康成长。两者之间相互影响、相互作用，是统一协调发展的。

三、教育要适应并促进人的发展

人的发展呈现出的一系列规律性的特点制约着学校教育工作。遵循人的发展规律可以提高教育效果，更好地促进人的发展；反之，则可能事倍功半，甚至妨碍人的发展。因此，教育要遵循人的发展的规律，适应并促进人的发展。

（一）人的身心发展具有顺序性，要求教育必须循序渐进地进行

人的身心发展的顺序性，要求教育必须依据其身心发展的顺序规律，循序渐进地促进人的身心发展。无论是知识技能的传授，还是思想品德的培养，都必须遵循由具体到抽象、由浅入深、由简到繁、由低级到高级的顺序逐渐地进行。既不能躐等，也不能倒退；既不迁就现有水平，又要促进和提高身心发展的水平。如儿童语言能力的发展，是从口头语言到书面语言，就书面语言而言，先是识字、组词、阅读，而后才可以掌握表达自己思想的书面叙述（即写作），顺应儿童语言心理发展而逐步实现的过程。

（二）人的身心发展具有阶段性，要求教育必须针对性地分段实施

人的身心发展的阶段性，决定了教育要分段实施。对于不同阶段的学生，在教育教学内容、手段和方法上，不能搞“一刀切”。要把教育分为高、中、初等，在同等教育里又分为不同的年级，以适应青少年身心发展的阶段性规律。在教育教学活动中，必须根据不同等级、不同学生的身心发展特点施以相应的分段教育。但是，还应看到这种阶段性是相对的，各个阶段之间存在着相互联系、相互衔接、持续发展的关系，不能人为地截然分割和对立，要注意各阶段间的“衔接”和“引渡”工作。

（三）人的身心发展具有差异性，要求教育必须因材施教

人的身心发展的差异性规律，决定了教育者不仅要认识学生身心发展的共同性，还应重视学生的个别差异，做到因材施教、长善救失。一要发挥优势，教育者必须最大限度地适应和发挥学生的特长，鼓励学生在各自擅长的领域崭露头角，脱颖而出；二要协调平衡，在充分发挥优势的同时，还必须注意协调平衡的问题，力戒畸形发展。总之，教育要适应人的身心发展的差异性，从学生的优势和特长出发，借助于学生的特殊发展去促进其一般发展。

（四）人的身心发展具有不均衡性，要求教育必须抓住关键期适时进行

人的身心发展的不均衡性，决定了教育要善于抓住关键期。在发展的关键期进行合理的教育和良好环境的影响，其效果可以大大超过其他时期的效果，能在最短的时间内获得最大的收益。在青少年身心发展中，教育者尤其要重视智力发展、品德发展和性格发展关键期的合理教育。如果错过了关键期，对人的发展所造成的影响则是难以弥补的。

（五）人的身心发展具有统一性，要求教育必须兼顾身心的和谐发展

人的身心发展的统一性，决定了教育工作要全面地关心学生身心两方面的发展，不能孤立地、片面地发展某一方面，要把身心发展结合起来，互相促进，使学生得到全面的、和谐的发展。

第二节　影响人的发展的因素

影响人的发展的因素多种多样。究竟有哪些因素、各因素有哪些作用以及各因素之间相互的关系是怎样的，对此长期以来有不同的观点。

一、几种不同的人的发展因素论

（一）单因素论

单因素论是指那些认为人的身心发展由某种单一因素决定的理论，常见的有内发论（遗传决定论、生物预定论、预成论）和外铄论（环境决定论、教育万能论）。

1. 内发论

该观点认为，人的身心发展完全由个体内部所固有的自然因素所决定。孟子可以说是中

国古代的内发论的代表。他认为人的本性是善良的，万物皆备于我心，人的本性中的恻隐、羞恶、辞让、是非四端，是仁、义、礼、智四种基本品性的根源，人只要修身养性、向内寻求，这些品性就能得到发展。遗传决定论的代表人物有美国心理学家霍尔、奥地利心理学家彪勒、英国人类学家和心理学家高尔顿，他们强调遗传在人的身心发展中的决定作用。高尔顿认为："一个人的能力乃由遗传得来，其受遗传的程度如同机体的形态和组织之受遗传决定一样。"霍尔说过："一两的遗传胜过两吨的教育。"现代西方的内发论者进一步从人的机体物质因素来说明内发论。如美国生物社会学家威尔逊把"基因复制"看作决定人的一切行为的本质力量。美国心理学家格赛尔则强调成熟机制对人的发展的决定作用，认为人的发展顺序受基因决定，不仅人的机体机能发展顺序受生长规律制约，而且"所有其他的能力，包括道德都受成长规律支配"。

内发论认为，人的发展是先天因素成熟的结果，完全否定后天学习、经验在人的发展中的作用。

2. 外铄论

该观点认为，人的身心发展主要依靠外在的力量，实质上是环境影响的结果。我国古代性恶论的代表人物荀子就是这样的观点。这种观点又称环境决定论、外塑论、经验论等，其典型代表人物有美国行为主义心理学派创始人华生、英国教育家洛克等。洛克的"白板说"认为，人的心灵犹如一块白板，本身"没有特性，也没有理念"，可以任人涂抹，人的"理性和认识"来自后天的经验，是环境和教育决定的结果。华生甚至这样说："给我一打健康而又没有缺陷的婴儿，把他们放在我所设计的特殊环境里培养，我可以担保，我能够把他们中间的任何一个人训练成我所选择的任何一类专家——医生、律师、艺术家、商界首领甚至是乞丐或窃贼，而无论他的才能、爱好、倾向、能力或他祖先的职业和种族是什么。"

外铄论把人的发展看作外界环境影响的结果，否认人的发展的内在因素，否认人的主观能动性。

（二）二因素论

这是西方学术界一百多年来关于人的发展因素的基本看法。这种观点认为，人的发展主要是由遗传和环境两种因素的相互作用所决定的。自20世纪中叶起，西方心理学家和教育学家就着重研究这两个方面的相互作用。其中有代表性的是斯腾的"辐合论"，他认为"心理的发展并非单纯由于受外界影响，而是内在本性和外在条件辐合的结果。"①

苏联教育家巴拉诺夫等人编著的《教育学》也把影响人的发展的因素分为两类，即生物因素、社会因素。这种观点认为生物因素包括遗传素质、不属于遗传素质的某些生理特点、健康状况等，社会因素包括学生所处的家庭、学校、社会等环境因素，并认为这两大因素对人的发展共同起着交互影响的作用。

（三）三因素论

这种观点认为，人的发展由遗传、环境和教育三个因素所决定。这种观点把教育作为一种特殊的环境从一般环境中分离出来，把教育作为一个独立的因素。

这类观点以苏联凯洛夫主编的《教育学》为代表，认为在人的发展中，遗传是人发展的物质基础，环境是人发展的决定性因素，相对于环境影响来说，学校教育在人的发展中起着主导作

---

① 李丹：《儿童发展心理学》，华东师范大学出版社，1987年版。

用。这一观点在我国曾一度成为教育理论界所公认的观点。

（四）多因素论和综合因素论

随着人们对教育理论研究的深入，我国教育理论界对传统的“三因素论”提出异议，认为它忽视了人的主体方面的因素，因此，加上个人的主观心理因素成为“四因素论”。有人提出反馈调节也应是人的发展的重要因素，这就成为“五因素论”。还有“综合因素论”，这种观点认为，可以从不同的角度对影响人发展的因素进行不同的分析，如物质的、精神的，内部的、外部的，自然的、社会的，生理的、心理的，客观的、主观的，等等。各因素之间相互依存、相互制约，构成完整的整体而对人的发展产生影响。总而言之，影响人发展的因素，从整体上看，乃是多系统、多层次的，是错综复杂、明暗相间的。

（五）二层次三因素论

持这种观点的研究者认为，要想进一步认识影响人发展的因素问题，不能只在因素分类标准及数量的增减上做文章，而必须突破静态的、行而上学的思维模式，抓住人的发展的特殊性，用动态的、系统的、辩证的思维方式重新认识影响人发展的因素。从这一方法论出发，以对人的发展的影响性质为依据，可以把影响人发展的因素分为两个层次、三大类因素。第一层次是对个体发展的潜在可能产生影响的因素，简称“可能性因素”，包括个体自身条件（先天和后天，后天指每一阶段发展主题已达到的身心发展水平）与环境条件两大类因素；第二层次是对个体发展从潜在可能转化为现实产生影响的因素，简称“现实性因素”，指的是发展主题所进行的各种类型的活动。这就是“二层次三因素论”。

以上各种关于人发展的观点，对于进一步探讨人的发展因素问题都具有重要的借鉴意义，但各种观点都有不足之处。

无论是“内发论”还是“外铄论”，都强调一种因素而否定其他因素的作用，是片面的。“二因素论”只重视遗传和环境因素，否定了教育是人的发展的独立因素，降低了教育的地位；“三因素论”把教育从环境中分离出来，却忽略了人的发展的主体能动因素和主体的活动因素；“多因素论”提出了新的因素，却缺乏整体结构意义上的全面系统分析；“二层次三因素论”用科学系统的观点对“三因素论”进行了整体结构的改造，但也把教育排除在人的发展的独立因素之外，仅仅作为一个特殊的活动因素包含在活动因素之中，贬低了教育在人的发展中的地位。由此可见，人的发展因素的划分，仍是教育理论中一个长期争论的重要课题。

二、影响人的发展因素的划分

辩证唯物主义认为，一切事物的发展变化的根本原因在于事物的内部（内因），而每一个事物的运动都和它周围的诸事物相互联系和相互影响着（外因）。“外因是变化的条件，内因是变化的根据，外因通过内因而起作用。”①内外因的原理是一切事物发展的普遍规律，人的发展也不例外。

人的发展的内因就是指正常的、健康的个体身心内部的发展因素。人的遗传素质和主观能动性是影响人的发展的最根本的内在因素。

人的发展的外因就是指影响个体发展的一切外部客观条件（可统称为环境因素），包括自

① 毛泽东：《毛泽东选集》（第一卷），人民出版社，1991年版。

然条件和社会条件，其中社会条件（生产力状况、社会关系、阶级地位以及人际关系等政治、经济、文化和各种社会意识条件）起主要的影响作用。

影响事物发展的内外因从来都不是孤立地发挥作用的，都是统一起作用的。影响人的发展的内外因也是这样。因此，影响人的发展的因素还有内外因、主客观相统一的因素，这就是实践活动和教育活动。

人的身心发展是在实践活动过程中实现的。实践活动是主观见之于客观的东西，是人的内在需要、动机、理想和愿望等的实际体现。个体通过具体的实际行动来反映自己的主观愿望，来变革外部世界，这就是实践。因此，实践活动既不单纯是人的内部因素，也不纯粹是人的发展的外部因素，而是内外因的统一、主客观的结合。

教育虽然也反映个体的主观愿望，但更主要的是反映社会、群体的需要和愿望，所以教育同样是内外因和主客体的统一。

教育不完全等同于实践，人的实践主要是认识世界和改造世界的活动，而教育则是培养人和改造人的活动。同样，教育不等同于环境，环境纯粹是人发展的外部因素，而教育包含主观因素，环境对人的影响是自发的，而教育对人的影响则是自觉的。所以，教育只能作为独立因素而存在并影响人的发展。

由此分析，影响人的发展的因素包括内部因素、外部因素和内外因统一因素三个方面，即遗传素质、主观能动性、环境、实践活动和教育五大因素。这五大因素的交互作用，共同制约和影响着人的发展。

三、影响人发展的因素的作用

（一）遗传素质在人的发展中的作用

遗传素质是人的先天解剖生理特征，主要表现在人的机体构造、形态、感觉器官以及神经系统的特征等。

1. 遗传素质是人发展的物质基础和前提条件

人的发展总是要以遗传获得的生理组织、一定的生命力为前提的。没有这个生物前提，任何发展都是不可能的；若是遗传有缺陷，人的身心就得不到正常发展。人的神经系统，特别是大脑的构造和机能，是人的智力发展的生理基础。人对外界环境之所以能做出各种反映、产生各种心理现象，就其生理机制来说，是大脑皮层上暂时神经联系的建立。人的脑细胞数以亿万计，是人的智力的遗传素质，是智力活动的生理基础。如果没有这个物质基础和前提条件，就不会有正常的思维发展和思想活动。因此，遗传素质对人的发展是至关重要的，它提供了人的身心发展的可能性。

例如，无脑畸形儿生来不具有正常的脑髓，只有吸吮反射，没有正常的思维活动，生命也是短暂的。先天痴愚都是由于遗传缺陷形成。一个先天失聪的儿童，不可能成为音乐家；一个先天失明的或是色盲的儿童，绝不可能成为画家。

遗传对心理的影响作用，主要表现在两个方面：一是通过人的素质影响智能的发展。例如，神经系统的灵活性、敏锐性、接受外界信息和反馈的速度等这些遗传来的特征，是智能发展的前提。二是通过气质类型的因素影响人的性格和情绪特点，这主要表现在个体体验的强弱、快慢、显隐以及动作的灵敏与迟钝等方面。例如，一个人是善于交际还是沉默寡言，是动作迟缓还是反应灵敏，都是受到遗传下来的气质类型因素的影响所致。

只有具备正常发育的生理基础的人，才具有接受教育而成长的可能性，即遗传素质提供了人的发展的可能性。

2. 遗传素质的成熟程度制约着人的身心发展过程和阶段

人的遗传素质是逐渐成熟的，其成熟程度为人的发展的某些特征提供了可能和限制。人的各个器官及其机能在出生时是不完备的，人类的个体在遗传提供的素质前提下，通过漫长的过程，每个器官及其整个系统的结构、功能服从于年龄解剖学的规律，按期地成熟和变化。

人的身心发展和年龄特征受制于遗传素质的成熟程度，不同的年龄阶段反映出不同的生理和心理特征，那么它就为在某个年龄阶段实施的教育影响提供了可能和限制。儿童有的早期运动技能的获得是直接建立在成熟的生理基础之上的。例如，胎儿的瞳孔在母体中不可能对光线产生反射，但产后的第二天一见到光就产生反射。再如胎儿没有呼吸运动，一旦出生呼吸就出现了。这说明胎儿在出生之后，做出这些活动所需要的神经机制方面已经成熟。但儿童大多数方面的发展不是直接建立在这种成熟的生理基础之上的，必须通过学习而获得，不通过教育和学习，这方面的潜在能力就不可能出现。某方面的能力是否发展，与遗传素质的成熟程度密切相关。发展要由成熟提供可能，也要为成熟的水平所限制。所以，早或迟于成熟期的学习，都无助于发展。

儿童有些方面的能力发展，固然是经过训练而获得的，但是也与遗传成熟程度有关。如儿童行走训练以一周岁为宜，过早训练无济于事，过迟训练也不利于其健康发展。如果让一幼儿去掌握古汉语或高等数学，都会由于他的大脑皮层的生理机制尚未成熟而难以学会，而且还有碍于儿童身心的正常发展。只有当身体的发展具备了一定的条件，才能为学习一定的知识技能提供可能。另外，有些早期运动机能的获得也是直接建立在成熟的生理基础之上的。在这方面，美国生理和心理学家格塞尔的双生子爬楼梯的实验能很好地说明了这一点。他以同卵双生子为被试对象，其中之一先做每天 10 分钟的爬楼梯训练，共 6 周。然后测量两个孩子爬同一楼梯所需的时间，结果是，受训儿童 26 秒、未受训儿童 45 秒完成爬楼梯的任务。然后对这对 52 周大小的双生子同时进行为期两周的相同的爬楼梯训练。测量结果是，他们只用 10 秒钟就完成了爬楼梯任务。教育中要充分重视成熟的意义是非常必要的。当然，成熟的作用在思维、情感、个性等高级心理活动中也同样有不可忽视的影响。

3. 遗传素质的差异性在形成人的生理特点和个性特征方面具有一定的作用

儿童从出生到青春初期，身心发展成熟的特点是年龄差异的显著性逐步减少，而个体差异的显著性越来越大。个体差异的存在，与其受到的教育和环境有直接的关系，但不可否认还要受到遗传素质的影响。正常儿童都具有人类的遗传素质，这是遗传素质的共性，但人的遗传素质是有一定的个别差异的。在具有差异性的遗传素质基础上发育的不同个体自然具有各自不同的生理和心理特征。如神经系统生理机能的先天特点，神经活动过程强度、灵活性和平衡性的差异：在思维活动方面，神经活动灵活性高的人比神经活动不灵活的人，解决问题时要快2～3倍；在知觉广度方面，神经过程强而灵活的人比较大，神经过程弱而不灵活的人比较小；在注意的分配方面，有些人由于神经过程平衡，能轻快地同时做两件事，另一些人则因兴奋占优势或是抑制占优势而不善于把注意分配在不同的事物上。

4. 遗传素质的局限性

遗传素质对人的身心发展具有一定的作用，而且这种作用举足轻重，但是它在人的发展中不起决定性作用，具有一定的局限性。

第一，遗传素质仅为人的发展提供了物质前提、自然基础和生理方面的一种潜在的能量，只是为人的发展提供了可能性,这种可能性只有在一定的环境和教育作用下才能变成现实。例如,我国宋代文学家王安石写的《伤仲永》,说的是一个名叫仲永的"神童",他在几岁时就能吟诗做文章,可是他的父亲经常带他到人前讨赏赐,不予教育,后来他变成极普通的孩子。这个例子说明聪明的天赋只能是发展的前提,环境和教育则是决定的条件。

第二,遗传素质是可变的,它会在后天环境和教育的影响下发生改变,具有一定的可塑性。现代科学技术的发展,许多实验材料证明,人的遗传素质本身也可随着环境和人类实践活动的变化而变化。神经细胞中核糖核酸的含量与人在积极活动中所接受的感觉刺激有直接的联系,刺激的数量和种类可以加速或延缓先天的生长因素。一个朝气蓬勃的渴望解决问题和富有竞争性的儿童有可能使他的智商增长,他的心理能力的发展也比他的同龄人较快一些。比如现代儿童,见多识广,在环境和教育的影响下,其智力明显高于他的祖辈、父辈的同一时期。早期教育与智力发展的关系表明,出生后得到适当训练和学习的婴儿,在 3 个月后与同龄未经过训练的婴儿相比,学习效率几乎高出 1 倍。所以,对儿童的早期教育可以把智商提高,因此要注重开发幼儿智力。大量的实验反复证明,生活早期的刺激对于动物的形态、生理、生化等方面有较大的影响。如形态学研究表明,出生后,视觉输入的刺激能在不同的程度上影响大脑皮层的厚度、神经元的大小、树突分支的多少、神经的粗细和髓鞘化的程度等。以上表明,遗传素质虽具有从先天而来的稳定性,同样也具有随环境影响而改变的可塑性。

第三,青少年儿童在发展中所出现的各种个别特点,并不是完全由先天条件所决定的,主要是由教育和环境的影响以及个人主观能动作用发挥的程度和参与社会实践活动所决定的。遗传素质不能决定人的发展方向和发展水平,只是为人的发展方向和水平提供了一种可能性。因此,对于遗传素质上的个别差异不能过分夸大它的作用。例如,在印度发现的狼孩,她们虽然都是人,具有人的遗传素质,但由于她们自幼在野兽的养育下成长,她们身心的各方面发展都受到抑制和阻碍,被人们发现时,生活习性和狼一样,几乎不具有任何人的心理,既不会语言与思维,也没有人的情感和兴趣。这个例子说明遗传素质只是提供发展的可能性,没有一定的环境和教育的影响,这种可能性决不会转化为现实性。

总之,遗传素质是人的发展的物质前提,没有这个物质前提,人的发展是不可能的。但是,也不能过分夸大这个前提,否则将会导致"遗传决定论"的错误。

(二)主观能动性在人的发展中的作用

主观能动性是人的主观意识对客观世界的反映和能动作用。它是人类所特有的主观意识方面的特征,而人的活动是有目的、有意识的自由自觉活动。人的主观能动性由需要、动机和目的等要素构成,并通过作用于客观事物的自觉活动来实现。人发展的动力是人的内在的矛盾,就是社会对人发展提出的新要求,即同已有的发展水平之间的矛盾所激发的新需要。这是人发展的动力源泉。而动力的实际发挥还必须要使需要转化为动机和目的。人的需要、动机、目的等意向性总和便构成了人的主观能动性。

社会和教育向个体提出的要求所引起的新的需要和个体已有的发展水平之间会产生矛盾,这种矛盾运动是推动个体发展的内因或动力。在这个矛盾运动中,新的需要总是否定原有的水平,迫使原有的水平不断提高,以满足新的需要。当这种新的需要转化为个体已有的发展水平时,又会产生更高层次的需要。个体的发展水平总是满足不了日益增长的新需要,因此新的需要与原有的发展水平之间的矛盾运动总是推动着个体去接受外界环境与教育的影响来满足个体发展的需要,以促进个体的发展。由此可见,新要求、新需要是形成个体主观能动性的内在动力，而这种内在动力的外部表现则要通过个体的活动。通过活动，主体与客观世界发生相互作用，在这种相互作用的过程中，个体的主观能动性得以体现并不断发展。

个体的活动对人的主观能动性的形成、发展及作用的大小取决于以下因素：第一，活动的重复程度。人只有通过一定程度的重复活动，才能形成熟练的技能和技巧，才能看清事物间的本质联系，使认识不断深化，而人的主观能动性正是随着认识的不断深化而逐渐形成和发展的。第二，活动与人的现有发展水平之间的差异程度。只有高于人的现有发展水平的活动，才能使人产生兴趣，从而激发和调动个体的主观能动性。第三，活动的组织水平。活动目标越明确，步骤手段越具体，人越容易掌握活动的结构，也就越积极主动地参与活动。第四，活动中主体的自觉程度。主体从事活动的动机越强烈，目的越明确，在活动中越能自觉地注意反馈与调整，收获越大，主动性发展也越快。第五，活动的成效性。活动取得成功，不仅使主体追求的目的变为现实，产生成就感，同时还会使人产生新的或更高的需求。人的需求水平的不断提高，正是推动人的发展的重要内部动力。

（三）环境在人的发展中的作用

所谓环境，是指围绕在人们周围的客观存在，包括自然环境和社会环境。自然环境是人类生存的基础环境，离开这一物质环境，人的生存和发展是不可想象的。影响人身心发展的主要环境是社会环境。社会环境包括政治经济制度、生产力发展水平、民族文化传统、科学文化水平、各种社会关系以及各种社会意识形态等，特别是生产力状况和社会关系是影响人的发展的主要社会因素。

1. 社会生产力的发展水平决定着人的发展的程度和范围

人是在一定的物质生活条件下生活和发展的，所以人的发展及发展的程度、范围受物质生活条件所制约，也就是受社会生产力的发展水平所制约。随着生产力水平的不断提高和物质生活资料的不断丰富，人的发展的自由就不断增大，发展的水准也就不断提高。同时，生产力的发展水平，不但影响着国民的经济生活，而且影响着科学文化水平和教育水平的发展，从而影响个体的身体、智力的发展。生产力越发展，人类改造自然的成就越大，人类在改造自然的过程中以观念形态概括起来的社会经验也越丰富。那么，在一定社会环境中生活的个体，由于各人所接触到的“人类化的自然”环境不同，也就会形成不同的心理内容和心理发展水平。人类生产由小生产到机器化大生产，再发展到现代化生产，这就是各个时代人的发展源泉。

人的发展水平随着生产力水平的提高而不断提高和扩大，但始终不能超越社会生产力发展的水平，而是在生产力所允许的范围内发展，任何人的发展都不能超越生产力所提供的条件。

2. 社会关系决定着人的发展方向和发展性质

社会关系包括物质关系和思想关系。人们的物质关系主要是所有制关系、阶级地位以及分工状况等，这些条件是影响人的发展的决定性因素。思想关系主要体现为政治、法律、宗教、道德、文学艺术等意识形态方面的关系。人们的物质关系和思想关系共同影响着人的发展。

首先，人一生下来，就要与其他人发生各种交往，其他人的言论、行动和思想会在他的身上产生各种影响，积极地作用于他的发展。同时，一个人正是在与他人的交往中，借助于其他人的语言解释或动作示范，才使他得以了解各种物质环境和精神环境的意义和作用，各种环境的因素也才能对人的身心发展产生影响。

其次，一个人出生以后，总是生活在一定的人与人关系的体系中，这种社会关系体系可分为不同的层次。在较高的层次上，这种关系表现为由社会生产关系所决定的阶级和阶层关系。每个人都处于一定的阶级地位中，这种阶级地位会对人的思想、心理产生影响，作用于人的心理面貌、需要、兴趣、情感以及道德品质的发展。同时，各个阶级所拥有的不同的物质和精神财富，也影响人的智力、体力等方面的发展。在较低的层次上，青少年儿童总是直接生活在各种社会细胞中，如家庭、邻里、同伴、学校等等，其中所发生的各种人与人的关系，均能直接影响青少年儿童的发展方向和水平。

"印度狼孩"的事实说明了人的发展受环境和教育的影响和制约，她们虽然具有人的遗传素质，但没有一定的社会环境影响，因而不可能有人的身心发展。心理学家斯奇勒于1966年发表过一份实验报告：把孤儿院里的孩子分为两组，一组平均智商为64，称为实验组，保证他们生活在有适当的社会刺激的环境里；另一组平均智商为87，称为控制组，留在缺少社会刺激的孤儿院里。这两组儿童长大成人后，实验组和控制组之间有很大的差异：实验组成员平均接受12年的学校教育，并都表现出独立精神；而控制组仅有1人读完中学，40%的成员缺乏独立工作能力。这说明社会生活条件的优劣，对人的心理发展的影响是很大的。

3. 人在接受环境影响时不是消极的、被动的

社会环境制约着人的发展，但决不能把人完全看成环境的消极产物而陷入"环境决定论"。环境对人的发展具有重要的影响和制约作用，但它并不能决定人的发展，有一定的局限性。因为环境对人的作用是在人与环境相互作用的活动中实现的。首先，人是通过他所参加的实践活动对环境影响做出反映并获得发展的。当环境作用于人时，人也在能动地作用于环境，人具有主观能动性。因此，在相同的环境中生活的人，由于各人所从事的是不同水平和不同性质的活动，环境也就从不同水平和不同方向上去影响和作用于人，加上各人的主观努力的不同，他们的思想品德、兴趣爱好、意志性格各不相同。其次，人又是按照他已有的知识、经验以及在这种知识、经验基础上产生的需要和兴趣等对客观环境做出反应的，所以他们的需要、兴趣等具有相对的独立性。当环境因素作用于人时，相同的环境影响就会在不同人的身上产生不同的反应，不同的人就会从不同的方向、不同的侧面、不同的水平来接受环境的影响。因此，人不是环境的消极产物，而是能动地接受环境的影响，同时也改造环境，并在改造环境中改造自己。

（四）实践活动在人发展中的作用

实践活动是指主体同外界进行物质或精神交流的活动，反映了主体内部因素与外部因素的结合与统一，体现人的主观能动性的发挥。人的发展是在活动中实现的，实践活动是人发展的基础和源泉。随着人们实践活动的范围不断扩大，内容不断丰富和深化，人的发展水平也就不断提高。离开了实践活动，人就谈不上什么发展了。

人是在实践活动中通过实践使自己获得发展的。人的实践活动丰富多彩、多种多样，就其活动形式可以分为游戏活动、学习活动和社会实践活动。人类社会的主要实践活动是社会实践活动，社会实践活动最基本的是生产活动以及在此基础上的社会交往活动和科学实验活动。社会交往活动在阶级社会主要是阶级斗争实践。因此，物质生产实践活动、阶级斗争实践活动和科学实验活动是人们认识世界和改造世界的实践活动。

不同年龄和不同社会角色的人，其主要实践活动是有差异的，参加实践活动的形式是不同的。儿童的实践活动主要是游戏活动。儿童在各种游戏中模仿成年人的实践，在游戏中学习成人世界的规则和习惯，发展自己的身体、智力和品德。游戏是儿童的一种基本实践活动，对儿童的身心发展具有十分重要的意义。学习活动是贯穿人的一生的实践活动。人为了生存、为了从事生产和社会交往，需要学习，特别是现代社会。对人的发展更具有现实意义的是社会实践活动，即人们直接从事的物质生产、社会交往和科学试验，这个过程是人同自然、社会、科学相互交换的过程。社会实践活动是人发展的基本途径，它对人的影响不仅表现在身体和智力方面，也表现在对人的思想的巨大影响方面，既是改造客观世界也是改造主观世界的基本途径，是人赖以存在和发展的基本途径。

（五）教育在人发展中的作用

教育是有目的、有意识地培养人的活动。人的发展离不开教育，教育是影响人发展的最有效的手段。教育尤其是学校教育，在影响人的发展的诸多因素中起着主导作用。

1. 学校教育具有明确的目的性，有效地调控和利用影响学生身心发展的各种因素，对人的发展方向起着制约作用

教育是有目的、有意识地培养人的活动，它是遵照一定社会的要求和人的身心发展规律，按照既定的目的对人施加影响的过程。教育是以专门影响人的发展为主要目的的，而环境和实践活动的直接目的是改造自然和改造社会，影响人不是主要目的。社会环境和社会实践活动对人的影响性质是错综复杂的，有积极的也有消极的，有正面的也有负面的。而教育可以提炼和利用社会环境和实践活动中的各种积极因素，克服消极因素，将遗传素质提供的发展可能性、自发的环境影响以及个人主观努力纳入教育轨道，促进学生的发展。同时，学校可以主动协调社会和家庭的教育方向，构建一体化的教育网络，形成学校—社会—家庭教育合力，高效率地促进学生发展。

2. 学校教育是有计划地全面系统影响人的过程，可增强对人的影响的效益性

学校教育对人的发展的影响较为全面、系统、深刻，有明确的目的性。教育总是根据一定社会的要求有计划地选择教育内容，有效地组织教育活动，因此教育是有计划的影响过程；教育使人获得系统化的知识技能、形成比较完善的个性品质，对人的身心发展起着极为深刻的影响，教育是全面的影响过程；教育对人的影响是系统地按照身心发展规律进行的，教育是系统的影响过程。因此，教育对人的影响避免了环境和实践活动对人的影响的自发性、偶然性和零散性，大大增强了对人的影响的效益性。

3. 学校教育是由特定的教育者负责组织的教育活动过程，可以使人的发展不走或少走弯路

学校教育是通过教师培养学生的活动。教师是受过专门训练的人，有明确的教育目的，闻道在先，学有专长，掌握教育教学内容，懂得教育科学和教育方法，可以按照青少年的年龄特征与个别差异因材施教，保证教育质量。

4. 学校教育主导作用发挥的条件

学校教育所起的主导作用并不是无条件的或是无限度的，要充分发挥其主导作用，需具备条件以及条件具备的程度。第一，必须以学生的遗传素质的成熟为基础。人的遗传素质成熟的必然性和规律性，是学生发展变化的最初依据，教育只能在它许可的范围内促进人的发展。第二，必须不断排除异质环境影响的干扰。学校与家庭、社会相互配合、协调教育，统一教育要求，形成教育合力，这是充分发挥教育主导作用的基本条件。第三，必须遵循学生身心发展的客观规律，调动学生的积极性和主动性，才能使教育的主导作用得以实现。第四，提高教师素质，是教育主导作用充分发挥的关键因素。

四、影响人发展的诸因素的相互关系

综上所述，影响人发展的各种因素是相互作用、相互影响、共同作用于人的发展的。这些因素在人的发展中不可或缺、不可混同，也不可替代。遗传素质是人发展的物质基础，主观能动性是人发展的内在动力，社会环境是人发展的决定性条件，实践活动是人发展的基本途径，教育则是人发展的有效手段。

环境、教育等外部因素是依据人的主观能动性，是在遗传素质的自然基础上的实践活动中发生作用的。人的主观能动性、遗传素质的作用也只有在环境、实践活动和教育过程中才能得以实现。遗传素质和主观能动性给环境影响和教育作用的发挥提供了物质前提、发展的可能性和动力，人的遗传素质的自然展露、身心发展的速度和节律，总是离不开环境和社会实践活动影响以及作为有目的有计划的教育给予的巨大作用。因此，人的主观能动性、遗传素质、环境、实践活动和教育的相互作用在人的发展中起决定作用。

在上述众多因素中，教育起着主导作用。遗传素质是人发展的物质基础，但教育可以以人的遗传素质为前提，根据人的遗传素质的特点和规律对人施加影响；主观能动性是人发展的内因，教育受人的主观能动性的制约，然而人的主观能动性要靠教育来培养和调动；社会关系决定教育，可是社会关系对人的影响又要通过教育来发挥；实践活动是培养人的重要途径，只有教育同社会实践相结合，才能使实践活动对人的影响更有效，因为实践活动对人的影响需要教育有效地组织。可见，遗传素质离不开教育的开发，主观能动性离不开教育的培养、调动，环境因素离不开教育的调控和筛选，实践活动离不开教育的组织和规范。因此，教育在人的发展过程中处于主导地位。

总之，对影响人的因素要全面、辩证地认识，明确各因素的地位和作用，并充分认识教育的主导作用，全面发挥教育的作用，促进人的全面发展。

综合练习题

一、选择题

1. 在人的身心发展中起主导作用的因素是______。

A. 遗传素质　B. 社会环境　C. 个体主观能动性　D. 学校教育

2. “近朱者赤，近墨者黑”这句话反映的对人发展的影响因素是______。

A. 环境　B. 遗传　C. 教育　D. 社会活动

3. “印度狼孩”的故事说明，遗传素质在人的身心发展中______。

A. 起决定作用　B. 不起决定作用

C. 决定人的发展方向　D. 不起作用

4. 教育要适应人的发展的个别差异性，做到______。

A. 循序渐进　B. 防微杜渐　C. 教学相长　D. 因材施教

5. 之所以要循序渐进地进行教学，是因为学生的身心发展具有______。

A. 不均衡性　B. 个体差异性　C. 阶段性　D. 顺序性

6. 教育要适应人的发展的顺序性规律，应做到______。

A. 循序渐进　B. 因材施教　C. 教学相长　D. 防微杜渐

7. 对正常发育的儿童来说，遗传素质对其身心发展起______。

A. 前提作用　B. 决定作用　C. 促进作用　D. 导向作用

二、简答题

1. 人的发展的含义是什么？

2. 人的身心发展具有哪些特点？

3. 为什么说教育在人的发展中起主导作用？

三、论述题

1. 联系教育、教学工作实际，谈谈对“教育必须适应并促进人的身心发展”的客观规律的认识及体会。

2. 试述遗传素质、环境、教育、主观能动性、实践活动在人发展中的作用。

第五章　教育目的

本章学习指导

1. **识记**：教育目的的概念、素质教育、我国的教育目的。
2. **理解**：确立教育目的的依据、马克思主义关于人的全面发展的学说、素质教育的内涵。
3. **应用**：运用教育目的的相关理论分析教育实践，如何实施素质教育。

第一节　教育目的概述

一、教育目的的概念

（一）教育目的的含义

教育目的是指教育工作所要达到的预期结果，有广义和狭义之分。广义的教育目的指人们对受教育者的期望，即人们希望受教育者通过教育在身心诸方面发生什么样的变化，或者产生怎样的结果。国家和社会的教育机构、学生的家长和亲友、学校的教师等，都对新一代寄予这样那样的期望，这些期望都属于广义的教育目的。

狭义的教育目的专指学校的教育目的，是指"把受教育者培养成为一定社会需要的人的总要求"①。它是对人才质量规格的总要求，是各级各类学校培养人的总方向。教育目的一般由两部分组成：一是规定教育所要培养出的人的身心素质，即指明受教育者在知识、智力、品德、审美、体质诸方面的发展；二是规定所要培养出的人的社会价值，即指明这种人符合哪个社会的需要或为谁服务。教育目的的两个方面相互联系，教育目的的社会价值制约着人的内部素质结构，一定的素质结构又制约着个体的人在社会上所能发挥作用的性质和水平。

（二）教育目的及其相关概念

1. 教育目的与教育方针

教育方针是"国家为了发展教育事业，在一定阶段，根据社会和个人两方面发展的需要与可能而制定的具有战略意义的总政策或总的指导思想。内容包括教育的性质、地位、目的和基

① 中国大百科全书总编辑委员会编著：《中国大百科全书》（教育卷），中国大百科全书出版社，1985 年版。

本途径等"①。

可见,教育方针中包括对教育目的的表述,教育目的是教育方针的重要组成部分。1995年第八届全国人民代表大会通过的《中华人民共和国教育法》指出:"教育必须为社会主义现代化建设服务,必须与生产劳动相结合,培养德、智、体等方面全面发展的社会主义事业的建设者和接班人。"这就是我国现阶段的教育方针,其中"教育必须为社会主义现代化建设服务"就是关于教育性质和方向的规定,"必须与生产劳动相结合"就是关于教育基本途径的规定,"培养德、智、体等方面全面发展的社会主义事业的建设者和接班人"就是关于教育目的的规定。

2. 教育目的与培养目标

各级各类学校根据教育目的的总要求,对各自培养的人有具体的质量规格或特殊要求,这就是培养目标。具体培养目标是各级各类学校为了满足特定的社会领域和特定的社会层次的人才需求以及不同年龄层次受教育者的学习而建立的培养目标。实际上,各级各类学校分级分类地去完成一定社会的教育目的,也就是教育目的在一定教育机构中的具体化。在教育工作中,如果对各级各类学校的具体培养目标不能做出具体或明确的规定,致使以总的培养目标代替不同年龄阶段、不同类别的学校的具体培养目标,那么总的培养目标即教育目的就不能很好地落实。因此,教育目的与培养目标体现着普遍与特殊的关系。

3. 教育目的与教学目标

教学目标是教育目的和培养目标在教学活动中的进一步具体化。教学工作是学校教育中最基本的活动类型。在教学活动过程中,教育者在完成某一阶段工作时希望受教育者所要达到的要求和产生变化的结果,就是教学目标。教学目标与教育目的和培养目标之间是具体与抽象的关系。教学目标的确定,必须反映教育目的的基本要求,受教育目的制约。教育目的和培养目标在教学实践过程中具体落实在一系列的教学目标上。

二、教育目的的功能

教育目的是整个教育活动的核心,它"反映了一定社会对受教育者的要求,是教育工作者的出发点和最终要求,也是确定教育内容、选择教育方法、检查和评价教育效果的根据"②。具体来讲,它对教育实践具有以下一些功能:

(一)教育目的的导向作用

任何社会的教育活动,都是通过教育目的的导向得以顺利进行的。教育目的明确了"为谁培养人"、"培养什么样的人"的问题,也就是说,教育目的不仅为教育者指明了工作方向和奋斗目标,也为受教育者指明了发展方向。正因为教育目的具有导向作用,教育活动才有了努力的方向。

(二)教育目的的调控作用

教育目的是一定社会根据自身或人的发展需要对教育活动进行调节控制的一种重要手段,教育目的通过对教育计划的制订、教育内容的选择、教育手段和教育技术的运用来实现其

① 顾明远:《教育大辞典》(增订合编本),上海教育出版社,1998年版。

② 中国大百科全书总编辑委员会编著:《中国大百科全书》(教育卷),中国大百科全书出版社,1985年版。

支配和调控功能,即修正偏离目标的行为,对受教育者的成长和发展发挥调控作用,使受教育者按预定的目标发展。

(三)教育目的的评价激励作用

教育目的不仅是教育活动应遵循的根本指导原则,也是检查评价教育活动的重要依据。对教学工作质量的评价、教师教学质量效果的评价、学生学习质量和发展水平的评价等,都必须以教育目的为根本标准和依据。教育目的一旦确立,不仅指导整个教育活动,而且能够激励教育者、受教育者为实现共同目标以更强的责任感和更饱满的热情去努力。

总之,教育目的既是一切教育活动的出发点和根本依据,也是一切教育活动的归宿和评价标准,它对教育工作者的全部工作具有指导意义,是受教育者进行自我教育的努力方向。

三、确立教育目的的客观依据

在教育史上,人们曾根据不同的依据确定教育目的,其中主要有两种观点:一种观点认为,应从儿童内在的自然潜力出发来考虑教育目的,这种观点称为个人本位论。它把人作为教育目的的根本所在,重视人的价值、个性发展及需要,把人的个性发展及需要的满足视为教育的根本所在。这种观点的代表人物有法国思想家卢梭、瑞士教育家裴斯泰洛齐及德国教育家福禄倍尔、康德等。教育目的的个人本位论在文艺复兴以后的历史条件下,打破了宗教神学和封建专制的束缚,促进了人的解放,对教育回归到人间起了重大的历史奠基作用。但它把教育的个人目的和社会目的看成是不可调和的,这种倾向在现实中会导致个性自由和个人主义,有其片面性。另一种观点认为,应从社会需要出发,根据社会需要确定教育目的,这种观点称为社会本位论。它认为教育要造就社会化的人,就应按照社会的需要来培养人。其代表人物有德国的纳托普和凯兴斯泰纳、法国的孔德和涂尔干等。社会本位论重视教育的社会价值,强调教育目的从社会出发,满足社会的需要。但社会本位论把教育目的绝对化,完全割裂了人与社会的关系,单纯把人与发展当作社会工具而非社会主体来培养,造成对人本性发展的严重束缚和压抑。

马克思主义认为,教育是有目的地培养人的社会活动,教育目的要考虑人的身心发展的各个要素,要给予个体自由的充分发展,并予以高度重视。它不是抽象地脱离社会和历史来谈人的发展,而是把个体的发展放在一定的历史范围之内,放在各种社会关系中考察,因而把两者辩证地统一起来。此观点准确地揭示了社会需要与个人发展的辩证关系及其对教育目的的意义,克服了个人本位论与社会本位论的片面性。教育实践活动,首先要服务的是社会,适应社会的需要,为一定社会培养人才。而社会对人的需要必然要涉及人才的发展问题。二者共同作为教育目的的客观依据,并根据两者之间的辩证关系认识各自在教育目的确定中的具体作用,为解决教育目的的依据问题确定了正确的途径。

(一)教育目的受一定社会的生产力发展水平制约

生产力的发展对社会发展进程起着最终的决定作用。生产力水平的高低,直接决定了社会能够提供给教育的物质条件,直接决定了个人在其一生中用于受教育的自由时间的多少,也就从根本上决定了社会上每一个人发展的可能性。生产力水平不同,社会对受教育者的质量标准和规格要求就不同。在古代社会,生产力水平低,科学技术水平处于萌芽状态,同生产力相联系的教育主要在生产活动中进行,劳动者无须经过学校教育的专门培训。学校教育注重政治和伦理的陶冶,教育目的是为国家机构培养各种官吏,即"学而优则仕"。机器大工业时代的到来使社会生产对普通劳动者的科学技术和文化素养提出了要求,培养普通劳动者成为教育目的的内容之一,资本主义国家普遍实施了强制性的国民义务教育。第二次世界大战结束以来的半个多世纪中,科学技术的发展进入了前所未有的高速度,劳动者不具备一定的科技和文化素养,就无法适应现代化的社会生产,教育目的必须兼顾培养有文化的管理人才、有较高科学文化水平的脑力劳动者和具有一定科学文化素养的体力劳动者的双重使命。当今社会已经步入信息时代和知识经济时代,对全体社会成员的文化和科技素养提出了更高的要求,要求教育承担起培养具有现代技术水平的新型劳动者的任务,这就使得世界各国无不重新研究和进一步调整所规定的教育目的和培养目标,以便造就出能适应新世纪生产力发展水平的一代新人。

(二)教育目的受一定社会的政治经济制度制约

教育目的的社会性质决定于社会的政治经济制度,有什么性质的政治经济制度,就有什么性质的教育目的。在阶级社会里,教育目的是统治阶级人才标准的集中体现,它取决于统治阶级的政治和经济利益。统治阶级利用其在政治和经济上的统治特权制定出符合本阶级需要的教育目的,为巩固自己的政治统治和经济利益服务,并采取相应的政治经济举措保证教育目的的实现。因此,在阶级社会里,教育目的具有鲜明的阶级性。例如,我国奴隶社会和封建社会时期,教育是统治阶级实施"仁政"和"德治"的工具,教育目的是"明人伦",使受教育者修己以治人,维护统治阶级的利益。资本主义社会的教育目的具有双重性,一方面是把资产阶级的子女培养成统治管理人才,另一方面把劳动人民的子女培养成顺从能干的奴仆。从教育史上看,不同社会其政治经济制度不同,便存在有不同的教育目的。

(三)教育目的的确立要符合受教育者身心发展的需要

教育是培养人的社会活动,任何教育目的最终都指向教育对象、指向人,教育目的的实现也要最终落实到具体的人身上。因此,在制定教育目的特别是规定各级各类学校的培养目标时,还应考虑教育对象的年龄特点和身心发展规律,这样才能将教育目的转化为受教育者的个性,为受教育者能动性地发挥与发展提供广阔的空间。如果不考虑受教育者的身心发展规律,势必导致实际教育活动脱离学生身心发展水平,难以有效地促进学生发展。尤其需要注意,在考虑受教育对象整体的年龄特点和身心发展规律的同时,还要考虑每个受教育者个体自身发展的特点、规律和特殊需要,使教育目的更有利于人的价值的提升和人的本质力量的增强。

此外,教育目的的确立还受到不同国家的历史背景和民族文化传统等因素的影响。东方文化的传统比较重视个人对于集体的责任感、义务感,所规定的教育目的比较重视培养满足社会所需要的人才,强调人才对社会和国家的义务和忠诚。而西方文化的传统比较重视个人,所规定的教育目的往往突出个人的自由发展和自我实现。在世界经济日益朝区域化和国际化方向发展的今天,教育国际化已成为每个国家或民族自身发展的重要基础和前提。因此,在确立教育目的时,我们既要立足本民族教育目的的特点和优势,又要注重体现教育目的的世界性,要坚持民族性和世界性相结合的价值取向,立足民族,放眼世界,使我们所培养的人才既能够更好地适应新世纪我国乃至世界发展的需要,又能够在我国乃至世界舞台上获得更充分的、富有个性的发展。

第二节 我国教育目的的理论基础

一、马克思主义关于人的全面发展学说是确立我国社会主义教育目的的理论基础

马克思主义关于人的全面发展的学说是马克思、恩格斯在经济学的研究中考察社会物质生产与人的发展关系时所提出的关于人的发展问题的基本原理，是马克思主义教育思想的重要组成部分，为确立社会主义国家的教育目的提供了理论基础。

根据马克思、恩格斯的论述，全面发展的人，指智力和体力获得充分的自由发展的人、脑力劳动与体力劳动相结合的人。这种人将摆脱旧的分工的奴役，能够把不同社会职能当作相互交替的方式，根据社会的需要或他们自己的爱好，轮流地从一个生产部门转到另一个生产部门。马克思、恩格斯在考察人的发展时，也很重视人的精神和道德意识的发展。马克思主义创始人在批判资本主义摧残人的发展时，除了分析由于脑力劳动与体力劳动的分离和对立所造成的人的智力、体力的片面发展以外，同时还揭露了资本主义制度下所造成的人的精神空虚和道德堕落，认为在消灭了剥削制度之后，人们还必须摆脱一切剥削阶级意识的束缚，使共产主义意识普遍地产生，才能达到人的个性自由与解放。因此，人的全面发展还包括道德、志趣和意向的发展。马克思、恩格斯认为，在消灭了剥削制度以后，社会成员成为全部生产资料的主人，随着生产力的高度发展、社会财富的极大丰富、劳动时间的进一步缩短以及人们从事教育、科学、文化活动的时间增加，社会将逐步消除脑力劳动与体力劳动的差别，使全体社会成员完全摆脱由旧式分工所造成的职业局限性和片面发展，在精神上摆脱一切剥削阶级意识的束缚。那时，社会必将通过教育培养出全面发展的新人。

马克思主义关于人的全面发展学说是我国教育目的的理论基础，我国的教育目的是马克思主义关于人的全面发展学说与我国社会主义教育实践相结合的产物。

二、马克思主义关于人的全面发展学说的基本观点

（一）人的发展与社会生产的发展相一致

马克思主义认为，人的发展同社会的发展是分不开的。人的发展，从根本上说，决定于人们生活在其中的社会物质生活条件。“人的本质并不是单个人所固有的抽象物。在其现实性上，它是一切社会关系的总和。”①人的发展既和他们生产什么相一致，又和他们怎样生产相一致，因此“不能停留在思辨的领域内脱离具体的历史条件去抽象地理解人的本质，而必须从人们现有的社会联系从那些使人们成为现在这种样子的周围生活条件来观察人们”②。手工工场的分工，工人终身束缚在一种工具上经常重复一种有限的单调动作，造成肢体严重畸形，精神极度疲乏，体脑的分离和对立进一步发展，使工人变成了“机器的单纯附属品”。社会化大机

① 《马克思恩格斯全集》（第2卷），人民出版社，1972年版。

② 《马克思恩格斯论教育》，人民教育出版社，1970年版。

器工业生产的出现，不仅对人的全面发展提出要求，即“劳动的变换”和“职业的更动”需要全面发展的个人来代替只能承担一种社会局部职能的个人，而且为人的全面发展提供了条件，使人们有大量的自由时间来享受文化教育以及从事科学技术、文娱体育活动，使人的发展成为可能。因此，人的发展，由生产过程中的社会条件决定。

（二）人的片面发展是由旧的分工造成的

马克思、恩格斯指出，人的片面发展是社会分工造成的，人的片面发展与社会分工是齐头并进的。由于社会分工使人屈从于他被迫从事的某种劳动，造成人的片面发展。资本主义手工业是以行业分工开始的，把劳动分成几个部分，人自己也分成几个部分，为训练单一的活动牺牲其他一切肉体和精神的能力。人的这种片面发展随着分工而更加畸形。马克思指出：“工场手工业把工人变成畸形物，它压抑工人多种多样的生产志趣和生产才能，人为地培植工人片面的技巧。”①在资本主义手工工场里，由于工人整天从事某道工序的局部操作，严重地摧残了工人的智力和体力的全面发展。旧的社会分工造成体力劳动和脑力劳动的分离，一方面是广大劳动人民只从事体力劳动，没有文化，在政治、法律、科学、艺术等智力活动方面得不到发展；另一方面是少数剥削阶级分子垄断了政治、文化活动，但是一点也不从事体力劳动。从人的身心发展来说，这两种人都是有缺陷的、片面的。这种片面的畸形的发展，在资本主义手工工场里达到最严重的程度。

（三）人的发展是大工业生产的必然要求

马克思、恩格斯科学地分析了人的发展与社会及社会生产的关系，指出人的全面发展是社会发展的客观规律，是社会发展到一定阶段的产物。随着人类社会的发展，人的脑力劳动和体力劳动从结合到分离再到在新的基础上的重新结合，这是生产力发展的客观要求，这个重新结合的基础就在于生产力有了巨大的发展。

一方面，现代工业的技术基础是革命的，新的科学技术在生产上的应用，带来了机器设备的不断更新、生产工艺的不断改革，必然引起社会内部分工的革命化，引起劳动者职能的变化和劳动者全面的运动性，生产的变革不断地把大量资本和大批工人从一个生产部门投向另一个生产部门。所以，马克思说：“大工业的本性决定了劳动的变换、职能的更动和工人的全面流动性。”②这样，现代生产就要求“用那种把不同社会职能当作相互交替的活动方式的全面发展的个人来代替只是承担一种社会局部职能的局部个人”③。这种技术基础不断革命的结果，就要求劳动者要不断提高文化科学技术水平，全面了解生产系统，以适应生产和科学技术发展的需要。这就要求工人尽可能多方面发展，以适应大工业生产发展的客观要求，客观上也就打破了过去长期存在的体脑分离的社会状态。

另一方面，随着大工业生产的发展，自然科学和工艺学也迅速发展，从而为劳动者通晓整个生产系统的基本原理和基本技能创造了条件。同时，随着大工业生产的发展，劳动生产率也迅速提高，使劳动者可以缩短劳动时间，物质财富越来越丰富，这就为劳动者全面发展提供了物质条件和时间上的保证。高度发达的生产力和科学技术大大丰富了人的物质需求和精神需

---

① 《马克思恩格斯全集》(第 46 卷)，人民出版社，1972 年版。

② 《马克思恩格斯全集》(第 23 卷)，人民出版社，1972 年版。

③ 同上。

求，使人有充分的闲暇去学习文化科学技术知识和从事体育、文艺、交际等各种活动，全面地发展自己的智力和体力。

（四）资本主义制度与人的全面发展的矛盾

发达的社会生产力为人的全面发展提供了物质条件和时间保证，提供了全面发展的可能性。但是否能发挥作用，还要受社会生产关系的制约，人的全面发展还取决于生产关系的性质。在资本主义社会条件下，由于生产社会化和生产资料私人占有这个根本矛盾是不可调和的，不可能实现人的全面发展。这是因为，大工业生产从技术上消灭了工场手工业的专门化和使人终身固定从事某种局部操作的分工，但却在资本主义形式下更可怕地再生产了这种分工；大工业的本性要求人的全面发展，而资本主义应用形式却使人畸形化，成为机器的附属物；大工业为人的全面发展创造了精神的、物质的和时间的充分条件，而资本主义条件下，却变成进一步统治和剥削生产者的手段。资本家采用现代化生产的目的总是为更多地榨取剩余价值，只要资本主义制度没有得到根本的改造，生产者即使学到了科学技术，也不能摆脱资本家的剥削和资产阶级思想的影响。在资本主义社会里，不仅工人的智力、体力得不到全面发展，资产阶级也受到资本和利润的奴役，受资产阶级偏见的束缚，受他们所从事的职业的局限，其智力和体力的发展也是片面的。因此，在资本主义制度下，不可能实现人的全面发展，虽然资本主义具有高度发达的生产力。

（五）社会主义生产关系促进人的全面发展，共产主义制度使全体社会成员全面发展的理想得以实现

马克思和恩格斯认为，要解决大工业生产要求人的全面发展而资本主义制度却限制人的全面发展的矛盾，只有在社会主义革命取得胜利之后，消灭了剥削制度和剥削阶级，消灭了体力劳动和脑力劳动的对立的社会基础，根除了造成劳动者片面发展的社会根源和阶级根源，劳动者成为社会和生产的主人，人的全面发展才会由必要性转为现实性。

社会主义社会是建立在生产资料公有制的基础上的社会，社会主义制度体现了人的全面发展同社会发展在根本利益上的一致性，社会主义生产不仅需要人的全面发展，也为人的全面发展创造了可能的条件。但历史实践的发展，出现了与马克思的预想并不相同的情况，社会主义都是在生产力远远没有全部达到大工业生产水平的国家取得了胜利，社会生产力不发达，社会还不能为全体成员提供都能接受很高教育的物质条件，社会分工还存在，三大差别还存在，人的全面发展还受到一定的限制。只有到了共产主义社会，具有了高度发展的生产力和适应人全面发展的社会生产关系，才能真正实现人的全面发展。

实现人的全面发展的条件：一是高度发达的生产力，为人的全面发展提供了一切必要的物质条件；二是先进的社会制度，使人获得全面发展的根本保证。

（六）教育与生产劳动相结合是培养全面发展的人的唯一途径

教育与生产劳动相结合的原理，是马克思、恩格斯关于人的全面发展学说的一个重要组成部分。马克思、恩格斯不仅深刻论述了人的全面发展只有在消灭剥削制度以后才有可能，而且提出了未来社会实现人的全面发展的途径和方法。早在《共产党宣言》中马克思和恩格斯就指出，要把教育同物质生产结合起来。接着他们在考察资本主义工厂制度时，从欧文在工厂给工人办学校的实践中发现了未来教育的萌芽。马克思在《资本论》中指出："未来教育对所有已满

一定年龄的儿童来说，就是生产劳动同智育和体育相结合，它不仅是提高社会生产的一种方法，而且是造就全面发展的人的唯一方法。"①恩格斯也指出："生产劳动给每一个人提供全面发展和表现自己全部的即体力和脑力的能力的机会，这样，生产劳动就不再是奴役人的手段，因此，生产劳动就从一种负担变成一种快乐。"②现代大工业生产，标志着社会生产力的发展和科学技术的进步。教育必须同现代物质生产相结合，培养和提高生产者的知识、技能，适应现代大工业生产的需要。新的工业技术不仅需要一批合格的技术人员，而且需要一支合格的产业大军。教育与生产相结合的核心，是要为社会各行各业造就一大批有理想、有道德、有文化、懂技术、业务熟练的劳动者和技术人员。现代生产要通过教育开发人力资源，使得生产与教育的关系更加密切。

教育是培养人、塑造人的专门社会活动，它对人的发展具有全面性的影响作用。它不仅使人获得科学文化知识，同时发展智力，而且通过生产劳动使所掌握的知识用于实际过程，形成技能技巧，同时发展体力。教育与生产劳动相结合，就是把脑力劳动和体力劳动结合起来，对人进行全面训练、全面培养，使体力和智力得到充分发展。

教育与生产劳动是一个整体中的两个系统，它既包括教育要与生产劳动相结合，也包括生产劳动要与教育相结合，两者不可偏废。当今教育，必须适应现代生产的需要，从宏观到微观，即从教育思想、教育体制、教育结构以至教育内容和方法，都要适应现代生产所需要的人才规格的要求。生产者也必须接受多种形式的教育，以提高自身的素质，主动适应新技术革命的大挑战。

第三节　我国的教育目的

一、我国教育目的的演变历史

（一）近代教育目的的历史沿革

我国历史上有许多政治家、思想家和教育家曾就教育目的提出过不同的看法，如教育在于"化民成俗"、"使人为善"、"涵养德行"，发展人的"良知良能"，培养"君子"、"成人"等。早期的教育目的一般都是个人提出和倡导而后得到了社会的承认，并影响整个社会的教育。到了近代，随着教育职能日愈显著和教育规模的逐渐扩大，对教育的管理开始形成相对独立的社会控制系统，纳入到国家行政之中，于是教育目的就开始以国家的名义颁布，并以国家强制的手段来实施，从而形成了国家的教育目的。

1. 清末时期的教育目的

我国由国家制定的教育目的始于1903年的《奏定学堂章程》。该章程规定："至于立学宗旨，无论何等学堂，均以忠孝为本，以中国经史之学为基。俾学生心术壹归于纯正，而后以西学瀹其智识，练其艺能，务期他日成材，各适其用，以仰副国家造就通才，慎防流弊之意。"这可以

① 《马克思恩格斯全集》(第23卷)，人民出版社，1972年版。

② 《马克思恩格斯全集》(第20卷)，人民出版社，1972年版。

说是我国最早由国家确定和实施的教育目的，显著地反映半殖民地半封建教育的“中体西用”的方针。“中”是以忠孝为本，以中国经史之学为基础的中国传统学问之总称；“西”是以西方近代科学知识和技艺为主的西方先进资本主义国家的文化科学技术知识的总称。“中体西用”的方针体现了以造就国家所需要的各种实用的通才。1906 年，当时的学部正式规定和发布了一项更明确的教育宗旨，即“忠君、尊孔、尚公、尚武、尚实”，前两条为“中国政教之所固有”，后三者是“中国民质之所最缺”。这些教育目的充分体现了清末统治者“中学为体，西学为用”的基本精神，反映了清末政治经济对教育的要求。此宗旨沿用至民国初年。

2. 民国初期的教育目的

1912 年南京临时政府成立后，当时的教育总长蔡元培发表了《新教育意见》一文，表达了民国初年教育目的的主要精神。该文主张废除清政府制定的“忠君、尊孔、尚公、尚武、尚实”的教育宗旨，认为“忠君与共和政体不合，尊孔与信仰自由相违”，并提出应以军国民教育、实利主义教育、公民道德教育、世界观教育、美感教育五项为教育目的。蔡元培的“五育说”对民国时期的教育有很大影响，实际上起着导向作用，这一教育目的的提出是历史上的一大进步。

1925 年广州国民政府成立，1929 年 4 月 26 日国民政府公布了中华民国的教育宗旨：“中华民国之教育，根据三民主义，以充实人民生活，扶植社会生存，发展国民生计，延续民族生命为目的；务期民族独立，民权普遍，民生发展，以促进世界大同。”这一教育宗旨，是国民党“一个党”、“一个主义”政策的一种注释，是为国民党一党专制服务的。

1936 年 5 月 5 日，国民党政府公布的《中华民国宪法草案》(简称“五五宪草”) 中规定：“中华民国之教育宗旨，在于发扬民族精神，培养国民道德，训练自治能力，增进生活智能，以造成健全国民。”这部宪法一直到 1946 年经过修正后才正式通过，但事实上许多规定只是空文，并未实现。

(二) 中华人民共和国成立后不同历史时期的教育目的

中华人民共和国成立后我国教育目的曾多次以教育方针的形式出现，在不同时期对教育工作起过指导作用。

1951 年 3 月，中央教育部召开的第一次全国中等教育会议，明确了“普通中学的宗旨和教育目的，必须符合全面发展的原则，使青年一代在智育、德育、体育、美育各方面获得全面发展，成为新民主主义社会自觉的积极的成员”。

1957 年 2 月，毛泽东同志在《关于正确处理人民内部矛盾的问题》中指出：“我们的教育方针，应该使受教育者在德育、智育、体育几方面都得到发展，成为有社会主义觉悟的有文化的劳动者。”

1958 年 9 月，中共中央、国务院在《关于教育工作的指示》中正式肯定了这一教育目的，此外还正式提出了“党的教育方针是教育为无产阶级政治服务，教育与生产劳动相结合”。这两种提法对我国教育工作有着很大的影响。直到 1978 年通过的宪法，仍然是以上述两种提法来表述我国的教育目的。

1981 年，党的十一届三中全会通过了《关于建国以来党的若干历史问题的决议》。该决议指出教育要“坚持德智体全面发展、又红又专、知识分子与工人农民相结合、脑力劳动与体力劳动相结合的教育方针。”

1982 年 12 月，全国人民代表大会通过的《中华人民共和国宪法》规定：“国家培养青年、少年、儿童在品德、智力、体质等方面全面发展。”

1985 年 5 月的《中共中央关于教育体制改革的决定》对教育目的作了新的阐述："教育必须为社会主义建设服务，社会主义建设必须依靠教育。社会主义建设的宏伟任务，要求我们不但必须放手使用人才，努力提高现有的人才素质，而且必须极大地提高全党对于教育工作的认识，面向现代化，面向世界，面向未来，为九十年代以至下世纪初叶我国经济和社会的发展，大规模地准备新的能够坚持社会主义方向的各级各类合格人才……所有这些人才，都应该有理想、有道德、有文化、有纪律，热爱社会主义祖国和社会主义事业，具有为国家富强和人民富裕而艰苦奋斗的献身精神，都应该不断追求新知，具有实事求是、独立思考、勇于创造的科学精神。"这一决定明确指出了新时期需要的人才的规格，为培养新一代指明了方向。

1995 年全国人民代表大会通过的《中华人民共和国教育法》指出："教育必须为社会主义现代化建设服务，必须与生产劳动相结合，培养德、智、体等方面全面发展的社会主义事业的建设者和接班人。"一般认为，"培养德、智、体等方面全面发展的社会主义事业的建设者和接班人"是我国当前的教育目的。

1999 年《中共中央国务院关于深化教育改革全面推进素质教育的决定》提出："实施素质教育，就是全面贯彻党的教育方针，以提高国民素质为根本宗旨，以培养学生的创新精神和实践能力为重点，造就'有理想、有道德、有文化、有纪律'的、德智体美等全面发展的社会主义事业建设者和接班人。"

党的十八大提出的教育方针为："坚持教育为社会主义现代化建设服务，为人民服务，把立德树人作为教育的根本任务，全面实施素质教育，培养德智体美全面发展的社会主义建设者和接班人，努力办好人民满意的教育。"

党的十九大要求全面贯彻党的教育方针，落实立德树人根本任务，发展素质教育，推进教育公平，培养德智体美全面发展的社会主义建设者和接班人。

上述关于教育目的的提法，都力图以马克思主义关于人的全面发展的学说为理论基础，表达了我国社会主义建设不同时期对教育的要求，是我国社会政治、经济的反映，体现了我国社会主义教育的基本精神。

二、我国教育目的的精神实质

（一）培养社会主义建设者

培养什么样的人是教育目的的核心问题。培养社会主义事业的有文化的劳动者是我国教育目的一贯坚持的基本点，它不仅体现了我国教育培养人才的社会地位和社会价值，更代表了我国教育目的的社会主义方向性。在实现现代化的过程中，我们需要的是建设国家、创造物质财富和精神财富的社会历史主体。因此，培养社会主义的建设者和接班人是教育目的的总要求。这就要教育青少年具有热爱劳动人民的思想感情，掌握现代化科学技术，不断提高智力水平，成为体力劳动和脑力劳动相结合的劳动者，在社会主义物质文明和精神文明建设上是合格的建设者，在社会主义革命事业上是革命接班人。

（二）要求学生在德、智、体等方面全面发展

教育的培养规格，即人才的素质结构和质量标准，是教育目的的组成部分。社会主义的教育目的是培养全面发展的新型劳动者。我国教育目的在人才规格上提出德、智、体等方面的全面发展正是在于说明这一全面要求。

教育改革的主要任务之一是培养高素质的具有创造能力的人才。社会的发展是人的创造性活动的结果,创新是一个民族的灵魂,是一个国家兴旺发达的不竭动力。培养受教育者的独立个性,增强受教育者的主体意识,形成受教育者的开拓精神、创造才能,成为各国教育的共识,创新已被视为新世纪教育的主旋律。因此,教育在培养目标上要树立尊重个人、发展个性、培养自我责任的意识,坚持创新,使学生不仅学会学习、学会应用,更应学会探索、学会创造。

总之,我国现阶段的教育目的可概括为:以提高人的素质为基础,以服务于社会主义建设为特征,培养德、智、体等方面健康发展的具有独立个性和创造性人格的一代新人,也就是培养服务于社会主义的"劳动者"、"建设者"、"接班人"。

三、全面发展教育与素质教育

(一)全面发展教育

人的全面发展由德、智、体诸方面的发展构成,以促进人的全面发展为目的的教育也就包含了德育、智育、体育、美育和劳动技术教育,它们共同构成了全面发展的教育。

1. 德育

德是一个人的灵魂,它决定人的发展方向。德育是教育者按照社会的要求,对受教育者施加影响以形成受教育者一定的思想品德的教育,它是全面发展教育的重要组成部分。任何社会、任何阶级都非常重视对年青一代思想品德的要求。在我国,德育包括思想教育、政治教育和道德教育。思想教育是形成一定的世界观、人生观的教育;政治教育是形成一定的政治观点、信念和政治信仰的教育;道德教育是形成一定的道德意识和道德行为规范的教育。它们相互联系、相互渗透,以政治教育为核心。德育是引导学生认识道德规范、指导学生道德实践、培养学生的社会主义品德的教育。

2. 智育

智育是教育者有目的、有计划地使受教育者掌握系统的文化知识、技能和发展智力的教育。智育与教育、教学不是同等概念,教育是种概念,智育是属概念,智育作为全面发展教育的一个组成部分,同德育、体育、美育、劳动技术教育是并列的关系,教学是上述各育的具体实施方式和途径,它和智育不是同等并列关系,更不能在教学和智育之间画等号。

智育在帮助学生认识自然规律、社会规律,提高分析问题和解决问题的能力,掌握从事社会主义现代化建设的实际本领和个性发展中起着重要作用。我们培养的建设者必须是有文化的,掌握现代科学技术,并不断追求新知,具有实事求是、独立思考、善于创造的科学精神的人。因此,智育是社会主义文明进化的条件,是社会主义现代化建设的需要,是全面发展教育的基础。

3. 体育

体育是教育者有目的、有计划地向学生传授体育和卫生保健的知识、技能,发展体力和增强体质的教育。现代社会生活节奏加快,对人的身体素质、灵敏度、适应自然和社会环境变化的能力都提出了更高的要求。青少年正值生长发育的关键时期,要养成自觉锻炼身体的习惯,具有健康的体魄和身心保健能力,具有良好的意志品质和一定的应变能力,保持充沛的精力高效率地投入学习和生活。忽视体育,不仅直接影响德、智的发展,甚至还会造成一生难以弥补的损失。

4. 美育

美育也叫"美学教育"、"审美教育",是培养学生正确的审美观点,发展感受美、鉴赏美、创造美的能力,培养高尚情操和文明素质的教育。它对净化心灵,激励学生热爱生活和追求美好的事物,促进学生全面发展具有重要作用。如艺术、文学、美育在陶冶情操、升华人格、活跃思维方面有着十分重要的作用。教育家蔡元培先生认为,美育可以开发出人类心灵中美好的东西,把一个人内在的本质的东西激发出来,并使之升华、丰富,同世界产生一种内在的和谐。没有美育的熏陶,没有丰富、高尚的情感的浸润,其他素质难以具有生动的内涵和坚实的基础。因此,通过音乐、美术、文学教育和其他各种审美活动,可以充实学生的生活,丰富学生的情感,培养学生评价美、欣赏美的能力,使他们具有积极健康的审美情趣和高尚的情操,形成蓬勃、向上的积极进取的精神面貌。

5. 劳动技术教育

劳动技术教育是教育者向学生传授基本的生产技术知识和生产技能,培养劳动观点和劳动习惯的教育,包括劳动教育和技术教育两方面。劳动技术方面的修养是培养全面发展的一代新人的需要,通过科学技术的教学和劳动实践,使学生了解物质生产的基本技能知识,提高动脑和动手的能力,养成良好的劳动态度和劳动习惯,帮助学生把体力劳动和脑力劳动结合起来,为就业和生活打下坚实的基础。

(二)素质教育

1. 素质教育的含义

自20世纪80年代以来,我国教育界针对中小学学生学业负担过重、教育竞争过度激烈、教育中过于注重考试等问题展开讨论,提出并较为深入地探讨了"素质教育"这一概念。1999年《中共中央国务院关于深化教育改革全面推进素质教育的决定》,从国家的高度对有关素质教育的讨论进行了总结,并明确了素质教育的概念等一系列问题。这个文件明确指出:"实施素质教育,就是全面贯彻党的教育方针,以提高国民素质为根本宗旨,以培养学生的创新精神和实践能力为重点,造就'有理想、有道德、有文化、有纪律'的、德智体美等全面发展的社会主义事业建设者和接班人。"

2. 素质教育的指导思想

《中共中央国务院关于深化教育改革全面推进素质教育的决定》指出,素质教育的指导思想是:第一,全面推进素质教育,要面向现代化、面向世界、面向未来,使受教育者坚持学习科学文化与加强思想修养的统一,坚持学习书本知识与投身社会实践的统一,坚持实现自身价值与服务祖国人民的统一,坚持树立远大理想与进行艰苦奋斗的统一;第二,全面推进素质教育,要坚持面向全体学生,为学生的全面发展创造相应的条件,依法保障适龄儿童和青少年学习的基本权利,尊重学生身心发展特点和教育规律,使学生生动活泼、积极主动地得到发展。

3. 实施素质教育的要求

关于如何实施素质教育,《中共中央国务院关于深化教育改革全面推进素质教育的决定》从总体上提出以下一些要求:第一,深化教育改革,为实施素质教育创造条件。基本普及九年义务教育和基本扫除青壮年文盲(简称"两基"),是全面推进素质教育的基础。调整现有教育体系结构,扩大高中阶段教育和高等教育的规模,拓宽人才成长的道路,减缓升学压力。构建与社会主义市场经济体制和教育内在规律相适应、不同类型教育相互沟通相互衔接的教育体制,为学校毕业生提供继续学习深造的机会。进一步简政放权,加大省级人民政府发展和管理本地区教育的权力以及统筹力度,促进教育与当地经济社会发展紧密结合。进一步解放思想、转变观念,积极鼓励和支持社会力量以多种形式办学,满足人民群众日益增长的教育需求,形成以政府办学为主体、公办学校和民办学校共同发展的格局。加快改革招生考试和评价制度，改变“一次考试定终身”的状况。调整和改革课程体系、结构、内容，建立新的基础教育课程体系，试行国家课程、地方课程和学校课程。大力提高教育技术手段的现代化水平和教育信息化程度。努力改变教育与经济、科技相脱节的状况，促进教育和经济、科技的密切结合。第二，优化结构，建设全面推进素质教育的高质量的教师队伍。建设高质量的教师队伍，是全面推进素质教育的基本保证。把提高教师实施素质教育的能力和水平作为师资培养、培训的重点。建立优化教师队伍的有效机制，提高教师队伍的整体素质。合理配置教师资源。努力造就能够带领广大教师和教育工作者积极实施素质教育的学校领导以及管理干部队伍。第三，加强领导，全党、全社会共同努力开创素质教育的新局面。全面推进素质教育，必须切实加强党和政府的领导。全面推进素质教育，根本上要靠法治、靠制度来保障。努力采取有效措施，切实加大教育投入，逐步实现国家财政性教育经费支出占国民生产总值4%的目标。社会用人制度对于实施素质教育有着重要的导向作用，改革用人制度是全面推进素质教育的当务之急。

（三）素质教育与全面发展教育的关系

全面发展是中华人民共和国成立以来一直坚持和提倡的教育指导思想，在此思想指导下，我们培养了大批人才，取得了举世瞩目的成就。随着教育实践的发展，人们又提出了素质教育。那么，素质教育与全面发展教育的关系是什么呢？

根据前面对素质教育和全面发展教育的论述可以知道，素质教育与全面发展教育的关系十分密切，就其内在本质而言，二者并无差别。它们都强调全面提高民族素质，全面提高人才质量，促进人的全面发展。

在实际使用中，素质教育与全面发展教育又有所不同。“全面发展的教育方针是我国各级各类教育都应遵循的基本指导方针，但是由于‘应试教育’对贯彻教育方针产生了严重干扰，教育方针在基础教育领域的许多方面不能落实。实施素质教育，正是要克服‘应试教育’的弊端，准确地贯彻全面发展的教育方针。”①素质教育是当前我国实施全面发展教育的具体途径，它具有更鲜明的针对性，包含的内容更为具体，更便于教育实践中的操作。

四、实现教育目的应坚持的基本要求

（一）正确理解和处理全面发展教育各组成部分之间的关系

全面发展教育的组成部分各有特点、规律和功能，不能互相取代，同时各部分又是相互联系、相互制约、相互依存、相互渗透的，又不能彼此分割。在实施全面发展教育中，必须正确认识和处理好全面发展教育各组成部分之间的关系。全面发展教育各组成部分之所以不能替代，是因为各组成部分之间是相对独立的，都有自己的特定的内容、任务和功能，对学生的发展起着不同的作用，它们的社会发展价值、个体发展价值、教育价值都是通过不同的作用体现出来的，其特点和规律也是不相同的。全面发展教育各组成部分之所以不能分割，是因为各组成部分之间相互渗透。德育是对学生的思想灵魂、个体行为倾向、身心活动产生影响，因此它是各种教育的思想基础，对各种教育起着保证方向和动力的作用。智育是授予学生系统的科学知识，形成学生的基本技能，使学生自身发展的认识条件，因此它是其他各种教育的知识和智

① 郑金洲：《素质教育与全面发展教育、应试教育》，见《上饶师专学报》，1999(2)。

力基础，各种教育中包含有智育的成分，各种教育的发展离不开智育。体育是促进学生身体的发展，使学生具有良好的身体素质，因此它是各种教育的健康基础，是各种教育得以实施的物质保证。美育对其他各育都会产生影响，影响学生对各种教育的美感体验，道德美、智慧美、体育美、劳动美是一个全面发展的人所必须具备的。劳动技术教育使学生的素质在劳动中得以体现和检验，并从中获得发展和提高，因此它也可以促进其他各种教育的发展和提高。在教育实践中，我们应把各种教育结合起来，使它们在全面发展中互相联系、互相协调、互相促进，坚持五育并举，处理好它们的关系，使其相辅相成，发挥整体功能。

（二）正确理解和处理全面发展与因材施教的关系

全面发展是对全体学生的共同要求。由于个体的遗传素质不同，生活在不同的环境和教育条件下，个人的主观能动性不同，有不同的实践活动，就会形成不同的个性、才能和特长。所以，在教育工作中，要把全面发展和因材施教有机地结合起来，使学生既有比较完善的基本素质，又有在基本素质基础上发展起来的特长和个性。

（三）正确理解和处理课内与课外的关系

作为学校的中心工作，教学是实现教育目的的基本途径，但不是唯一途径。课外教育活动不仅是课内教育活动的有益补充，而且它对满足学生的兴趣爱好、发展学生的个性、促进学生全面发展具有非常重要的意义。作为教育工作者，必须认真对待课内与课外的关系，努力做到课内的事情课内解决，注意尊重学生的课外时间，给学生课外活动的自由。更为重要的是，应该在条件允许的情况下，力争组织学生参加各种课外活动。

（四）对全体学生负责，全面完成教学任务

社会主义现代化建设事业需要每个公民的努力参与。社会主义教育事业要为现代化建设服务，就必然要提高全民族的素质。作为社会主义现代化建设的后备力量，全体学生都是教育的对象，都应该得到全面发展。各级各类学校必须真正做到“为了一切学生”、“为了学生的一切”，从整体上提高学生的综合素质。在学校教育活动中，各项教学任务都是实现教育目的的必要环节，都应该受到重视。学校要切实转变观念，克服“应试教育”的弊端，正确对待考试和分数，面向全体学生，促进学生的全面发展。

综合练习题

一、选择题

1. “中学为体，西学为用”的教育目的充分体现了______。

A. 民国初年南京临时政府的教育思想　　B. 北洋政府的教育宗旨

C. 清末统治者对教育的要求　　D. 欧洲封建统治者的教育思想

2. 为了培养和造就适合21世纪的新一代人才，必须实施素质教育，这个决定是在______文件中首先提出的。

A. 1985年《关于教育体制改革的决定》

B. 1986年《中华人民共和国义务教育法》

C. 1993年《中国教育改革和发展纲要》

D. 1999年《中共中央国务院关于深化教育改革全面推进素质教育的决定》

3. 素质教育的实施应该从______。

A. 幼儿教育开始　B. 中小学教育开始

C. 职业教育或成人教育开始　D. 高等教育开始

4. 马克思主义观点认为，培养全面发展的人的唯一方法是______。

A. 脑力劳动与体力劳动相结合　B. 城市与农村相结合

C. 知识分子与工人农民相结合　D. 教育与生产劳动相结合

5. 马克思主义观点认为，造成人片面发展的根本原因是______。

A. 生产力水平低下　B. 社会分工

C. 资本主义制度　D. 阶级剥削和压迫

6. 1995 年，党中央颁布了“两个必须”的教育方针，这“两个必须”是______。

A. 教育必须为无产阶级服务，必须与生产劳动相结合

B. 教育必须为社会主义服务，必须与生产劳动相结合

C. 教育必须与工农相结合，必须与社会生产劳动相结合

D. 教育必须为社会主义服务，必须与我国国情相结合

7. 学校体育的根本任务是______。

A. 全面发展学生身体素质和基本活动能力　B. 增强学生身体素质和基本活动能力

C. 促使学生身体正常发育　D. 使学生获得体育运动的基本技能技巧

8. 教育目的的指向性决定了教育目的的______。

A. 导向功能　B. 聚合功能　C. 控制功能　D. 激励功能

9. 传播系统的科学文化知识、形成科学的世界观、培养基本的技能技巧和发展技能的教育是______。

A. 美育　B. 体育　C. 德育　D. 智育

10. 某一级、某一类学校或学科、某个专业特定的具体标准，使教育目的的具体化的是______。

A. 教育目的　B. 培养目标　C. 教学　D. 素质教育

二、名词解释题

1. 教育目的
2. 个人本位论
3. 社会本位论
4. 素质教育
5. 人的全面发展

三、简答题

1. 我国当前的教育方针是什么？
2. 教育目的的意义是什么？
3. 确定教育目的的依据有哪些？
4. 个人本位论与社会本位论的局限性是什么？
5. 我国社会主义教育目的的基本观点有哪些？

四、论述题

1. 论述马克思主义关于人的全面发展的学说的内涵。
2. 什么是素质教育？当前如何实施素质教育？

第六章　教师和学生

本章学习指导

1. **识记**：学生在教育过程中的基本属性、教师劳动的特点、教师的职业素质。
2. **理解**：学生在教育过程中的地位和作用、教师劳动的特点及其对教育工作的影响、良好的师生关系的特点及其影响因素。
3. **应用**：树立科学的学生观，掌握教师应具备的素质，为成长为一名优秀教师打下良好的基础。

第一节　学　　生

教育是培养人的社会活动，学校一切工作都要从学生的实际出发，学校一切工作的成败都在学生身上得到体现。树立科学的学生观，是做好教育工作的前提，也是教师开展教育工作的最基本要求。

一、学生在教育过程中的基本属性

（一）学生是具有独立人格的人

从人格的角度来看，学生与任何其他人一样，是一个独立的个体，他们有自己的思想、情感、兴趣、爱好，有着作为人的尊严与需要。正是基于此，《中华人民共和国教师法》第八条第四款规定："关心、爱护全体学生，尊重学生人格，促进学生在品德、智力、体质等方面全面发展。"2009年8月12日教育部颁发的《中小学班主任工作规定》关于"班主任职责与任务"要求班主任"关心爱护全体学生，平等对待每一个学生，尊重学生人格"。

由于受传统观念的影响，部分教师对学生往往居高临下、发号施令，甚至对学生冷嘲热讽，混淆了师生之间人格关系与工作关系的区别，把工作关系当作师生关系的全部，因而无法民主平等地对待学生，造成师生关系紧张，严重影响工作效率。新时期的教师必须严格遵守法律法规，认真学习与遵守教育规律，高度重视学生的人格独立，真正尊重学生的人格，为做好教育工作奠定良好的基础。

（二）学生是需要教育的人

人是需要教育的。"从一开始就必须把人作为一种可以教育并需要教育的生物来理解"，

“人是教育的、受教育的和需要教育的生物，这一点本身就是人的形象的最基本标志之一”①。一个人最终要进入社会，成为一名合格的社会成员，就必须接受一定的教育，通过教育促进其社会化。随着时代的发展、知识的积累，一个人步入社会之前的准备时间越来越长。教育是有目的、有计划、有组织的活动，能够使人在相对较短的时间内接受人类的基础科学文化知识、具备基本的生产生活能力。教育正是因为这些特点，才能够在人的身心发展中起到主导作用。作为未成年人，学生更需要接受教育。学生与其他群体的最大区别就在于，他们是以受教育作为主要任务的人。

（三）学生是有发展潜力的人

由于学生大多是未成年人，其身心发展必然不成熟。这种不成熟往往被看作一种虚弱、无力的表现。然而，换个角度看，这种不成熟蕴藏着巨大的发展潜力。“生长的首要条件是未成熟状态……我们说未成熟状态就是有生长的可能性。这句话的意思，并不是指现在没有能力，到了后来才会有；我们表示现在就有一种确实存在的势力——即发展的能力。”②中国的教育家对于学生的发展潜力也有深刻认识。《论语·子罕》中有“后生可畏，焉知来者之不如今也”的说法。陶行知先生对学生的发展潜力进行了高度评价，并对所有教师提出了告诫：“你这糊涂的先生！你的教鞭下有瓦特，你的冷眼里有牛顿，你的讥笑中有爱迪生。你别忙着把他们赶跑。你可要等到坐火轮、点电灯、学微积分，才认他们是你当年的小学生？”③现代社会正处于信息化时代，学生之间的个体差别越来越大，个性特点越来越突出。教师必须用发展的眼光看待每个学生，充分认识到学生在发展过程中存在的困难，坚信每个学生都有着巨大的发展潜力，决不放弃任何一个学生，永远保持一颗百折不挠的爱心，尽自己最大努力促进学生的发展。

二、教育过程中的教师与学生

在教育过程中，教师是教育的主体，学生是教育的客体、认识的主体；教师起着主导作用，学生起着主体作用。教师的主导作用和学生的主体作用是辩证统一的。

（一）教师起着主导作用

在教育教学中，教师起主导作用具有客观性和必要性。教师之所以起主导作用，是因为教师受国家和社会的委托有教育学生的权利和职责，而且受过专门的教育训练，教学方向、教学内容、教学方法、教学进程、教学结果和教育质量等，都主要由教师预先决定和设计。学生特别是中小学生，正在成长发育时期，知识和经验都不丰富，智力和体力还不够成熟，还缺乏一定深度的认识辨别能力，他们不可能掌握教学的方向、内容、方法等。教学过程是一个非常复杂的过程，中小学生是不够成熟的青少年和幼稚的儿童，很难对非常复杂的教学过程做出各种选择和决定，他们只能在教师的指导下学习。教育教学实践一再表明，教师主导作用的原则必须坚持。教育教学是人类有目的、有计划、有组织地培养人的活动，抛弃了这个原则，目的、计划、组织就无从谈起。放弃教师的主导作用是不科学的，也是不负责任的。

---

① 【德】博尔诺夫著，李其龙译：《教育人类学》，华东师范大学出版社，1993年版。

② 【美】杜威著，王承绪译：《民主主义与教育》，人民教育出版社，2001年版。

③ 方明：《陶行知教育名篇》，教育科学出版社，2005年版。

（二）学生起着主体作用

相对于教师"教"的过程而言，学生当然是客体，教师必然是主体。但教育过程是由教师的"教"和学生的"学"组成的双边活动，因此学生不仅仅是教育的对象、教育的客体，而且必然还是认识的主体。学生的这种主体作用主要体现在"学"的过程中。在整个教育过程之中，学生并不是完全被动的受教育者，他们始终发挥着主观能动性。学生的学习过程是一种特殊的认识过程，在这个过程中学生是否能够积极主动直接影响到最终的教育效果。没有学生积极主动的投入，就不可能有高效的教育。学生在教育活动中是积极的参与者，而不是一个被动地接受教师灌输知识的容器。他们根据自己的需要和兴趣可以很好地接受教师的教育，也可以抵制这种教育。教师的教育和教材对于学生来说，只是外因，真正获取知识、得到发展还要靠学生的内因起作用。无论教师的知识多么丰富，如果不能激发学生的学习兴趣，没有调动学生的积极性，不能吸引学生全身心地投入到教育活动中来，不能引导学生进行积极思维，其结果都注定要失败。教师的最重要的任务之一，就是要激发学生的学习动机，调动学生学习的积极性、主动性，充分发挥学生的主体作用。

（三）教师主导作用和学生主体作用的辩证统一

教师的主导作用与学生的主体作用是整个教育过程中辩证统一的两个方面，它们相互依存，缺一不可。充分发挥学生的主体作用是整个教育活动的重中之重，也是贯穿教育活动始终的工作。教师主导作用的发挥，必然以学生主体作用为前提。教师对学生的引导、启发、讲解、点拨等等，只有通过学生的独立思考、选择与运用才能内化为他们的知识与技能。教师主导作用的发挥，还必须从学生身心发展水平的实际出发，适应他们身心发展的规律。学生主体作用的发挥，一方面需要教师的引导，另一方面也需要教师创造条件。教师主导作用发挥好了，学生也必然进入了积极主动的主体地位。学生以学习的主人角色出现，知识、智力、思维能力等各方面都获得了一定程度的发展，肯定与教师巧妙地发挥了主导作用分不开。只有辩证统一地看待与处理教师主导作用与学生主体作用的关系，才能促进师生关系的和谐，真正实施素质教育，提高教育教学质量。

三、学生的权利和义务

（一）相关法律规定

学生的权利和义务主要包括三个方面：第一方面是学生作为公民的权利和义务，这是所有中国公民都具有的权利和义务；第二方面是学生作为未成年人所特有的权利和义务；第三方面是学生作为受教育者所具有的权利和义务。前两个方面由国家宪法、民法、婚姻法、未成年人法等予以规定和保障，第三个方面由教育法予以规定和保障。这里主要介绍教育法的相关规定。

1995 年 3 月 18 日第八届全国人民代表大会第三次会议通过《中华人民共和国教育法》，对学生的权利与义务等进行了规定，其中第四十二条规定受教育者享有下列权利："1. 参加教育教学计划安排的各种活动，使用教育教学设施、设备、图书资料；2. 按照国家有关规定获得奖学金、贷学金、助学金；3. 在学业成绩和品行上获得公正评价，完成规定的学业后获得相应的学业证书、学位证书；4. 对学校给予的处分不服向有关部门提出申诉，对学校、教师侵犯其人身权、财产权等合法权益，提出申诉或者依法提起诉讼；5. 法律、法规规定的其他权利。”第四十三条规定受教育者应当履行下列义务：“1. 遵守法律、法规；2. 遵守学生行为规范，尊敬师长，养成良好的思想品德和行为习惯；3. 努力学习，完成规定的学习任务；4. 遵守所在学校或者其他教育机构的管理制度。”

（二）依法保障学生权利，引导学生履行义务

权利与义务是不可分割的统一体，没有不享受权利的片面的义务，也没有不履行义务的绝对的权利。依法保障学生的权利、引导学生履行义务，是依法执教的重要内容，也是树立科学学生观的基础。

就现实情况而言，当前我国的形势不容乐观。就学生权利方面而言，侵犯学生合法权利的情况不同程度地普遍存在。特别让人担忧的是，相当一部分教师在侵犯学生的权利时，并没有意识到这一点。例如，教师没有准时下课，就侵犯了学生的休息权①；教师没收了禁止学生带入学校或教室的物品而没有归还，就侵犯了学生的财产权②；教师课后强制学生留下补课，就侵犯了学生的人身权③，等等。就义务方面来看，学生不履行义务的情况也屡见不鲜，如学生不按时完成学习任务、不尊敬师长、不遵守课堂纪律等等。

要依法保障学生权利、引导学生履行义务，教师应该不断提高自己各方面的素质，特别是深入学习相关法律法规，牢固树立依法执教的理念，严格遵守法律法规，并积极发挥主导作用，引导学生履行义务。

第二节　教　　师

了解学生、树立科学的学生观，是成长为优秀教师的前提。在此基础上，教师还必须了解自身职业的特点、素质要求、权利和义务以及专业发展。只有掌握这些最基本的理论并付诸实践，才有可能成长为一名优秀的教师。

一、教师劳动的特点

教师的根本任务是教书育人。教师的劳动是以影响人的身心发展为直接和首要目标的脑力劳动。相比其他职业而言，教师的劳动具有其显著特点，只有了解并尊重这些特点，才能做好教书育人的工作。

---

① 由于传统观念的影响，部分教师以为下课后继续讲课是对工作负责的表现，因为他们牺牲了自己的休息时间。但从法律的角度来看，这实际上侵犯了学生的休息权。这种做法还给学生带来了许多不便，甚至严重影响学生的身心健康。——编者注

② 对于屡禁不止的学生，可以在没收物品后保管至学期结束，也可以把没收的物品转交给学生家长或其他法定监护人。——编者注

③ 教师如果需要在非教学时间给学生补课，必须征得学生本人和家长或其他法定监护人的同意，并及时与家长或其他法定监护人取得联系，并确保学生安全。——编者注

（一）教师劳动的复杂性和创造性

教师劳动的复杂性表现在以下五个方面：第一，教师劳动的对象是复杂的。劳动的对象是有自觉意识、情感、理智以及个性的活生生的学生。每一个学生都是一个特殊的世界，他们的性格特征、学习基础与方式、兴趣爱好等都不相同，而且学生大多处于身心发展迅速变化的阶段，其稳定性较弱。这些都大大增加了教师劳动的复杂程度。第二，教师劳动的内容是复杂的。教师既要关注学生身体的发展，又要注重学生心理的发展；既要教书，又要育人；既要传授知识，又要发展智力；既要使学生能够适应现在社会，又要使他们有长远发展的潜力。这些内容丰富而复杂，使教师的工作远比其他行业艰辛。第三，教师劳动的任务是复杂的。教师劳动的根本任务是教书育人，世上再没有比育人更为艰巨和复杂的事了，要培养全面发展的人更增加了教师劳动任务的复杂性。第四，教师劳动的过程是复杂的。学生的成长过程从来都不是一帆风顺的，其中必然包含大量挫折与失败，要走许多弯路。教师劳动的过程就是促进学生成长的过程，学生成长过程的复杂性决定了教师劳动的复杂性。第五，教师劳动能力的需要是复杂的。要想成为优秀的教师、成为合格的教育工作者，就必须具备较为全面的素质。他们不仅需要有高超的教育教学能力，还必须具备高尚的职业道德，具备超乎常人的毅力与耐心。

复杂的劳动必然会产生创造的要求，只有创造性地开展工作才能把复杂的事情做好。教师劳动的创造性表现在以下三个方面：第一，教育对象的千差万别，要求教师必须做到因材施教，这就必然要求教师要具备高度的创造性。学生虽然有其显著的个别差异，但是教育目标却是一致的。教师需要把所有学生都培养成德智体等方面全面发展的人，这就要求教师要因人而异，有针对性地采取不同的教育方式方法，力争做到“一把钥匙开一把锁”。可以说，每一个学生对教师来说都是一项新的挑战，是一项创造性的工作。第二，教育是教师创造性地运用教育规律的过程。教师每上一堂课，都是一次创造性的劳动、一次艺术加工的过程，因此教师需要创造性地处理教材，创造性地启发学生的思维，创造性地选择和使用教学方法。第三，教育工作需要教师具有教育机智。教育过程从来都无法完全预设，其中必然会出现许多意想不到的新情况、新问题，也必然会出现一些特殊的偶发事件。这些新情况、新问题和偶发事件没有现成的经验可以借鉴，教师必须具备教育机智，创造性地解决这些问题，才可能促进学生的身心健康发展，不断提升自己的教育教学水平。

（二）教师劳动的连续性和广延性

学校虽然是专门的教育机构，但学校又不可能限制所有影响学生发展的因素，因此学校也就不可能把教育的时间和空间完全集中在学校内部。这就决定了教师的劳动必然会在空间上具有广延性，时间上具有连续性。教师劳动的众多形式，如上课、备课、批改作业、课外辅导、组织课外校外活动、家访、带学生参观等等，就是为了争取教育的时间和空间。

教师的劳动不能机械地受时间和地点的限制而随意中断，因此就没有明显的上下班界限，没有限定的区域范围，课内、课外都是教师工作的时间，校内、校外都是教师工作的地点。课堂上、操场上、在校内、在校外，只要是学生活动的地方，只要是有学生的场所，教师就必须以身作则、履行职责。课程表上规定的课堂授课活动只是教师劳动的组成部分之一。为了完成教书育人的使命，教师需要争取一切时间和空间，深入到教育对象所在的各种场所与活动中，时时、处处发挥教师对学生的教育影响作用。

（三）教师劳动的个体性和群体性

教师的劳动基本上是以个体形态表现出来的，不能像在机械化流水线生产的工人那样，被组织在“一条龙”式的机械设备中进行。虽然各级各类学校都有统一的教学计划、教学大纲和教科书，但每个教师在执行和完成各项具体教育教学任务时，都有很大的自主选择性。教师劳动的表现形式是千差万别的，各有自己的特色和风格。教师劳动的这种个体性，是任何人都无法强行限制的。教师在劳动过程中起支配作用，是教师所具有的自我调节能力和自我创造能力的必然。教师虽然也有规定的上课时间与地点，但是备课的质量、教学的进程、教学的效果等，则取决于教师的自我要求和自我监督。

教师的劳动虽然在形态上是个体性的，但其劳动的成果却是集体性的。我国教育的根本任务是培养德智体美劳全面发展的社会主义劳动者。这个任务是多侧面、多层次的。完成这项任务，需要动员各方面的力量，通力合作。就学校内部来说，不仅需要班主任与各任课教师之间的密切配合，也需要全校全体教职员工的密切配合。因此教师劳动的成果——学生的身心发展水平，主要表现为教师集体劳动的成果，很难说是哪一个教师个人劳动的结果。在现代社会里，教育成果的这种集体性更为突出。现代学校是多学科、多年级、多专业的统一体，只靠少数几个教师的努力是不行的。一个教师的知识再渊博，也只能教一门或几门课，不可能什么课都教。而学生的求知欲望是多方面的，社会对学生成长的要求也是多方面的，因此，教师的集体作用同样是十分重要的。一个学生在整个受教育的过程中，要受到许多教师的教育和影响，每个教师的劳动也只能是整个教师集体劳动中的一部分。因此，学生在知识掌握、能力发展、品德形成方面的情况，不是哪一位教师单独劳动的结果，而是以教师为主的集体劳动的结果。

（四）教师劳动的长期性和示范性

教师的劳动具有长期性。这是因为：第一，教师的劳动产品是特殊的精神产品，是全面发展的人。俗话说，“十年树木，百年树人”。人才培养的周期相对较长，无法一蹴而就，教师的劳动因而必然具备长期性的特征。第二，从教师劳动的具体过程来看，无论是知识的掌握还是能力的培养，无论是心理的健康还是体质的增强，都是一个循序渐进、长期反复的过程。在这个过程中，教师需要付出长期而艰巨的努力。第三，教师劳动的效益影响是长期的。教师对学生的影响不仅仅是学生在校期间，而且可以延长到学生离开教师，甚至可以持续一生。教师劳动长期性的特点，要求教师必须淡泊名利，不急于求成，始终以学生的全面、长远发展为目标，耐心细致地开展各项工作。

教师的劳动具有示范性。这是因为：第一，学生的向师性和模仿性决定了教师劳动的示范性。学生是未成年人，向成年人学习、模仿成年人是他们社会化过程的重要途径与方法。教师是学生最经常接触的群体之一，而且相对具有较高权威，因而容易对学生产生吸引力、成为学生模仿的对象。第二，教师所承担的教育使命决定了教师的劳动具有示范性。教师是由国家或社会规定承担教书育人使命的群体。成为学生的榜样，是他们使命的内容之一。“学高为师、德高为范”正是人们对教师的普遍期待。教师劳动示范性的特点，要求教师必须时时、处处严格要求自己，真正做到以身作则、为人师表。

二、教师的职业素质

教师的劳动是一种高度复杂的劳动，它要求教师必须具备十分全面和相对完善的素质。

一般把教师的职业素质概括为职业道德、知识、能力等几个方面。

（一）职业道德素质

教师的职业道德简称师德，是教师从事教育事业应遵循的基本行为规范和必备的基本品德。职业道德是职业素质构成的重要组成部分，教师的职业道德更是教师职业素质的灵魂，它对教师的成长、学生的发展、教育事业的进步都具有非常重要的意义。一般而言，我们把教师的职业道德概括为以下五个方面：

1. 对待事业——热爱忠诚、敬业乐业

这是社会和人民对教师提出的最基本的道德要求，是教师道德修养的思想基础。教师只有热爱教育事业，在工作中才能有热情，才能产生强大的工作动力，才能做好教育工作。《中华人民共和国教育法》第三十二条规定："教师享有法律规定的权利，履行法律规定的义务，忠诚于人民的教育事业。"《中华人民共和国教师法》第三条规定："教师应当忠诚人民的教育事业。"教育事业是培养人、造就人的事业，它关系到国家的强弱、民族的兴衰，是崇高而伟大的事业。教师在人类社会中起着承前启后的桥梁和纽带作用，若没有教师职业，人类社会的一切文明将因失去传递者而中断，人类社会的文明将无法继承。因此，教师必须充分认识自身职业的内在价值与伟大意义，意识到教育事业是值得为之付出毕生精力的事业，从而激发对教育事业的热爱之情。每一位教师都应该为投身于这样的事业而感到光荣和骄傲，热爱和忠诚人民的教育事业，敬业乐业。

2. 对待学生——热爱关心、诲人不倦

"没有爱就没有教育"，这已经成为中国教育界的共识。热爱学生是教师职业道德的核心，教师是否热爱和忠诚人民的教育事业，就要看他是否热爱和关心学生。热爱和关心学生既是教师职业道德的重要内容，更是教师教育力量最重要的源泉。一个成功的教师必然是真正关爱学生、能让学生体会到爱并反馈这种关爱的人。教师要做到真正关爱学生，就必须牢固树立素质教育的理念，以学生为本，时时处处以学生的发展成长作为自己的工作目标，应该让学生在教育过程中体验到成功与快乐、安全与欣赏，而不是仅仅关注学生的成绩或分数。教师热爱学生具体表现在教育教学过程中要尊重学生，相信学生，善于发现学生身上的"闪光点"，依靠其积极因素克服其消极因素，做到因势利导、循循善诱。教师热爱学生还具体表现在平等对待学生，不偏爱某个或某些学生，对全体同学负责，使全体学生都得到全面发展。

3. 对待集体——团结合作、协调一致

教师的劳动具有个体性与群体性的特点，学生的成长与成才既是教师个体劳动的成果，更是教师集体劳动的结晶。只有教师之间团结合作、协调一致，才能最大限度地发挥教师集体的合力，促进学生的发展。教师应该正确认识竞争与合作的关系。教师之间的竞争，是为了更好地提高教育教学水平、促进学生发展。教师之间的合作同样是为了这一个目标。竞争能促进每一个人进步，合作能促进大家共同进步。教师之间的竞争与合作是对立的统一体。因此，教师既要重视竞争，更需要注意团结合作、协调一致。

4. 对待家长——尊重指导、廉洁从教

家长与教师都是学生的教育者，共同影响着学生的成长。家长在教育学生的问题上与教师有着平等的关系。家长是学校教育的支持者，也是学生法律上的监护人。因此，处理好与家长的关系事关重大。道德素质高的教师特别是班主任都认为，家长如果积极参与孩子的教育，学生在校表现可能会更出色，因此教师把家长视为自己的伙伴和合作对象。为维护这种健康的伙伴关系，要通过许多方式与家长沟通并争取他们的合作，对家庭的信息保密，与家长沟通学生的情况，听取家长对教师和学校工作的意见，把学生在校的情况定期向家长传达。教师在和家长沟通时，不能对家长不尊重、埋怨家长、向家长告状等，更不能利用工作关系向学生家长牟取私利。

5. 对待自己——以身作则、为人师表

教师的劳动具有示范性，教师的一举一动、一言一行都对学生起着表率作用，教师必须以身作则、为人师表。教师不仅要注重外在仪表，更要注重内在素质的不断提高。身为教师，必须严谨治学，勤于进取，切实树立终身学习的观念，不断丰富自己的知识，提高自己各方面的能力。教师必须坚持锻炼、强健体魄，更为重要的是，教师应该保持乐观、积极向上的心态，注重心理健康，为学生树立热爱生活、奋发进取的榜样。

（二）知识素质

知识是重要的教育内容，知识素质是教师教育教学能力的基础。精深的专业知识、广博的文化修养和丰富的教育理论知识都是教师必备的知识素质。

1. 精深的专业知识

所教学科的专业知识是教师知识结构的核心，是教师从事教育教学工作的基本条件。教师必须掌握扎实的专业基础知识，熟悉本学科的基本结构和各部分知识之间的内在联系，了解本学科的发展动向和最新研究成果。在此基础上，教师才能犹如“庖丁解牛，游刃有余”，才能够透彻地理解教材，深入浅出地讲解教材，用知识本身来打动学生，激发学生的学习兴趣，引领学生感受学习的快乐与幸福。

2. 广博的文化修养

当今世界正处于信息化时代，学生的信息来源远比过去丰富，他们了解世界的愿望也更为强烈。学生正处于思想活跃、兴趣广泛的年龄阶段，他们有强烈的求知欲望和好奇心，渴望教师能够解决他们心中的诸多疑问。现代科学知识出现了既高度分化又高度综合的趋势，学生的提问不再局限于教材或某一学科。教师必须适应这一趋势，尽可能地帮助学生解决认识世界过程中的疑问。这既有利于学生的发展，又有利于教师威信的提高。因此，教师必须不断扩展自己知识的广度与深度，掌握广博的科学文化知识，更好地促进学生与自己的发展。

3. 丰富的教育理论知识

教书育人的过程有其自身的规律，教育理论反映了人们对这些规律的认识与把握。辩证唯物主义告诉我们，只有根据规律办事才能把事情办好，任何时间不按规律办事就必然受到惩罚。不掌握教育理论知识，必然导致教育教学工作的高消耗、低效率。当前我国教育实践中存在诸多问题，其中一个重要原因就是很多时候我们没有按教育规律来办教育、来进行教育教学。纵观中外，凡是在教育活动中取得成就的教师，都是掌握丰富的教育理论知识并根据教育规律开展教育教学活动的人。每一位教师都应该增强学习教育理论知识的自觉性与主动性，并按教育规律开展自己的教育教学活动，这样才能取得成功，成长为优秀的人民教师。

（三）能力素质

教师要从事教育教学活动，必须具备各种能力，这是不言自明的道理。简单地说，教师的能力素质就是教育教学能力及与教育教学相关的能力。教育教学能力由多种能力组成，主要有以下六个方面：

1. 驾驭教材的能力

对课程标准、教科书、教学参考书等的了解、掌握、加工、处理的能力,就是驾驭教材的能力。驾驭教材的能力,还包括在信息化时代,教师借助于现代科技手段,打破时空局限,获取无限量信息资源的能力。通过对大量的信息资源进行有目的的整合,结合学生实际,将最新的知识融于教材中,科学地组织教材体系、设计教学方法,使教学能深入浅出,激发学生的求知欲,培养学生的创造能力。

2. 交往沟通能力

教师的工作是与人打交道的工作,他们不仅要与学生交往,而且还要与同事、领导、家长等各种人进行交往。因此,交往沟通能力成为教师非常重要的能力之一。教师必须了解学生,有的放矢地开展工作,才能取得预期效果。为此,教师必须善于捕捉学生的真实思想,及时了解学生的内心世界,时时处处做有心人,养成观察和分析学生的习惯,逐步形成了解学生的能力。

3. 语言表达能力

语言表达能力是教师最基本的能力,它包括三个部分:口头语言、书面语言和体态语言。教师的口头语言表达能力要求做到语音准确,节奏适中,抑扬顿挫,形象生动,幽默风趣等。书面语言表达能力涉及板书、作业评语、多媒体课件等,书写内容应该清楚明白,结构合理,美观大方。体态语言表达能力充分体现了教师劳动的特点,是否能够合理、有效地利用体态语言,是衡量教师教育教学能力的重要标准之一。教师应该充分使用体态语言,如丰富的表情、适宜的手势、"会说话的"眼神等。体态语言与口头语言的合理搭配,对于增强语言表达效果、增进师生之间情感交流、激发学生的学习兴趣、活跃课堂教学气氛、增强教学的感染力等有重要作用。

4. 组织管理能力

开展任何教育教学活动,首先都需要把学生组织好。没有良好的秩序,就不可能有成功的教育教学。教师的组织管理能力包含三个方面:一是教育教学工作的计划能力,教师要有制订教学工作计划、编写教案等方面的能力;二是课堂教学的组织能力,教师要创设安全宽松的教学氛围,激发学生学习的积极性、主动性,保证教学活动的顺利开展;三是管理班级的能力,组织学校、家庭和社会三结合开展教育。

5. 教育科研能力

只有尊重教育规律、按教育规律开展教育教学活动,才能取得教书育人活动的成功。教育规律不仅需要学习,更需要不断探索与发现。当今世界正处于激剧变化的过程中,学生与教育活动本身随着世界的变化在不断地变化。许多过去行之有效的经验拿到现在经常不管用。教师只有不断研究教育教学过程中出现的新情况、新问题,才能找到解决问题的新办法。教师必须进行教育科研,通过科研解决教育教学中的问题,不断提高教育教学水平。

6. 自修能力

自修能力是指教师自我提高的能力,包括终身学习的能力、自我教育的能力、自我控制的能力和反思的能力等等。宋代大儒朱熹曾经说过:"问渠哪得清如许,为有源头活水来。"这句话其实说明了一个道理:教师只有不断地学习、不断地进行自我提高,才能不断成长,最终成为一名合格甚至优秀的教师。

除了应具有以上职业道德素质、知识素质、能力素质之外,教师还应具有良好的身体素质、心理素质和相对完备的法律素质等。

三、教师的权利和义务

（一）相关法律规定

1993年10月31日第八届全国人民代表大会第四次会议通过的《中华人民共和国教师法》，对教师的权利和义务等做出了规定，其中第七条规定教师享有下列权利："1. 进行教育教学活动，开展教育教学改革和实验；2. 从事科学研究、学术交流，参加专业的学术团体，在学术活动中充分发表意见；3. 指导学生的学习和发展，评定学生的品行和学业成绩；4. 按时获取工资报酬，享受国家规定的福利待遇以及寒暑假期的带薪休假；5. 对学校教育教学、管理工作和教育行政部门的工作提出意见和建议，通过教职工代表大会或者其他形式，参与学校的民主管理；6. 参加进修或者其他方式的培训。"

《中华人民共和国教师法》第八条规定，教师应当履行下列义务："1. 遵守宪法、法律和职业道德，为人师表；2. 贯彻国家的教育方针，遵守规章制度，执行学校的教学计划，履行教师聘约，完成教育教学工作任务；3. 对学生进行宪法所确定的基本原则的教育，爱国主义、民族团结的教育，法制教育以及思想品德、文化、科学技术教育，组织、带领学生开展有益的社会活动；4. 关心、爱护全体学生，尊重学生人格，促进学生在品德、智力、体质等方面全面发展；5. 制止有害于学生的行为或者其他侵犯学生合法权益的行为，批评和抵制有害于学生健康成长的现象；6. 不断提高思想政治觉悟和教育教学业务水平。"第三十七条规定了教师的法律责任："教师有下列情形之一的，由所在学校、其他教育机构或者教育行政部门给予行政处分或者解聘：1. 故意不完成教育教学任务，给教育教学工作造成损失的；2. 体罚学生，经教育不改的；3. 品行不良、侮辱学生，影响恶劣的。"

（二）依法执教，保障学生和教师自身的合法权益

1. 牢固树立法律意识，尊重与保障学生的合法权益

由于受传统观念的影响，部分教师法律意识淡薄，教育观念落后，没有真正做到尊重学生的合法权益。例如，一些教师片面理解"师者，父母心"、"严师出高徒"、"恨铁不成钢"等传统观念，在"爱"的口号下，教学方式方法简单粗暴，经常出现讽刺、挖苦、体罚或变相体罚学生的情况。结果造成师生对立、关系紧张，甚至出现过失犯罪的现象，不仅给学生和家长也给自己带来无法挽回的后果，造成终生遗憾。因此，教师必须牢固树立法律意识，切实依法执教，不断提高自己的教育教学水平，严格按照法律规定的权利从事教育教学工作，真正地关爱每一位学生。

2. 运用合理的手段与方式，保障自身的合法权益

近年来，国家采取了多种措施不断提高教师待遇，保障教师的合法权益。但是由于我国现在处于社会主义初级阶段，生产力发展水平与发达国家相比还有较大差距，法制尚不健全，侵犯教师权利、损害教师合法利益的事情还时有发生。在自身权益受到侵害的时候，教师一定要保持理智，运用法律规定的手段与方式，在法律的框架之下寻求补偿。特别需要注意的是，不能把自己受的侵害转嫁到学生身上。例如，教师不能以任何理由单方面罢课，否则就侵犯了学生的受教育权。

四、教师职业专业化

《中华人民共和国教师法》第三条规定："教师是履行教育教学职责的专业人员，承担教书

育人、培养社会主义事业建设者和接班人、提高民族素质的使命。"这一法律条文对教师的职业性质作了诠释，即教师职业是一种专门职业，教师是专业人员。近些年我国对教师专业化的研究比较多，也比较深入。如果需要对此进行深入了解和学习，必须参考相关研究与著作。这里仅仅对教师职业专业化的一些最基本的问题作简单介绍。

（一）教师专业化的含义

教师专业化是指教师职业具有自己独特的职业要求和职业条件，有专门的培养制度和管理制度。教师专业化的基本含义是：(1) 教师专业既包括学科专业性，也包括教育专业性，国家对教师任职既有规定的学历标准，也有必要的教育知识、教育能力和职业道德的要求；(2) 国家有教师教育的专门机构、专门教育内容和措施；(3) 国家有对教师资格和教师教育机构的认定制度和管理制度；(4) 教师专业发展是一个持续不断的过程，教师专业化也是一个发展的概念，既是一种状态，又是一个不断深化的过程。

教师职业有自己的理想追求，有自身的理论武装，有自觉的职业规范和高度成熟的技能技巧，具有不可替代的独立特征。教师不仅是知识的传递者，而且是道德的引导者、思想的启迪者、心灵世界的开拓者以及情感、意志、信念的塑造者。教师不仅需要知道传授什么知识，而且需要知道怎样传授知识，知道针对不同的学生采取不同的教学策略。教师职业的专门化既是一种认识，更是一个奋斗过程；既是一种职业资格的认定，更是一个终身学习、不断更新的自觉追求。

（二）教师专业化的发展历程

1955 年，世界教师专业组织召开的会议率先研讨了教师专业问题，推动了教师专业组织的形成和发展。1966 年，国际劳工组织和联合国教科文组织提出的《关于教师地位的建议》，首次以官方文件的形式对教师专业化做出了说明，提出"应把教师工作视为专门的职业，这种职业要求教师经过严格的、持续的学习，获得并保持专门的知识和特别的技术"①。30 年后，这一原则在同名文件中得到重申。1989～1992 年，经济合作与发展组织相继发表了一系列有关教师及教师专业化改革的报告，如《教师培训》、《学校质量》、《今日之教师》、《教师质量》等。1996 年，联合国教科文组织召开了以"加强在变化着的世界中的教师的作用之教育"为主题的第 45 届国际教育大会，提出"在提高教师地位的整体政策中，专业化是最有前途的中长期策略"。1998 年，在北京召开了"面向 21 世纪师范教育国际研讨会"，明确"当前师范教育改革的核心是教师专业化问题"。

日本在 1971 年就在中央教育审议会通过的文件《关于今后学校教育的综合扩充与调整的基本措施》中指出"教师职业本来就需要极高的专门性"，强调应当确认和加强教师的专业化。1997 年，日本再次强调对教师职业专业化的认识。英国在 20 世纪 80 年代末建立了旨在促进教师专业化的校本培训模式，1998 年教育与就业部颁发了新的教师教育专业性认可标准——《教师教育课程要求》。美国在 1986 年，卡内基小组、霍姆斯小组相继发表《国家为培养 21 世纪的教师作准备》、《明天的教师》两个重要报告，同时强调以确立教师专业性为教师改革和教师职业发展的目标。卡内基基金组织的"美国教师专业标准委员会"还专门编制了明确界定教师职业专业性的文件《教师专业标准大纲》。香港和台湾都从 20 世纪 80 年代末开始加大教师

① 万勇：《关于教师地位的建议》，见《外国教育资料》，1984(4)。

专业化教育制度改革。

我国有关法律已经为推进教师专业化提供了基本的制度保证。1994 年我国开始实施的《中华人民共和国教师法》规定“教师是履行教育教学职责的专业人员”，第一次从法律角度确认了教师的专业地位。1995 年国务院颁布《教师资格条例》，2000 年教育部颁布《教师资格条例实施办法》，教师资格制度在全国开始全面实施。2000 年我国出版的第一部对职业进行科学分类的权威性文件《中华人民共和国职业分类大典》，首次将我国职业归并为八大类，教师属于“专业技术人员”一类。2001 年 4 月 1 日国家首次开展全面实施教师资格认定工作，进入实际操作阶段。

（三）教师专业化的途径与策略

根据前面关于教师专业化的定义我们知道，教师专业化涉及教师专业发展、教师培训管理制度等诸多方面。这里仅从教师的角度，对教师专业化的途径与策略作一简单介绍。从教师自身的角度来看，教师专业化就是要通过岗前学习与培训、在岗期间的反思与终身学习，不断提升自身素质，最终成长为一名优秀教师的过程。

1. 岗前学习与培训

根据我国现行的教师资格制度与实际情况，未来教师基本上都是高校毕业生。他们既有高等师范院校的毕业生，也有非师范院校的毕业生，其中包括相当一部分综合性大学的毕业生。对于每位有志于将来从事教师职业的高校在校生来说，努力学习各方面的文化知识、全面提高自身能力是其主要任务，也是他们未来走上社会的必备条件。高校毕业后，如果有志于从事教师职业，就必须认真参加相关部门组织的教师岗前培训，以加深对教师职业的认识，进一步强化使命感与责任感，提高教育教学能力。

2. 反思经验

“反思经验是教师专业化的研究基础”①。从经验中学习，是新教师迅速掌握基本教育教学技能、适应新工作的有效途径。但是，由于各种原因，传统经验中存在大量未经检验的、潜在的理论假设，其中相当一部分甚至是错误的。这就要求教师在学习传统经验的同时，要经常进行反思，努力克服经验中的不足，不断创新工作方式方法，在反思中成长，在反思中提高，最终成为一名研究型、专家型教师。

3. 终身学习

“终身学习是教师专业化的生长基础”②。随着知识更新速度的加快和周期的缩短，新知识和技术层出不穷，任何一个人都无法像过去那样受教一时、受用一世。教师需要不断面对新生代的学生，没有不断的知识更新就不可能完成自己的使命，不可能让学生满意、家长放心，也就不可能成长为优秀的教育工作者。教师必须适应终身教育的世界潮流，坚持终身学习，不断学习新知识、新技能，从而不断提升自己的教育教学水平。

---

① 刘捷：《专业化：挑战 21 世纪的教师》，教育科学出版社，2002 年版。

② 同上。

第三节 师生关系

一、师生关系概述

（一）师生关系的概念

师生关系是指在教育过程中，教师和学生为完成一定的教育任务，通过直接交往和联系而结成的相互关系，包括彼此所处的地位、作用和相互对待的态度等。一般认为，师生关系包括社会关系、教育关系和心理关系三个层面。

（二）师生关系的作用

学校中的教育活动，是师生双方共同的活动，是在一定的师生关系维系下进行的。良好的师生关系，是提高学校教育质量的保证，也是社会精神文明的重要方面。

1. 良好的师生关系是教育产生效能的关键

师生关系与教育效能关系密切。很多教师和学生都有这种经历：学生极容易因为喜爱某位教师而喜爱这位教师任教的学科，即使他们本来并不喜欢这门学科；反过来，如果学生讨厌某位教师，他们很可能讨厌这位教师任教的学科，即使他们本来很喜欢这门学科。学生年龄越小，这种现象越明显。良好的师生关系，犹如教育教学活动的润滑剂，既能为教师带来工作上的成就感，使教师越来越喜爱自己的工作，也能给学生的学校生活带来满足感，让学生在轻松、愉快的氛围中学习。良好的师生关系使班级和学校成为师生共同成长的快乐家园，教育效能也因而自然地得到提高。

2. 良好的师生关系有助于教师威信的提高

教师的威信是在师生不断的交往过程中逐步形成的，保持与学生良好的交往和沟通是教师威信形成的有效途径。一个有威信的教师，一定是与学生保持良好交往的教师。如果教师疏远学生，故意“摆架子”，与学生少有往来，很少与学生沟通，那么学生就无法了解和理解教师，教师的威信也就无从谈起。反之，如果教师态度随和，平易近人，能够经常与学生接触，学生就愿意接近教师、了解教师，最终消除因年龄不同造成的心理距离，并逐渐对教师产生钦佩，教师的权威也就水到渠成了。

3. 良好的师生关系有助于师生身心健康的发展

教师和学生生活中最常处的一个地方就是学校和班级，学校生活质量如何直接关系到师生的身心健康。良好的师生关系为学校生活质量提供了重要保障。有了良好的师生关系，教师每天都能心情愉悦地面对学生和自己的工作，学生能够放心地面对教师和学习，教师和学生都能健康地发展。如果师生关系紧张，教师和学生都必须面对自己不愿意面对的人，生活在这样的氛围之中，根本没有快乐而言，教师极易产生职业倦怠，学生极易产生厌学心理。长此以往，教师和学生的心理都会不堪重负，甚至出现心理问题。

二、我国新型师生关系的特点

（一）尊师爱生

尊师就是学生尊重教师，包括尊重教师的人格、教师的劳动等等；爱生就是教师关爱学生，真正做到"为了一切学生，为了学生的一切"。需要注意的是，"尊师爱生"这样的说法是一种习惯表达，在新时期它有更多的内涵。它既包括学生对教师的尊重，也包括教师对学生的尊重；既包括教师对学生的关爱，也包括学生对教师的关爱。在构建社会主义和谐社会的新时期，"尊师爱生"应该包括教师与学生之间的相互尊重、相互关爱。尊重与关爱互为条件、互相促进，教师与学生之间相互尊重、相互关爱，这为整个良好的师生关系奠定了坚实的感情基础。

（二）民主平等

民主平等既是教师工作方式的特征，又是良好师生关系的重要特点。历史发展的过程是一种民主化进程，师生关系发展到今天，民主平等是其内在要求。在整个社会越来越民主的背景下，师生关系必然朝着民主平等的方向前进、发展。民主平等，也是"尊师爱生"的要求和必然结果。尊重、关爱的一个前提与原则就是民主平等，没有民主平等就不可能有真正的尊重与关爱。新时期的教师与学生进行对话与交流时，要注意工作方式与态度的民主、人格上的平等。

（三）教学相长

"学然后知不足，教然后知困。知不足，然后能自反也；知困，然后能自强也。故曰，教学相长也。"①中国古代的教育家早就意识到师生相互学习的必要性，并采取师生问答等方式来进行实践。例如，孔子曾经受过学生子夏的启发："子曰：'起予者商也，始可与言《诗》已矣。'"②在教育教学活动中，学生固然应该虚心向教师学习，与此同时教师也应该保持谦虚好学、务实求真的态度，能够向包括学生在内的一切人学习，能够最大限度地利用现代信息技术手段获取知识，真正做到与时俱进，不断丰富与充实自己。

三、良好师生关系的建立与发展

要建立良好的师生关系，必须明白哪些因素会影响它，然后才可能有针对性地提出改进措施。一般而言，良好师生关系的发展分为初步建立、逐渐深化和巩固发展三个阶段，不同的阶段教师需要完成不同的任务。在建立和发展师生关系的过程中，教师必须特别注意处理好两个问题：教师的主导作用、教师的威信。

（一）影响师生关系的因素

1. 社会政治、文化传统等

从宏观层面来看，一定时期的师生关系总是与相应时期的社会政治、经济、文化传统等因素紧密相连。在专制政治、文化的社会背景之下，无论中外，师生关系都一度极其专制，片面强

① 《礼记·学记》。

② 《论语·八佾》。

调学生对教师的服从、尊重，这就不可能形成民主平等的师生关系。当前，我国社会主义制度为人人平等、相互尊重创设了十分有利的条件，因而也有利于创建民主平等的师生关系。21世纪的教师必须与时俱进，转变观念，彻底抛弃陈旧过时的师生观，牢固树立平等的观念。

社会政治、文化传统等宏观因素对师生关系的影响虽然是根本的，但也是间接的，它必须通过对教师、家长、学生等直接因素产生作用。

2. 教师

教师是师生关系中最直接的相关因素。无数理论与实践都表明，教师是构建良好师生关系的最关键因素。具体而言，教师的教育理念、教育方式、教育能力、人格魅力等都会深深地影响师生关系。先进的教育理论（特别是能牢固树立以学生为本的思想）、高超的教育教学能力是学生尊重与信服教师的前提，而尊重与信服恰恰是构建良好师生关系的关键所在。

为此，教师必须不断学习与思考，特别要通过阅读经典教育名著、观摩名师课堂等方式，真正树立以学生为本的教育理念，切实贯彻素质教育的指导思想，不断提高教育教学能力，从提升自身素质入手构建与改善师生关系。

3. 学生

与教师一样，学生也是师生关系最直接的相关因素。学生的年龄差异是影响师生关系的重要因素。年龄越小的学生，越需要教师直接的、外在的关爱，如问好、笑脸等对小学生都非常重要。而年龄稍大的学生，往往更重视教师的教育教学水平。学生总体上处于身心发展极不成熟的阶段，所以他们容易根据自己的偏好来对待教师，难以客观公正地评价教师、处理师生关系。此外，学生的性格、家庭背景、学习成绩等都会影响到师生关系的构建。

4. 家长

就师生关系而言，家长的态度极为重要。家长对教师的态度极容易传导给孩子，如果家长在言行中对教师表示出足够的尊重，孩子往往也容易尊重教师；如果家长在言语中表示出轻视教师的态度，孩子往往难以尊重教师。在孩子与教师之间产生矛盾时，家长如果能够做到理智、客观、公正，就有利于师生关系的构建。此外，家长对教师工作是否支持、家长与教师之间的关系是否和谐也会影响到师生关系的构建。

5. 学校

教师和学生的教育活动总是在具体的学校环境中开展的，学校的教育理念、管理制度、人际关系、校风校貌等都会影响每一位教师和学生，进而会影响到师生关系的构建。长期以来，应试教育的理论与实践盛行，对师生关系造成了极大的损害。过分强调竞争的管理制度容易导致教师之间、师生之间关系紧张，高度强调合作的管理制度更利于人际关系的增进。学校教师之间关系和睦，有利于和谐师生关系的形成。积极向上的校风校貌有利于学生的健康成长，能够较好地促进师生关系的和谐。

影响师生关系的诸因素之间相互影响、相互作用，构成复杂的网络。在不同时期与阶段，其中某一因素可能会成为主要影响因素，但是最关键的因素无疑是教师。无论学校环境如何、家长的素质与态度如何、学生年龄与性别等差异多大，那些真正关爱学生、具备先进教育理念和优秀教育教学能力的教师，普遍能够赢得学生的喜爱、家长的尊重。因此，从根本上来说，要构建良好的师生关系，最重要的就是教师要不断提升自己的素质。

（二）构建师生关系的三个阶段

1. 初步建立阶段：为学生留下良好的第一印象

在这一阶段，教师与学生由不了解到相互了解、由不熟悉到相互熟悉，这在整个师生关系中具有一定的重要意义。实践表明，在这一阶段，师生都希望给对方留下较好的第一印象，都希望能建立良好的师生关系。教师给学生留下良好的第一印象，往往能吸引学生，受到学生的喜爱，能为今后师生关系的进一步发展奠定基础。学生给教师留下好的第一印象，往往更能激发教师的工作热情，更加主动地亲近学生。为此，师生双方都应该在衣着、仪表、语言等方面留下良好的第一印象。

需要说明的是，第一印象虽然重要，但由于师生交往持续时间长，师生双方都不必刻意去追求第一印象，而应该始终保持真诚的态度，特别要注意表里如一、前后一致，这样才更有利于师生关系的长期发展。

2. 逐渐深化阶段：不断增强自己对学生的吸引力

在第一阶段，师生之间关注的主要是对方的外在特征。随着时间的推移，师生双方的内在素质在师生关系中的影响作用越来越大，师生关系开始发展到第二阶段。这一阶段是强化良好第一印象、改变不良第一印象的重要阶段，是构建良好师生关系的关键阶段。教师的知识、能力、态度、道德、性格、爱好、特长等内在因素成为影响师生关系的重要因素。学生的学习态度、水平、氛围等也在较大程度上影响着师生关系。在这一阶段，教师要经常与学生沟通交流，要关注学生的爱好兴趣、困难与挫折，对学生有积极正确的期待，真正地关爱学生，不断提升自己的职业道德、知识能力水平。

3. 巩固发展阶段：巩固和保持良好的师生关系

良好师生关系的建立既不能一蹴而就，也无法一劳永逸。教师要继续加强同学生的交往，不断充实完善自己，并创造性地开展各项工作，以不断地保持、巩固和强化良好的师生关系。在这一阶段，教师除了要保持第二阶段的成功做法，还要经受特殊事件的考验。一般而言，学校生活是平凡而普通的，教师并不需要做惊天动地的大事。但在特殊情况下，特别是在学生的生命和财产受到外来侵害的情况下，教师能否真正做到以学生为本，把学生的利益放在第一位，这直接决定了师生关系能否持续健康发展。

（三）构建良好的师生关系需要注意的问题

1. 教师主导作用的发挥

通过前面的分析我们已经知道，影响师生关系的因素较多。这些因素相互影响，形成错综复杂的关系，给构建良好的师生关系带来影响。此外，良好师生关系的构建不是一朝之功，“建立师生之间的友谊，是要付出巨大劳动，花费许多精力的……建立跟儿童的友谊，这是要用我们的力量、我们的思考、我们的明智、我们的信念和我们的情操去鼓舞儿童的思想和情感的事。为了建立师生之间的友谊，必须具有巨大的丰富的精神财富。缺乏这种精神丰富性，友谊就会变成一种庸俗的亲昵关系，而这对于教育是一种危险的现象”①。在这个长期而复杂的过程中，师生关系随时都可能出现反复。身为教师，一方面要认识到构建师生关系工作的艰巨性和长期性；另一方面又要坚定信念，相信自己在所有影响因素中的关键地位。

面对学生或家长的不信任、不理解甚至对抗时，如果教师消极工作，期待学生或家长先改变、然后再改变自己，就是无视教育规律、放弃自己的主导作用。在这种情况下，教师尤其要发挥其主导作用，始终要相信，只要切实做到了以学生为本、真正提高了自身素质，就一定能改变学生，就一定能构建良好的师生关系。即使暂时遇到了一些困难甚至误解，教师仍然要对学生

① 【苏】苏霍姆林斯基著，杜殿坤编译：《给教师的建议》，教育科学出版社，1984 年版。

充满爱心，抱着“办法总比困难多”的念头积极地开展工作，先改变自己，然后期待学生的改变。实践证明，只有充分发挥教师的主导作用，才能更好地构建师生关系。

2. 教师的威信

在构建师生关系的过程中，必须正确理解和对待教师的威信。许多教师，特别是刚参加工作的年轻教师，往往误以为教师的威信来自于严厉的态度。更有甚者，一些老教师对新教师传授经验，如“别对学生太好了、别给学生太多笑脸”等等。这些教师以为，只要自己严厉就会产生威信，这其实是一个很大的误解。

教师的威信主要来自两个方面：一个方面是制度规定的权威，另一个方面是通过自己的素质树立起来的威信。

所谓制度规定的权威，是指根据教育法律法规、学校规章制度、社会习俗认可等因素，直接或间接地规定的教师拥有的权力和威信。例如，教师可以要求学生完成一定量的作业、遵守课堂纪律等等。一般而言，制度规定的权威是教师开展工作的基础与前提。如果不承认这种权威，教师与学生就根本不可能开展任何教育活动。

所谓自己树立起来的威信，是指教师在科学教育理念的指导下，真正做到以学生为本，切切实实地关爱学生，通过高水平的教育教学能力获得学生发自内心的认可与尊重，从而拥有的威信。这种威信因为得到学生发自内心的认可，因而是最有力、最真实的威信，也是最有利于教育教学的威信。

这两种权威的获得途径不同，因而其效果与持续性必然不同。制度规定的权威在很大程度上是一种外在的强制，学生对其接受程度因年龄、性格、班风等而不同，其有效性、持续性都较差。相比之下，年龄越小的学生越容易接受这种权威，年龄越大的学生越反感这种权威。而且，如果教师不能在一定时间周期内树立自己的真正威信，制度规定的权威也可能随之丧失。如果教师能够树立起自己的真正威信，那么制度规定的权威的有效性也随之增强。

在构建师生关系的过程中，最大的误区就在于，相当一部分教师急于求成，没有注意慢慢树立自己的真正威信，而是过度使用制度规定的权威，结果事与愿违，不仅没有树立真正的威信、产生良好的教育效果，反而使得制度规定的权威也丧失了，给学生留下专制与粗暴的印象，师生关系日益紧张。为了构建良好的师生关系，教师必须慎用制度规定的权威，而要尽量树立和使用自己的真正威信。

师生在年龄、阅历、认知、情感等方面存在着差距，这容易成为师生交往的屏障。对此师生双方应采取宽容、理解的态度，努力缩小心理的差距，特别是教师要多方面去关心学生，理解学生，进行角色互换，要和他们交朋友，建立新型的师生关系。这样，教师的威信便容易在学生心中扎下根。

综合练习题

一、选择题

1. 在教育过程中，学生是教育的______。

A. 主体　　B. 客体　　C. 既是主体也是客体　　D. 以上都不是

2. 教师的根本任务是______。

A. 进行思想教育　　B. 教书育人　　C. 发展学生智力　　D. 传授知识

3. “一年之计，莫如树谷；十年之计，莫如树木；终身之计，莫如树人”，这反映出教师劳动的______特点。

A. 创造性　　B. 能动性　　C. 长期性　　D. 示范性

4. 教师在教育活动中起______作用。

A. 主导　　B. 决定　　C. 非主导　　D. 基础

5. 在教师的职业道德中，属于教师职业道德的核心，是教师最主要的品质的是______。

A. 忠诚、热爱教育事业　　B. 尊重、热爱学生

C. 师生之间的团结协作　　D. 依法执教

6. “其身正，不令而行；其身不正，虽令不从”，这反映教师劳动的______特点。

A. 能动性　　B. 创造性　　C. 示范性　　D. 长期性

7. 教育机智反映了教师的劳动具有______特点。

A. 能动性　　B. 创造性　　C. 示范性　　D. 长期性

8. 教师必须了解学生的年龄特征，这要求教师具备______。

A. 思想政治素养　　B. 学科专业知识

C. 文化基础知识　　D. 教育科学知识

二、简述题

1. 试述教师劳动的特点。
2. 简述学生在教育过程中的基本属性。
3. 简述教育过程中教师和学生的作用。
4. 简述师生关系的重要意义。
5. 简述我国新型师生关系的特点。

三、论述题

1. 如何理解教师的职业素质？
2. 如何构建良好的师生关系？

第七章　学校教育制度

本章学习指导

1. **识记**:教育制度和学校教育制度的概念、建立学校教育制度的依据。
2. **理解**:了解我国学校教育制度的沿革概况,理解我国学制进一步改革的思路。
3. **应用**:能应用学制的有关理论分析现实问题。

在现代社会,一个国家要有效地发展教育事业,培养所需要的各种人才,就必须设立相应的教育机构,建立能够充分发挥所有教育机构整体功能的教育制度。教育制度是贯彻执行教育方针以及教育政策,实现教育目的的重要保证。学校教育制度是教育制度的核心和主体。

第一节　学校教育制度概述

一、学校教育制度的概念

(一) 教育制度的含义

教育制度即国民教育制度,是一个国家为实现其国民教育目的,从组织系统上建立起来的一切教育机构系统和它们赖以存在和运行的规则体系。其中,教育机构系统可以分为两大类:一类是各级各类学校教育系统,包括幼儿教育、初等教育、中等教育、高等教育;一类是其他教育机构,包括各种儿童教育机构,如少年宫、少年之家、儿童图书馆、儿童科技站、少年体校等等,还包括成人文化教育机构,如文化宫、博物馆、图书馆、美术馆、俱乐部、影剧院等。教育机构运行的规则体系主要指各种各样的教育法律、法规和规章制度,包括国家教育领导体制、办学体制、管理体制以及招生考试制度、升留级制度、学校生活制度、课堂管理制度、奖惩制度等。学校教育制度是教育制度的主要构成部分,是其核心和主体。

(二) 学制的概念

学制是学校教育制度的简称,是一个国家各级各类学校的总体系,具体规定各级各类学校的性质、任务、培养目标、入学条件、修业年限、管理体制、教育结构以及它们彼此之间的相互关系。

学制是由国家制定、颁布并实施的具有一定法律效力的、调整各级各类教育之间的衔接、交叉、比例关系以及教育权利分配关系的教育基本制度。它是国家对年青一代进行教育的最严密、最有效的组织系统,是教育制度的核心和主体,是贯彻教育方针政策、实现教育目的、培养各级各类人才的重要保证。学制集中体现了国家教育制度的精神实质，对青少年儿童的健康成长、教育事业的发展、政治经济制度的巩固、生产力的提高、文化的传承与创新产生着重要的影响。

二、学校教育制度的类型

现代学制主要由两种结构构成：一是纵向划分的学校系统，二是横向划分的学校阶段。不同类型的学制只不过是学校的系统性和阶段性的不同组合，据此可以把学制划分为三种类型，即双轨学制、单轨学制和分支型学制（如图 7-1 所示）。

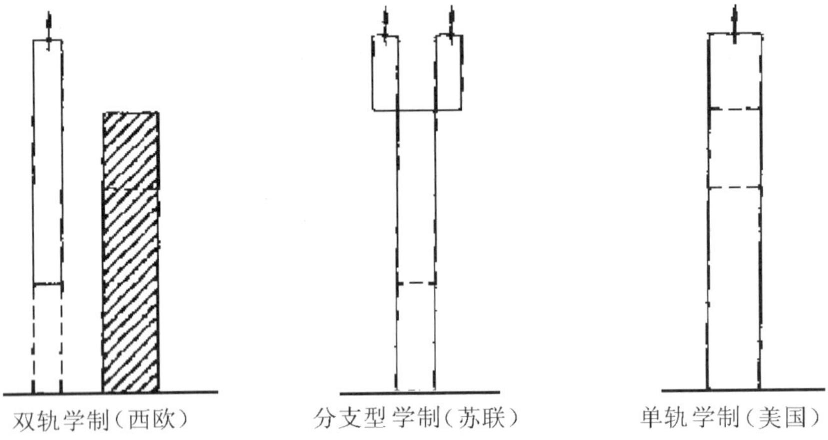

图 7-1　学制的三种类型图

（一）双轨学制

双轨学制是由纵向划分的学校系统占绝对优势的学制结构。它形成于 18、19 世纪的西欧。当时在社会政治、经济发展及特定历史文化条件的影响下，由中世纪学校演变而来的带有等级特权痕迹的学术性现代学校和新产生的供劳动人民子女受教育的群众性现代学校都得到了比较充分的发展，由此形成了这两个系列平行的双轨学制。一轨自上而下，其结构是大学（后来也包括其他高等学校）→中学（包括中学预备班），为贵族和资产阶级子女设立；另一轨自下而上，其结构是小学（后来是小学和初中）→职业学校（先是与小学相连的初等职业教育，后来发展为与初中相连接的中等职业教育），为劳动人民子女设立，这一轨所设立的学校被称为国民教育学校。由于两个系列的学校体系形同火车的两股车道，既不相通，也不相接，教育史上形象地称之为“双轨制”。这两轨最初甚至也不对应，这就剥夺了在国民教育学校上学的劳动人民子女升入中学和大学、接受高一级教育的权利。后来国民教育学校一轨从小学发展到中学时，才有了初中这个相对应的部分。国民教育学校一轨是英国的现代中学、法国的市立中等学校和德国的初级中学，另一轨是英国的文法中学、法国的国立中学和德国的文科中学的第一阶段。以法国、英国、德国为代表的欧洲国家都曾采用双轨学制。

双轨学制的优点是学术性的一轨具有较高的学术水平，有利于高级人才的培养；缺点是不利于教育特别是中等教育的普及，不利于大面积地培养人才，而且具有明显的阶级性和等级性，不利于社会政治、文化的民主化发展。由于与第二次工业技术革命特别是第三次工业技术革命大生产性质之间的矛盾越来越尖锐，同时与技术革命所推动的普及教育由初等教育向初中教育甚至高中教育的发展相矛盾，双轨制受到了人们的普遍批评，不得不进行变革。改革旨在消除传统学制中的不平等因素，促进两轨之间的融通，给予每个人以更多的选择机会，保证教育机会的公平性。

（二）单轨学制

单轨学制是由横向划分的学校系统占绝对优势的学制结构。它是19世纪资本主义国家实施普及义务教育时出现的一种学制类型。它只有一套自下而上的学制体系，从小学、中学到大学，上下沟通，教育史上称之为"单轨制"。美国在独立以前，多数地区都曾沿用欧洲的双轨学制。19世纪中后期，由于产业革命和电气化的推动，美国由农业社会向工业社会急剧地发展。这种经济条件和美国较少特权传统的文化历史背景，使得美国学制的变化呈现出一种与欧洲学制迥然不同的情景。原来双轨学制中的学术性一轨没有得到充分的发展，却被在短期内迅速发展起来的群众性小学和群众性中学所淹没，从而形成了美国的单轨学制。该学制自下而上的结构是小学→中学→大学，其特点是一个系列、多种分段，即六三三、五三四、八四、六六、四四四等多种分段。这种学制形式有利于逐级普及教育，有更大的适应能力，且克服了双轨学制的弊端，因此被世界许多国家先后采用。

（三）分支型学制

分支型学制也叫混合型学制。它既有单轨制的特点，也有双轨制的某些因素，是苏联制定并实施的一种学制类型。在十月革命前，沙皇俄国时代的学制是欧洲传统的双轨制。十月革命后，苏联建立了单轨的社会主义统一劳动学校系统。在其后的发展过程中，又部分恢复了帝俄时代文科中学的某些传统和职业学校单设的做法，由此形成了苏联特有的混合型学制。这种学制不属于欧洲双轨学制，因为它一开始并不分轨，而且职业学校的毕业生也有权进入对口的高等学校（少数优秀毕业生可直接升学，其余工作三年后也可升学）。但它和美国的单轨学制也有区别，因为该学制在进入中学阶段时又开始分叉，前段（小学、初中阶段）是单轨，后段（高中阶段始）分叉成双轨，因此是介于双轨学制和单轨学制之间的混合型学制。这种学制上通（高等学校）下达（初等学校）、左（中等专业学校）右（中等职业技术学校）互联，既有利于学术人才的培养，也有利于职业教育的发展。

以上三种类型的学制是在不同时间、地点和条件下形成起来的，各有其优势与不足。同时，三类学制的产生和发展又是有一定的历史顺序的，即从系统占优势向阶段占优势发展，由双轨学制向混合学制、再通过高中综合化向单轨学制的方向发展。美国最初曾采用过双轨制，但还没定型就被单轨学制所取代，从而超越了混合型学制阶段。苏联原来的学制是双轨学制，十月革命后形成了混合型学制，由于高中的普及和职业教育的后移趋势，混合型学制有向单轨学制发展的倾向。西欧的双轨学制则正在由低年级向高年级逐步并轨，小学和初中已基本并轨，这就使原先的双轨学制演变成了混合型学制，即下段单轨、上段多轨。近年来欧洲高中有向综合高中发展的明显趋势，说明这种单轨化的趋势还在继续发展。可以说，欧洲学制的发展变化显示了现代学制发展的完整轨迹。

三、建立学校教育制度的依据

学制是社会发展到一定历史阶段的产物，它的建立既受人的身心发展规律的制约，也受整个社会生产力发展水平、政治经济制度、文化传统和原有学制的影响和制约。

（一）社会生产力发展水平和科学技术发展状况

社会生产力发展为教育制度提供一定的物质基础和相应的客观需要。从学校的产生来看，只有社会生产力水平提高，出现了社会剩余产品，可以保证一部分人从事脑力劳动时，才产生了学校这种专门的教育机构。在奴隶社会和封建社会，生产力水平低下，自然科学不发达，对劳动者的文化技术要求不高，就不可能出现现代的工艺、机电、航空之类的专业学校。近代，大工业机器生产逐步取代了手工生产，需要大批熟练技术工人，需要普及初等教育、发展中等教育，尤其需要发展职业教育，才迫使资产阶级不得不向劳动人民打开学校大门，出现了国民义务教育制度，才出现了各种职业学校，使工人的子女受到有关工艺和各种生产工具的实际操作的教育。现代社会，社会生产力水平的进一步提高推动了教育的发展，学校教育制度日益完备起来，不断向更高的阶段发展。例如，以往作为“奢侈品”的高等教育在许多国家正迈向大众化和普及化。同时，近几十年来，电子计算机、生物工程、光导纤维、激光、海洋开发等新技术的发展和广泛应用，推动世界各国不断改革学校教育制度，培养高质量的人才，以迎接新技术革命的挑战。此外，生产力发展水平对于学校的师资、设备和教材等都具有重要的制约作用，也对学习内容、学习年限的长短产生一定的影响。

（二）社会政治经济制度

社会政治经济制度直接制约着学校教育制度。教育在阶级社会里具有鲜明的阶级性，统治阶级必然要掌握教育权，决定受教育权，决定不同社会背景的学生享受教育的类型、程序和方式。这些要求既体现在他们的教育观念上，也表现在他们的教育制度中，而且必须借助教育制度加以保障和实现。因此，不同社会的学制，受社会政治经济制度直接制约，并体现不同性质的政治经济制度的需要，办学宗旨、目标、方针以及入学儿童条件的规定都依据和反映着一定政治经济利益的需要。例如，奴隶社会的“学在官府”、封建社会的“等级学校”、资本主义社会的“双轨制”等，都是特定的社会政治经济制度的产物。现代社会，在教育民主化浪潮的推动下，“教育机会均等”由一种教育理念逐步向实践转化，并促使学制结构发生重大的变化和调整。

（三）受教育者的身心发展规律

学校教育制度的确立还要依据人的身心发展规律。人的成长要经历不同的年龄阶段，这些相互衔接的年龄阶段各有其特征，学制的确立必须适应人的身心发展的年龄特征。在确定入学年龄、修业年限、各级各类学校的分段时，都要切合人的智力、体力、个性与社会性等的发展水平。例如，儿童5～6岁时，脑的结构已经发育成熟，这时起，他们可以更为深入地进行语言文字和书本知识等方面的学习。6岁到十六七岁正是儿童接受德智体美劳教育的最佳时期。以此为依据，一些国家的学制虽模式各异、层次体系多样，并几经改革，但大多数学生的在学年龄都规定在5～22岁，并把学校相应地划分为小学、中学、大学等阶段。再如，当人们认识到语言、音乐、绘画能力、个性与社会性等发展的关键期多在6岁前时，早期教育就受到重视，并先后被纳入各国的国民教育体系中；认识到人的身心发展具有个别差异性，儿童的天赋、志趣、追求各有不同，在学制中设立特殊学校就受到关注。

（四）本国学制的历史沿革和外国学制的影响

每个国家的学制都有其自身形成与发展的过程，体现了本民族的特点和文化传统。文化传统是一个国家或民族在长期的历史发展过程中形成的相对稳定的精神气质、价值观念、思维方式、风俗习惯等的总和。文化传统对学制具有重要影响，不同国家、地区的文化传统不同，所制定的学制也各有差异。制定学制时，要把坚持本民族特点与文化传统同借鉴其他国家的经验结合起来，立足于本国、本地区、本民族的文化传统和历史特点，参考其他国家和地区的学制特点，切忌脱离民族文化传统的实际照搬照抄。也就是说，学制的建立要考虑本国学制的历史发展和外国学制的影响，充分考虑本国原有教育的发展水平和整体结构中各级各类学校内在联系的合理性，继承和发扬本国学制的长处，同时参照国外学制的有益经验，形成具有民族特色和人类历史继承性的良好的学制。

综上所述，学校教育制度的确立受多种复杂因素所制约。我们在研究学制时，不仅要考察政治经济制度对学制的制约，看到不同社会制度下学制的阶级性，同时还应看到由于生产力水平和文化传统、历史传统的影响，同一社会制度下可以形成不同的学制，还要看到即使社会制度不同，由于人的身心发展规律的普遍作用，学制在诸如入学年龄、普及教育的年限、学校阶段的划分以及办学形式等方面也存在共同的特征。只有全面认识这一切，才有可能创建比较合理和完善的学校教育制度。

第二节　我国的学校教育制度

一、我国学校教育制度的沿革

（一）旧中国学制的演变

我国的学校教育制度起源于古代，形成于近代，日趋完善于现代。

在古代原始社会末期、奴隶社会初期我国就出现了最初的学校，并逐步形成了相应的学校教育制度。《周礼》中言："乡有庠，州有序，党有校，闾有塾。"《学记》中言："古之教者，家有塾，党有庠，术有序，国有学。""比年入学，中年考校。一年视离经辨志；三年视敬业乐群；五年视博习亲师；七年视论学取友，谓之小成。九年知类通达，强立而不反，谓之大成。"这些就是对当时教育机构系统和它们运行的规则体系的概括和描述。在我国漫长的封建社会里，学校主要有官学、私学、书院三种类型。相对而言，不同朝代的官学都形成了相对完备的学校教育体系，而私学和书院则未被纳入国家教育体系。

我国现代学制是清末民初从西方引进的，大体说来，从引进到发展到基本定型，先后经历了三个发展阶段。

1. 壬寅学制与癸卯学制

鸦片战争后，中国沦为半封建半殖民地国家。帝国主义列强的疯狂侵略和国内资本主义因素的不断增长，迫使清政府不得不采取"废科举，兴学堂"等措施，对延续几千年的学校教育制度进行改革。如在"中学为体，西学为用"的教育方针指导下，开办了新的学堂，如水师学堂、武备学堂、电报学堂等。这些学堂比封建社会专门讲授"四书"、"五经"的各级各类学校有了很大进步，在历史上起过积极作用。但当时的各种学校互不联系，还未构成一个完整的学制系统。

1902年，清政府颁布了《钦定学堂章程》，也称"壬寅学制"，由当时的管学大臣张百熙以日本学制为蓝本起草。它是中国教育史上第一个系统完备的现代学制,但没有实行。

1903 年,清政府又命张之洞、荣庆和张百熙三人共同修订"壬寅学制",另颁发了《奏定学堂章程》,亦称"癸卯学制"。这是中国教育史上第一个以法令形式颁布并在全国范围内正式实行的学制,标志着我国近代学校教育制度的开始。这个学制既吸收了现代学制的长处,又保留了封建学制的特点,明显反映了"中学为体,西学为用"的思想。如明文规定教育目的是"忠君、尊孔、尚公、尚武、尚实";学科内容有所改变,增加了实科方面的考试;毕业生仍被授予"进士"、"举人";不许男女同校,轻视女子教育。其突出特点是修业年限特别长,从蒙养院到通儒院需要 30 年(如图 7-2 所示)。

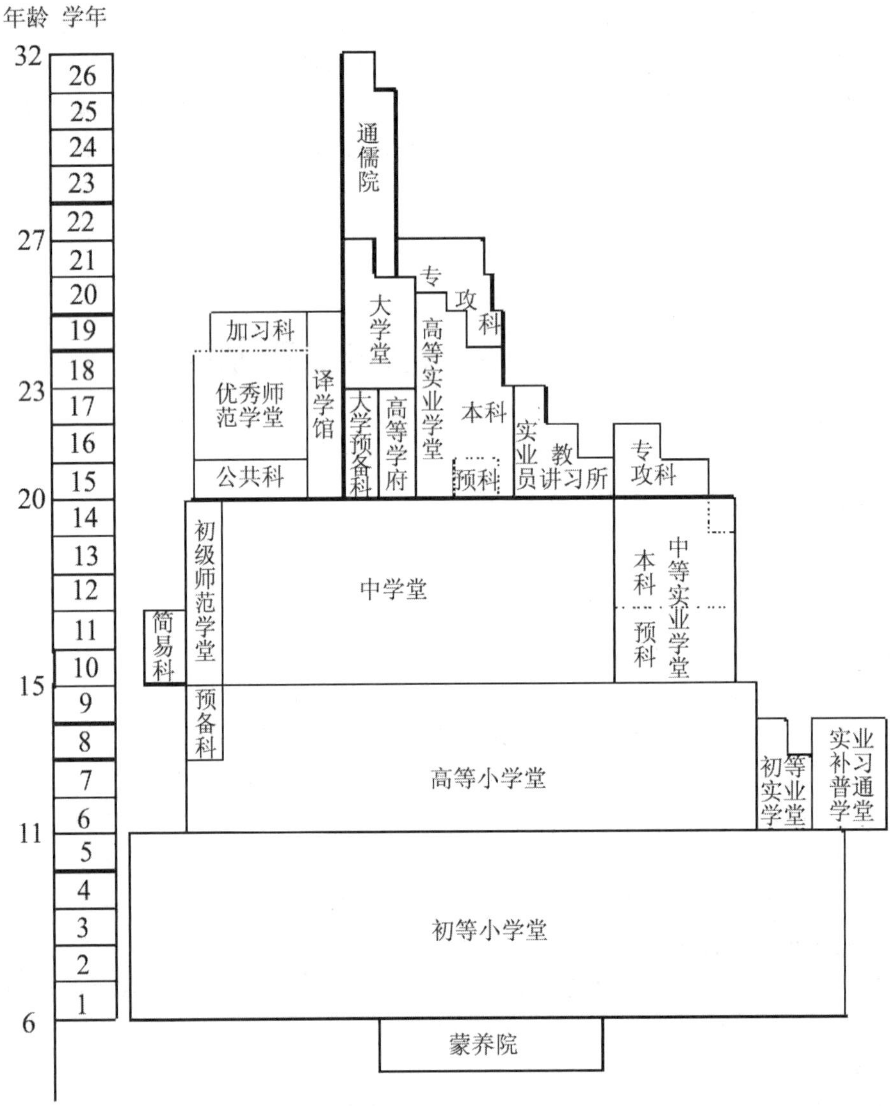

图 7-2　癸卯学制系统图

2. 壬子癸丑学制

1912 年,在南京临时政府教育总长蔡元培先生主持下,对旧学制进行修订,颁布了"壬子癸丑学制"。该学制明显反映了资产阶级在学制方面的要求。该学制较之清末学制有较大进步,体现为:规定了义务教育年限;缩短了修业年限;第一次规定了男女同校,把女子教育正式列入学制系统；废除了毕业生奖励出身的制度；充实了自然科学课程和生产技能训练内容；相对提高了职业教育和师范教育的地位；办学权限上取消了清末的种种限制。这个学制在一定程度上标志着我国教育开始向现代化迈进。

3. 壬戌学制

1922 年，北洋军阀政府依托留美派主持的全国教育联合会，以美国的学制为蓝本，颁布了“壬戌学制”，又通称为“六三三学制”或“新学制体系”（如图 7-3）。该学制的突出特点是：缩短了小学修业年限，延长了中等教育年限，设置了三年制综合高中，大学取消了预科；中学分为初级和高级两个阶段，更符合学生的身心发展特点；职业教育自成系统，代替了实业教育；课程无男女校的区别。自此，我国教育才从封建社会的母腹中摆脱出来，走上了现代的发展轨道。国民党统治时期曾提出过“整理中华民国学校系统”等方案，对该学制作了某些修改，但没有大的变动，一直沿用到中华人民共和国成立。

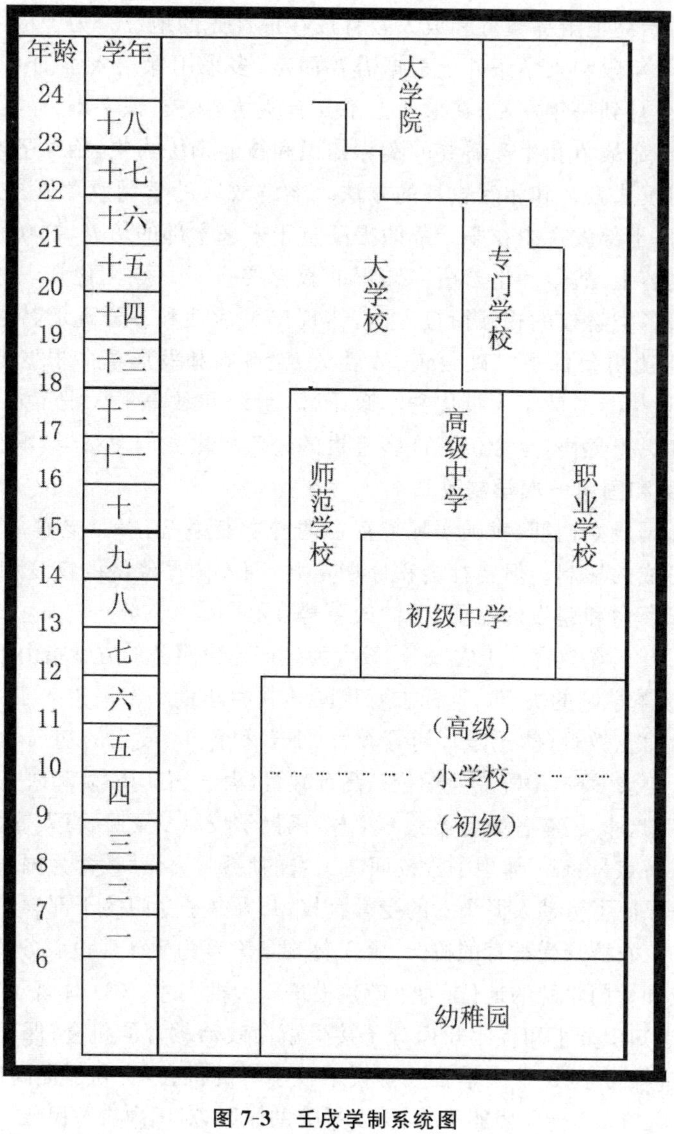

图 7-3　壬戌学制系统图

总体来看，我国近代学制有三个明显的特点：第一，注重向发达国家学习；第二，学校直系和旁系比较完备，相互衔接，构成系列；第三，修业年限逐渐缩短，分段分期更符合学生的身心发展规律，更符合普及教育的需要，为教育的平民化打下了基础。另外，从清末废科举兴学校到国民党统治时期，学制虽几经变更，由于中国的社会性质没有根本改变，学制也都具有半封建半殖民地的性质和特点。

（二）中华人民共和国的学制改革

1. 中华人民共和国成立前老解放区的学制

中华人民共和国成立前，在中国共产党领导下的革命根据地和老解放区建立了包含不同培养目标、不同程度、不同要求、不同类型的学校，并形成了一套独特的运行制度。其显著特点是：密切为政治、经济的需要服务，教育内容和方法以及办学形式从实际出发，灵活多样。这个时期的教育主要有干部教育和群众教育两大类，高小以上的教育统归于干部教育，初小和一般群众教育称为群众教育。虽然也设立了小学、中学和大学，而且最早实施了小学义务教育，但在全部教育工作中始终把干部教育和成人教育放在最优先的地位。为了尽快培训革命工作所需要的人才，在学习年限和入学条件上根据需要而定，多采用保送入学的办法，学习时间可长可短，一般都是几个月到一年左右；在形式上主要有冬学、夜校、识字班、补习学校、全日脱产轮训等；在内容上以革命战争和生产需要的实际知识和技能训练为主，始终坚持理论联系实际的原则，侧重讨论、启发式教育和相互教育的方法。老解放区的学制改革坚持了三个原则：干部教育重于群众教育，干部教育中在职干部的提高重于未来干部的培养，群众教育中成人教育重于儿童教育。在内容上，战争和生产所需知识的教育要重于一般文化知识的教育。在入学年龄、学习年限、各级各类学校的相互衔接方面，体现出灵活性和多样性的特点。这种学制较好地满足了当时特定历史条件下打破封锁、战胜敌人、巩固和发展革命根据地的革命任务的需要，为我国革命事业培养造就了大批优秀军政干部，组织和教育了大批工农劳动群众，提高了他们的文化水平和思想觉悟，至今仍有许多宝贵的经验可供我们总结、继承。

2. 中华人民共和国第一次学制改革

中华人民共和国成立初期，我国实际上存在两种学制系统：一是老解放区的学制，另一种是国民党统治下形成的学制。但当社会秩序稳定后，随着国民经济的恢复和发展，旧的学制已不能适应社会主义革命和建设的需要，学制改革势在必行。

1951 年 10 月 1 日，在教育为工农服务、教育为生产建设服务的方针指引下，中央人民政府政务院颁布了《关于改革学制的决定》，这标志着我国学制的建设和发展进入了一个新的阶段。新学制组织系统分为幼儿教育（幼儿园）、初等教育（小学和青年、成人的初等学校）、中等教育（中学、工农速成中学、业余学校、中等专业学校）、高等教育（大学、专门学院和研究部）以及各级政治学校和政治训练班，此外，还有各级各类补习学校、函授学校以及聋哑、盲人等特殊学校。

新学制的主要特点是：(1) 体现了学校面向工农的原则，突出“教育为国家建设服务，学校为工农开门”的方针，保证了劳动人民子女的受教育权，并兴办了专门的干部学校和工农群众学校，保证了工农干部和工农群众受教育的机会。(2) 体现了教育为生产建设服务的原则，确定了各级各类专业技术学校和专门学院的地位，为生产建设培养大批人才。(3) 体现了重视在职干部再教育的原则，保证了老知识分子和青年知识分子接受革命政治教育的机会；保证各级各类干部，除在职学习外，还有进补习学校、业余学校及函授学校学习的机会，有利于提高广大在职干部的政治及文化业务水平。(4) 体现了民族平等、男女平等的原则，对国内少数民族，不仅尊重他们的教育平等权利，而且各民族可以使用自己的民族语言进行教学；对男女儿童，确保他们有同等的受教育机会，实行男女同校。(5) 体现了方针、任务的统一性和方法、方式的灵活性相结合的原则，在全国统一的学制下，允许地方根据不同的实际情况制定各自的实施计划。

这个新学制从1952年起就在全国各地有计划有重点地逐步推行，促进了我国教育事业的发展，提高了广大劳动人民的文化科学水平，培养了大批的各级各类的建设人才。它在实施过程中根据实际情况还进行了修改和补充，如各级政治学校和政治训练班逐步停办、小学五年一贯制于1953年11月停止实行、工农速成中学于1955年5月停办等。

3. 1958年的学制改革

为了使我国的教育发展与社会主义建设事业的需要相适应，1958年中共中央、国务院颁发了《关于教育工作的指示》，明确指出："现行的学制是需要积极地妥当地加以改革的。各省、市、自治区党委和政府有权对新学制积极地进行典型实验，并报告中央教育部。经过典型试验取得充分经验之后，应当规定全国通行的新学制。"其主要目的是"为了多快好省地发展教育事业"。随后，许多地区开展了学制改革的试验，如提早入学年龄(6岁入学)、缩短年限、进行中小学十年一贯制试验、多种形式办学等。当时由于受到"左"的影响，急躁冒进，盲目发展，不仅使学制的改革试验不能在正常的教学秩序下进行，而且大批新创办的各级各类学校，由于师资、设备跟不上，也难以维持。中央及时觉察到这一点，1961年开始贯彻"调整、巩固、充实、提高"的方针，特别是制定了大、中、小学工作条例，在肯定一些积极成果的同时，对当时各种"左"的表现作了纠正。在这次学制改革中，依据我国的国情，提出了"两条腿走路"的办学方针和"三个结合"、"六个并举"的具体办学原则，并确定了三类主要学校(全日制学校、半工半读学校、业余学校)的地位和作用。

"三个结合"的具体内容是：(1)统一性和多样性结合。统一性是方针、任务的统一性，即按照统一的教育目的办学；多样性是方式、方法的灵活多样性，具体讲是在统一性的指导下坚持办学形式、类别、途径的灵活多样，不应该强求一律。(2)普及与提高结合。在发展教育事业的过程中，必须贯彻执行在普及的基础上提高，在提高的指导下普及。(3)全面规划与地方分权结合。这包含两层意思：一是各级各类学校的建立，从布局上来说，既有全国统一完整的学校体系，又有各地相对独立的各具特色的地方学校体系；二是各级各类学校的领导体制和管理体制，要处理好权力集中与权力分散、权力下放的关系。总之，在处理全面与局部、中央与地方的关系时，不要统得过死，要使权利下放，多给地方一些领导和管理学校的权利。

"六个并举"的具体内容是：国家办学与厂矿企业、农村合作社办学并举，普通教育与职业(技术)教育并举，成人教育与儿童教育并举，全日制学校与半工半读、业余学校并举，学校教育与自学(包括函授学校、广播学校)并举，免费教育与收费教育并举。

上述"三个结合"和"六个并举"的提出以及三类学校的规定，都是根据中国实际，在总结历史经验的基础上提出来的，反映了当时的客观要求，但是由于"左"的错误，也破坏了全日制正规学校教育制度，出现了否认各级各类正规学校是教育制度主体的倾向，在某种程度上使较完整、较协调的学制系统受到破坏。1958年的学制一直实行到"文革"之前。

"文革"时期，受"学制要缩短"、"教育要革命"等错误口号的影响，我国学制一直处于各自为政的混乱状态。和当代学制的发展趋势相反，全国除西藏等少数地区实行小学五年制与六年制并存、初中实行三年制外，其余绝大部分中小学学制都缩短了2～3年不等，初、高中都缩短为两年，推行小学到高中毕业的"九年一贯制"；对中专和技校大加砍杀，盲目发展普通中学，使普通教育和职业教育的比例失调；把高等教育缩短为三年和一个层次，把很多院校、科系、专业取消，使人才培养比例完全失调，大学曾一度停止招生达四年之久；甚至以干代学，把成人教育、业余教育等教育形式完全取消，扼杀了职工提高文化科学水平和知识更新的机会。这些把中华人民共和国成立以来建立的具有某种终身教育因素的社会主义新学制摧残得满目疮痍，严重地破坏和阻碍了我国教育事业的发展。

4. 1985 年的教育体制改革

1976 年十年浩劫结束，特别是党的十一届三中全会以后，经过指导思想上的拨乱反正，国家迅速中止了教育上的混乱局面，采取了一系列措施着手重建和发展被破坏的学制系统，如延长中学的学习年限，恢复和重建中专、技校及职业高中，恢复高等学校专科和本科的两个层次，扩大高等专科学校，恢复和重建很多院校、科系和专业，建立了学位制度和完善研究生教育制度，恢复和重建各级各类成人教育机构，等等，使各级各类学校形成了一个完整的体系，使我国学制逐步向合理和完善的方向发展，重新步入现代教育制度发展的正确轨道。

20 世纪 80 年代初期，面对国内经济体制改革全面展开和世界范围新技术革命迅速兴起的形势，我国的教育体制突出显现出一些与此不相适应的弊端。这主要是：基础教育薄弱，学校数量不足，质量不高；职业教育和技术教育未得到应有的发展；高等教育内部的科系之间、层次之间的比例失调，统得过死，学校缺乏活力。国家对此高度重视，积极采取应对措施，于 1985 年正式颁布了《中共中央关于教育体制改革的决定》，明确指出："要从根本上改变这种状况，必须从教育体制入手，有系统地进行改革。"改革的根本目的是"提高民族素质，多出人才，出好人才"。

这次教育体制改革的主要内容包括以下几个方面：

(1) 加强基础教育，有步骤地实施九年义务教育。其目的在于解决我国落后的基础教育与建设富强、民主、文明的社会主义现代化国家之间的尖锐矛盾。

义务教育，即依法律规定，适龄儿童和青少年都必须接受，国家、社会、家庭必须予以保证的国民教育。义务教育具有强制性、普及性和免费性，对于保证国民具有最基本的科学文化知识和道德等素养，提高民族素质具有重要意义。

国家规定把发展基础教育的责任交给地方，有步骤地实行九年义务教育。根据我国具体情况，全国划分了三类地区：一是相当一部分已普及初中的城市、沿海和内地经济发达地区，1990 年左右按质按量普及九年义务教育；二是约占全国一半人口的中等发达程度的乡镇和农村，1995 年左右按质按量普及小学，同时准备条件普及初中阶段的普通教育或职业技术教育；三是经济落后地区，采取各种形式积极进行不同程度的普及基础教育的工作。

在义务教育的学制年限方面，目前我国实行"六三制"、"五四制"、"五三制"、九年一贯制以及幼儿园、小学、初中一贯制等各种形式。

我国于 1986 年 4 月 12 日通过了《中华人民共和国义务教育法》，在法律上确认了义务教育的重要地位和作用，为义务教育的实施提供了法律保证。

(2) 调整中等教育结构，大力发展职业技术教育。职业技术教育是我国教育事业发展最薄弱的环节，也是调整中等教育结构的关键。根据发展职业技术教育的要求，从中学分流，初中毕业生一部分升入普通高中，一部分接受高中阶段职业教育；高中毕业生一部分升入大学，一部分接受高等职业技术教育。九年义务教育尚难普及的地区，实行小学后分流，小学毕业生一部分升入普通初中，一部分可以直接接受初中阶段职业技术教育，后者毕业后可就业亦可升学。

发展职业技术教育要以中等职业技术教育为重点，发挥中等专业学校的骨干作用，同时积极发展高等职业技术院校，逐步建立起一个从初级到高级、行业配套、结构合理、能与普通教育相互沟通的职业技术教育体系。

(3) 改革高等教育。高等教育改革的主要内容有：扩大高等学校办学自主权；改革高校招生计划和毕业生分配制度；适应经济社会的发展增设一批应用性学科、技术性学科专业；拓宽专业面，调整学生的知识结构和能力结构；加强课程建设，更新教育内容；改革高校管理体制；加强教师队伍建设等。例如，改革高等学校统一招生、毕业生由国家包分配的一贯做法，在招生和分配上实行三种办法：一是国家计划招生，其分配实行在国家计划指导下，个人选报志愿、学校推荐、用人单位择优录用的制度；二是用人单位委托招生；三是学校可以在国家计划外招少数自费生。

(4) 对学校教育实行分级管理。基础教育管理权属于地方，省、市(地)、县、乡分级管理的职责划分，由省、自治区、直辖市决定；中等职业技术教育主要由地方负责，中央各部门办的这类学校，地方也要予以协调和配合；高等教育实行中央、省(自治区、直辖市)、中心城市三级办学的体制，中央部门和地方办的高等学校，要优先满足主办部门和地方培养人才的需要，同时要发挥潜力，接受委托，为其他部门和单位培养学生，积极倡导部门、地方之间的联合办学。

5. 20世纪90年代的学制改革

为了指导20世纪末21世纪初我国教育的改革和发展，使教育更好地为社会主义现代化建设服务，1993年2月13日，中共中央、国务院颁发了《中国教育改革和发展纲要》(以下简称《纲要》)，从战略的高度对我国教育事业的发展做出了总体规划。《纲要》指出，我国教育事业的发展“在结构选择上，以九年义务教育为基础，大力加强基础教育，积极发展职业技术教育、成人教育和高等教育，把提高劳动者素质和培养初中级人才摆到突出位置”，并对各级教育的发展提出了要求和规划。

(1) 关于基础教育。《纲要》指出，我们要在20世纪末基本实现普及九年义务教育，大力加强基础教育，这是提高全民族素质的奠基工程。基础教育既要为提高广大劳动者的素质打基础，又要为培养各级各类专业人才打基础，因此应该下狠心来抓。特别是广大农村，劳动者文化程度较低，抓好基础教育是关系到我国农村现代化乃至整个国家现代化的根本性问题。中小学要由“应试教育”模式转向全面提高国民素质的轨道，面向全体学生，全面提高学生的思想道德品质、文化素养、科学知识、劳动技术和身心健康素质，促进学生健康发展。

(2) 关于职业技术教育。《纲要》指出，职业技术教育是工业化、生产社会化和现代化的重要支柱，是近代教育的重要组成部分。在我国要大力发展职业技术教育。从社会发展需要看，有相当多的人在基础教育后就要分别进入中等职业学校，高中阶段职业技术学校学生数量的比例应进一步提高。普通高中也应开设一些职业技术教育课程，也要重视中等职业教育。因此，必须充分调动各部门、企事业单位和社会各界的积极性，形成全社会兴办多形式、多层次职业技术教育的局面，职业技术教育要主动适应当地建设和社会主义市场经济的需要，办出特色。要提倡学校与企事业单位联合办学，走产教结合的路子，增强学校自身发展的能力。

(3) 关于成人教育。成人教育主要有两种：一种是学历教育，主要是为一部分没有学历、本人深造愿望强烈、有培养前途的在职青年提供获得学历、补充知识的机会；另一种是已取得一定学历的在职人员，为适应从业需要和科技、文化的发展需要进行知识更新。《纲要》指出，应本着学用结合、按需施教、注重实效的原则，积极发展成人教育，同时建立和完善岗位培训制度、继续教育制度和相应的资格考核和证书制度。

(4) 关于高等教育。《纲要》指出，20世纪90年代高等教育要积极探索发展的新路子，使规模有较大发展，结构更加合理，质量和效益明显提高。高等教育应大力加强和发展地区性的专科教育，特别要注意发展面向广大农村、乡镇企业和第三产业的专科教育，扩大研究生的培养数量。为迎接世界新技术革命的挑战，要集中中央和地方等各方面的力量办好一批重点大学和一批重点学科、专业，力争在21世纪初有一些高等学校和学科、专业在教育质量、科学研究和管理方面达到世界较高水平。

另外,《纲要》对办学体制改革、高校的招生和毕业生就业制度的改革以及学习教育投资体系的改革等也提出了相应的要求。

二、我国现行学制的结构

经过一个世纪的发展,我国现在已经建立了比较完整的学校教育制度。我国现行学制在1995年颁布的《中华人民共和国教育法》里得到了确认,其结构见图7-4。

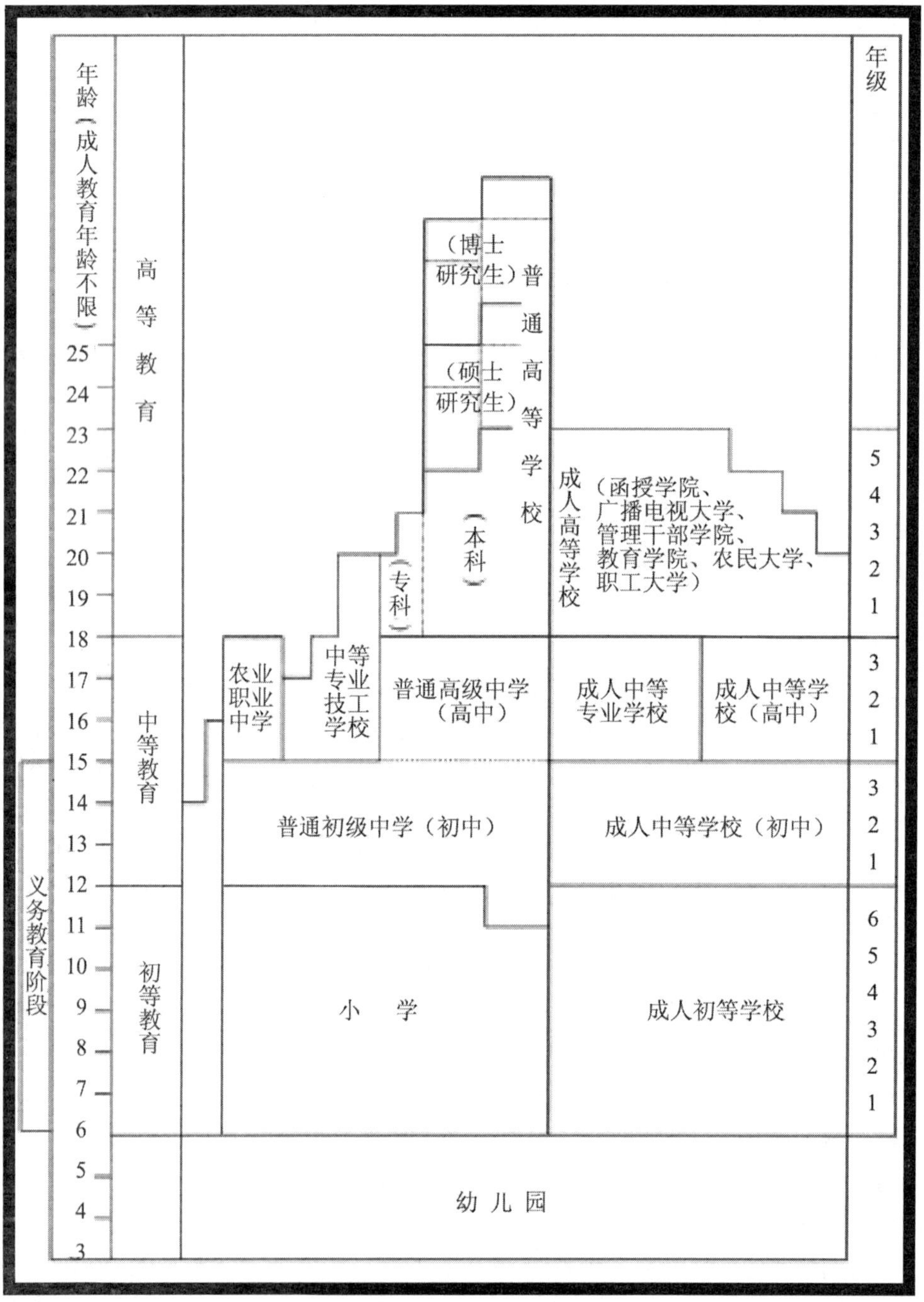

图7-4　我国现行学制图

我国现行学制包括以下几个层次的教育：

（一）学前教育

学前教育的主要机构是幼儿园，招收3～6岁幼儿。任务是使幼儿在德、智、体等几方面得到发展，为接受小学教育做好准备。

（二）初等教育

初等教育的机构主要是全日制小学。儿童一般6岁入学，修业年限为5～6年，属于义务教育。任务是给学生以德、智、体全面发展的基础教育，为接受中等教育打好基础。此外，同级的还有成人业余教育机构（包括各种成人文化补习班、识字班，属于扫盲性质的教育，招收成人文盲或半文盲）以及特殊儿童教育机构（如盲人学校、聋哑人学校）。

（三）中等教育

中等教育的主要机构是全日制普通中学，分初中、高中两个阶段，修业年限为6年，初中3年（属于义务教育）、高中3年。也有一部分学校实施“五四三”学制，即小学5年、初中4年、高中3年。中等教育的任务是为国家培养后备力量和为高一级学校培养合格新生。职业高中、中等专业学校、技工学校等，一般与高中同级，修业年限分别为2～3年、3～4年、2～3年，任务是为国家各部门培养熟练劳动者和初中级技术人员。同级的还有成人中等学校，包括成人业余文化补习学校、电视中专、半工半读的职工中专和各种短期的职业培训班等。

（四）高等教育

高等教育的机构主要为全日制高等学校，包括专科学校（2～3年）、大学（包括综合大学、专门大学和专门学院，4～5年）、研究生院（硕士研究生2～3年，博士研究生3～6年）和各种形式的业余大学。招收高中毕业生和同等学力者。全日制高等学校的任务是为国家培养高级专门人才、研究人员和学者。同级的还有成人高等学校，其形式与类型较多，主要的有函授学院、广播电视大学、管理干部学院、教育学院、职工大学、农民大学和自修大学（辅导学生参加成人高等自学考试）等，一般为专科，年限3～4年，招收在职人员和部分待业青年，为国家培养中级和高级专门人才。

第三节　当代学制发展的趋势

在全球政治、经济逐步趋向一体化以及文化发展多元化、知识经济初露端倪的时代背景下，世界各国对人的素质要求也越来越高。为了使教育的发展能够更好地适应社会发展的需求，大多数国家都对学校教育制度进行了程度不同的改革。从各国学制改革的总的情况来看，当代学制的改革与发展呈现出以下共同趋势：

一、重视学前教育

当代各个国家都非常重视学前教育，有的国家甚至将学前教育改称为“前初等教育”，纳入学制系统。学前教育在国民教育体系中的地位得到了进一步确认和提高。这是现代学制的一个重要发展，也是现代学制向终身教育制度发展的重要标志。大量资料表明，幼儿时期是人的一生中智力发展最为迅速的关键时期，也是人的个性与社会性发展的关键时期，这个时期的教育质量如何，对人的一生的发展高度具有重要的影响。如布鲁姆研究发现：假如将人生智力的发展看作100%的话，4岁以前智力的发展约占人一生智力的50%，30%是在4～8岁获得的，20%是在8～17岁获得的。因此，20世纪50年代以来，许多国家都更加重视学前教育，努力提高入园率，以求及早开发儿童的智力，培养儿童的创造力，发展儿童的个性，为儿童接受小学教育以及以后的全面发展做好准备。如法国、瑞士等国家的法律规定，5～6岁的儿童必须全部进入幼儿学校接受学前教育。1980年法国4岁幼儿已100%进入幼儿学校，比利时3岁儿童入幼儿园的比例也在90%以上。日本文部省1971年8月制定了“发展幼儿教育总计划”，规定将4～5岁的幼儿，除了要求日托者外，全部接纳入幼儿园。朝鲜和英国则把5岁儿童接受学前教育规定为义务教育。

我国的学前教育也呈现出快速发展的趋势，幼儿园数量大幅度增长，质量迅速提高，幼儿的入园率也逐步提高。国家采取了一系列措施促进学前教育事业的发展。

二、提前入学年龄，延长义务教育年限

随着国际竞争的日益加剧，国家综合国力的竞争归根到底是科技的竞争、文化的竞争，而科技、文化的竞争归根到底是人才的竞争，人才的竞争归根到底是教育的竞争。因此许多国家都把目光转向通过教育改革来提高国家的竞争力方面。在众多的教育改革措施中，延长义务教育年限，以提高未来劳动者的思想、道德、文化素质成为普遍趋势。这主要表现在义务教育一端逐渐向学前教育方向扩展，另一端则向初中后教育阶段延伸。

许多国家把学前教育列入义务教育范围，提前实施义务教育，把学前教育的后期和义务教育的前期有机地衔接起来，改变了过去那种学前教育与义务教育脱节的状况。如英国规定幼儿学校是义务教育的第一阶段；法国幼儿教育是初等教育的组成部分，虽然不是强迫的，但却是免费的；荷兰的幼儿教育属于义务教育；以色列的幼儿园招收3～6岁儿童，5岁起属于义务教育阶段；朝鲜在宪法中规定对全体儿童实行一年学前义务教育；美国甚至提出了孩子应该在4岁开始上学。

同时，许多国家特别是发达国家的义务教育正继续向后延伸，不仅要普及高中，还要普及职业技术教育，甚至高等教育。联合国教科文组织1979年出版的《世界各国教育制度指南》列举了85个国家儿童入学情况，其中7岁入学的有18个国家，6岁入学的有51个国家，5岁入学的有16个国家；同时各国逐步延长义务教育年限，如日本、德国为9年，法国为10年，苏联为10～11年，英国为11年，美国为10～12年。另外，法国从1983年起对所有接受义务教育而不继续升学的青年提供社会和职业资格培训。德国早在1964年就规定青少年在接受完九年义务教育后，如不继续升学，则必须接受三年的职业义务教育。英国从1986年开始，对年龄为16岁的中学毕业生提供两年的职业培训。荷兰规定所有16岁的就业青年每周都必须有两天接受义务教育的时间。经济与合作发展组织1998年出版的《教育年鉴一经合组织指标》中指出：在绝大多数国家中，所有年轻人实际上已经享有至少是11年的基础教育，只是参与的模式不尽相同。多数国家开始义务教育的年龄为5～6岁，完成年龄在14～18岁。由于失业危机的增加以及不具有充分教育准备的青年难以顺利就业，那些16岁完成义务教育的国家也越来越倾向于将学生继续留在学校，直到他们完成高中教育。我国在“普九”基础上，提出了在发

达地区普及高中阶段教育的目标。

三、普通教育与职业教育相互渗透与结合

促进普通教育与职业教育的结合，也是当前各国学制改革的普遍趋向。

职业技术教育在生产力发展中的重要作用日益被重视，甚至被看作发展经济的柱石和振兴经济的"秘密武器"。许多国家强调在普通学校中加强职业技术教育。发达国家在普通教育中引入每个学生必须学习的职业教育内容，这样能使普通教育的内容体现出社会、经济、技术发展的主要成果，使普通教育更贴近社会现实生活，更有利于学生未来的成长。如1971年，美国联邦教育总署署长马兰提出"生计教育"理论，主张生计教育应当成为所有学生的而不仅仅是职业学校学生课程的一个组成部分；应当贯穿小学、高中甚至大专院校的所有年级；应使毕业生甚至中途退学者都掌握某种技能，能够维持生计。现在，生计教育已在美国全国推行。法国从小学就开始设置了科学技术课，直到中学毕业，每周2～3小时。德国则要求普通中学开设职业技术课程，实现在青少年中普及职业技术教育。美国、德国、瑞典等国，还开办了综合高中，除学习普通教育课程外，还要选修职业技术教育课程，兼具普通高中和职业学校的职能，担负就业和升学的双重任务。

同时，各国也认识到，普通教育在语言、文化、科技、理解和理性思维等方面打下的良好基础，有利于学生更好地理解专业理论，发展学生的应变能力，对培养可持续发展的现代人才至关重要。因此，在职业技术学校中加强普通教育也是各国采取的重要改革措施。法国的职业中学新开设了职业业士文凭教育，招收初中毕业生，学制四年，目的在于提高熟练技工的普通教育水平。德国调整了长期以来实行的学校教育与企业训练双元制培训体系中学校教育与企业训练之间的比例关系，在职业学校增设了普通教育课程内容。日本通过一年级学习普通文化课、二年级才开始以分专业的办法来加强职业高中的普通教育。

总之，普通教育职业化，职业教育普通化，二者相互渗透有机结合是各国教育发展的趋势。如美国等国设立综合中学，日本提出通过普通教育和职业教育的相互衔接来缩小二者之间的距离，德国提出建立职业教育和普通教育统一起来的学校教育制度方案等都体现了这种趋势。

四、高等教育出现多层次、多类型、多元化趋势

当代社会，高等学校和生产、科技、社会生活各方面的联系日益密切，高等教育的进一步发展受到世界各国普遍重视。与此同时，发达国家逐步普及高中，其他各国高中生比例也逐年增长，越来越多的人要求接受高等教育，这就促使高等教育由精英教育逐步迈入大众化、普及化阶段。与此相应，高等教育在结构上出现多层次、多类型、多元化快速发展的趋势。具体表现为：(1) 高等教育层次、专业日趋完善。除原有的本科教育保持稳步发展之外，2年制的短期大学、专科教育、研究生教育乃至博士后教育都获得了发展；除过去的综合性大学传统的少数科系和专业外，发展了理、工、农、医、师、财经、法律、新闻等多种院校、科系和专业。(2) 高等教育机构日益多样化，越来越多的国家采取灵活多样的办学形式、授课制度和学籍管理制度。办学形式上，除传统的综合大学外，各国还重视发展短期大学，如美国的社区学院、日本的短期大学、英国的多科技术学院、法国的初级学院等；还注意发展各种非正规大学，如英国的开放大学、德国的遥授大学、日本的广播大学及许多国家的网络大学、老年大学等。这些学校形式灵活，学费低廉，教学内容实用，足以满足社会各层次求学人员的需要。在授课制度和学籍管理制度方面，也越来越照顾到不同类型学生的需求，产生了灵活多样的富有弹性的管理制度，如

建立注册视听生制度、校外生学位授予制度、跨校学习制度、非选拔升学制度等。(3) 高等教育学生成分发生变化,成人大学生所占的比重越来越大。如美国社区学院的学生平均年龄为38岁;丹麦、挪威、瑞典等国半数以上的学生首次进入大学的年龄超过22岁,20岁以下的比例不到20%;我国也放宽了大学报考者的条件,不再有年龄限制。(4) 教学、科研、生产一体化。新技术的开发与应用、新型产业的建立与发展,促使各国以大学为依托建立各种教学、科研、生产联合体。这种联合体既促进了教学,又发展了经济;既培养了人才,又出了科研成果;既推动了教学,又提高了生产,发展非常迅速,取得了显著成果。

五、发展继续教育与终身教育

随着知识经济的到来与发展,人类已开始步入学习化社会,终身教育、终身学习成为当今世界各国教育改革的共同指导思想,建立终身教育体系成为各国学制改革的共同目标。

20世纪60年代以来,由于科学技术的迅速发展以及社会生活、生产的需要,许多国家提出"继续教育",强调进入社会的人们继续进行再教育的必要性。1965年,在法国巴黎召开的联合国教科文组织成人教育会议上,法国教育家保罗·郎格朗首次正式提出终身教育的概念,并论证了相关思想。他指出,数百年来,社会把个人的生活分成两半,前半生受教育,后半生工作,这是毫无科学根据的。教育就是个人一生中连续不断地学习的过程。教育应当贯穿一个人生命的全过程,从摇篮到坟墓,每个人一生都需要持续不断地学习。教育应该在每个人需要的时候,随时以最好的方式提供必要的知识和技能。1972年联合国教科文组织国际教育发展委员会发表的报告《学会生存》将他的主张进一步系统化,提出"每个人必须终生继续不断地学习,终身教育是学习化社会的基石",认为"一个国家以终生教育目标作为所有教育子系统的方向,这便是对当今时代挑战做出的独特和恰当的回答,也是使人们能进行参政、自我表达、保卫自身权利和民主社会的基本价值、实行自我教育以及在充满可测与不可测变化的社会中进行有效演变的唯一办法",建议把终身教育作为发达国家和发展中国家在今后若干年制定教育政策的主导思想。

终身教育思想已经被不同社会制度、不同发展水平的许多国家所接受,各国不仅在学制上作了一定的改革,而且以立法的形式明确了终身教育的地位和作用。如美国国会1968年通过的《成人教育法案》规定:年满46岁以上、低于大学水平的生产者和有职业者,可以进入多种形式(其中包括高等学校举办的成人教育以及函授、半日制、广播、短训班等形式)的成人教育机构接受再教育和再提高。又于1976年通过了《终身教育法》,并在联邦政府内设立了专职机构,负责终身教育的规划、协调、监督和评估工作。法国于1971年制定了终身教育法,规定了职工享有接受再教育的权利,并对接受再教育期间的经济待遇作了法律规定。英国举办以广播、电视为教育组织形式的家庭大学(开放大学),向社会所有人开放。日本1990年6月颁布《终身学习振兴法》,把建立终身教育体系置于法律的保障范围内。

在终身教育思想的指导下,许多国家的教育制度发生了重大变化,成人教育形成体系,规模扩大,与正规教育体系沟通,正规教育体系变得越来越开放、灵活。许多国家出现了远距离教育、开放大学、社区教育、网络学校等,这些都是终生教育思想在传统学校教育之外的范围广泛的教育实践。在我国,构建终身教育体系已经成为教育体制改革的重要目标。1999年6月颁布的《中共中央国务院关于深化教育改革全面推进素质教育的决定》指出,我国要"大力发展远程教育、职业资格证书教育和继续教育,完善自学考试制度,形成社会化、开放式的教育网络,为适应多层次、多形式的教育开辟更为广阔的途径,逐步完善终身教育学习体系"。

学制系统向终身教育制度发展,是21世纪各国学制改革的无可争议的共同主题。

综合练习题

一、选择题

1. ______是教育制度的主要构成部分,是其核心和主体。

A. 教育政策法规　　B. 学校管理制度

C. 教育领导体制　　D. 学校教育制度

2. 中国教育史上第一个系统完备的现代学制是______。

A. 壬寅学制　　B. 癸卯学制

C. 壬子癸丑学制　　D. 壬戌学制

3. ______的制定在一定程度上标志着我国教育开始向现代化迈进。

A. 壬寅学制　　B. 癸卯学制

C. 壬子癸丑学制　　D. 壬戌学制

4. 我国第一个以法令形式颁布并在全国范围内正式实行的学制是______,标志着我国近代学校教育制度的开始。这个学制明显反映了"中学为体,西学为用"的思想。

A. 壬寅学制　　B. 癸卯学制

C. 壬子癸丑学制　　D. 壬戌学制

5. 自______始,我国教育才从封建社会的母腹中摆脱出来,走上了现代化的发展轨道。

A. 壬寅学制　　B. 癸卯学制

C. 壬子癸丑学制　　D. 壬戌学制

6. 1965年,在法国巴黎召开的联合国教科文组织成人教育会议上,法国教育家保罗·郎格朗首次正式提出______的概念,并论证了相关思想。

A. 继续教育　　B. 终身教育　　C. 老年教育　　D. 职业教育

7. 我国现行学制在1995年颁布的______里得到了确认。

A.《中华人民共和国教育法》　　B.《中华人民共和国义务教育法》

C.《中国教育改革和发展纲要》　　D.《中共中央关于教育体制改革的决定》

8. ______在国民教育体系中的地位得到了进一步确认和提高。这是现代学制的一个重要发展,也是现代学制向终身教育制度发展的重要标志。

A. 学前教育　　B. 初等教育　　C. 职业教育　　D. 高等教育

9. ______在生产力发展中的重要作用日益被重视,甚至被看作发展经济的柱石和振兴经济的"秘密武器"。

A. 学前教育　　B. 初等教育　　C. 职业教育　　D. 高等教育

10. 目前许多国家的______已由精英教育逐步迈入大众化、普及化阶段。

A. 学前教育　　B. 初等教育　　C. 职业教育　　D. 高等教育

二、简答题

1. 什么是教育制度?它由哪些成分构成?

2. 什么是学制?制定学制的依据有哪些?

3. 我国1958年的学制改革提出了什么办学方针和哪些办学原则?它们的具体内容分别是什么?

4. 我国1985年的学制改革的主要内容是什么?

5. 我国现行学制包括哪几个层次的教育？与它们相关的规定各有哪些？

6. 什么是义务教育？我国采用了什么措施来保证义务教育的普及和年限逐步延长？

三、论述题

1. 学校教育制度可以划分为哪几类？试述不同的学制类型各有哪些优缺点。

2. 简述当前国内外学制改革的普遍趋势。

3. 简述我国 20 世纪 90 年代的学制改革的主旨及对各级教育发展的要求和规划。

第八章 课 程

本章学习指导

1. **识记**：课程的概念、课程的类型、课程设计的基本原理及我国中小学的课程设计。
2. **理解**：课程计划、学科课程标准和教材在课程中的地位和作用，国内外课程改革的趋势，我国基础教育课程改革的目标、特点等。
3. **应用**：能初步应用有关课程理论解释和分析学校课程实践问题。

第一节 课程概述

一、课程的意义与内涵

课程涉及教学什么、何时教学、怎样教学，即教学内容及其进程与安排问题，是教育活动的重要组成部分，是集中体现和反映教育思想和教育观念的载体。它是学校教育的核心，是实现教育教学目标的保证，是设计教育教学活动的基础，也是评价教育教学效果的依据。

不同的教育主张和对课程理解的不同，有关课程的定义也不尽相同，而且随着社会的变化，人们对其内涵和外延的理解也是不断变化的。

课程一词在我国始见于唐宋年间。宋代教育家朱熹在《朱子全书·论学》中提及“宽着期限，紧着课程”、“小立课程，大作工夫”等，这里的课程指学习的内容和进程。在他之前，我国的古籍中也有关于教学内容及其进程安排的记载。如《礼记·内则》篇有“六年，教之术与方名”及“九年，教之数日。十年，出就外傅，居宿于外，学书计。十有三年，学乐、诵诗、舞勺。成童，舞象，学射御。二十而冠，始学礼”。又如《礼记·王制》篇有“乐正崇四术，立四教，顺先王诗、书、礼、乐以造士。春秋教以礼乐，冬夏教以诗书”。

在西方，课程一词“curriculum”最早出现在英国教育家斯宾塞的《什么知识最有价值》(1859)一文中，并很快作为教育科学的专门术语被普遍采用。其词根源于拉丁语的“currere”，动词义为“奔跑”、“奔走”，强调课程是个体对自己经验的重新认识；名词义为“跑道”，即“race－course”，强调课程是学习路线、进程。

当前，在中外教育理论界，对课程的内涵存在着不同的认识，综合各种见解，我们赞同并认为，从内涵上看，课程有广义和狭义之分。

广义的课程是学生在学校环境中所学内容的总和，即学生在学校获得的全部经验，它包括显性课程和隐性课程。显性课程，也叫正式课程、公开课程，是为实现教育目的及各级各类学校的培养目标而选择和组织的全部教育内容(教学科目和活动)及其目的、范围、分量和进程的总和。它通过学校课程计划、学科课程标准和教材反映出来。隐性课程，也叫非正式课程、隐蔽课程、潜在课程，是指学校环境中伴随显性课程存在的、对学生起潜移默化的教育影响的内容。它通常包括渗透在显性的教育教学活动、教学的自然环境（校园的花草树木、绿色、空气、声音、光线等）、物质环境（如学校建筑、图书资料、仪器设备等有形教学设施）、人际环境（师生关系、同学关系、同事关系、上下级关系等）、观念环境（校风、班风、教风、学风、校园舆论、学校制度等）中的文化观、价值观、审美观、态度、习惯、礼仪、信仰、偏见和禁忌等等。隐性课程不见诸课程计划，也不一定与学科相联系，且非直接由教师教授，它常以暗示的形式展开，由学生在无意中体验到，愉快地获得并长期发挥作用。隐性课程与显性课程的目标一致时，对显性课程的教育影响有着积极的补充和促进作用；反之，则起相反作用。

狭义的课程是指学生在学校应该学习的某一教学科目（简称学科）或应该从事的一种活动内容及其有计划的进程。学科是课程的一种组织形式，是按照一定的科学领域所包含的基本的科学文化知识、学生的经验、接受能力以及学校的培养目标编定的学习内容体系。它只是广义课程的一部分，是学校教学内容的基本单位。

二、主要课程理论流派

课程理论是关于课程本质、课程编制的知识体系。在课程实践过程中，由于对学科系统、个体心理特征、社会需要有不同的认识和价值取向，形成了不同的课程理论流派。

（一）学科中心课程理论

学科中心课程理论主张以学科为中心组织教育教学活动，强调人类文化遗产中系统的学术性知识的重要性，倡导学科中心课程。

学科中心课程又称学科课程或分科课程，就是以科学的分类为基础，从各门科学中选出基础的、有代表性的、适合一定年龄阶段学生发展水平的内容，按照科学的逻辑组成不同的教学科目，然后根据各门学科的性质、地位和作用按照顺序编为学科体系来实施教学。

学科课程有着悠久的历史，我国古代学校的“六艺”（礼、乐、射、御、书、数）、“五经”（《诗》、《书》、《礼》、《易》、《春秋》）“四书”（《大学》、《中庸》、《论语》、《孟子》）等，古希腊和古罗马的“七艺”（文法、修辞、辩证法、算术、几何、天文、音乐）、欧洲中世纪的“武士七技”（骑马、游泳、投枪、击剑、打猎、下棋、吟诗）都可以说是最早的学科课程。

文艺复兴后，随着生产、自然科学的发展，自然科学知识逐渐进入学校课程。这时最具有代表性的课程理论是捷克教育家夸美纽斯的“泛智论”。“泛智”即“全面的智慧”或“全知”的意思。夸美纽斯主张“把一切知识教给一切人”。由此出发，他提出了“百科全书式”的课程。他希望把一切知识领域中的精华灌输给学生。在《大教学论》中，他列出 20 门学科的课程体系。

德国教育家赫尔巴特主张编制课程应以人类“客观的文化遗产”——科学为基础，以发展人的多方面的兴趣为轴心，设置相应的学科，以培养“完美德性”的人。他认为，人的兴趣主要有六个方面并由此开设六类课程：了解事物“是什么”的兴趣，即经验兴趣，开设自然、物理、化学、地理等课程；思考事物“为什么”的兴趣，即思辨兴趣，开设数学、逻辑学、文法学课程；审美兴趣，开设文学、绘画、音乐等课程；同情兴趣，开设语言课程；社会兴趣，开设公民、历史、政治、法律等课程；宗教兴趣，开设神学课程。

到了 19 世纪末，英国哲学家斯宾塞从“准备生活”和“知识价值”论出发，提出了个人功利主义的课程体系。他主张依据人类生活的五种主要活动组织课程：依据人类维护个人的生命和健康的活动，设置生理学和解剖学课程；依据生产活动，设置读、写、算以及逻辑学、几何学、物理学、化学、地质学、生物学等课程；依据教养子女的活动，设置心理学、教育学课程；依据调节自己行为的活动，设置历史、社会学等课程；依据闲暇、娱乐的活动，设置了解和欣赏自然、文化、艺术知识的课程。

20世纪学科中心课程的代表是要素主义与永恒主义。它们是30年代在美国为反对进步主义教育而形成的教育流派。要素主义认为，人类文化遗产中有着“一种知识的基本核心”，即共同的不变的文化要素，包括各种基本知识、基本技能和传统的态度、理想。要素主义主张把这些建立民主社会所需要的共同的知识和共同的价值作为教育内容，强调学校必须讲授由人类知识的精华组成的稳定的课程，这些课程应该给学生提供分化的、有组织的经验，即知识，反对只强调适应当前的需要。相应的，要素主义认为给学生提供这样的知识的最有效能和最有效率的方法就是学科课程，强调以学科为中心和学习的系统性，主张恢复各门学科在教育过程中的地位，严格按照逻辑体系编写教材。

永恒主义认为，人的本性和理性是不变的，主张应把包括有关人类理性的永恒价值的理念、原理作为教育内容，并称之为永恒学科。课程应当主要由永恒学科组成。“永恒学科首先是那些经历了许多世纪而达到古典著作水平的书籍”。永恒主义认为，名著课程和教材体现人类应该考虑的永恒的原则和内容，是实现教育目的的最好途径；名著的定向都是概念的、理论的，更能促进学生智慧的发展；读书本身就是一种很好的理智训练，因为学生在阅读名著的过程中，不仅受到人类优秀思想的熏陶，而且也是在同伟大人物进行交流、对话和讨论，可以发展独立思考的能力和习惯；名著中的思想提供了现代科学的基础，有助于学生更好地理解当代世界。

美国教育家、心理学家布鲁纳的结构化思想是当代学科中心课程论的一个发展。他认为，“不论我们选教什么学科，务必使学生理解学科的基本结构”。所谓学科的基本结构，就是一门学科的关键概念、原理及其相互关系，是组成一门学科的核心，这种知识结构应成为教育的重点。具体说，学科结构由三种结构组成：一是组织结构，即说明一门学科不同于其他学科的基本形式，同时也规定了这门学科研究的界限；二是实质结构，即探究过程中要回答的各种问题，即基本概念、原理和概念系统；三是句法结构，即各门学科中搜集数据、检验命题和对研究结果做出概括的方式。他认为，按照这样的结构组织的教学才有利于理解，有利于记忆，有利于迁移，有利于培养学生举一反三、触类旁通的能力以及发现能力。他主张按学科结构来编定课程。由于学科的基本结构较难确定以及所编写的新教材提高了理论难度，学生不易掌握，这一构想在实践中没有成功。

一般说来，学科课程的突出特点是：重视学科知识的内在逻辑，强调系统知识的学习和掌握；重视教师的主导作用，强调教师在文化传承中的作用；重视课堂教学，强调教学活动的严肃性。因此，它对于帮助学生系统高效地学习和继承人类文化遗传，培养知识丰富、基础扎实、思维缜密的人才具有重要作用。学科课程历史最悠久、流传最广、影响最大，至今仍然是各国学校课程的主体类型。但是它也存在一定的缺陷，如容易把人类文化遗产分解得支离破碎，并随着人类知识的增长导致学科体系的无限膨胀；容易忽视学生的心智发展、情感陶冶，忽视学生的全面发展及个别差异；容易忽视学生的学习兴趣以及学生在学习中的能动作用，使学生的学习成为一种机械的过程，产生对学习的厌烦心理；容易脱离儿童的社会生活实际等。正是这些不足，使它遭到20世纪二三十年代“进步教育”的批判。

（二）活动中心课程理论

活动中心课程理论主张应该以学生的兴趣和爱好、动机和需要、能力和态度等为基础来编制课程，强调在多种多样的活动中实施课程，倡导活动中心课程。

活动中心课程又称活动课程、儿童中心课程或经验课程。它与学科课程相对，是打破学科组织的界限，以学生的兴趣、需要、能力和已有的经验为基础，通过学生自己组织的一系列活动而实施的课程。

活动课程的思想可以追溯到启蒙思想家卢梭的自然主义教育理论。他倡导自然教育，强调教育必须适应儿童自然发展的过程，服从儿童发展的“永恒法则”，以儿童的“内在自然”或者说“天性”为中心。他反对向儿童传授现成的书本知识，主张将儿童放归大自然，精心组织一系列活动使儿童在活动中学习，让儿童从生活和实践的切身体验中通过感官的感受去获得自己所要的知识。

19 世纪末 20 世纪初欧美的新学校运动和进步教育运动对这种理论进行了实践。美国哲学家、教育家杜威则承接了卢梭的思想，并以其实用主义教育思想为基础建立了活动课程理论体系。杜威批评了传统的课程观，他在《儿童与课程》一书中指出“现在课程最大的流弊是与儿童的生活不相沟通”，原因是“儿童生活与成人经验中数种目的不同；分类的科目是历来科学研究的结果，不合乎儿童的经验；儿童的世界狭小而偏于个人，课程所示的世界则遥远而不切己；儿童的生活连贯而一致，课程则分门而别类；儿童生活为切实的、感情的，课程分类标准则为抽象的、逻辑的”。根据儿童中心的思想，他提出了自己的课程主张。他认为，第一，儿童和课程之间的关系不是相互对立而是相互联系的。他认为，儿童是起点，课程是终点，只要把教材引入儿童生活，让儿童直接去体验，就能把两者连接起来，使儿童从起点走向终点。第二，学校科目相互联系的中心点，不是科学，不是文学，不是历史，不是地理，而是儿童本身的社会活动。这种活动给儿童一片广阔的生活天地。儿童在其中或从事艺术活动，或从事制作，或从事语言社交活动，或进行研究与探究活动，均从其兴趣与动机出发。他为从事这些活动设计了一种学习方式——“从做中学”，即通过学生主动的活动与探究获取经验。另外，他提出课程的组织应心理学化，即应该考虑儿童心理发展的次序以利用儿童现有的经验和能力。他反对教材是固定的和现成的东西，他认为传统教材充斥着呆板和枯燥的东西，远离儿童的经验，是缺乏吸引力的知识。他主张教材的基本源泉应该既是儿童的直接经验又能构成知识内容的东西。学校课程中居中心位置的应该是各种不同形式的活动作业，如纺织、烹饪、缝纫、木工、金工、修理、安装等。应尽量使学校社会化，重视学校里设实验室、商店、菜园等，同时充分利用化装、表演等活动形式组成儿童学习的情景与内容，使学生在实际生活中了解社会，从而减小校内外生活的隔阂。随着儿童的成长，随着经验的积累，高年级可以开展各种“专门化的活动”。

活动课程的突出特点是：(1) 以儿童的兴趣为出发点，尊重学生的主动精神，重视学习者本身的兴趣、需要、能力和已有的经验，要求以学生原有的生活经验为基础组织活动内容，让学生通过解决和体验面临的各种问题，反思和重构自己的经验，学生在学习活动中是积极的、主动的、活泼的。(2) 学习与生活环境联系紧密，教育即生活，而不是生活的准备；强调在活动中学习，使学生不仅积累知识经验，而且智力、能力乃至人格、民主意识都得到发展。(3) 具有高度的灵活性，有利于照顾儿童的个别差异。儿童年龄越低，它的教育效果就越好。

但是，由于活动课程忽视理性知识的价值，忽视科学知识的逻辑体系，忽视教师在知识传承中的重要作用，在实践中必然遇到许多问题。例如，由于以学生的活动动机为立足点，而学生所参与的活动常缺乏内在的联系和逻辑，所以很难组织活动并把它们同科学知识联系起来；在没有系统学习的条件下，学生个人的经验也很难得到提高和发展；在片面强调儿童兴趣的情况下，学生很难全面正确地理解社会的需要，会把一些必要的知识忽略过去，尤其到了较高的年级，学习经验更加复杂，要把直接经验引导到认知性的、有组织的学习中去是相当困难的。因此，大范围里推行活动课程，事实上是不可能的。这就促使一些教育工作者去探索折中的课程形式并产生了综合课程和核心课程。

（三）社会中心课程理论

社会中心课程论，又称社会改造课程理论。社会中心课程理论主张应该围绕重大社会问题来组织课程，帮助学生在社会方面得到发展，形成对社会的批判思考能力和行动能力，最终形成参加各种社会运动、塑造新的社会秩序和社会文化的能力，强调课程的社会改造价值，提倡综合课程与核心课程。

综合课程又称广域课程、统合课程或合成课程，是合并数门相关学科的教学内容而形成的综合性课程。

综合课程坚持知识统一性的观点。其倡导者认为科学是一个统一体，物理发现可以用数学公式来阐述；生物机体的特征可以被视为一个复杂的物理化学系统；社会学现象也可以从心理学角度分析；数学语言可以用在所有自然科学和大部分社会科学中，帮助人们组织思想，以数字、符号和图表的形式表达一般性结论。而且当代社会有些问题绝不可能依靠某一学科来解决，必须运用综合学科，如环境问题。因此，应该把所有的知识视为一个整体，采用综合课程的形式教授。杜威也曾构想综合课程，他反对把课程划分为一些互不相干的独立学科，认为课程应充分反映知识的相互联系，因为知识是被人类利用于处理现实世界各种问题的工具。例如，世界上原不存在纯数学问题，它是在人们解决经济、工程、日常买卖等实际问题时产生出来的。但在学校的课程里，却把它们从现实的经济、买卖等活动中抽象出来作为习题要学生去解答，使数学失去了应有的实际意义。他曾主张教育者应该根据空间、时间和顺序这三个人们生活的全面领域组成含义不同于学科课程的地理、历史和科学三个领域的课程。在学校现实教学中，广域课程往往把历史、地理、公民、经济等相关学科结合为社会学习领域，把生物、化学、物理、天文等学科结合为综合理科领域，再把其他一些学科结合成语言领域和艺术领域等。

综合课程的优点是：(1) 在一定程度上克服了学科课程分科过细的偏狭性和活动课程的盲目性和无计划性，便于揭示知识与学生生活经验、社会生活的联系，使课程教材本身具有现实的价值，增强学生学习的兴趣和动力。(2) 有利于发挥学习者的迁移能力并强化学习效果。因为通过综合课程的学习，学生能更加充分地理解和把握各门学科的要领、原理和方法之间的异同，并主动把某一学科的概念、原理和方法运用到其他学科领域，使不同学科相关内容互相强化。(3) 比较容易贴近社会现实和实际生活，可以把多种学科的相关内容融合在一起构成新的课程，如人口教育课、环境教育课、法制教育课、社交技能课、闲暇与生活方式课等。(4) 更能满足学生未来就业的需要。因为随着社会的发展，科学技术不断综合，在未来的职业生涯中学习者必须学会综合运用不同学科的知识，才会获得成功。但是综合课程在实施过程中面临着教材编写、师资缺乏等许多困难。

核心课程是较综合课程更为激进的课程主张和课程形式。它要求围绕一个核心组织教学内容和教学活动，尤其强调以当代社会问题为中心组织课程。社会改造主义对它的产生有重要作用。它倡导以“社会改造”为核心来构建课程，强调课程应该围绕当代重大的社会问题来组织，把重点放在学生关心的社会现象以及社会改造和社会活动计划等方面。它试图打破甚至取消传统学科的界限和框架，主张以个人和社会的现实问题为核心从不同学科角度组织教学内容和教学活动。这样既可以避免学科本身距离生活过于遥远，又可以避免单凭儿童的兴趣和动机来组织课程以致酿成概念模糊和体系混乱的后果。在这种课程中，社会生活中的重要问题是核心，而与此相关的基础知识与技能则是课程的边缘，为解决社会问题服务。例如，以社会健康问题为核心的课程，其核心是要解决社区的健康问题。为了解决这个问题，学生要利用原来已有的知识和经验，同时也要学习一些相关的科学知识。在研究营养问题时，要学习生物学和化学。在研究废物处理时，要学习和运用社会学和政治学的观念。在设计改进社区健康的方案时，要运用历史的资料。这样就可以从一个核心问题出发，学习到一系列的科学知识和技能。再如，以当代冲突、暴力、民主、平等、公正等社会问题为核心，从心理学、社会学、伦理学、法学、政治学、生物学和哲学角度来进行分析。

核心课程的优点在于：(1) 以解决实际问题的逻辑顺序为主线来组织教学内容，带有明显的跨学科性质，对于促进知识的综合化、吸收新兴学科的基础知识、促进课程内容的更新、密切教学与社会的联系，都有十分有益的作用。(2) 强调内容的统一性、实用性以及对学生和社会的适用性，课程内容主要来自个人生活及周围的社会生活和人类不断出现的问题，学生具有强烈的内在学习动机，能积极参与。(3) 引导学生通过积极的方式认识社会和改造社会，有助于提高学生的公民意识和社会责任感，形成在社会生活中必备的遵守社会公德和准则的习惯，学习、理解和解决社会问题的技能，掌握处理人际关系的社交技能等。当然，核心课程容易产生一些缺陷，如课程的范围和顺序没有明确的规定，学习的内容可能是零乱的、琐碎的或肤浅的；学习单元可能被搞得支离破碎，知识的逻辑性、系统性和统一性受到影响；由于缺乏有组织的内容，文化遗产可能得不到充分体现，而且还可能背离家长对课程的期望和学校对课程的基本要求。

(四) 人本主义课程理论

人本主义课程论于20世纪70年代在美国兴起。它以追求人的和谐发展为目标，强调课程应有益于人的尊严、人的潜能在教育过程中得到实现和发展，强调不能用成人的标准判断儿童，应根据儿童的心理发展特征和心理发展要求确定课程。其代表人物马斯洛、罗杰斯强调教育应培养“自我实现的人格”，这种人格是情感、态度、价值等“情意发展”与理智、知识、理解等“认知发展”的统一。他们认为学校的课程应由知识课程、情意课程及体验统合课程有机组合构成。知识课程是指理解和掌握自然科学、社会科学及人文科学的学术知识的课程。情意课程是指健康、伦理及游戏这一类旨在发展非认知领域的能力的课程，包括发展人的情感、态度、价值、判断力、熟练技能的音乐、美术和经过改革的体育、健康教育、道德、文学、家政等。体验统合课程是借助知识课程和情意课程的统一以实现整体人格的课程。课程的功能是为每一个学习者提供有助于个人自由和发展的、有奖励的经验。人本主义课程理论鼓励自我实现，主张把学习者的兴趣、情感、意志和经验等摆在重要位置，允许自由表达、各行其是、做实验、犯错误并获得反馈发现自己是什么样的人；反对教师强制教学，重视师生之间的人际关系和相互信赖。人本主义课程理论尊重人的主体性和自我价值的实现，强调人的潜能在教育过程中的实现和发展，对于扭转学科课程过分注重知识、忽视人的存在与整体和谐发展的倾向有一定的积极意义。但由于人本主义课程理论与实践在倡导尊重人的价值的同时却助长了反理智主义，导致了学生学业水平下降、纪律松弛，从而引起人们的不满，遭到了批判。

当代，存在主义课程理论和后现代主义课程理论也在逐步产生广泛的影响。

三、课程类型

课程类型是按照课程设计的不同性质和特点形成的课程类别，每种类型的课程都受一定的课程设计思想的影响①。由于课程设计思想不同，对课程类型的认识呈现出名目繁多的特点。把多种多样的课程形态进行分类、比较，是把握纷繁复杂的课程状况并合理组织课程的一条有效途径。在课程理论与实践中，比较典型的课程分类有以下几种：

（一）学科课程、活动课程与综合课程

依据课程的组织核心不同，我们可以把课程划分为学科课程、活动课程、综合课程几种类型。如前所述，此处不再说明。

（二）必修课程和选修课程

根据课程设置的要求和学生对课程选择的自由度的不同，课程可分为必修课程和选修课程。

必修课程是为了保证学校的教育质量而必须设定的、学生必须修读的课程，是为了保证学生的基本学力而开发的课程。其主导价值是培养和发展学生的共性，体现了现代课程大众化、民主化的价值取向，是所有受教育者享有平等受教育权利的保证。

选修课程是依据不同学生的特点与发展方向，允许学生在一定范围内可以因人而异自由选择的课程，是为适应学生的个性差异而开发的课程。其主导价值在于满足学生的兴趣、爱好和需要，培养和发展学生的个性，体现了现代课程对个体的尊重，为学生个性的自由发展提供了空间。

必修课程和选修课程是现代学校教育不可或缺的两种课程类型。两者相互依存，相辅相成，共同作用于学生的发展。没有必修课，将难以保证教育的基本质量；没有选修课，学生个体的兴趣需要就难以得到关照。每所学校都需要合理地设置必修课和选修课。

（三）显性课程和隐性课程

根据课程的性质、存在形式和呈现方式的不同，课程可分为显性课程和隐性课程（详见课程内涵分析）。显性课程和隐性课程彼此支持、相互促进、相互补充，能更有效地促进学生的发展。

（四）国家课程、地方课程与校本课程

根据课程管理权限、管理者和开发者的不同，课程可以分为国家课程、地方课程与校本课程。

国家课程亦称“国家统一课程”，它是自上而下由中央政府负责编制、实施和评价的课程。负责国家课程的课程编制中心一般具有如下特征：(1) 权威性。课程编制中心的权威性来自政府赋予它们的职责以及法律赋予它们的合法性。(2) 多样性。课程编制中心可以为整个教育系统或某些地区编制课程，可以为某一教育阶段或几个教育阶段编制课程，也可以为某类学

① 顾明远：《教育大辞典》(增订合编本)，上海教育出版社，1998年版。

校或几类学校编制课程，还可以为某类学科或几类学科编制课程。(3) 强制性。在绝大多数国家，课程编制中心负责编制的课程是强制执行的，其中包括课程计划、课程标准、教科书、教师用书、习题集等。

地方课程是由地方政府负责编制、实施和评价的课程。它是国家中央政府授权地方所编制、能够反映地方性知识、为地方服务的课程，具有较强的地方特色。相对国家课程而言，地方课程具有更强的针对性与灵活性。它可以弥补国家课程对地方性文化知识(包括地方的政治、经济、文化、历史、地理和民族状况等) 反映不足的局限，还有助于学生更好地理解、吸收和应用地方文化资源富有特色地健康成长，尤其是形成地方经济、文化建设做贡献的思想情感。对于地方学校来说，地方课程也具有相对的权威性和强制性。

校本课程是以学校为本的、基于学校的实际状况、为了学校的发展、由学校自主开发的课程。在我国，它特指在国家基础教育课程计划中预留出来的、由学校自主开发的、在整个课程计划中占 10%～25%的课程。具体说，它是学校的个别、部分或全体教师，在分析本校外部和内部环境的基础上，根据国家制定的教育目的和自己的教育理念，针对本校、本年级或本班特定的学生群体，充分利用当地社区和学校的课程资源，通过自行研讨、设计或与专业研究人员或其他力量合作的方式编制出的多样性的、可供学生选择的课程。它是在克服国家课程诸多弊端的基础上产生的一种课程形式。在推广国家课程的过程中，容易产生国家课程与地方教育需求的脱节、与学校办学条件之间的脱节、与学校教师之间的脱节以及与学科发展之间的脱节。而由教师直接参编的校本课程则具有很多优势，如校本课程更具地方特色，更能体现学校的办学特点；校本课程是一个持续的、动态的、逐步完善的过程，教师能够根据情况的变化，经常修订校本课程；使用校本课程能够使教师获得工作的满足感和成就感，从而增强教师参与学校其他工作的兴趣和积极性；校本课程鼓励和吸收教师、学生、家长和社会人士参与，在提高课程质量的同时，也会不断提高教师、学生、家长和社会人士的满意度，等等。当然，校本课程也存在一些负面效应，如校本课程容易导致扩大学校与学校之间课程的差异，加剧学校与学校之间教育质量的不平衡，从而给学生的转学和流动及政府部门检查基层学校工作带来困难；校本课程的开发可能由于部分教师缺乏开发校本课程的专门理论和技能而降低水准，影响教育质量；开发校本课程需要学校提供额外的人力、财力、物力、信息和时间，所耗费的教育资源明显高于实施国家课程的需求；在教师流动频繁的学校，流动教师无法正常参与校本课程的编制、实施、评价、修订及质量追踪，势必影响校本课程的质量和连续性等。

(五) 其他

美国学者古德来德(J. I. Goodlad) 从课程的产生与实施来考察，曾归纳出五种不同的课程，对我们从另一角度理解课程问题有一定的启发意义。这五种不同的课程是：第一，理想的课程，即指由一些研究机构、学术团体和课程专家提出应该开设的课程。如现在有人提议在中学开设性教育课程，并从理论上论证其必要性，就属于理想的课程。这种课程的影响取决于是否被官方采纳并实施。第二，正式的课程，即指由教育行政部门规定的课程计划和教材等。第三，领悟的课程，即指任课教师所领会的课程。由于教师对正式课程会有多种解释方式，因此教师对课程的领会与正式的课程之间会有一定的距离。我国学者将这种由教师重新构建后的课程称为“师定课程”。第四，实行的课程，即指在课堂里实际展开的课程。第五，经验的课程，即指学生实际体验到的东西。识别这种课程的方式包括学生问卷、交谈以及根据对学生的观察来推断。

另外，基于影响课程的三个最基本的要素形成三种课程形态。它们是：知识本位课程，倾向于从知识本身的逻辑关系出发，突出强调知识发展的需要和价值而组织起来的课程；儿童本位课程，倾向于从儿童的心理发展逻辑关系出发，突出强调儿童的兴趣和需要而组织起来的课程；社会本位课程，倾向于从社会的现状出发，突出强调社会当前的需要而组织起来的课程。

以上探讨了课程的多种理论和类型，实际上，纯粹的学科课程、活动课程、社会中心课程、人本主义课程、国家课程、地方课程和校本课程等是根本不存在的，它们都利用或蕴涵了其他的课程形式。在确定课程的呈现形式时，课程开发者应该对期望达到的课程目标、教学目标、儿童身心发展状况、学校和社会可能提供的资源、课程内容等各种问题加以综合考虑和选择。

第二节 课程设计

课程设计就是对于课程的目的、内容、结构、实施、评价等各个方面做出规划和安排。它是课程理论在应用层面上最重要的范畴之一。课程设计既要解决依据培养目标设置哪些课程和如何安排实施这些课程的问题，也要解决课程标准与评价的问题。

一、课程设计的过程

美国学者泰勒(Ralph W. Tyler) 在 1949 年出版的《课程与教学的基本原理》，被公认为是现代课程理论的奠基石。在此书中他提出关于课程的四个经典问题：(1) 学校应该达到哪些教育目标？(2) 提供哪些教育经验才能实现这些目标？(3) 怎样才能有效地组织这些经验？(4) 我们怎样才能确定这些目标正在得到实现？我们可以把这四个问题看作课程编制过程的四个主要步骤或阶段，即确定教育目标、选择教育经验、组织教育内容、评价教育效果。这四个步骤是存在逻辑关系的。其中，确定目标最为关键，它是课程设计的起点，是其他步骤展开的依据。评价则为目标的确定、内容的选择和组织提供反馈信息，便于调整和改进以后的课程编制。这四个阶段构成了一个循环、反复的过程，不断推进课程的优化。

泰勒的主张为教育理论界所重视，不少教育家在这个基础上加以系统化和修正，进行了更细的划分，但基本框架大同小异。这种课程设计的优点在于简明，便于操作和实施；不足之处在于过分强调课程设计预设的方面，忽视课程设计与实施的生成性。

二、课程设计的三个层次

根据所承担的任务和产生的结果，可以将课程设计大致分为三个层次：

第一，宏观的课程设计工作。这一层次的课程设计主要解决课程的一些基本理念问题，包括课程的价值、课程的根本目的、课程的主要任务、课程的基本结构等。我国在中华人民共和国成立后历次制定的中小学教学计划及目前正在实施的义务教育课程计划、普通高中课程计划都属于这样的课程设计。

第二，中观的课程设计工作。宏观的课程设计完成之后，需要进一步做的便是将其化为各门学科及各种活动的大纲或标准，并且以教科书或其他形式的教材为载体表现出来。这一层次的设计工作以宏观的课程设计为前提和基础，是在具体的学科门类基础上进行的。国内外在这一层次上的课程设计各自有不同的风格和具体模式。我国原来的教学大纲将说明课程所包括的知识体系视为最根本的任务，而且十分详细周密，以便对教师的教学工作能够起到直接操作性的指导作用。我国现在的课程标准重点是对国民素质的基本要求做出规定，因此对教材编写、教师教学和学业评价的影响是间接的、指导性的、弹性的，给教材、教学与评价的选择余地和灵活空间都很大。其他许多国家的大纲或标准中对课程所包括的知识体系的阐述比较简单，此外，往往有关于学生在学习中可能遇到的困难分析、设计良好的问题情境的建议、学生怎样在实际中运用这些知识等。

第三，微观的课程设计工作。中观的课程设计无论是比较详细还是比较概括，在进入课程实施领域，必然还要由教师进行再设计。这种设计基本是在接受和认可现存课程总体目标和学科目标的前提下进行的。影响微观的课程设计的因素主要是学生的现有基础及学习状态、教师的自身条件、可以运用的课程资源等。在我国长期实行大一统的课程，课程的宏观设计及中观设计基本为国家垄断，教师主要是在既定课程执行者的条件下进行微观的课程设计。当然，教师进行微观设计时所受的牵制比较大。

三、我国中小学的课程设计

在我国，学校课程设计一直是在国家教育主管部门直接领导下，由专门机构负责进行的。其具体内容包括课程计划、学科课程标准和教材。

（一）课程计划

课程计划（原称教学计划）也称课程方案，是编制课程的总体规划部分，是课程编制的第一个层次，也是最重要的一步。它是根据教育目的和不同类型学校的培养目标，由国家教育主管部门制定的有关学校教学和教育工作的指导性文件。它从整体上规定学校的性质、培养目标、教学目的任务及学校教学内容的总体结构，并对学校的教学和教育活动、课外和校外活动、劳动和社会实践活动等各方面的工作做出全面安排，具体规定了学科设置、各门学科的教学顺序、教学时数、学年编制和学周安排等。课程计划具体体现了国家对学校教育教学的统一要求，是学校教育教学工作的总体蓝图和根本依据，是实现培养目标的重要保证，是编制教学大纲和教科书的重要依据，也是督导、评估学校教育教学工作的主要依据。各级教育行政部门必须根据课程计划开展工作。

课程计划一般包括以下组成部分（以我国 1992 年颁布并实施的《九年义务教育全日制小学、初级中学课程计划（试行）》为例）：

（1）序言：包括制定课程计划的依据、指导思想和基本原则。

（2）培养目标：包括小学阶段的目标和初中阶段的目标。

（3）课程设置：包括小学和初中的学科及活动设置、各门学科及各项活动的基本要求、课程计划表（以表格的形式体现课程开设的顺序和课时分配、学年编制和学周安排等）及课程设置说明。（详细内容参见附录）

（4）考试考查：包括考核的性质、科目、范围、次数、方式以及命题权限。

（5）实施要求：说明了课程计划的地位、适用范围和贯彻要求。

制定课程计划的基本原则有以下几方面：

（1）教学为主，全面安排，即应该把主要的时间和精力放到教学上，适当安排生产劳动和其他活动。

（2）互相衔接，相对完整，即小学、初中、高中要适当分段；每一阶段的课程要相对完整；各阶段之间又要衔接，保持基本的一贯性。

(3) 突出重点，注意联系，即对各个学科不能等量齐观、平均对待，必须根据各学科的地位、作用、内容分量、教法等特点分清轻重和主次。对于主要学科，要从时间及安排上给予足够的保证。同时，各学科之间要互相联系、互相配合，而不能互相隔绝、各自为政。这样可以使学生既能够学到各科系统知识，又不至于孤立片面。

(4) 统一性、稳定性和灵活性相结合，即各教育阶段应有统一的课程计划，以保证教育的质量，而且课程计划必须稳定，"朝令夕改"是不行的，确有必要变动时，也必须制定出妥善的过渡办法。同时，课程计划的统一性和稳定性又必须与灵活性结合起来，无论是学科设置、顺序安排、时数期限和假期的次数，在不同地区、不同学校之间，都可以有所不同。没有灵活性，就会脱离实际，从而破坏统一性和稳定性。

(二) 学科课程标准

学科课程标准是有关各学科教学内容及其实施的指导性文件。由国家教育主管部门根据课程计划对学科设置的要求以纲要的形式制定。它从整体上规定各门课程的性质和地位、课程目标、内容框架、选择内容的主要依据、编排学科内容的顺序、教学进度和教学法的要求以及评价建议等。学科课程标准体现国家对不同阶段学生在知识、技能、能力、态度等方面的基本要求，体现国家对各门课程教材与教学的基本要求，反映各门学科的课程水平及课程结构，是国家管理和评价课程的基础，也是教材编写、教师教学、评估和考试命题的依据。制定学科课程标准是课程编制的第二个层次，即单科课程的总体设计。这一工作必须以课程计划为依据，为课程计划的贯彻落实服务。

我国制定义务教育阶段课程标准的要求是：适应普及义务教育的要求，让绝大多数学生经过努力都能够达到，体现国家对公民素质的基本要求，着眼于培养学生终身学习的愿望和能力，体现普及性、基础性和发展性；适应儿童发展的不同需要，有一定的层次性和选择性，给学生全面、丰富地发展留有充足的时间和空间，有利于学生自主、多样、持续地发展；要结合各门类课程特点，渗透对学生思想品德、人文精神和科学精神方面的要求；要高度重视现代信息技术和其他高新技术对于教育的深刻影响，兼顾课程内容和实施手段的同步创新；还要进一步增强农村特别是贫困地区义务教育的课程与当地经济社会发展的适应性。

学科课程标准一般由正文和附录两大部分组成。(以《全日制九年义务教育语文课程标准》为例)

正文包含三部分：

第一部分是前言，说明课程的性质与地位、课程的基本理念、课程标准的设计思路。

第二部分是课程目标，包括课程的总目标和义务教育四个学段的阶段目标。阶段目标分别从识字、阅读、写字、口语交际、综合性学习等五个方面规定了对学生发展的基本要求。

第三部分是实施建议，包括教学建议、评价建议、教材编写建议以及课程资源的利用和开发建议。

附录有三方面的内容，即关于优秀诗文背诵推荐篇目的建议、关于课外读物的建议、语法修辞知识要点。

学科课程标准与教学大纲相比，重点规定的是国家对国民在某方面或某领域的基本素质的要求，它对教学、教材和评价的指导，既实实在在，又不是事无巨细、面面俱到，不像教学大纲那样控制严格、限制得比较死。

（三）教材

教材是依据课程计划和学科课程标准及不同年龄学生的特点编写的师生进行教学活动的主要材料，是知识授受活动中的主要信息媒介。它是落实课程计划和实现课程目标的重要工具，是课程标准的进一步展开和具体化。教材可以是印刷品（包括教科书、教学指导书、自学指导书、实验指导书、补充读物、工具书、挂图、图表等），也可以是声像制品（包括幻灯片、录音带、录像带、电影片、磁盘、光盘等）。教材的编定是中观的课程设计工作的最后一步。

教科书（也叫课本）是最主要的教材。它是根据学科课程标准和学生的接受能力编写的系统阐述学科内容的教学用书。教科书是学生获取系统知识的重要工具，也是教师进行教学的主要依据。它必须体现教法和学法的一致性，它的广度和深度必须体现为课程标准和学生的可接受性的一致性。

对于教材编写，不少学者提出了各自的准则，如科学性和思想性统一原则、理论联系实际原则等，也有学者提出教材编写应遵循如下准则：（1）最佳容量准则，即应尽可能利用教学计划的规定给本课程的课时足以保证教给学生尽可能多的知识，求得教材的最佳容量。（2）最广泛效用准则，即要优先精选那些对学生发展、社会生活普遍有用的内容。（3）最持久效应准则，即优先精选那些持久有用而不易短时期内陈旧甚至变得无用的内容。（4）最宜于教学准则，即要尽可能求得教材编写的逻辑顺序与知识的逻辑性、系统性以及学生的认知顺序相统一，利教便学。此外，教科书的编排要做到结构严谨、层次分明；文字表述要简练、精确、生动、流畅；篇幅要详略得当；标题和结论应用不同的字体或符号标出，使之鲜明醒目；封面、图表、插图要力求清晰、美观；字体大小要适宜；装订要坚固耐用；规格大小、厚薄均要适宜、便于携带。总之，要符合卫生学、教育学、心理学和美学的要求。为了保证教材的质量，满足不同地区和学校对各种风格教材的需求，必须建立和健全教材的开发、审定和评估体系。

第三节　课程改革

课程改革是教育改革的核心，每一次教育改革，最终必然要深化、落实到课程这个核心问题上。因为课程安排设计是否恰当，能否随着社会变迁和时代发展之需要，提供给学生适切、合理的学习内容，将关系到学生学习的结果，也影响到教育活动实施的成败。科技的发展和社会的进步对教育提出了新的、更高的要求，教育必须通过课程改革来迎接挑战，才能跟上时代前进的步伐。当前世界各国都把课程改革作为推进教育改革的重要策略之一。了解课程改革的常识、历史与现状，对于教师更好地理解课程改革、参与课程改革、推进课程改革有积极作用。

一、影响课程变革的主要因素

影响课程改革的因素有很多，概括起来主要有政治经济制度、生产力和科学技术发展水平、学生的身心发展规律、社会文化因素等。

（一）社会政治经济制度

一定的社会政治经济制度总是对学校课程产生多层面的、深刻的影响。因为统治阶级总是要根据自己的利益、愿望和要求，以制定教育目的和培养目标为基础，进而对课程目标、内容、编制、实施及评价进行制约，使其为培养有利于维护该社会政治经济制度的人服务。从课程发展的历史看，不同的社会制度就会有不同的课程。我国奴隶社会的主要课程是“六艺”，其目的是把奴隶主的子弟培养成未来的统治者。而封建社会的课程则以维护封建君主统治的儒家思想“四书”、“五经”为主要内容。鸦片战争后，中国逐渐沦为半封建半殖民地社会，清朝统治者被迫废科举、兴学堂，引进西方近代的教育科目，同时又保留了读经讲经等封建教育的内容。旧中国，在国民党反动统治区，为了维护封建的、买办资产阶级的法西斯统治，中小学设置了直接为其服务的《党义》、《童子军》、《军训》等课程。而在中国共产党领导的革命根据地，建立了一套符合革命需要、宣扬进步思想的新课程，如在中学设置了根据地建设、政治常识、生产技术和医药卫生等课程。中华人民共和国成立后，从 50 年代至 70 年代末，处于“人治”状态，政治课范围扩大，哲学也被纳入政治课之列。70 年代末，中国开始向法制化国家发展，政治课的科学化程度加强，同时被取消的法律课程开始恢复和发展。西方社会大体上也是类似的情况，但实际表现形式有差别。在欧洲，古希腊的斯巴达是奴隶制的农业城邦国家，为维护其奴隶主军事统治，对未来统治者实施的是严格的军事教育，军事训练的基本项目是“五项竞技”（赛跑、跳跃、角力、掷铁饼、投标枪），此外，还学习骑马、游泳、作战游戏、击剑和唱战歌。而古希腊的另一个著名城邦国家雅典，交通便利，商业发达，实行的是奴隶主民主政治，其教育目的是培养身心和谐发展的能履行公民职责的人，教育内容十分广泛，涉及阅读、计算、音乐、体操、文学、军事训练等各方面。欧洲封建社会时期，存在僧侣封建主和世俗封建主两个统治阶层，于是出现了教会学校和骑士学校两种不同类型的教育以及与之相适应的课程。前者虽然教授“七艺”，但神学处于全部教学科目的王冠地位，而且神学思想始终贯穿于“七艺”，渗透着宗教教育的目的和要求，与古希腊教育中学习“七艺”有很大不同。后者的课程是“骑士七技”，并进行宗教和武士道德方面的思想教育。

（二）生产力和科学技术发展水平

学校课程的设置直接受社会生产力、科学技术发展水平的制约。不同时代，社会生产力、科学技术发展水平不同，学校课程就不同，尤其是自然科学方面的内容有明显不同。生产力和科学技术的发展对于课程的目标、内容、结构的变革以及变革的速度都有重大影响。如西方在文艺复兴以前，经济发展的绝对水平仍十分低下，学校课程的变化极为缓慢，古希腊的“七艺”课程始终处于无可争辩的至尊地位。由于当时“四学”（即被视为科学的算术、几何、天文、音乐）并不直接与经济发展有十分密切的联系，相比之下，衬托出“三学”（即被视为人文的文法、修辞、辩证法）对维护社会发展的作用更大，地位更突出，因而受到更多的重视。文艺复兴之后，伴随资产阶级革命而兴起的近代科学技术与经济发展的关系非常密切了，科学课程的地位迅速提高。“四学”不仅被高度重视，而且快速拓展，变为算数、代数学、几何学、三角学、地理学、植物学、动物学、天文学、力学、物理学、化学。与科学技术门类演变直接相关的学校理科课程的门类不断增加，学校课程的科目构成由“重文轻理”向“文理并重”（人文学科与自然学科并重）转变。20 世纪以来，生产力迅速发展，科学技术突飞猛进，世界进入新技术革命时代，这一切直接推动着学校课程的变革，使课程的发展呈现出新的面貌。如课程目标上更加重视能力的形成与培养，更加重视人的全面、和谐、可持续发展；课程内容方面，计算机基础、外语等成为学生的必修课程，人口、资源与环境、心理健康等课程相继进入课程体系；课程类型与结构方面，出现了选修课程、综合课程、校本课程、综合实践活动课程等新的课程形式，等等。这些都反映了现代生产力与科学技术发展对课程变革的要求与影响。

（三）学生的身心发展规律

学生的身心发展规律与人们对儿童身心发展规律的认识总是在一定程度上影响着学校课程。课程的设计、实施与评价只有充分考虑学生的身心发展规律、发展状态与心理特征，根据学生智力、能力的水平、倾向及其潜力来进行，才能取得满足学生身心发展的需要、促使学生全面发展的成效。

学生的身心发展具有整体性、连续性、阶段性、个别差异性等特性，这就要求课程变革要体现学生品德、才智、审美、体质的整体协调发展；要兼顾学生身心发展的连续性和阶段性，既要循序渐进又要抓住关键期，突出重点；要参用灵活的课程结构，既要设置必修课，也要设置一定的选修课等，以适合不同学生的兴趣和需要，促使他们的个性和谐发展。

学生的认识规律和学习规律也是课程设计的重要依据。只有充分考虑学生认识与学习的特殊性，并以此为根据来安排教学内容，才能最大限度地发挥课程在促进学生发展中的作用。如苏联心理学家维果茨基提出的“最近发展区理论”，要求学生学习的内容必须是既超越了学生现有的发展水平，同时又是经过教师指导，学生凭借已有的经验、知识与能力，可以了解问题的症结所在并得以解决的东西。否则，学生便不能构成自己的课题与问题，并在努力求得解决中获得发展。

（四）社会文化因素

社会文化主要是通过教育的传递、传播和创造而得以保存和发展的。课程内容在某种程度上可以说是社会文化的缩影，但并非是社会文化的简单复制。社会的文化模式、文化变迁以及多元文化对学校课程变革都有重要影响。

文化模式通常是指民族各部分文化内容之间彼此交错联系而形成的一种系统的文化结构，亦即文化传统。它是一个民族文化赖以生存和发展的根本特征，是民族的生存条件和生存方式造成的结果。民族文化的基本模式要求学校课程变革要依据不同民族的文化特质，设置与之相适应的课程，在内容、难度、编排、实施、评价等方面要考虑和体现民族特色；否则，就难以取得预期效果。英国有着悠久的绅士教育传统，其课程改革总是以不触动传统为原则，主张渐变，反对突变，效果较好。而苏联建国初期，对旧课程否定过多，结果吃了苦头，不得不在30年代纠正。我国长期以来在中小学课程建设上忽视文化模式对课程的影响，课程高度集中统一，较少考虑民族差异，这也是民族地区学生厌学、辍学的原因之一。近年来，我国在课程改革中已经认识到这一点，并在新的课程计划中推行一纲多本，实施双语教学，强调乡土教材，取得了一定成效。

文化变迁是指文化内容或结构的变化，通常表现为新文化的增加和旧文化的改变，亦即文化与文化之间的传播或文化自身的创造。文化变迁推动着社会的发展。学校课程应随着文化变迁作相应的调整。尤其在文化突变时期，学校课程在课程目标、课程编制、课程设置、课程实施等方面都要进行较大的变革，或大量增减科目、添删内容，或重新组合课程结构，或变革课程实施方式，以适应和推动文化的发展。

文化多元或多元文化是指社会内部多种文化并存的状态。如美国就是典型的文化多元社会，有着不同文化传统和价值观念的人生活在同一个国家里。从世界范围看，文化多元是一种客观存在。学校课程如何体现文化间的差异，在尊重各民族文化、各社会阶层文化的同时，将主流文化与少数族群文化、有进步意义的非主流文化整合起来，亦是课程变革中需要考虑的实际问题。

综上所述，学校课程变革主要受到社会政治、经济、文化、科技进步以及青少年身心发展规律的制约，学校课程变革只有充分考虑这些因素，才能取得最佳效果，最大限度地发挥课程在促进人的发展以及社会的发展与进步方面的作用。此外，受社会变革及对青少年身心发展规律认识的影响而形成的课程理论及其变化对学校课程变革也产生着直接影响，此处不再赘述。

二、我国课程的历史变革与当代基础教育课程改革

(一) 我国课程的历史变革

我国学校课程随社会历史的发展也经历了不断的发展和变化过程。

奴隶社会，为了培养奴隶主的继承人，商代学校教以祭祀、军事、乐舞、文字。周代学校则开设“六艺”。春秋战国时期，教育家孔子以诗、书、礼、乐教弟子。这些可谓是我国古代学校最初的课程。漫长的封建社会，儒家思想是各级各类学校课程的核心。汉朝把“五经”定为全国通用的必读教材。唐朝除“五经”外，专科学校还有相应的其他经书，如算经、医经、律经等。宋朝时增加了“四书”。至此，“五经”、“四书”形成了一套完整的课程体系，一直延续到清朝末年。

鸦片战争后，中国逐渐沦为半封建半殖民地社会，清朝统治者被迫废科举、兴学堂，引进西方近代的教育科目，同时又保留了一些封建教育的内容。例如，1903 年颁布实行的《奏定学堂章程》(即“癸卯学制”) 规定，中学堂课程必修科目有修身、读经讲经、中国文学、外国语、历史、地理、算术、博物、物理、化学、法制、理财、图画、体操等学科，首次设置了一系列自然科学科目及图画、体操等，课程内容有所更新。

中华民国成立后，制定了新的学制，即“壬子癸丑学制”。该学制的课程设置废除了尊孔读经，进一步充实了自然科学内容，在一定程度上改革了封建教育的内容，反映了资产阶级改革教育的一些主张。

“五四”运动以后，1922 年北洋军阀以美国学制为蓝本颁布了“壬戌学制”(六三三学制)，当时又称“新学制”。新学制规定，初级中学课程分为社会科、文言科、算学科、自然科、艺术科、体育科等六大必修科和一些选修科。这种课程设置基本延续到中华人民共和国成立前。

中华人民共和国成立后，对旧学校课程进行了彻底改革，建立了社会主义学校课程体系。1950 年颁布了第一个中学暂行教学计划，取消了《党义》、《童子军》、《军训》等科目，设置了政治课，规定中学开设政治、语文、数学、自然、生物、化学、物理、历史、地理、外语、体育、音乐、美术制图等学科。1952 年修订此计划，把政治课改为“中国革命史、社会科学基础知识、共同纲领、时事政策”四科。1958 年“大跃进”期间，增设了“社会主义教育课、生产劳动课、体力劳动课”，由于过度增加了劳动时间，结果影响了教学质量。为扭转这种局面，恢复正常的教学秩序，1963 年颁布《全日制中小学教学计划(草案)》，并相继编定了各科教学大纲和教材。“文化大革命”期间，教育遭到严重破坏，课程也陷入混乱状态。党中央拨乱反正后，1978 年制定了恢复教学秩序后的第一个全日制七年制教学计划，1981 年中小学学制恢复十一年，并制定了相应的课程计划，明确中学开设劳动技术课，在高中增设选修课。

1985 年《中共中央关于教育体制改革的决定》发表之后，我国展开了大规模的教育改革。改革首先从教育体制入手，接着就扩展到了学校的课程方面。因为如果没有课程的实质性改革，而只改学制，或只改教法，教育改革最后是不可能成功的。1986 年《中华人民共和国义务

教育法》颁布后，为了有计划有步骤地普及九年义务教育，国家教委确定了课程教材发展政策和策略，制定了课程教材发展规划、方案和实施步骤，并组织人力对全国中小学课程教材进行调查，在此基础上，拟订了义务教育小学、初中教学计划(征求意见稿)，同时还颁发了24个学科教学大纲(初审稿)，并组织了相应的教材编写工作。1990年国家教委着手对教学计划进行修改，并于1992年8月正式向全国颁发并实施《九年义务教育全日制小学、初级中学课程计划(试行)》，从此教学计划改为课程计划，同时印发的还有24个学科教学大纲(试行)。该课程计划调整了各学科比例，增设了"选修课"、"活动课"，初步改变了多年来只有必修课的模式，增加了课程的灵活性和多样性，引入了地方课程，初步改变了国家对课程管理过于集中的状况，形成了我国基础教育课程的现行体系。1996年，国家教委颁发了与九年义务教育课程计划相衔接的《全日制普通高级中学课程计划(试验)》。以此为基础，通过实践，教育部于2000年又颁发了《全日制普通高级中学课程计划(试验修订稿)》。该课程计划以现代课程理论为指导，强化了课程结构的多样性，建立了以学科类课程为主、活动类课程为辅的课程结构，并按照优化必修课、规范选修课、加强限定选修课的原则建构学科课程体系，并在必修课中实际地增加了"综合实践活动"，在选修课中加大了地方和学校的作用。

(二) 当代基础教育课程改革

1. 当代基础教育课程改革的背景与进程

我国在《义务教育法》颁布后的课程改革取得了一定的历史性的成就，形成了我国基础教育课程的现行体系。但随着我国改革开放和社会主义现代化建设进入新的时期，随着素质教育的不断深化，面对科学技术的迅猛发展、知识经济加速到来、国际竞争日趋激烈对人提出了许多新的要求的社会现实，这套课程体系存在的问题和弊端也日益明显地显现出来，如内容陈旧、过时、远离生活实际；学科分离、科目林立；局限于学生认知的成长而忽视了能力、情意的发展；以学科为中心，忽视学生经验的生长和综合知识的传授；课程设置缺乏弹性，追求统一化和模式化，不能照顾到学生的个体差异；普通教育和职业教育两轨分离，等等。要想从容面对科技发展和国际竞争的挑战，在21世纪中叶基本实现四个现代化，我国就必须加快推进素质教育的步伐，使基础教育在提高国民素质、提高民族创新能力上发挥出应有的作用和优势。

正是在上述背景下，由党中央、国务院直接领导，我国于1999年5月正式启动了第八次课程改革，并由国家拨专款设立了国家基础教育课程改革项目。这一项目是《面向21世纪教育振兴行动计划》中《跨世纪素质教育工程》中的重点项目，其主要目标是建立一个适应21世纪需求的、充分体现基础教育性质和素质教育精神、促进每个学生全面发展、让学生真正成为学习的主人的基础教育课程新体系。项目涉及课程改革总体规划、课程目标、课程标准、课程结构、教材的编写与管理、课程实施、课程评价以及课程管理政策等各个方面。1999年6月，中共中央国务院颁发的《关于深化教育改革全面推进素质教育的决定》提出，要"调整和改革课程体系、结构、内容，建立新的基础教育课程体系"。2001年6月，国务院召开了全国基础教育工作会议，并做出了《国务院关于基础教育改革与发展的决定》，进一步明确了"加快构建符合素质教育要求的基础教育课程体系"的任务。为宏观指导和统筹课程改革的推进，教育部组织制定并于同年颁布了《基础教育课程改革纲要(试行)》(简称《纲要》)。《纲要》在对世界各国课程改革趋势和政策进行比较分析、对我国课程实施现状调查研究的基础上，总结了改革开放以来我国基础教育课程改革的经验，广泛听取了各方面的意见，集中了众多专家、学者及一线教师的理论思考与实践经验，是指导我国基础教育课程改革的纲领性文件。它集中体现了本次课程改革以提高国民素质为宗旨、全面推进素质教育、培养学生创新精神和实践能力的根本指导思想，并将这一思想渗透在课程目标、课程结构、科目设置、课程实施、课程评价以及课程政策中。

整个改革分为两个阶段实施：2000～2005年，完成新课程体系的制订、实验和修订；2005～2010年，逐步在全国全面推行新课程体系。

基础教育课程改革的实验工作，在科学发展观的指导下，采取理论研究为先导、先立后破、先实验后推广的策略，广泛发动社会各方面相关人士参与，教育部和各地共同组织试验和多级培训，稳扎稳打、循序渐进地进行。

2001年，教育部颁布《纲要》的同时，发布了义务教育阶段18科课程标准（实验稿），开发了20个学科、上百种中小学新课程实验教材，制定了《义务教育课程设置实验方案》和课程改革的有关配套文件，新课程研制取得阶段性成果。在此基础上，新课程的实验拉开序幕。2001年秋季，义务教育各学科课程标准（实验稿）及其实验教材在38个国家课程改革实验区开展实验。2002年秋季启动省级实验区工作，义务教育新课程体系全面进入实验阶段。根据各地的具体条件，原则上各省（自治区、直辖市）在所属的每个地级市可确定一个省级课程改革实验区（以县为单位），全国实验规模达到同年级学生的10%～15%。2003年秋季，修订义务教育阶段课程计划、各学科课程标准等，在全国范围内，起始年级使用新课程的学生数达到同年级学生的35%左右。2004年秋季，在认真总结国家和省两级试验区经验的基础上，课程改革的工作进入全面推广阶段，正式颁布义务教育阶段课程计划、各学科课程标准以及其他相关文件，起始年级使用新课程的学生人数达到同年级学生的65%～70%。2005年秋季，中小学阶段各起始年级的学生原则上都进入新课程。与此相关联，幼儿园教育和普通高中的课程改革也相继积极推进。

这次改革是一个关系重大、意义深远的系统工程，是一个由课程改革所牵动的整个基础教育的全面改革，国家投入力度之大、参与人员之广、改革程度之深、速度之快、难度之大，都是空前的。它将实现我国中小学课程从学科本位、知识本位向关注每一个学生发展的历史性转变，必将对我国基础教育乃至整个教育的发展产生深远的影响。成千上万的教育工作者正以高度的历史责任感和极大的热情投入到这场改革潮流之中。

2. 基础教育课程改革的目标

(1) 改变课程任务过于注重知识传授的倾向，强调形成积极主动的学习态度，使获得基础知识与基本技能的过程同时成为学会学习和形成正确价值观的过程。

(2) 改变课程结构过于强调学科本位、科目过多和缺乏整合的现状，整体设置九年一贯的课程门类和课时比例，并设置综合课程，以适应不同地区和学生发展的需求，体现课程结构的均衡性、综合性和选择性。

(3) 改变课程内容“难、繁、偏、旧”和过于注重书本知识的现状，加强课程内容与学生生活以及现代社会和科技发展的联系，关注学生的学习兴趣和经验，精选终身学习必备的基础知识和技能。

(4) 改变课程实施过于强调接受学习、死记硬背、机械训练的现状，倡导学生主动参与、乐于探究、勤于动手，培养学生搜集和处理信息的能力、获取新知识的能力、分析和解决问题的能力以及交流与合作的能力。

(5) 改变课程评价过分强调甄别与选拔的功能，发挥评价促进学生发展、教师提高和改进教学实践的功能。

(6) 改变课程管理过于集中的状况，实行国家、地方、学校三级课程管理，增强课程对地方、学校及学生的适应性。

基础教育课程改革的重点是：转变课程功能，优化课程结构，更新课程内容，变革学习方式，改革评价理念和方式，深化课程管理制度改革。

3. 基础教育课程设置

《纲要》第三条明确规定，整体设置九年一贯的义务教育课程。"整体"指将各类课程按横向关系组织起来，使各门课程在差异得以尊重的前提下相互整合起来，消除以往学科本位所造成的学科之间彼此孤立甚至壁垒森严的对立局面，使各门课程、各个学科产生合力，对学习者的学习产生整体效应，从而促进学生的人格整体发展。"一贯"指将各类课程按纵向的发展序列组织起来。就一门课程而言，要强调连续性，使课程内容在循环中逐级拓展，并不断得到强化、巩固；就各门课程的关系而言，要强调整体性，使不同课程相互联系、配合，前后相互连贯，同时使课程门类由低年级到高年级合理设置，以使学习者的学习产生整体效应，促进学生可持续发展。

(1) 小学阶段以综合课程为主。小学低年级开设品德与生活、语文、数学、体育、艺术(或音乐、美术) 等课程，小学中、高年级开设品德与社会、语文、数学、科学、外语、综合实践活动、体育、艺术(或音乐、美术) 等课程。

(2) 初中阶段设置分科与综合相结合的课程。课程主要包括思想品德、语文、数学、外语、科学(或物理、化学、生物)、历史与社会(或历史、地理)、体育与健康、艺术(或音乐、美术) 以及综合实践活动。积极倡导各地选择综合课程。学校要努力创造条件开设选修课程。在义务教育阶段的语文、艺术、美术课中要加强写字教学。

(3) 高中阶段以分科课程为主。为使学生在普遍达到基本要求的前提下实现有个性的发展，课程标准应有不同水平的要求，在开设必修课程的同时，应设置丰富多样的选修课程以及技术类课程，以利于学生获得更多的选择和发展的机会，为培养学生的生存能力、实践能力和创造能力打下良好的基础。积极试行学分制管理。

(4) 从小学至高中设置综合实践活动并作为必修课程，其内容主要包括信息技术教育、研究性学习、社区服务与社会实践以及劳动与技术教育。强调学生通过实践，增强探究和创新意识，学习科学研究的方法，发展综合运用知识的能力，增进学校与社会的密切联系，培养学生的社会责任感。在课程的实施过程中，加强信息技术教育，培养学生利用信息技术的意识和能力，使学生了解必要的通用技术和职业分工，形成初步技术能力。

(5) 农村中学课程要为当地社会经济发展服务。在达到国家课程基本要求的同时，可根据现代农业发展和农村产业结构的调整因地制宜地设置符合当地需要的课程，深化"农科教相结合"和"三教统筹"等项改革，试行通过"绿色证书"教育及其他技术培训获得"双证"的做法。城市普通中学也要逐步开设职业技术课程。

4. 基础教育课程改革的亮点

基础教育课程改革与以往相比突出的亮点很多，如强调"以人为本"、"育人为本"；倡导开放的、生成的、整合的、实践的课程观，追求实现全面的课程价值；倡导全面的学生观、教师观及互动、交往、平等的师生观；强调"知识与技能、过程与方法以及情感、态度与价值观"三个方面教学目标的整合，构建体现素质教育的课堂教学目标体系；强化学生自主发展的活动观、发展性评价观、终身学习观，等等。我们重点介绍以下几个较主要的方面：

(1) 开设综合实践活动课程。综合实践活动课程是一种以学生的生活经验为基础、以现实社会为核心、体现对知识的综合运用、注重学生亲历亲为的实践性课程。

综合实践活动课程是具有自己独特功能和价值的独立的课程，具有整体性、实践性、开放性、生成性、自主性的特点，其根本价值在于促进学生实践能力、探究能力以及社会责任感等多方面的经验、知识、能力、技能和情感、态度、价值观的综合而有特色地发展。《纲要》规定从小学至高中设置综合实践活动并作为必修课程，每周平均三课时。

综合实践活动课程的基本理念是：着眼直接经验，强调学生的亲历和体验；立足生活实际，强调学习内容与现实的联系；注重问题探究，强调学生的问题解决能力和创新精神；崇尚活动生成，强调学生的主动参与；强调综合学习，注重学生实践能力的培养。

综合实践活动课程的总目标是："密切学生与生活的联系，推进学生对自然、社会和自我之间内在联系的整体认识和体验，发展学生的创新能力、实践能力以及良好的个性品质。"具体说来，包括五个方面：第一，获得亲身参与实践的积极体验和丰富经验；第二，形成对自然、社会和自我之间内在联系的整体认识，发展对自然的关爱和对社会、对自我的责任感；第三，形成从自己的实际生活中主动地发现问题并独立地解决问题的态度和能力；第四，发展实践能力，发展对知识的综合运用和创新能力；第五，养成合作、分享、积极进取等良好的个性品质。总体目标的特点是：强调体验性目标，注重实践性目标，重视生成性目标。

综合实践活动课程的内容可以概括为一个中心、两大领域、三条线索、四个领域、五个方面，即以实践活动为中心，包括指定和非指定两大领域，围绕学生与自然、学生与社会、学生与自我三条线索展开，包括研究性学习、社区服务与社会实践、信息技术教育、劳动与技术教育四个指定领域及许多非指定领域，涉及服务社区、走进社会、关爱他人、珍惜环境、善待自我等五个方面①。

综合实践活动课程的设置和实施，是我国新时期基础教育课程改革的一项极具价值的重大举措。它极大地突破了学科课程的局限，对于在新世纪培养具有创新精神和实践能力、全面和谐发展的人才具有重要意义。

(2) 改变教学活动方式。课程改革的核心环节是课程实施，而课程实施的基本途径是教学，没有教学及其方式的改革和创新，基础教育课程改革是不可想象的。改变教学方式是本次课程改革的显著特征。基础教育课程改革的具体目标就是：改变课程实施过于强调接受学习、死记硬背、机械训练的现状，倡导学生主动参与、乐于探究、勤于动手，培养学生搜集和处理信息的能力、获取新知识的能力、分析和解决问题的能力以及交流与合作的能力。它要求改变传统的以传递—接受为主的教学活动方式，充分重视学生在教学活动中的主体地位，充分发挥学生的积极性、主动性、创造性，以多样化的教学方式促进学生发展。

课程改革倡导教师要转变教学观念，在新的课程与教学理念指导下积极进行教学活动方式的改革。具体要注意以下几个方面：关注探究性教学，创造一个以"学"为中心的智力和社会交往环境，让学生通过探究发现来解决问题；关注体验性教学，从学生自身的经验和体验出发，引导学生不断深入地观察和体验真实的社会生活，积极主动地参与学校和社区的各种活动，在实际活动中体验和发现并综合运用各种知识去解决问题，增强学生参与社会的实践能力；关注课堂教学控制方式的变化，转变结构化、封闭式的控制方式，更多地采用非结构、开放式的控制方式，注重学生的情感体验和创新品质的境况，使学生的主体性得到更充分的发挥；关注课堂教学常规经验的变化，以学生的发展为中心设计课堂教学过程、调节课堂教学行为、合理组织

---

① 张传燧：《综合实践活动课程论》，广东教育出版社，2004 年版。

和安排各项教学工作；关注课堂教学环境的变化，重视教学的多样性、变动性，实现从以往课程的执行者、知识的传授者和灌输者的角色向课程的决策者、学生学习活动的组织者、引导者和促进者的角色的转变。

(3) 转变学生的学习方式。学习方式是指学生在完成学习任务的过程中基本的行为和认知取向。它不仅包括相对的学习方法及其关系，而且涉及学习习惯、学习意识、学习态度、学习品质等心理因素。所以学习方式的转变对促进学生发展更具有战略性的意义。改变机械、单一、被动的学习方式，建立和形成旨在充分调动和发挥学生主体性的多样化的学习方式，促进学生在教师指导下主动地、富有个性地学习，这也是基础教育课程改革的主要任务。

从人性的角度来说，人是主体性与客体性的二重统一，人是能动性与受动性的二重统一，人是独立性与依赖性的二重统一。传统学习方式把学习建立在人的客体性、受动性、依赖性的一面上，从而导致人的主体性、能动性、独立性的不断销蚀。转变学习方式就是要转变这种他主性、被动性的学习状态，把学习变成人的主体性、能动性、独立性不断生成、张扬、发展、提升的过程。

新课程提倡以自主探索、合作交流和操作实践为主的学习方式，倡导自主学习、合作学习、探究学习和体验性学习。这些学习方式的共同特征是：重视学生的主体性和主体作用的发挥，强调在学生的主动参与中唤醒、开掘与提升学生的潜能，促进学生的自主发展；重视学生成长的整体性，强调在学生全身心地参与中促进学生认知、情感、态度、价值观与能力等方面的全面和谐发展；重视现实生活世界与实践在学生成长中的重要作用，强调学生在融入世界的探索和实践中形成获取新知识的能力、分析和解决问题的能力以及交流与合作的能力，形成创新精神和实践能力；重视学生的个体特点与经验，强调学生在自身现有发展水平的基础上实现自身富有特色的个性化发展；重视学生成长的终身性，强调形成学生终身学习的愿望和能力，促进学生的可持续发展。

(4) 倡导新型的师生关系。基础教育课程改革要求并倡导建立新型的现代师生关系，它是教学方式变革及学生学习方式的改变得以顺利进行和取得成功的重要条件。

现代师生关系应该是"我—你"型师生关系，它在本质上体现的是一种真正意义上人与人之间的主体间对话关系。它根本不同于体现人与物的"我—它"型传统师生关系。这种现代师生关系应具有以下特点：

第一，民主平等性。在现代师生关系中，教师和学生都是教育教学活动的主体，师生之间不存在利用和被利用、控制和被控制的问题，师生之间在人格上是平等的，任何一方都不能将对方作为客体看待，这是教育活动的基础和出发点。教师与学生只有在人格平等的基础上，才能彼此敞开心扉，进行真正的对话与沟通，从而达到相互理解的境界。在这种关系中，教师不再是知识的权威者和教学过程的主宰者，也不再是学生的对立面，而是"平等中的首席"。

第二，合作对话性。在现代师生关系中，教师和学生以平等的地位、信赖的态度协同开展教学活动。教师不作为知识的占有者和给予者，而是通过合作与对话启迪学生的智慧。学生在没有强制的条件下，充分发挥主动性和独立性，以开放的心态，在对教学内容、教师和其他学生的理解中获得发展。

第三，共同成长性。在现代师生关系中，教师不仅仅是讲授者、奉献者，同时也是接受者、获得者；学生不仅仅是接受者、获得者，同时也是讲授者、奉献者。师生在民主平等、合作对话的生命交往中，相互影响、沟通、补充，共识、共享、共进。学生在心态的开放、主体的凸显、个性的张扬和创造性的解放中，充分发掘生命的潜能，展现生命的价值；教师在民主的交往、真诚的对话、全身心地投入中，提升自身的学识与境界，实现专业成长和成就生命的价值。

(5) 倡导发展性评价。《纲要》明确规定：要建立促进学生全面发展的评价体系。还规定：改变课程评价过分强调评价的甄别与选拔的功能，发挥评价促进学生发展、教师提高和改进教学实践的功能。这些规定要求课程与教学评价要超越传统的评价模式，从评价理念、评价方法与手段以及评价实施过程全方位变革，建构以促进"学生全面发展、教师不断提高和课程不断发展"为中心的多元化、综合化的发展性评价体系。

发展性评价的基本理念是：

第一，评价是与教学过程同等重要的过程。评价不是完成某种任务，而是一种持续的动态的过程。评价被用来辅助教学，是教与学一个主要的、本质的、综合的组成部分，贯穿于教学活动的每一个环节。

第二，评价的根本目的在于促进发展。评价所提供的是强有力的信息、洞察力和指导，旨在促进发展。评价的目的在于淡化原有的甄别与选拔的功能，关注学生、教师、学校和课程发展中的需要，突出评价的激励与调控的功能，激发学生、教师、学校和课程的内在发展动力，促进其不断进步，实现自身价值。

第三，评价应体现以人为本的思想。评价要关注全人的发展，关注个体的处境和需要，尊重和体现个体的差异，激发个体的主体精神，以促使个体最大可能地实现其自身价值。因此，要强调评价的民主化和人性化的发展，重视被评价者的主体性与评价对个体发展的建构作用。

以这些基本理念为指导，发展性评价强调如下几个方面：

第一，评价内容综合化。重视知识以外的综合素质的发展，尤其是创新、探究、合作与实践等能力的发展，以适应人才发展多样化的要求。

第二，评价标准分层化。关注被评价者之间的差异性和发展的不同需求，促进其在原有水平上的提高和发展的独特性。

第三，评价方式多样化。将量化评价方法与质性评价方法相结合，适应综合评价的需要，丰富评价与考试的方法，如成长记录袋、学习日记、情景测验、行为观察和开放性考试等，追求科学性、实效性和可操作性。

第四，评价主体多元化。评价主体从单向转为多向，增强评价主体间的互动，强调被评价者成为评价主体中的一员，建立学生、教师、家长、管理者、社区和专家等共同参与、交互作用的评价制度，以多渠道的反馈信息促进被评价者的发展。

第五，形成性评价与终结性评价有机结合。评价要使学生、教师、学校和课程的发展过程成为评价的组成部分，而终结性的评价结果随着改进计划的确定亦成为下一次评价的起点，进入被评价者发展的进程之中。

基础教育课程改革提出建立三个创新性的发展性评价体系，它们是：

第一，建立促进学生全面发展的评价体系。评价不仅要关注学生的学业成绩，而且要发现和发展学生多方面的潜能，了解学生发展的需求，帮助学生认识自我、建立自信。评价要发挥评价的教育功能，促进学生在原有水平上的发展。

第二，建立促进教师不断提高的评价体系。强调教师对自己教学行为的分析与反思，建立以教师自评为主，校长、教师、学生、家长共同参与的评价制度，使教师从多种渠道获得信息，不断提高教学水平。

第三，建立促进课程不断发展的评价体系。周期性地对学校课程执行的情况、课程实施中的问题进行分析评估，调整课程内容，改进教学管理，形成课程不断革新的机制。

总之，发展性评价体现了最新的教育观念和课程评价发展的趋势，值得我们高度重视、深入研究和实践。

三、世界各国课程改革的发展趋势

未来社会的科技化、国际化、民主化与多元化潮流对教育培养人才的规格提出了更高的要求。目前，无论发达国家还是发展中国家，各国都把新世纪的基础教育改革落实到课程与教学的层面上进行，掀起了新一轮全球性课程改革的浪潮，以回应社会政治经济变迁带来的挑战。虽然各国的历史背景、具体国情和文化背景不同，教育目标及采取的具体措施也不尽一致，但在课程改革的基本理念与追求上却有不少相似之处，出现了一些共同趋势，主要有以下几个方面：

（一）以人为本，强调课程的人性化、个性化

20 世纪 60 年代以来的教育发展，因过分重视课程的现代化与结构化而导致教育流于主智主义和科学主义，忽略了情意教育和审美教育，不利于培养有健全个性的公民。在总结和批评这一历史时期的经验教训的过程中，产生了以人为本、强调课程的人性化的课程改革思潮，它已成为近年来世界各国课程发展的共同趋势之一。课程的人性化，表现为课程目标更加关注人，强调教育不仅是让学生掌握知识，更重要的是使学生生动、活泼、主动地发展，成为有鲜明个性的活生生的人。课程内容、结构与实施更加重视学生个体需要的满足，提倡人文化的陶冶，设身处地地为学生着想，让学生在最合理的环境下学习，以有效协助学生"实现自我"，主张精简课程、减少教学时数、改变教学形态等，同时讲究课程的乐趣化，引起学生强烈的学习动机，进而达到有效学习的目的。

实践表明，课程呈现与实施方式并非一定要刻板、单一、乏味才能收到好的效果，事实上，课程的呈现与实施若能做到生动、活泼、有趣，让学生有"寓教于乐"的感觉而乐于学习，更有利于学习的顺利进行。否则，尽管课程编订有实用价值，但如果过于生涩艰深，则不易引起学习动机，难以达到课程的预期目标。如日本、韩国等均以"快乐的学校"、"欢欣的教室"、"宽裕的课程"为其教育改革的前提。美国提倡的所谓"个别处方学习"，则是强调依据学生个别的起点差异，设计不同的课程教学内容，让学生按自己的实际进行个别化的学习，然后通过对学生进行个别诊断，再根据实际情况实施补救性质的教学活动，这种形式反复进行，最终达成学生有效学习的目标。新加坡为了发展学生的个性、促进个别化学习，提出六条教育改革措施：允许课程要求有差异；学生学习的年限不强求一致；采用多样化的考试和评估方式；对差生实施辅导与教导计划；为学习能力强的学生开设特别课程；组织各种课外活动，发挥学生的个性特长。

（二）注重能力，力求课程的现代化、生活化

注重能力，关注课程、教学与生活的联系，强调课程内容与社会和科技的发展以及学生实际生活的适应性，这是近年来课程发展的另一主调。随着社会的变迁、信息爆炸及知识技术的迅速推陈出新，传统的靠背诵知识为主的教育模式已经落后。为了适应快速的变迁，人们在学校除了学得基本知识外，更需要学以致用，将知识转化为解决各种生活挑战及工作所需的能力。教育的任务不能再是把死知识或"无活力的知识"灌输到儿童的脑子中去，而应使知识保持活力和防止知识的僵化。譬如，面对浩瀚的信息海洋，重要的不再是知道多少信息，而是收集、分析、研判、整合和运用信息的能力；面对社会的变化，不再是有多少科学的知识，而是能否

运用这些知识来解决实际生活和工作中所面临的困难。课程的现代化、生活化正是这一发展潮流的产物。它主张课程的发展应着重考虑提高学生对周边社会及生活环境的认识，增强适应环境的能力，在课程内容上，不应只是对实际生活毫无助益的知识，而要把突出人与自然、社会、文化、自我的关系作为选择和组织课程内容的基本尺度和主题。它认为，教育活动应重视生计教育、环境教育、劳动教育、信息教育等一些实用取向的知识；课程的实施方法方面，应做到学以致用，而不应只是单一形式的训练或机械记忆，以培养学生日常生活中所必须具备的基本能力和正确的生活态度。

（三）强调实现课程的整体功能，注重课程的整合化

既高度分化又高度综合而以高度综合为主的整体化趋势是当代科技发展的基本特征之一。可以说，21 世纪将是不同领域科技创造性融合的时代。课程要反映科技发展的新成果，并促进知识的再生产，就必须重新整合学科知识，加强课程内容的综合性。另外，学科课程门类过多，内容交叉重复，课程设置缺乏宏观统筹及整体优化，容易造成学生课业负担过重，而且精细的分科教学，容易忽略对学生综合能力的培养，也不利于学生形成完整的知识结构。因此，近几年，重新整合学科知识、突出课程的整体教育功能的呼声越来越强烈。课程的整合化成为当今世界各主要国家课程发展的又一趋势。具体表现为：在课程结构上，它要求每一阶段的学校（小学、初中、高中）或每一年级的教育课程一贯性地纵向配合，避免不必要的重复或衔接上的不良，也要求同一阶段同年级的各科课程内容横向联系，使课程的架构周延完整，内容难易多寡相称合理，对学生的整体学习能提供更有效的帮助；在课程内容上，强调自然科学与人文社会科学的整合，注重通才教育，使学生具备文理科知识学习的基本能力；在课程价值上，强调人的发展、经济发展、社会发展并重，而人的发展作为一切发展的基础，在发展目标上要实现知识习得、能力形成、人格健全的协同；在课程类型上，主张多种课程形式整合，如显性课程与隐性课程，学科课程与活动课程、综合课程、核心课程等，要相互兼顾，不能偏废；在课程管理上，要求国家课程、地方课程、校本课程的协同与配合，等等。总之，课程的整合化，不仅能使课程的整体教育功能得以充分体现，而且能使教育的潜能得到更充分的开发，教育活动更为有效，在个人与社会发展中发挥更大的作用。

（四）尊重差异，课程实施弹性化

目前，世界各国在课程改革中都致力于避免课程单一化、形式化及僵化的不足，尊重每位学生、教师、每所学校、每个民族和地区的差异，课程实施弹性化，力求使课程有效地服务于教育目标。所谓课程实施弹性化，就是主张课程的实施要留有伸缩余地，既包括使教师、学生有自主教、学的机会，也包括使每所学校、每个民族和地区有适度的自主安排课程的权利。事实上，以一种僵化刻板的课程模式实施于所有具有不同特质的学生身上，普遍推行于所有学校、民族和地区，这是不科学的，同时也是行不通的。因此，“因地制宜”、“因人制宜”、“因时制宜”是今天各国进行课程改革的重要原则。在此原则下，欧美出现了所谓的“变通学校”、“开放学校”、“自由学校”和“教育公园”等具有弹性的教育环境及设施。此类学校在学制、课表及课程内容等方面都有较强的伸缩性，在教学方式和学业成绩评定方面也采取多元化标准，以便增加学生自主学习的机会。在日本也有“空白课程”的安排，其目的是让教师和学生根据教学的实际情况调整教学进程，选择补充教材进行教学活动。各国在建设国家课程的同时都非常关注并加强地方课程和校本课程的开发，这也反映了课程的弹性化这一课程改革的发展趋势。

(五)课程管理与决策主体多元化

课程管理与决策主体即决定课程设置和编制的主体。与国家政治体制、教育管理体制分为中央集权型和地方分权型相应,课程管理与决策主体也存在不同情况。陈桂生教授指出:“世界各国,依照课程行政主体之别,形成了不同的课程行政体制。如法国拿破仑统治时期开始,一向主要由中央政府指令性文件规定全国统一的基础教育课程,已迄于今,称为‘国家本位课程’;美国一向实行地方分权的行政管理体制,州自为政,在同一州范围内,不同社区的课程设置也有一定区别,大体上属于‘地方本位课程’;英国政府一向对学校课程不加干涉,基本上由学校自主决定课程,称为‘校本课程’。”在很长一段历史时期,各国都坚持自己的课程管理体制,课程管理与决策主体局限于国家或地方教育行政管理机构。20 世纪 80 年代以来,这种三级中偏执一级的状态正在发生很大的变化,中央与地方结合,同时给学校以及教师更多的课程设置和编制的自主权,呈现出课程管理与决策主体从一元向多元发展的趋势。

另外,从许多领域来看,人类在新世纪将经历更伟大、更快速的变革。这种变革会反映到教育并最终反映到课程中来,课程必将随着社会的变革而变化。因此,课程的多变性、多样性是不可避免的,这是世界课程发展的总趋势,也是各国在课程改革中必须正视的现实。在课程改革中,任何一劳永逸的想法都是幼稚的。

综合练习题

一、选择题

1. ______通过学校课程计划、学科课程标准和教材反映出来;______渗透在学校的自然环境、物质环境、人际环境及观念环境中。

A. 必修课程　　B. 显性课程　　C. 隐性课程　　D. 选修课程

2. 我国古代学校的“六艺”、“五经”、“四书”等,古希腊和古罗马的“七艺”,欧洲中世纪的“武士七技”都可以说是最早的______。

A. 学科课程　　B. 活动课程　　C. 综合课程　　D. 核心课程

3. ______课程理论主张应该以学生的兴趣和爱好、动机和需要、能力和态度等为基础来编制课程,强调在多种多样的活动中实施课程。

A. 学科中心　　B. 活动中心　　C. 社会中心　　D. 人本主义

4. 应该围绕重大社会问题来组织课程,帮助学生在社会方面得到发展,形成对社会的批判思考能力和行动能力,最终形成参加各种社会运动、塑造新的社会秩序和社会文化的能力,这是______课程理论的基本主张。

A. 学科中心　　B. 活动中心　　C. 社会中心　　D. 人本主义

5. ______课程理论以追求人的和谐发展为目标,强调课程应有益于人的尊严、人的潜能在教育过程中得到实现和发展,强调应根据儿童的心理发展特征和心理发展要求确定课程,使儿童“情意发展”与“认知发展”统一,以具备“自我实现的人格”。

A. 学科中心　　B. 活动中心　　C. 社会中心　　D. 人本主义

6. ______是为了保证学校的教育质量,保证学生的基本学力而开发的课程。其主导价值是培养和发展学生的共性。______是考虑不同学生的特点与发展方向,为了适应学生的个性差异而开发的课程。其主导价值在于满足学生的兴趣、爱好和需要,培养和发展学生的个性。

A. 必修课程　　B. 选修课程　　C. 地方课程　　D. 校本课程

7. ______是以学校为本、基于学校的实际状况、为了学校的发展而由学校自主开发的课程。它更具地方特色,更能体现学校的办学特点,更有利于调动学校、教师、学生参与课程开发的自觉性和积极性。

A. 国家课程　B. 地方课程　C. 校本课程　D. 选修课程

8. 根据教育目的和不同类型学校的培养目标,由国家教育主管部门制定的有关学校教学和教育工作的指导性文件是______。

A. 课程计划　B. 学科课程标准　C. 教育政策和法规　D. 教材

9. 基础教育课程改革的亮点之一是从小学至高中设置______并作为必修课程,强调学生通过实践,增强探究和创新意识,学习科学研究的方法,发展综合运用知识的能力。

A. 研究性学习　B. 综合实践活动　C. 社会实践　D. 劳动与技术教育

10. 基础教育课程改革倡导______,以改变课程评价过分强调评价的甄别与选拔的功能,发挥评价促进学生发展、教师提高和改进教学实践的功能,建构以促进"学生全面发展、教师不断提高和课程不断发展"为中心的多元化、综合化的评价体系。

A. 形成性评价　B. 终结性评价　C. 诊断性评价　D 发展性评价

二、简答题

1. 什么是课程?如何理解课程的内涵?
2. 什么是课程计划?什么是课程标准?它们各自的地位和作用如何?
3. 我国基础教育课程改革的目标是什么?
4. 什么是发展性评价?它的基本理念和基本特点分别有哪些?
5. 当前世界各国课程改革呈现出哪些共同趋势?

三、论述题

1. 主要的课程流派有哪些?各派所主张的课程类型各有什么利弊?
2. 结合我国课程变革的历史及社会实际分析影响课程变革的因素。
3. 我国基础教育课程改革的主要亮点有哪些?试述其中两点。
4. 考察一所学校的课程设置情况,并试用所学的知识进行评析。

附录:《九年义务教育全日制小学、初级中学课程计划(试行)》课程设置

根据九年义务教育小学阶段、初中阶段的培养目标和儿童、少年身心发育的规律设置课程。课程包括学科、活动两部分,主要由国家统一安排,也有一部分由地方安排。学科以文化基础教育为主,在适当年级,因地制宜地渗透职业技术教育;以分科课为主,适当设置综合课;以必修课为主,初中阶段适当设置选修课;以按学年、学期安排的课为主,适当设置课时较少的短期课。活动在实施全面发展教育中同学科相辅相成。学校在教育、教学工作中,要充分发挥学科和活动的整体功能,对学生进行德育、智育、体育、美育和劳动教育,为学生的全面发展打好基础。

(一)国家安排课程

1. 学科:初中阶段开设思想政治、语文、数学、外语、历史、地理、物理、化学、生物、体育、音乐、美术、劳动技术等13科,还开设短期的职业指导课。

所有学科都要加强基础知识和基本技能的教学,与此同时要重视培养和提高学生的能力,并根据各门学科的特点有机地渗透思想教育,促进学生个性心理品质的健康发展,全面完成学

科教学的任务。

学科设置的基本要求：

思想政治：使学生初步明确社会主义道德的基本准则、公民的权利和义务，了解社会发展的一般规律，了解我国国情和建设有中国特色的社会主义的有关知识，使学生初步确立坚持中国共产党领导、坚持走社会主义道路的信念，初步树立道德观念、法制观念、国家观念以及阶级观点、劳动观点、群众观点、集体主义观点，初步具有社会责任感，提高分辨是非的能力。

语文：使学生掌握现代语文的基础知识，学一点文言文，扩大识字量和常用词汇，较熟练地使用常用字典、词典等工具书。通过听、说、读、写的基本训练，提高理解和运用语言文字的能力，进一步发展观察和思维能力，受到较深刻的政治教育、思想教育和审美教育。

数学：使学生掌握代数、平面几何的基础知识和基本技能，学一点统计初步知识、直观空间图形知识。进一步培养学生的运算能力、逻辑思维能力和空间观念，以及运用所学数学知识解决简单实际问题的能力。

外语：初中阶段开设英语或俄语、日语等，分两级水平：一级水平学习两年，掌握适量的基础知识，通过初步的言语训练，能进行简单的听、说、读、写活动；二级水平是在一级水平的基础上继续学习一年或两年，掌握必要的基础知识，经过进一步的言语训练，具有初步的听、说、读、写能力，为继续学习外语打好基础。

历史：使学生掌握中国历史（包括乡土历史）、世界历史的基础知识和历史发展的基本线索，着重学习中国近、现代史的重要事件和主要人物，使学生受到爱国主义、社会主义和国际主义的教育，培养学生初步运用历史唯物主义基本观点分析问题的能力。

地理：使学生获得有关地球、地图的初步知识，掌握世界地理、中国地理（包括乡土地理）的基础知识，初步具有阅读和运用地图、地理图表的技能，初步理解人类活动与地理环境的关系，认识我国地理方面的基本国情，懂得有关人口、资源、环境等方面的基本国策，受到辩证唯物主义和爱国主义的教育。

物理：使学生在观察、实验的基础上，学习力学、热学、电学、光学等方面的初步知识，了解它们在实际中的应用，初步掌握一些力学、电学中的基本概念和规律。培养学生初步的观察能力、实验能力和运用所学物理知识解决简单实际问题的能力，以及实事求是的科学态度。

化学：使学生在观察、实验的基础上，初步掌握一些化学基本概念、基本原理和几种最常见的重要元素及其化合物的基础知识，初步了解它们在实际中的应用。培养学生初步的观察能力、实验能力和运用所学化学知识解决简单实际问题的能力，以及实事求是的科学态度。

生物：使学生在观察、实验的基础上，初步掌握关于植物、细菌、真菌、病毒和动物的形态结构、生理和分类等方面的基础知识，初步学习一些生物遗传、进化和生态等方面的基础知识并了解它们在实际中的应用，初步懂得人体形态结构、生理功能和卫生保健的基础知识。培养学生初步的观察能力、实验能力和运用所学生物学知识解决简单实际问题的能力，以及实事求是的科学态度。

体育：使学生掌握体育基础知识和体育卫生保健知识，初步掌握基本运动技能，使学生养成自觉锻炼身体的习惯，促进身体正常发育，增强体质。进一步加强纪律观念，培养学生团结合作的精神、竞争的意识和勇敢顽强的意志品质。

音乐：初中阶段主要学习我国民族优秀音乐作品，了解一些外国优秀音乐作品，使学生初步掌握音乐的基础知识和基本技能。增强对音乐的兴趣、爱好，进一步培养学生对音乐的感受、表现和鉴赏能力，以及爱国主义精神和民族自豪感。

美术:初中阶段进一步了解我国民族民间的、国外的优秀美术作品,使学生掌握美术基础知识和基本技能。提高学生的观察能力、形象思维能力、美术欣赏能力和表现能力,陶冶学生高尚的情操,增强爱国主义精神。

劳动技术:使学生掌握一些服务性劳动和工农业生产的基础知识与基本技能,也可使学生适当掌握某些职业的基础知识和基本技术。通过劳动培养,学生具有正确的劳动观点和良好的劳动习惯,以及热爱劳动和劳动人民的感情。

职业指导:使学生了解关于就业和升学的方针政策,了解当地有关学校和主要职业的情况、职(专)业特点和不同职(专)业人员的素质要求,学习择业的一般常识,使学生能够根据国家需要及自身条件正确选择升学和就业的方向。

2. 活动:本课程计划设置晨会(夕会)、班团队活动、体育活动、科技文体活动、社会实践活动和学校传统活动等。

各项活动都要结合其特点,发挥学生的主动性和创造性,使学生受到政治、思想、道德教育,扩大视野,动手动脑,增长才干,发展志趣和特长,丰富精神生活,增进身心健康。

活动设置的基本要求:

晨会(夕会):举行升旗仪式,进行时事政策和日常行为规范教育。教育学生热爱祖国,关心国家大事,遵守学生守则,养成良好的行为习惯。

班团队活动:有目的有计划地开展内容丰富、形式多样、生动活泼的集体活动,增强学生的组织观念和集体观念,培养学生自我管理和相互交往的能力。

体育锻炼:进行早操、课间操、眼保健操和其他体育锻炼,使学生增强体质,养成自觉锻炼身体的习惯。

科技文体活动:开展科技、文艺、体育等活动,由学生自愿参加,使学生增强兴趣,拓宽知识,增长才干,发展特长。

社会实践活动:参加社会生产劳动和社会服务、社会调查、参观访问以及军事训练等活动,引导学生接触工农,了解社会,认识社会主义制度的优越性,增强热爱劳动人民的感情和社会责任感。

学校传统活动:从学校实际出发,因地制宜地组织有教育意义的活动,包括国家重大节日、纪念日和民族传统节日以及学校自定的科技节、体育节、艺术节、远足等活动,引导学生在丰富多彩的活动中生动活泼地发展。

(二) 地方安排课程

为了适应城乡经济文化发展和学生自身发展的不同情况,本课程计划设置了地方安排课程。地方课程由各省、自治区、直辖市教育委员会、教育厅(局)根据本地实际情况和需要制定。

(三)课程计划表

表一 九年义务教育全日制小学、初级中学学年时间安排表

项目 \ 周数 \ 阶段	小学	中学	备注
上课	34	34	初中最后一学年第二学期上课减少2周,毕业复习考试增加2周。
校传统活动	1	1	
社会实践活动	1	1	
期末复习考试	2	3	
机动	1	1	
假期	13	12	包括寒暑假、农假、节日假,可组织有意义的活动,但不得用于集体补课。
总计	52	52	

表二 九年义务教育“六·三”学制全日制小学、初级中学课程安排表

课程 \ 周课时 \ 学段 / 年级			小学 一	二	三	四	五	六	初中 一	二	三	课时合计 小学课时合计	初中课时合计	九年课时合计
国家规定课程	学科类课程	思想品德	1	1	1	1	1	1				204		404
		思想政治							2	2	2		200	
		语文	9	9	9	8	7	7	6	5	5	1666	534	2200
		数学	4	5	5	5	5	5	5	5	4*	986	468	1454
		外语(Ⅰ)							3	3			204	204
		外语(Ⅱ)							4	4	4		400	400
		社会				2	2	2					204	557
		历史							2	2	2		200	
		地理							2/3	2			153	
		自然	1	1	1	1	2	2				272		685
		物理								2	3		164	
		化学									3		96	
		生物							2/3	2			153	
		体育	2	2	3	3	3	3	2	2	2	544	200	744
		音乐	2	2	2	2	2	2	1	1	1	408	100	508
		美术	2	2	2	2	2	2	1	1	1	408	100	508
		劳动			1	1	1	1				136		336
		劳动技术							2	2	2		200	
		周学科课时	21	22	24	25	25	25	29*	29*	25*	4828	2772*	7600*
	活动类课程	晨会(夕会)	每天10分钟											
		班团队活动	1	1	1	1	1	1	1	1	1	204	100	304
		科技文体活动	4	4	3	2	2	2	2	2	2	578	200	778
		周活动课时	5	5	4	3	3	3	3	3	3	782	300	1082
地方安排课程			1	1	2	2	2	2	1	1	5*	340	228*	568*
周课时总计			27	28	30	30	30	30	33*	33*	33*	5950	3300*	9250*

注:*表示外语课按水平Ⅰ开设的课时数。如果外语课按水平Ⅱ开设,则初三数学周课时5,初一至初三周课时数都是30。初三地方安排课程时数为1,地方安排课程初中合计为100课时,九年合计为440课时。初一至初三周课时总数为34节,初中课时合计为3400节,九年合计为9350节。

第九章　教　　学

本章学习指导

1. **识记**：教学、教学过程、教学原则、教学方法、班级授课制等概念及教学的基本任务。
2. **理解**：教学的地位与作用、教学过程的本质和规律、教学原则及其运用、教学方法及其改革、教学工作的基本环节、教学模式、教学评价、教学技能等内容。
3. **应用**：能应用教学规律、教学原则等基本理论解释和分析有关教学实践的具体问题。

第一节　教学概述

教学是学校实现教育目的的基本途径，它在学校教育工作中处于十分重要的中心地位。教学工作开展得好坏，直接影响着学校工作的成败。学习和研究关于教学的基本理论，对于教师加深教学工作的认识，更好地完成教学任务，以培养高素质的人才具有非常重要的意义。

一、教学的基本含义

在我国古代，"教"从字源讲，在甲骨文中就已出现，被理解为施教者通过严格的教学组织向受教者传授人类文化。正如许慎在《说文解字》中所说："教，上所施，下所效也。""其'施'，就是操作、演示，即传授蓍占和龟卜；其'效'，就是模仿、仿效，即学习蓍占和龟卜。"这也说明古代人们认为教内含着学，教与学是一体的。后来，人们过于强调"施"，以"施"支配"效"，突出了"教"的"传授、教授、教诲、教化、教训、告诫、令使"等含义。在我国"教学"二字连用为一词，最早见之于《商书·兑命》："学学半。"孔颖达注："上学为教，音 xiao；下学者，学习也。言教人乃是益己学之半也。"《学记》引用它作为"教学相长"的经典依据。宋人蔡沈注："学(xiao)，教也。——始之自学，学也；终之教人，亦学也。"它包含教人而学的意思。

19 世纪末 20 世纪初我国引进西方教育和教学理论著作时，一般都用"教授"或"教授法"这样的术语。这在某种意义上反映了当时重教不重学的教学思想和教学实践。1917 年我国教育家陶行知留学回国后，对当时"重教太过"的学校教育状况极为不满，认为"教的法子必须根据于学的法子……先生的责任不在教，而在教学，教学生学。"①他竭力提倡"教学合一"，并主张改"教授法"为"教学法"。他的观点为我国广大教育工作者所接受，于是"教学"、"教学

① 陶行知：《陶行知全集》(第一卷)，湖南教育出版社，1985 年版。

法”、“教学论”这些术语在我国流行开来。

在英语中，“教”常用“teaching”表达，侧重教师的“讲授”行为。20世纪人们格外重视教师的引导作用，强调教与学的有机统一，更多的用“instruction”来指一定情境下的“教学活动”。与教学相联系的“学”，英文主要用“learning”表达。在西方教育文献中，也常用复合词“teaching-learning”来表示“教学”，说明教与学的密切关系。

当前教育理论界对教学的概念尽管表述不一，但内涵基本上趋于一致。从广义上看，凡是通过某种传授形式使学习者获得知识和发展的活动都称为教学。它不拘时间、方法和场合，能者为师，学者为徒。广义的教学往往与教育通用。狭义的教学指学校教学，是学生在教师有目的、有计划、有组织地指导下，学习和掌握系统的文化科学基础知识和基本技能，使身心全面发展的一种教育活动，简言之，它是由教师的教和学生的学共同组成的传递和掌握社会经验的双边活动。教学是教与学的统一体，两个方面彼此不可代替，又不可分，相互依存，相互制约，互为条件。这一活动以教育目的为出发点和归宿，旨在以传授和学习知识为基础使学生得到全面发展，即所谓的教书育人。教育学中所讲的教学，就是指狭义的教学。

人们在理解教学的概念时，容易把它与教育、智育、上课、传授知识等相互关联而又有区别的概念相混淆，这是我们在学习教育学的过程中必须加以澄清的。例如教学与智育，智育是全面发展教育的重要组成部分，教学是实现全面发展教育目的的基本途径；智育的实施主要通过教学进行，也通过课外活动、生产劳动、社会实践等途径开展；教学要完成智育的任务，同时也要完成德育、美育、体育、劳动教育的任务。

二、教学的作用和地位

（一）教学的作用

教学无论对社会的发展还是个体的发展以及教育工作的开展都具有十分重要的作用。其作用具体体现在以下三个方面：

1. 教学是传承人类文明的基本手段

科学文化知识的继承和发展是人类社会不断发展的必要条件。教学是传递人类社会长期积累的文化遗产的最有效的手段。人类创建学校的目的就是为了通过教学有效地向下一代传递人类社会业已积累的生产与生活经验，使人类社会得以延续和发展。以教学的方式传递知识和经验，由于有专职教师的指导和不断完善的教学内容，可以大大地加快年青一代吸收人类文明的速度，并为他们发展人类文明、促进社会进步奠定基础。

2. 教学对个体的全面发展具有重要作用

教学对个体发展的影响是直接而具体的，并在学生发展的各个方面有所体现。教学可以突破时间、空间和个人直接经验的局限，扩大学生认识的范围，加快学生认识的速度，使学生在较短时间内用较少的精力，较顺利地掌握人类需要数百年甚至数千年才能获得并积累起来的大量的知识和技能。教学能够使个体的政治思想、世界观和道德品质的形成建立在科学的基础之上，因为教学内容、教学方法、教学组织、教师言行、教学集体活动的气氛等，无时无地不受一定的思想、观念、道德精神的影响。教学能够促进学生身心健康，相关课程及日常教学能为学生保健和锻炼提供理论知识和方法的指导，并为学生身心健康发展创造条件。总之，教学既可以为学生智力、能力、品德、个性及体力的发展奠定良好的知识和技能的基础，同时又可以在教学过程中通过教师有计划的指导使学生在德、智、体、美、劳诸方面获得相应的发展。

3. 教学是学校实现教育目的的基本途径

学校中实现教育目的的途径是多方面的，如教学、课外活动、班团队活动、社会实践和生产劳动、校园环境等，但其中教学活动是最基本的。学校是培养人才的场所，教学活动所具有的明确的目的性、严密的组织性及较强的系统性决定了它对于促使学生在德、智、体、美、劳诸方面全面发展有着其他途径难以取代的独特作用。教学所占的学科领域最广、时间最多，对人的影响最全面，通过教学，可以保证学生掌握较全面的德、智、体、美、劳诸方面的科学知识和技能，发展学生的智力和各种能力，并在此基础上确保各育任务的完成。所以，与其他途径相比，不论从它在传递人类文明、促进下一代成长以保证社会的延续和发展中所起的作用来说，还是从教学在学校整个教育活动中所占的时间和内容的比重来说，它都处于主要的地位。教学是学校教育活动中最基本的活动，也是落实全面发展教育内容、实现教育目的的最基本的途径。

（二）教学的地位

教学是学校的中心工作，学校工作必须坚持“以教学为主，全面安排”的原则。

在学校教育中教学必须处于中心地位，这是不依人的主观意志为转移的客观规律。

首先，从学校的职能来看，学校是专门培养人才的场所，这是它区别于其他机构的本质特征。由于教学对社会发展和个体发展有十分重要的作用，而且教学是学校实现教育目的的基本途径，所以学校要想培养出高素质的人才，就必须把教学摆在中心地位。离开了教学，取消了知识技能的传授和学生的学习，学校就不成其为学校，其存在也就失去了意义，古今中外的学校概莫能外。

其次，从工作类型看，一所学校的工作一般分为教学、党务、行政和总务等几项工作，后几项工作都是为教学工作服务的，都是因教学的存在而存在的。教学工作搞不好，教学质量难以保证，学校就难以存在下去，其他工作也失去了存在的前提。学校教育中教学处于中心地位是符合学校实际情况和客观要求的。

再次，历史上正反两方面的经验和教训反复证明：以教学为中心，学校教育就会不断发展和繁荣；不以教学为中心，而以其他活动冲击教学、代替教学，学校教育就会遭受挫折。众所周知，我国 50 年代末学校以劳动为中心，60 年代初以政治活动为中心，60 年代至 70 年代以“文化革命”为中心，这一切致使我国的学校教育曾经走到了崩溃的边缘。

当然，以教学为中心并非“教学唯一”、“教学就是一切”，更不能因此而排斥其他一切教育活动。教学工作不能脱离其他工作而孤立地发挥作用。学校工作必须坚持“以教学为主，全面安排”的原则。以教学为主，就是学校工作要坚持以教学为中心，要保证大量的时间和集中主要的精力把教学工作搞好。全面安排，就是学校工作要根据教育目的，在以教学为中心的前提下，全面、合理地安排其他各项工作，协调配合，共同为学生的身心发展服务。孤立地进行教学工作，或以其他活动冲击教学、代替教学的做法，都是失之偏颇的。

三、教学的任务

教学是学校实现教育目的的基本途径，这就意味着教学要围绕教育目的的要求完成一系列的任务。这些任务是教学活动要达到的预期结果。它们是教育目的的具体体现，反映国家对教学的明确要求，是学校开展教学工作的基本依据，也是最终衡量教学质量的依据。

教学任务既是教学的出发点，又是教学的归宿。它贯穿教学的全过程，决定着教学的深度和广度。教师选择教学内容和教学方法，设计教学方案，以及组织、调控和管理教学进程都要考虑教学任务的要求，离开它，教学便无法进行，或不能获得预期的效果。教学任务也是衡量教学质量的标准，它规定着教学的具体要求，教学的质量如何最终要看教学任务完成的情况如何。对于学生来说，教学任务也规定着学生学习的方向和应达到的水平，明确教学任务有助于学生积极主动地参与教学，收到更好的教育效果。教学任务是有层次的，我们探讨的是中小学教学的一般意义上的基本教学任务。

教学任务的确定，受教育目的、教育家教育观点和哲学观点、社会条件、教育自身特点、教育者和受教育者的水平及教育价值观等的制约。根据我国的教育目的和普通教育的培养目标、教育价值观以及当代生产力和科学技术飞速发展对培养人才素质的客观要求，我国中小学教学的整体任务就是教书育人，为实现学生德、智、体、美、劳诸方面全面发展和个性发展奠定基础。具体说，要完成以下几项基本任务：

（一）使学生掌握现代社会主义公民所必备的系统的文化科学基础知识，形成基本技能和技巧

这是教学最基本的任务，其他几项任务都要在完成此项任务的过程中同时完成。基础知识、基本技能和技巧，统称“双基”。“双基”是学生认识和发展的基础，在教学中抓好“双基”是提高教学质量的关键。

知识是对客观世界的现象、事实及其规律的认识，是人类在长期的社会实践中积累起来的经验的概括和总结。基础知识是指从人类知识宝库中挑选出来的既符合现代科技和社会发展的要求，又符合青少年儿童身心发展水平的基本事实、概念、法则和原理所构成的知识体系，它是青少年认识世界、适应社会生活、继续学习所必不可少的，表现为每一学科的基本事实、原理、结论、法则、符号系统等。例如，语文教学中的字、词、句、段、篇章结构的知识，数学、物理、化学中的基本概念、定理、定律、法则、规律的知识等等，都属于基础知识的范畴。

技能是指运用一定的知识通过练习而获得的能够顺利完成某种任务所必需的比较稳定的系统的活动方式。它可分为动作技能和智力技能两类。技能经过反复练习达到熟练、近乎自动化的程度称为技巧。技巧不用意识控制，去掉了技能阶段的紧张和不必要的动作，有助于提高活动效率，反映技能的熟练化程度。基本技能和技巧是指学生从事智力活动和体力活动最常用的一些技能，如阅读、写作、口语表达、运算、实验、操作、运动、概念和规则学习等。没有这些技能，一个人就无法进行学习，也无法生存。我国的基础教育实践历来重视“双基”的教学，这个传统和优势应该坚持。20 世纪中期，一些国家掀起“回到基础上去”的教育运动，也说明了人们对基础的重要性的认识和重视。

（二）发展学生的智能，培养学生的创新精神和实践能力

能力是顺利完成某种活动所必需的、直接影响活动效率的个性心理特征。按能力所表现的活动领域的不同来划分，能力可以分为一般能力和特殊能力。一般能力，即认识能力，是人在各种活动中都必须具备的基本能力，它保证人们有效地认识世界，也叫作智力、智能。特殊能力，是人们完成某种专业活动必须具备的能力，如音乐能力、绘画能力等。人们在日常活动中，还需要表达能力、适应能力、分析与解决问题的能力、自学能力、创造能力、实际操作能力、组织能力等等。教学必须在完成“双基”任务的同时，重视培养学生的一般能力及日常活动所需要的各种能力，同时要为学生特殊能力的发展奠定基础，使有特长的学生的能力能得到培养和发挥。在当今时代，特别要注意培养学生的创新精神和实践能力。

中小学教学中尤其要着重培养学生以下四个方面的能力：

1. 智力

智力是保证人们有效地认识事物的、稳定的心理特征的综合，包括注意力、观察力、记忆力、思维力和想象力五种成分，其中核心成分是思维力。发展学生智力之所以成为教学的重要任务之一，是因为：首先，发展智力是学生顺利学习的必要条件。教学的目的之一是使外在的知识、技能技巧转化为学生的精神财富，学生若无一定的智力水平，不经过观察、记忆、想象、思维等复杂的认识活动，这种转化是不能顺利完成的。其次，随着知识经济时代的到来，智力因素在现代生产中占据越来越重要的地位。为使学生适应今后科技的飞速发展，更好地从事物质生产和科学实验等工作，教学更应注意发展学生的智力。再次，青少年时期是智力发展的关键时期，这一阶段智力得到良好的发展，就为其终身发展提供了有利条件，所以教学在向学生传授知识的同时，要特别注意发展学生的智力。

2. 自学能力

自学能力是学生独立获取并运用知识、信息的能力，它是由多种学习能力组成的一种综合能力，主要包括阅读能力、主动提出问题并寻求答案的能力、总结概括能力、自我管理能力（安排计划、自我监督和检查、自我调节）和独立运用知识及信息解决问题的能力等等。21 世纪的人类已开始步入一个学习化的时代，作为个体的人必须进行终身不断的学习，才能跟上社会和时代前进的步伐。联合国教科文组织的埃德加·富尔早就一针见血地指出："未来的文盲就是那些没有学会怎样学习的人。"1996 年由雅克·德洛尔任主席向联合国教科文组织提交的报告《教育——财富蕴藏其中》进一步明确提出："今天，谁都不能再希望在自己的青年时代就形成足够其一生享用的原始知识宝库。""学会认知"，即学会学习，是终身教育的四大支柱之一。"这种学习更多的是为了掌握认识的手段，而不是获得经过分类的系统化知识。""每个儿童无论他在哪里，都应使他能以恰当的方式学习科学而且终生成为'科学之友'。"①时代的发展和学生的成长要求中小学教学不仅要关注学生学什么，尤其要考虑在教学过程中如何培养学生的自学能力，使学生学会学习，成为能自主学习、适应未来社会发展与进步的人。

3. 创造能力

创造能力是人们在创造性活动中产生独特的、新颖的想法、办法、理论、产品的能力。它是人们在创造性地解决问题的过程中表现出来的一种综合能力，是人的多种智慧品质共同作用的结果。创造能力包含发现矛盾、提出问题的能力，提出假设、猜想和方案的创造性思维能力，以及验证假设和猜想的逻辑思维能力、创造性、想象力等。社会的进步与发展，处处都离不开创造，各行各业都需要具有创造能力的人，可以说，现代社会中创造是每个学生需要掌握的生存本领。目前世界各国都将培养创造性的人才当作具有深远意义的战略措施予以高度重视，培养学生创造力已成为发达国家教学任务的核心。我国要想赶超世界先进水平，在中小学教学中也必须重视学生创造力的培养。

4. 实际操作能力和实践能力

实际操作能力即动手能力，是指学生使用学习工具和简单的手工劳动工具进行学习实验、生产劳动、生活服务和科技制作的能力。它要求学生手脑并用，这既有利于学生的不同机能的充分运用，又有利于促进学生的智力发展。现代社会需要既能动脑又能动手的人才，实际操作

---

① 国际 21 世纪教育委员会联合国教科文组织总部中文科译：《教育——财富蕴藏其中》，教育科学出版社，1996 年版。

能力是学生今后从事生产劳动、技术革新和科学研究等必备的能力。因此，在教学中应该高度重视学生实际操作能力的培养和训练。

实践能力是个体在生活和工作中解决实际问题所显现的综合性能力。它不是由书本传授而得到的，而是由生活经验和实践活动磨炼形成的；它很难用试卷考试来衡量高低，只能通过实践活动表现来评价；它是个体的生活、事业成功的重要影响因素。教学中，要善于重视引导学生把学到的知识、形成的技能以及获得的情感、态度、价值观灵活运用于生活实践，在实践中得以深化、升华，促进学生实践能力的形成。

（三）发展学生积极的情感、态度和价值观，形成良好的品德和审美情趣

教学具有教育性。首先，学生学习和掌握的科学文化知识中蕴涵着丰富的思想教育素材，它们对于学生的思想、观念、信念乃至品德的形成都有着广泛而深刻的影响。其次，教师自身的思想政治观点和品德素养在教学中也始终会直接或间接地影响着学生，教书与育人始终是联系在一起的。因此，各科教学都要根据教材内容的特点，结合学生的实际，有目的地进行情感、态度、价值观、世界观和道德品质的基本知识和基本观点的教育，为学生思想品德的形成和发展奠定良好的基础。

教学中也蕴涵着丰富的美育素材，如教学内容、教学过程、教学语言、板书设计等。教学活动中大量的审美性因素既是进行审美教育的有效手段，又是教学活动的有机组成部分。教师在教学中要自觉地发掘并运用教学中蕴涵的自然美、艺术美、社会生活美来培养学生正确的审美观和感受美、鉴赏美、创造美的能力，使学生形成高雅的审美情趣，从而促进学生的身心健康发展。对学生进行德育和审美教育是教学不可推卸的重要任务。

（四）发展学生的体力，提高学生的身心健康水平

健康包括身体健康和心理健康两大方面。身体健康是指人体各部分器官系统发育良好、功能正常、体质健壮、精力充沛并具有良好劳动效能的状态。心理健康一般是指智力正常、心情愉快、情绪稳定、悦纳自己、人际关系和谐、适应现实、对外界刺激反应适度等状态。青少年正处在长身体和心理成熟时期，其健康状况不仅关系到他们学习时期，也关系到他们成年后的体质、脑力劳动和体力劳动的效率以及生活的质量。促进学生身心健康发展不只是体育课和卫生课的任务，各科教学中都要考虑这一任务的实施。如坐、立、行、阅读、书写的姿势，课业、作业负担量，师生关系，课堂气氛，教师处理问题的方式等，都与学生的身心发展有关。

教学必须通过传授和学习生理卫生、心理卫生、体育运动的知识和技能，培养学生良好的卫生和体育锻炼的习惯以及心理调适的能力，同时，各科教学的广度和深度要与学生的生理和心理负担相适应，要注意课堂的教学心理条件，加强教学组织的科学性，创造适宜的教学环境，保证学生健康成长。

（五）塑造学生良好的个性

个性是一个人在一定的社会条件下形成的具有一定倾向的、比较稳定的、独特的心理特征的总和，包括需要、兴趣、信念、意志、情感、性格、自我意识等因素。良好的个性品质对学生学好基础知识、基本技能以及发展智力、形成良好的思想品德具有动力、定向、引导、调节、控制、维持、强化等一系列相互联系的作用，是学生完成学业任务及今后从事工作的十分重要的条件。有志者事竟成，“一个人追求的目标越高，他的才力就发挥得越充分”。这些至理名言都说

明了良好的个性在个人发展中的重大作用。美国心理学家对800名男性学生进行的三十多年的追踪研究表明，成绩最大与最小的人之间，最明显的差异不在于智力水平，而在于是否具有自信心、进取心、坚持性、不屈不挠、不自卑等良好的意志、性格品质，有些人智力超常而成绩平平，主要是因为意志薄弱、信念模糊、情感脆弱、性格偏狭、自我意识不明确等不良个性因素造成的。由此可见良好的个性对个人成长的重要性。教学是学校的中心工作，必须承担起塑造学生良好个性的任务，结合各科教学激发学生热爱科学、探索真理的热情，培养学生的求知欲、好奇心、事业心、责任感和实事求是的作风以及勇于克服困难的意志品质，养成学生对人、对事的正确态度，发现和发挥学生的特长，有意识地引导和培养学生形成优良的个性品质，促使学生成为全面和谐发展的人。

以上五项教学任务各有其独特的内涵，不可混同；又相互渗透，相互制约，相互促进，不可分割。它们是统一于教学活动之中的相互联系的整体，共同体现着全面发展教育的各项内容的要求，保证着教育目的的实现。其中，双基是基础，发展智力、培养能力是关键，形成品德、审美情趣是方向，身心健康是保证，良好的个性是全面发展的理想目标。尽管教学任务的实现程度因人而异，但它始终是我们教育发展的努力方向并贯穿于教学全过程。

在实际教学中，我们一定要充分认识教学任务的整体性，实现教学任务由“知识型”、“智能型”向“全面型”的观念转变，同时，要把全面发展和因材施教结合起来，实现学生个性与特长的充分发展。另外，我们也要认识到，教学活动中每门学科的特点不同，在教学实践中所能承担任务的具体内容和分量也有所不同，所以各门学科的教学都需要在兼顾教学的总任务的同时，发挥自身的优势，有所侧重。

第二节　教学过程

教学过程理论是教学的基本理论问题之一，是组织教学活动的理论依据。要想充分发挥教学在实现教育目的中的重要作用，就必须认真研究教学过程，弄清它的构成要素、本质、基本规律和各要素间的联系方式，这样才能科学地组织教学活动，顺利地完成教学任务，有效地提高教学质量。

一、教学过程的基本要素和本质

（一）教学过程的基本要素

要素是构成事物的必要因素。尽管教学过程的全面展开需要多种因素的参与，但其中学生、教师、教学内容和教学方法是构成教学过程不可缺少的最基本要素，其他因素只有在与这几项基本要素融合时才有意义。这些基本要素相互联系和相互作用，才能构成一个完整的教学过程。

教师是受国家和社会的委托从事教育工作的专职人员。在实现教育目的、完成教学任务的过程中，教师起着主导作用，负责教学活动的方向、内容、方法、进程、结果和质量。离开了教师，教学活动就不复存在，因为无教师参与的学习活动只能称“自学”。

学生是接受教育的对象，又是学习的主体。在教学过程中，学生是教学效果和教学质量的体现者，只有在学生积极主动地参与下，才能实现知识和能力的转化。离开了学生，教师的劳动、教学内容的影响就无处落实。因此，没有学生，教学过程也不复存在。

教学内容是教师对学生施加影响的中介客体。它是教学的客观依据和物质保证，是教与学之间的桥梁。离开了教学内容，就解决不了教什么和学什么的问题，教学质量就失去了客观的衡量标准。

教学方法是教师和学生为实现教育目的、完成教学任务所采用的相互作用的手段和一整套工作方式，是有效地传递信息、提高教学效率的措施。教学方法要解决的是教师如何教、学生如何学、教与学的相互作用及其调节问题。它是能够由师生进行调控并直接影响教学工作成败的一个最活跃的可变因素。

在教学系统中，作为构成系统的基本单元，各基本要素虽然有各自独立的地位和作用，但它们又是作为一个整体在发挥作用的。它们只有彼此联系，而且相互配合得当，才能使教学的整体功能充分发挥，产生最佳效果。教学的发展就是这各因素不断变化、更新与完善的过程。研究这些基本要素和它们之间的最佳联系是教学过程理论研究的一个重要课题，也是揭示教学过程本质和规律的出发点和归宿。

（二）教学过程的本质

教学过程的本质是教学存在的根据，是存在于教学过程本身的、使其既显明自身存在特性及发展又可与其他事物相区别的内在规定性。教学过程的本质应具备以下特征：(1) 独特性。它是由教学本身特有的内部矛盾决定的，不同于其他人类活动的根本属性。(2) 普遍性。它是所有教学必然具有的最一般、最稳定的共同属性。(3) 深刻性。它反映教学内部深处所发生的过程并反映教学内部各要素间的内在联系。(4) 融透性。它规定和影响着教学的其他非本质属性，贯穿于教学发展的每个方面和阶段。(5) 潜隐性。它“是存在的深化，是潜藏于存在之中的存在的根据”，隐藏于丰富多彩的教学活动表象之后，需要人们发现，并用语言把它表述出来。

由于教学本质是教学论研究的核心问题，对它的认识直接影响着教学理论研究和实践的性质、方向和深度，因此人们一直没有停止对教学本质探索的脚步。尤其是20世纪80年代以来，我国教学论研究者对此进行了深入的讨论，迄今为止，形成了百花齐放的多种认识。其中影响较大的有认识说、发展说、交往说，争议较大的有多本质说及较晚出现的价值增殖说和生命说、精神融生说，此外，还有实践说、育人说、传递说、学习说、统一说等等。这些研究为我们从不同层次和角度认识与理解教学奠定了基础，也使我们看到，我国对教学本质的探索在逐步冲破知识本位论的束缚，走向人，走向教学中人的深层的活动。

我们认为，教学过程就其本质来说，是学生的认识与发展相统一的活动，是学生在教师指导下，以认识活动为基础，获得发展的过程，是学生认识和发展的特殊形式。具体说，教学过程就是教师根据一定的社会要求和学生身心发展的特点，指导学生有目的、有计划、有组织地掌握系统的文化科学基础知识和基本技能，同时身心获得发展，形成一定的思想品德的过程。

教学过程的本质是由其矛盾的特殊性所决定的。

教学过程包含三对基本矛盾，即学生现有发展水平与所学知识和发展要求之间的矛盾、教师与学生之间的矛盾、教师与教学内容及方法手段之间的矛盾。这三对基本矛盾决定了教学过程的特殊性。其中，学生现有发展水平与所学知识和发展要求之间的矛盾是主要矛盾，是其他矛盾产生和存在的基础。组织教学的根本目的就是为了解决学生与所学知识、发展要求之间的矛盾，使学生由不知、知之不多到知之、知之更多，由不会、不行、不能到会、行、能，由不成熟到成熟。教学中要使学生的这种转化顺利进行，就必须创造转化的条件。其他两对基本矛盾都是围绕解决这一矛盾而展开的，它们对解决学生与所学知识和发展要求之间的矛盾起着重要的作用。教学过程就是在这三对基本矛盾的运动过程中展开的。

二、教学过程的基本规律

教学过程的规律，是教学过程中客观存在的内部各要素之间必然的、稳定的联系。教学过程的基本规律，就是教学过程中内部各要素之间那些不但具有必然性和稳定性，而且对教学过程的性质、方向和结果具有决定作用的本质联系。根据教学过程内部各基本要素的作用及相互关系以及对教学过程本质的认识，可以把教学过程的基本规律概括为以下几方面：

（一）教学过程是学生个体的认识过程，是以学习间接经验为主、直接经验与间接经验相互作用的过程

教学过程是学生个体的认识过程，就是说它区别于人类总体认识，也区别于科学家及社会其他实际工作者的认识。它既受人类认识活动一般规律的制约，又表现出它自己独有的特征。这是教学过程不同于其他认识过程的最具决定性的特征，教学过程的其他特征也受这一特征的制约。

1. 教学过程中学生主要学习间接经验

人们认识客观事物主要有两个途径：一个是获取直接经验，即通过亲自探索、实践所获得的知识；另一个是获得间接经验，即人类在长期认识过程中积累的知识，是他人的认识成果，主要表现为书本知识。在教学活动中，学生主要是通过学习间接经验来认识世界。这是因为：

首先，学习间接经验是学生认识客观世界的基本途径。就知识的来源而言，人类的知识都产生于实践，来自于直接经验。就个体来说，虽然通过直接经验也能不断扩大对客观世界的认识，但由于个人的活动范围、时间、精力十分有限，仅依靠直接经验认识世界是不可能的，必须以学习间接经验为主。学生在校学习的时间和空间极为有限，为使学生在有限的时空条件下最大限度地提高认识水平，将人类已有的认识成果转化为个体的认识与能力，就应该而且必须以学习间接经验为主。

其次，学习间接经验是学生认识世界的一条最经济最有效的捷径。教学中学生面对的主要不是人类浑然未知的客观世界，不是需要通过个体亲自去探索与经历的人类尚未认识的事物，而是从人类知识宝库中经过精心挑选并加以科学组织的最基本、最核心的内容，是对学生认识世界具有普遍的指导意义的、现成的、前人的认识成果。学习这些间接经验，可以使学生的认识突破他们个人认识、活动的狭小范围，大大提高学生的认识起点，缩短认识过程，而且可以使学生避免重复人类认识历史上所经历的曲折、错误和磨难，用最短的时间、较少的精力和最高的效率把认识提高到现代水平。他们可以“上知天文，下知地理”，可以通古知今。正如马克思所言：“再生产科学所需要的劳动时间，同最初生产科学所需要的劳动时间是无法相比的，比如学生在一小时内就能学会二项式定理。”

2. 学生学习间接经验必须以一定的直接经验为基础

在强调学生以学习间接经验为主的同时，还必须十分重视直接经验在学生认识形成中的作用。书本知识一般表现为概念、定理、规律、原理等等，对学生来说，要把这些知识转化为自己的认识，牢固地掌握，深刻地理解和灵活地应用，必须依靠个人以往积累的经验或现时获得

的感性经验；否则，只能是死记硬背，食而不化。例如，小学生在学习“水的物理性质”这一知识时，就必须具备有关固体和液体物质的实际知识，要亲自观察过水、墨水、牛奶、药液等多种液体，并且进行过比较，这样才能理解“水是无色、透明、无味、无臭的液体”这一概念，否则是不能达到真正的理解和掌握的。另外，学生已有的知识经验也是学生学习新的知识经验的基础。建构主义理论认为，学习者是有一定经验的人，“学习者并不是空着脑袋走进教室的，在以往的生活、学习和交往活动中，他们逐步形成了自己对各种现象的理解和看法，而且他们具有利用现有知识经验进行推论的智力潜能”①，即便有些问题他们还没有接触过，没有现成的经验，但当问题一旦呈现在面前时，他们往往可以基于相关的经验，依靠他们的认知能力形成对问题的某种解释，这并不都是胡乱猜测，而是从他们的经验背景出发而推出的合乎逻辑的假设。这说明了间接经验的学习离不开直接经验。

3. 间接经验与直接经验相互作用

如前所述，学生获得的知识是直接经验与间接经验的有机结合。直接经验是学习间接经验的基础，是学生理解和运用间接经验的必要条件；间接经验的学习一方面把学生已有的直接经验纳入一定的知识体系，另一方面又可以迅速扩大学生的经验领域。二者相互作用，共同在学生的认识发展中发挥作用，其中间接经验的学习处于主导地位，但它又离不开直接经验。教学中，教师要充分利用学生已有的直接经验，并通过生动的语言描述、模拟、演示、实验、实习、参观等方法，不断地丰富学生的直接经验，还要帮助学生把头脑中已有的生动鲜明的感性认识同抽象的概念、原理结合起来，更好地掌握新知识。

这一规律要求，在教学中要正确处理直接经验与间接经验的关系，要把两者有机地结合起来。片面强调间接经验，“从书本到书本”，忽视学生已有的经验，忽视引导学生亲身参与一定的实际活动，其结果必然导致理论脱离实际；片面强调直接经验，“从做中学”，忽视书本知识的学习，其结果必然使学生难以掌握系统的科学文化知识。这两种做法都人为地割裂了学生掌握知识过程中间接经验与直接经验的必然联系，都是违反教学的客观规律的。

（二）教学过程是认识和发展相统一的过程，是以认识活动为基础，促进学生智力、品德、个性等全面发展的过程

教学中总是存在发展的，可以存在没有教学的发展，但是不存在不包含发展因素的教学，只是发展的速度、水平、方向因教学的水平不同而有差异。

我们这里所说的发展包含知识以外学生发展的各个方面，具体说来，一是指能力方面的发展，包括智力及其他能力和技能技巧；二是指非认知心理因素的发展，包括情感、意志、兴趣、态度、价值观、个性等；三是指思想品德的发展，包括人生观、世界观、思想道德品质和行为习惯等；四是指身体方面的发展，包括身体各部分及其功能、身体素质、人体基本活动能力等。

以上几个方面的发展与学生的认识活动统一于教学过程之中。

1. 教学活动中，学生在认识的过程中获得发展

中小学生是正在成长发展过程中的个体，在影响他们发展的各种活动中，教学无疑占据着最重要的地位。教学过程中，学生主要从事认识活动。但是他们在教学中的认识活动，不仅仅是掌握各种科学知识，而且他们的情感、态度、价值观、能力、个性也在经历着发展变化。教学过程中学生的认识任务不是为人类增添多少新的知识、发现什么新的规律，而是继承和掌握人

① 张建伟，陈琦：《建构主义学习观要义评析》，见《华东师范大学学报》(教育科学版)，1998(1)。

类已有的知识成果，使社会的精神财富转化为他们个人的精神财富和理性力量，并因为享有它们而成长起来，变得强大和高尚。简言之，就是教学过程中学生的认识任务不仅仅是求知、获得技能和规范，还要在此基础上发展智力、能力、品德、人格，陶冶情趣、情感、意志，成为全面和谐发展的人。完成这些任务，并不是在认识过程之外，而是和认知的任务统一完成的。“教学过程中，学生通过认识掌握作为课程内容的特殊文化的同时，将凝结其中的人类情感、技能和能力内化为自身的东西而实现着自身的发展”。学生的认识是发展性的认识，是教育性的认识，教学过程中学生在认识的同时获得发展。

2. 认识与发展相互依存，相互制约

教学过程中，学生的认识与发展是相互依存、相互制约的。

学生的认识是发展的前提和基础。如前所述，学生正是在认识过程中获得发展的。人类已有的文化知识成果中蕴含着丰富的思想、能力、情感、个性、意志等因素，学生通过学习把这些人类文明的精华内化为自身的组成部分而实现自身的发展。没有认识，发展就成了无源之水、无本之木。

学生的认识又受发展水平的制约。认识必须以学生的身心发展达到一定的水平为条件，没有这些条件，学生的认识活动就难以进行。学生的发展直接影响着掌握知识和技能的快慢、深浅、难易及巩固程度。同时，发展又是认识存在的原因和目的，没有发展，认识就失去了存在的意义和价值。

以掌握知识与智力发展的关系为例来说，一方面，掌握知识是发展智力的必要基础。学生的智力是在掌握知识技能的过程中形成和发展的，也是在掌握知识和应用知识的过程中表现出来的，没有一定的知识依托，就谈不上智力的培养。知识为智力活动提供了广阔的领域，缺乏知识是智力发展最大的障碍。正如常言所说“无知便无能”。知识凝结着人类的思维方式和思维能力，学生在教学过程中，继承和掌握一定的文化知识，同时将凝聚在知识内核中的祖辈在历史上形成的思维能力内化为自身的思维方式。另一方面，掌握知识必须依靠一定的智力条件。智力发展是掌握知识的必要条件，智力的形成又为新的知识的掌握奠定基础。智力发展水平始终影响着学生掌握知识的广度、深度、速度、巩固程度和运用程度。实践表明，智力发展水平较低的学生，掌握和运用知识往往比较困难；而智力发展水平较高的学生，就比较容易接受和运用所学知识。掌握知识与发展智力二者互为重要条件，必须同时进行，不可重此轻彼。

同理，学生的认识活动与学生思想品德、非智力因素、个性的发展也具有类似的关系。

当然，不是任何认识活动都能有效地促进发展，只有用恰当的方式让学生获取适量的规律性知识才能真正促进智能的发展。因为能力不仅与知识的性质、难度、分量有关，更重要的是与获取知识的方法和运用知识的创造态度有关。大量事实证明，只是靠死记硬背学到的知识常常缺乏生命力，对学生智能发展作用极小。所以，在教学中，不仅要让学生掌握系统的有适当难度的知识，而且要启发学生从探索中通过独立思考获得知识，在解决各种理论问题和实践问题的探索活动中运用已获得的知识，以提高能力。

总之，教学过程不仅是学生的认识过程，而且是促进学生发展的过程，是教师指导下学生的认识过程与发展过程的统一。在这个过程中，学生不仅要获得知识，而且智能、品德、个性等都要得到发展。

但是教学过程中的发展不同于学生在日常生活中的随意的、自然的发展，而是经常的、自觉的追求，是有意识要实现的东西。教学过程作为以促进学生发展为己任的活动，要求在教学内容、教材的设计及认识方式的选择上要注重内容、方法的发展功能，必须保证教学认识的内容和形式、过程和方法都与教育目标方向一致，必须努力使得学生从教学认识中产生的情感、形成的价值观等是积极的、向上的，是与社会要求和教育目的相一致的。在整个教学过程中，要防止两种倾向：一是脱离知识学习盲目追求发展，像形式教育论者那样，只强调训练学生的思维形式，发展学生的能力、品德、个性等，为发展而发展，忽视知识的传授；也不能像实质教育论者那样，只向学生传授与实际生活中有关的知识，忽视对学生认识能力的训练，忽视学生的发展。在教学中，只有把二者有机地结合起来，才能提高教学质量。

（三）教学过程是在教师领导下的学生的认识和发展过程，是教与学、教师的主导作用和学生的主体作用辩证统一的过程

教学活动中，学生的认识和发展不是自发地、盲目地进行的，而是在受过专业训练的教师的指导、要求下，有目的、有计划、有系统并借助于必要的教学手段和设备进行的。没有离开教师的领导而孤立存在的学生的认识和发展。教师把学校的一切有利条件、合适的教学内容、科学的教学方法组成适合学生一定发展阶段和水平的某种教学模式，从而引导学生完成学习任务并获得发展。教学过程是在教师领导下的学生的认识和发展过程，在这个过程中，教与学、教师的主导作用和学生的主体作用是辩证统一的关系。

1. 教师在教学过程中起主导作用

教师是教学活动的领导者、组织者、教育者，是学生学习的指导者和学习质量的检查者，他们根据培养目标和学生身心发展的规律与特点对学生施加影响，促进其全面发展，使其成为社会所需要的人才。

教师在教学过程中起主导作用有其必然性。从教师和学生的素质差异来说，教师受国家和社会的委托，经过专门的培养和训练，“闻道在先”，“术业有专攻”，具有较高的文化知识、能力和思想素养，了解青少年身心发展规律，懂得如何组织和进行教学，能够发挥主导作用。而学生虽然是认识的主体，但他们正处于成长发展时期，思想、行为、个性尚不成熟，具有很大的可塑性，知识、能力、经验也很有限，仅仅依靠他们自己的力量是无法以最简捷有效的方式掌握人类文化的精华，使身心得以健康发展的。这就决定了教师在教学过程中必然要承担组织和领导的责任，由他们决定和负责教学活动的方向、内容、方法、进程、结果和质量。

当然，教师主导作用的发挥是有条件的。一方面，教师主导作用的实现有赖于教师自身的条件，即具备应有的知识和能力素质、思想品德及人格；另一方面，教师主导作用的发挥还需要具备各种客观条件，如教师在教育过程中的地位是否得到应有的肯定、教师工作的条件是否得到基本的保证等等。

2. 学生是教学活动的主体

教学活动中学生既是被领导者、受教育者，同时他们又是认识的主体。一方面，教学活动因他们而存在，社会和学生自身的发展都需要他们认识人类已有的认识成果，并在此过程中获得全面和谐的发展，为能改造客观世界作准备；另一方面，学生是有自觉性、能动性、创造性的人，要把人类积累的认识成果和经验转化为个人的精神财富和理性力量，要把知识转化为个人的智力、能力、思想观点和个性，必须通过自己的认识和实践才能实现，这是任何人都无法包办和代替的。

辩证唯物主义告诉我们，任何事物的发展变化都是内外因相互作用的结果，外因是条件，内因是根据，外因通过内因而起作用。在学生的发展中，教师对学生所施加的影响，只有通过

学生的观察、思考、实践和运用才能内化为自己的东西，而且学生对教师所施予的影响，并不只是消极被动地接受，而是以能动的主体态势去思考和选择，主动积极地做出反应，他们可能采取完全肯定和接受的态度，也可能采取批判和扬弃或完全否定和摒弃的态度。也就是说，学生在教学过程中是有主观能动性的，他们是自身认识和发展的主体。正如建构主义学习理论所指出的，学习是学习者积极主动地建构内部心理表征的过程，“学习者并不是把知识从外界搬到记忆中，而是以已有的经验为基础，通过与外界的相互作用来构建新的理解”(D. Jcunningham，1991)，“学习者是主动地建构自己知识经验的人，学习者不是被动地接受外在信息，而是主动地根据先前认知结构注意和有选择性地知觉外在信息，建构当前事物的意义，这种建构不可能由他人代替”。这就意味着学生首先是学习活动的主体，没有学生在原有知识结构基础上有选择地知觉外界信息、建构当前事物的意义，学习将是无效的。

3. 教师的主导作用与学生的主体作用相互依赖与制约

教学过程中教与学是互相依存的，处于一个辩证统一的过程之中。教学过程是教师的教与学生的学的双边活动过程，教师教的过程，也就是学生学的过程，教与学是互相依存的，互为存在的条件。如果把教与学的活动分离开、对立起来，就不成其为教学过程了。只强调教师的作用，或只强调学生的作用，都是人为地、形而上学地把本是辩证统一的两方割裂、对立开来，是违背客观规律的。由此可知，教师的主导作用与学生的主体作用是相互依赖与制约的。教师的主导作用依赖于学生的主体作用的发挥。教师教的行为是为了引起学生学的行为，是为学生的学服务的。教师是否发挥了主导作用，要看他在多大程度上从学生的实际出发，根据学生的认识特点组织学生主动积极、生动活泼地学习，使学生的主体作用得以最大限度的发挥，以达到“教是为了不教”的目的。而且学生主体作用的发挥，也会促进教师教学水平的提高，没有学生的积极配合，教师的主导作用必然落空。

反过来，学生的主体作用要依赖教师的主导作用来实现。教师的主导作用发挥得越好，学生学习的主动性、积极性、独立性和创造性也就越强；若教师的主导作用发挥得不好，则学生的主体作用发挥的程度也必然受到限制。

总之，教师的主导作用与学生的主体作用是在双向互动中得以体现的，它们相互影响，相互制约，相互促进，共同实现教学相长。

在教学中，既不能只重视教师的作用，认为学生只要服从教师就能得到知识和获得发展，又不能只强调学生的作用，使学生陷入盲目探索的状态，学不到系统的知识和不能获得和谐发展，要把二者有机地结合起来。另外，还要注意到教师与学生的地位和作用也是动态变化的。学生的年龄越小，主体意识、能力发展水平越低，教师的主导作用就占据越重要的地位，这时教学发展处于导学阶段，教师的教决定着学生的学。只有不会教的老师，没有不会学的学生。而随着学生年龄的增长，主体意识、能力和智慧的增强，教师的影响力就逐渐下降，学生的主体作用逐渐占据重要位置，教学进入学导阶段。教学过程就是这样一个从教师激发学习、引导学习到学生主动学习、学会学习、创造性学习的发展过程。当然，不同学生的转化过程和发展阶段是不同的，这就要求教师坚持循序渐进、因材施教的原则，既把握学生整体发展水平，又照顾学生的个别差异，恰到好处地发挥主导作用，从而真正促进学生主体的发展。

三、教学过程的基本阶段

我国中小学教学实践中长期以来普遍采用的教学模式是传递—接受教学模式，主要用于系统知识、技能的传授和学习。它源于赫尔巴特学派的“五段教学法”，后经苏联凯洛夫等人根据辩证唯物主义认识论重新加以改造成为"感知、理解、巩固、运用"的程序后传入我国。我国教育界以完成"双基"目标为基础,以学生掌握知识的认识规律为依据,又根据教学实践的经验以及现代教育学、心理学的理论加以调整,使之成为目前中小学常用的教学模式。

这种教学模式的基本教学程序是:引起兴趣—感知教材—理解教材—巩固知识—运用知识—检查反馈,也被称为教学过程的六个基本阶段。

(一)引起兴趣,激发动机

学习动机是直接推动学生学习的内部动力,在学习过程中有指引方向、集中注意、增加活力的作用。在教学中,学习动机表现为态度、兴趣、好奇心、求知欲、志向等等。引起兴趣、激发动机就是指在传授和学习新知识之前,教师要引导学生进入良好的心理准备状态,激发学生学习的兴趣和积极情感,集中学生的注意力,引起学生的学习动机。浓厚的学习兴趣和强烈的学习愿望是学生进行学习的基本条件和心理起点。

激发学生的兴趣与求知欲的方式是多种多样的,应因教材内容、学生年龄特征等的不同而不同,但是主要还是靠所学的内容及知识本身,如事实、现象、特点、逻辑等所具有的吸引力。离开所学知识本身的任何说教与逗趣,都不可能引起学生对知识的真正渴求。同时教师富有启发性的教学方法、教学过程中所展示的教学艺术以及学生对教学活动的参与,也对激发学生的兴趣和求知欲有积极作用。此外,学习目的的教育以及提高学生的志向水平也是明确和提高学习动机的必要条件。激发学生的学习兴趣和求知欲应贯穿于整个教学过程之中,然而在教学开始阶段就通过简短的说明、设疑、观察、演示等将学生引入要学的课题是十分必要的。

(二)感知教材,形成表象

感知教材、形成表象就是提供给学生所学课题内容的基本事实或事物的主要属性,使学生对要学习的内容形成一个整体的表象。这一阶段是学生理解知识的起点。

感知属于认识的感性阶段,是认识事物的第一步。感知的结果在记忆中留下来的印象叫表象,它是感性认识和理性认识的中间环节。感知教材主要是给学生关于教学内容的一个混沌的整体的表象,它包括所感知教材内容的范围、轮廓,内容的大体结构,内容中出现的基本概念的词语和构成内容的主要事实等。学生这时并不了解所学内容的内在逻辑、概念的科学内涵、事实与原理之间的关系以及所学知识在整个学科中的地位等,也就是还未进入理性认识。但这一阶段是学生理解教材形成概念的基础,没有对教材的感知,也就不可能进入到对教材的理解。感知教材是任何教学活动进行的必经阶段。学生的感性认识越丰富,理解和掌握教材就越容易;否则,学生的学习将是生吞活剥、食而不化的。

(三)理解教材,深化认识

这是教学过程的中心环节。理解教材就是学生对感知教材阶段所形成的感性认识进行思维加工并上升到理性认识,从而掌握所学内容。

理解是个体认识事物的联系、关系以及事物的本质、规律的思维活动。比如,明确一个词义,形成一个科学概念,明确公式、定理、法则的内涵,了解与掌握一篇文章的中心思想等,都称为理解。理解的目的在于形成概念、原理,在于认识事物的本质和规律。理解的进程是将感性阶段形成的整体表象,经过分解、分析、比较、抽象,做出简单规定,然后再经过归纳、综合的思维加工回到事物的整体,这时的整体已是一个具有许多规定和关系的丰富的总体了。教学过程中的“理解”主要包括：领会教材，就是能把握教材的内容并能对其做出初步的解释；分析教材，就是能对教材进行分解，弄清它包含的要素、观念以及各要素之间的联系和构成方式，旨在弄清教材内容的基本结构；综合教材，就是能对教材中包含的要素、观念和各部分内容进行加工，使其组合成一个整体，从整体上把握新知识；评价教材，就是对教材包含的意义做出价值判断。理解教材是教学过程的中心环节，只有理解了的东西，才能更深刻地感觉它，才能掌握、牢固记忆并更好地运用它。

（四）巩固知识，加强记忆

这是教学过程的一个必要环节。因为学生在教学过程中学习的主要是没有亲自实践过的间接经验，容易遗忘，必须通过复习来加以巩固，同时，只有巩固已学知识，才能为下一步学习新知识、形成新技能奠定基础。另外，巩固已学知识也是实现知识向智能转化的必要条件，也是为了将来在实践中更好地运用这些知识。不巩固就难以继续学习和理解新知识，也不可能把知识运用于实践。

巩固知识贯穿于教学过程的始终，在教学的每一个环节上都应该重视知识的巩固。学生对教材的理解是巩固知识的前提，对知识的运用在巩固知识中也有着重要的作用。尽管如此，为了防止遗忘，教学中还有必要用一段时间做专门的巩固工作，定期复习，以使学生把所学的知识牢固地保存在记忆中并在运用时能够迅速地再现出来。

（五）运用知识，促进迁移

运用知识是指在某些特定的或具体的情境中使用学得的理论、概念解决实际问题。这些理论、概念既包括一般的观念、程序的规则或概括化的方法，也包括专门性的原理、观点和理论。指导学生运用知识，可以检验学生对知识的理解情况，巩固加深对所学知识的理解，使已学的知识不断完善，同时也为学生进一步学习创造条件，还能够使学生把理论与实际结合起来，培养学生综合运用知识的能力，形成技能技巧。

在教学中，运用知识，形成技能技巧，主要是通过教学实践来实现的，如完成各种书面或口头作业、实验等。学生从领会知识到形成技能技巧，需要经过反复的练习。要使练习效果良好，必须使学生明确练习的目的和要求，掌握练习的知识和采用正确的练习方法，注意练习的速度、质量，同时教师要加强示范指导，精选练习内容，重视练习讲评，培养学生举一反三的知识迁移能力、创造能力以及自我检查的能力和习惯。为了使学生了解所学知识的社会价值，培养学生分析和解决问题的能力，在教学过程中，要适当组织学生参加一定的社会实践活动，使他们在社会实践中直接运用知识，这对培养学生独立思考和独立工作的能力有重要作用。

（六）检查效果，获得反馈

检查效果是指在教学过程中要及时了解学生学习的效果，对学生掌握知识、技能的情况及时检查与评定是学生学习的必要阶段，也是评价教学质量的重要依据之一，包括教师检查和学生自查，这对师生双方都有积极的反馈作用。它既可以使教师及时了解学生对所学知识、技能的掌握情况，及时采取措施改进、调整教学要求与进程，又可以使学生对自己的学习效果有明确的认识，获得学习上的满足，强化学习动机或发现差距，自觉地克服缺点。

检查可以通过在课堂上及时提问与演算、布置家庭作业、定期上检查复习课、定期考试及引导学生进行自我检查等多种形式进行。正确的检查应当形成学生一种良好的心态，以利于学生更好地学习。

上述几个基本阶段紧密联系，相辅相成。各个阶段在学生掌握知识和技能发展上，虽然各有其主要任务，但又是相互联系、相互渗透的，不应把它们截然分开。

另外，这样划分教学阶段只是我们开展教学活动的主要参考之一，它的优点是能使学生在单位时间内有效地掌握较多的系统知识并形成一些基本技能，但它也存在难以照顾发展学生的能力等多方面的教学任务以及教师讲授为主不利于学生主动性的充分发挥等局限。所以我们不能在任何教学中都生搬硬套、机械地按照这几个阶段开展教学活动，而应该根据教学目的、教学内容、教学科目、学生实际等等因素的不同，灵活地加以运用。

第三节 教学原则

一、教学原则概述

教学原则是有效地进行教学必须遵循的基本要求，是指导教学工作的一般原理。

教学原则是根据教育目的和对教学规律的认识，在借鉴和总结教学实践经验的基础上制定的，是人们的主观世界对客观规律的反映。它具有实践性、相对主观性和客观性的特点，相应的也具有历史继承性和发展变革性。

首先，教学原则具有实践性。教学原则来源于教学实践，它是在批判地继承历史遗产和国内外教学实践经验的基础上提出来的，是人类社会长期教育实践的产物。它的正确与否还要经过教学实践的检验，它的发展也是在实践中获得的。而提出教学原则的目的，就是为了指导教学实践，在运用中强化教学效果。广大教育工作者一方面以教学原则指导教学实践；另一方面又通过实践，实验并验证已有的教学原则甚至提出一些新的教学原则。这些原则不断地被认识、加工、提炼，为人们所认可，在更广的范围内指导教育教学活动。

其次，教学原则具有相对主观性和客观性。一方面，教学原则是人们主观制定的，而且在制定、解释、运用教学原则时，总是受到一定社会教育目的的影响和制约。另一方面，它是教学规律的反映。它虽然是人们主观制定的，但不是人主观臆造的产物，而是以人们对教学过程的客观规律的认识为依据的。教学规律对教学原则起支配作用，教学原则是教学规律的概括体现与综合运用，对教学规律的发现起一定的检验、印证作用。凡是经得起实践检验确实能给予教学工作正确指导的教学原则，必然是合乎教学规律的。

再次，教学原则具有历史继承性和发展变革性。我们不能把教学原则看成僵化不变的教条，合乎教学规律的原则必然能随历史的发展而被继承，违背教学规律的原则必然被逐步改造或淘汰。随着科学的发展、社会的进步和人们对教学规律认识的深化，教学原则体系必然会随之得到不断的发展和完善。

教学原则的上述特点决定了它对教学工作具有指导作用。它从对教学规律的认识及教学实践中得出指导教学实际工作的结论，并提出有效行动的要求。在一定程度上，它是教学过程的总调节器，具体决定着教学内容的安排和调整、教学方法的选择、教学组织形式的运用及教学效果的评价。学习和掌握教学原则，能使我们按照教学的客观规律组织教学活动，正确解决教学内容、教学方法和教学组织形式等一系列理论与实践问题。正确理解和贯彻执行教学原则，教学工作就能取得成效；反之，违背了教学原则，就会降低教学质量，甚至劳而无功。

二、我国中小学的教学原则

古今中外，由于各个国家或同一国家在不同的历史时期的教育性质和教学目的不同，加之不同教育家的实践和对教育规律的认识不同，因而所制定的教学原则与建立的教学原则体系在数量和内涵方面必然有所不同。目前我国中小学倡导的教学原则体系主要由以下八项原则构成。

（一）目标定向原则

目标定向原则，是指在教学活动中首先要有体现教育目的和培养目标的教学目标，然后围绕实现教学目标有计划地组织全部的教学活动。教学目标是教学活动的出发点和归宿，在教学过程中，教师和学生活动的指向、教学内容、教学的方式和方法的选择以及教学效果的评价，都要受到教学目标的制约。教师具有强烈的目标意识，是教学过程组织实施并取得良好效果的重要条件。

这一原则体现了教学的性质，反映了教育目的和教与学辩证统一的规律。它集中体现了教学的社会制约性，强调教学中“教”与“学”必须有统一的目的、要求，才能保证教学活动的方向，保证教学任务的实现。

贯彻目标定向原则，对教师有以下基本要求：

1. 教师在备课时要拟定全面而具体的教学目标

全面，就是指教学目标必须着眼于学生德、智、体诸方面素质的全面提高，既要有知识教学方面的目标，还要有能力培养、思想教育乃至个性形成方面的目标。具体，就是指教学目标还应适度、明确、具体和便于检测，即拟定的目标要从具体的教材和学生的实际状况出发，使上、中、下三类不同水平的学生在他们各自的基础上通过自己的努力都能达到。目标的表述要简洁明了，目标要用学生的学习结果来表述，不要用行为过程来表述，以防止教学目标的一般化、形式化和过于笼统的弊端。

2. 教师要采用适当的教学方式

在教学中，教师应通过适当的方式使学生明确教学目标，以使学生能更加自觉地、有目的地进行学习，与教师密切配合，顺利地完成教学任务。

3. 教学中紧贴教学目标

教师应根据教学目标来安排、组织、调节和控制全部教学过程，排除各种干扰，以保证教学目标、任务的顺利实现。同时又要注意教学过程中随机生成的教学目标，把预设和生成结合起来，共同服务于促进学生全面发展的总目标。

（二）科学性与思想性相统一原则

科学性与思想性相统一的原则，是指教学要以马列主义、毛泽东思想和中国特色社会主义理论思想为指导，给学生授以科学的知识，并结合知识的教学对学生进行政治、思想和社会主义及共产主义道德品质教育，为学生形成科学的世界观、人生观奠定基础。这一原则的实质是要求教师既教书又育人。它既是“教学永远具有教育性”这一客观规律的反映，又是我国社会主义教育目的的必然要求。教学的科学性和思想性是辩证统一的。科学性是教育性的前提和基础，真正的科学知识是客观世界及其规律的正确反映，学生掌握知识的过程，也是培养其思想观点和信念的过程。思想性是科学性的灵魂和内在属性，是提高教学科学性的重要保证。没有思想性或缺乏思想性，就不能真正体现科学性，因为没有正确的观点和方法，就不能揭示事物的本质和规律，也无法建立起科学的知识体系。同时，教学的思想性又能保证科学知识在有利于社会进步的方向上发挥作用。教学的科学性和思想性相统一原则是实现教育目的和完成教学任务的前提条件，它体现着我国社会主义教学的根本方向，是驾驭教学活动方向的重要原则。

贯彻科学性和思想性相统一原则的基本要求是：

1. 要保证教学的科学性

教学的科学性是教学的根本要求。教学中传授的知识和采用的方法都应当是科学的，在思想观念上都应当是正确的。讲述的概念要准确，论证原理要严密、合乎逻辑，引用的材料要正确可靠。切忌教学中轻率武断、出差错和纰漏。教学方法也要严格规范，以有助于培养学生正确的学习态度和科学的学习方法，切忌机械灌输、加班加点、搞死记硬背、违背学习规律和教学规律。

2. 要保证教学的思想性

在教学中要以马列主义、毛泽东思想和中国特色社会主义理论为指导，结合知识的教学对学生进行科学的世界观以及社会主义、共产主义思想品德教育，确保教学的社会主义方向。我们的教学是社会主义教学，目的是为社会主义现代化建设培养人才，如果不能保证教学的思想性，偏离了社会主义方向，我们就要受到客观规律的惩罚，社会主义教育就要受到损失。中小学生的认识水平和分辨能力都是有限的，教师要主动地、适时地、适当地加以引导，帮助他们形成和提高对于是非、善恶、美丑的认识。

3. 要寓思想品德教育于教学之中

首先，在课堂上教师要从教材的特点出发，在传授科学知识的过程中，有的放矢地对学生进行思想教育。如社会科学具有鲜明的阶级性和思想性，是对学生进行思想教育的重要材料，自然科学揭示的是客观世界的物质运动规律，渗透着辩证唯物主义和辩证法的思想，这就要求教师要全面理解教学任务，以饱满的热情、严肃认真的教学态度、循循善诱的教学方法，把教材中蕴含的思想内容发掘出来，使学生的品德受到感染。其次，教师要善于通过教学活动的各个环节对学生进行思想品德教育。除上课外，教师还要注意通过作业、课外辅导、考试等环节，对学生提出严格要求，培养学生自觉、主动、认真负责的学习态度，勤奋学习、一丝不苟的良好习惯，不怕困难、勇于克服困难的坚强毅力等。

教师要艺术性、创造性地发掘教材的思想性，使知识与思想水乳交融，还应注意情感的激励和教育作用。要坚决避免空洞说教、生拉硬扯、贴政治标签等脱离教学内容的错误做法；否则，不仅会削弱基础知识的教学，而且也会降低思想教育的效果。

4. 教师要言传身教，以身作则

教师的思想面貌、知识修养、对待科学的态度和思想方法、待人方式都会对学生的学习、思想产生潜移默化的影响。“学高为师，身正为范”，教师必须不断提高自己的德、识、才、学，才能确保科学性和思想性的统一。另外，教师作为社会公民，享有思想和信仰的自由，但在教学中教师必须体现国家意志，按照国家制定的教育目的教学，坚持和维护社会基本的政治观点和价值观念，不能用带有个人色彩的思想观点随意地影响学生。

（三）理论联系实际原则

理论联系实际原则，要求教师在教学过程中应使学生从理论与实际相结合的角度来理解和掌握知识，用理论分析实际，用实际验证理论，并引导他们运用所学的知识去分析和解决实际问题，培养学生运用知识于实际的能力。

理论联系实际原则，是教学过程中学生的认识是间接经验与直接经验相互作用规律的反映，也是社会主义学校教学的需要。我们所要培养的人不但要能够正确地认识世界，更重要的是能积极地改造世界；不但要有丰富的科学文化知识和理论修养，而且要能善于将知识应用于实际，是知与行、学与用相统一的人。只有认真贯彻理论联系实际的原则，把知识讲授与生动的实际相结合，把学习知识与运用知识相结合，才能解决好间接经验与直接经验的关系、理性认识与感性认识的关系、学与用的关系，使学生获得比较全面的科学知识，并发展解决实际问题的技能和技巧。

贯彻理论联系实际原则的基本要求是：

1. 重视理论知识的教学

掌握好基础理论知识，是教学的基本任务之一。教学中理论联系实际的目的，主要是使学生更好地掌握基础知识和基本技能。在运用这一原则时，必须保证理论知识的主导作用，教好学生基本理论，否则就谈不上联系实际。不能颠倒主次，片面强调联系实际而削弱了理论知识的教学。教师要严格按照教学大纲、教科书的体系进行教学，使学生掌握各门学科的基础知识和基本技能。

2. 联系实际学习并运用理论知识

系统的理论知识的学习要以学生原有的知识基础和经验为起点，充分联系学生的生活实际和社会生活实际，把书本知识与现实生活联系起来，以便于学生理解书本知识及其在现实生活中的价值。同时，教师要积极引导学生运用理论知识解决实际问题，培养学生分析和解决问题的能力。联系学生实际，还包括根据学生的年龄特点、能力、兴趣、个性和思想品德组织教学，使学生生动活泼地掌握知识。

3. 教学内容要重视乡土教材的补充

乡土教材，就是以本地方的政治、经济、文化、历史、地理和民族状况等材料为内容的教材。在历史、地理、生物、社会等学科教学中，适当补充一些乡土教材，既有利于学生理解教材中的理论知识，又能联系本地实际加以应用，还能培养学生热爱家乡的观念与情感，树立为本地经济建设做贡献的思想。

4. 采取多种有效的方式恰当地联系实际

教学中，联系实际的方式是多种多样的，主要有三种：一是教师讲解过程中的举例、演示及学生自己结合实际的思考。它要求教师所举事例要典型、鲜明，演示要及时准确，对理论具有较强的解释力，同时要引导学生把所学的理论知识和自己已有的实践经验结合起来。二是组织学生进行练习、实验、实习、参观、访问等，增强感性认识，并给学生提供运用知识解决实际问题的机会。三是组织学生参加课外活动、校外活动和其他社会实践，使学生了解这些活动所依据的理论知识，用从这些活动中观察到的事实验证理论知识，并在这些活动中运用知识解决实际问题。这样既可以加深学生对书本知识的理解，又能培养学生运用知识于实际的能力和分析问题解决问题的能力。教师应根据学科内容、任务及学生的特点灵活选用不同的方式。

（四）直观性原则

直观性原则，是指在教学活动中教师应运用各种直观手段，引导学生充分感知所学知识，丰富他们的感性认识，从而为学生正确理解教材奠定基础，并发展其认识能力。

这一原则是在总结中外教育遗产的基础上，根据直接经验与间接经验相统一的教学规律以及学生的年龄特征而提出来的。我国古代教育家荀子所说的“不闻不若闻之，闻之不若见之”，就是重视直观的意思。几百年前捷克教育家夸美纽斯就明确提出了这一原则。直观性原则在中小学教学中有着特别重要的意义。学生的认识，从总体上讲要遵循从感性认识到理性认识、从具体到抽象的规律。教学中充分利用直观手段，可以丰富学生的感性认识，减少其掌握抽象概念的困难，有利于知识的理解和巩固。直观教学还能引起学生的学习兴趣，促进注意力、观察力、思维力的发展。随着现代化教学手段在教学中的运用，直观教学的意义和作用会越来越显著。

贯彻直观性原则的基本要求是：

1. 恰当地选择直观手段

教学中的直观手段一般可以分为四类：实物直观，包括观察各种实物、标本以及实验、实习、参观；模像直观，是指观察事物的模拟形象，如各种模型、图片、幻灯片、电影、录像等；象征性直观，包括图表、表格、图解等；语言直观，就是教师用鲜明、生动形象的语言帮助学生产生具体的表象。

教学过程中，教师应根据学科、教材、教学目的、学生年龄和知识水平的不同，恰当地选择直观手段。如自然学科较多地使用实物、标本、试验，社会学科较多采用挂图、模型和图片等。即使是同一学科，不同的教学对象，采用的直观手段也应有所区别。如低年级应多提供具体的直接的感性材料，而且要注意色彩鲜艳、重点部分突出；高年级则可用描述和图表、照片等，同时要注意充分利用学生已有的生活经验。为了展示事物的内部结构和运动变化的过程，有条件的要尽量利用幻灯、电视、电影、录像等，以期收到更好的效果。

2. 运用直观教具要同教师的讲解相结合

运用直观手段的目的是为学生理解教材提供一定的感性材料，因此直观手段的应用要与教师的讲解、提示相结合。讲解能够组织学生的注意力，指导学生对直观对象作定向理解，揭示事物的本质，并发展学生的抽象思维。讲解中，教师要提出观察任务和要求，引导学生观察并启发学生积极思考，要运用语言描述和解释所观察的对象，引导学生通过观察思考认识事物的主要特征，透过现象掌握事物的本质，从而达到理解教材、掌握概念和规律并发展能力的目的。

3. 直观手段的运用要适当、适时，讲求实效

直观手段的使用必须有明确的目的性和必要性，在需要用的时候才用，过多的直观不仅会浪费教学时间、分散学生的注意，而且也会影响学生抽象思维能力的发展。直观手段的使用要适时，即使用的时间要恰当，要与教学活动同步，如直观教具不易过早暴露在学生面前，使用后要及时收起来。直观教具的大小、色彩以及摆放的位置都要符合教学的需要。另外，要充分重视教师语言的直观作用。语言直观不受时间、地点和设备的限制，使用方便，尤其对语言、历史等社会科学的教学具有特殊作用。但它必须借助于学生已有的知识经验，教师要在了解学生的基础上，善于运用生动形象的语言，描绘事物及其发展变化，帮助学生理解和掌握知识。总之，在运用直观手段时要讲求实效，不要为直观而直观，颠倒了目的与手段的关系，使直观庸俗化，导致教学的形式主义。

（五）启发性原则

启发性原则，是指教师在教学过程中要充分依靠和调动学生的学习积极性，引导他们独立思考，主动探索，融会贯通地掌握知识，并使学生分析问题和解决问题的能力、独立获取知识和运用知识的能力以及创造能力与创造性人格得到发展。

启发性原则是中外历史上的著名的教育遗产，许多教育家和教育著作中都有过论述。在我国，“启发”一词就是源于孔子所说的“不愤不启，不悱不发”。《学记》中也提到“导而弗牵，强而弗抑，开而弗达”的教学思想，指出教师的作用在于引导、启发、激励，而不是强迫、代替学生学习。在西方，德国教育家第斯多惠也倡导启发式教学，他说：“一个坏的教师奉送真理，一个好的教师则教人发现真理。”

启发性原则反映了人们的认识是能动地反映客观实践的这一马克思主义的观点，体现了教学过程中教师教的主导作用和学生学的主动积极性相互影响的教学规律，同时也是社会主义新时期培养具有独立思考和创造才能的人才的要求。启发性原则在教学原则体系中处于核心地位，“提倡启发式，反对注入式”是教学法的根本指导思想。

贯彻启发性原则的基本要求是：

1. 树立正确的学生观，建立民主平等的师生关系

贯彻启发性原则要求教师首先要转变观念，充分认识到学生是学习活动的主人，尊重学生在教学活动中的主体地位，实行教学民主，并建立民主平等的师生关系。教学不民主，教学过程中没有形成一种亲密友爱、和谐平等的师生关系，学生学习的积极主动性就无从谈起，甚而会压抑、束缚学生创新思维的发展。从一定意义上说，教学民主、师生关系融洽是贯彻启发性原则的一个必要的前提条件。而教学民主的实现，与教师有无正确的学生观直接相关。教师要克服“一言堂”的作风，努力营造一种宽松、民主、和谐的教学气氛，使学生能无拘无束、畅所欲言，教师还要细心听取学生的意见，允许并鼓励学生向教师质疑问难，发表不同见解，指导他们创造性地学习。在这种条件下，学生心情舒畅，就会敢于并热衷于发表自己的见解，积极参与到教学过程中来。如果学生感到教学气氛压抑，不能畅所欲言，启发教学的优势就不会得到充分发挥。

2. 要激发和培养学生的学习动机

学习动机是学生内在的学习需求，学生学习的积极性和自觉性是学习动机在态度上的外在表现。学习动机分为直接动机和间接动机。直接动机是由学习活动本身引起的对学习的需求，如由教材内容的新颖、教师讲课的生动、教学方法的有机配合等等所引起的学习动机。间接动机则是指与学习活动没有直接联系的间接性诱因，只是把学习作为实现某种目标的手段，如为实现自己的理想、为祖国建设、为得到好成绩、得到家长的某种物质报偿而学习等。教学活动中教师既要通过教学活动本身引起学生对学习的需求，激发学生的好奇心和求知欲，又要帮助学生认识学习的社会意义，不断解决学习中的思想问题，明确学习的目的，逐步树立远大的为祖国建设和人类进步而学习的高尚动机，使学生学习的直接动机与间接动机联系起来，让他们在获得知识中产生愉快的情绪体验，从而推动他们更加自觉地为社会主义建设而刻苦顽强地学习。

3. 创设问题情境，启发学生积极思考，发展思维能力

“问则疑，疑则思”。学生的积极思维常常是从遇到问题开始的，教师应根据教材和学生的不同特点，善于提出一些难易适度、环环相扣的富有启发性的问题，形成氛围，引导学生积极进行分析、综合等思维活动，把教学过程组织成为不断提出问题、分析问题、解决问题的过程。要想创设问题情境，首先教师要吃透学科课程标准和教材，掌握知识结构，了解新旧知识的内在联系和学生的实际水平；其次教师要能够运用不同方法去启发学生思维，使课堂出现令人兴奋、紧张、有趣、生动的局面。

4. 指导学生掌握思维的方法

帮助学生学会思考，培养学生分析问题、解决问题的思维能力，既是贯彻启发性原则的核心，也是教学活动的重要任务之一。当学生的思维活动被激发起来之后，教师还要善于引导学生运用已有的知识进行比较、分析、综合、抽象、概括、归纳、演绎、判断、推理，指导学生在分析解决问题的过程中学会思考的方法和解疑的能力。教师还要指导学生学会逻辑思维与直觉思维、发散思维与集中思维、求异思维与求同思维联合运用，创造性地解决问题，培养学生的创造能力。

（六）循序渐进原则

循序渐进原则，是指教学要按照学科知识内在的逻辑系统和学生认识发展的规律，有次序、有步骤地进行，以使学生能够有效地掌握系统的知识和技能并获得能力的发展。

循序渐进原则反映了科学知识本身的特点及学生认识和身心发展的规律。学校开设的各门学科，都是以相应的科学体系为基础，具有严密的逻辑系统性，其知识结构是遵循一定的顺序展开的。同样，学生认识的发展，也总是从已知到未知、从简单到复杂、从具体到抽象逐步前进的。教学如果脱离了科学知识的逻辑系统及学生认识发展规律，势必使学生学习的知识支离破碎，影响学生掌握科学知识的系统性，给学生的学习造成困难，而且还会妨碍学生智力的发展。这一原则也是我国古代宝贵的教育经验的总结和概括。《学记》中早就提到“学不躐等”、“不凌节而施谓之孙”，要求教学讲究一定的顺序。南宋教育家朱熹明确提出教学要“循序而渐进，熟读而精思”，循序渐进一词就来源于此。

贯彻循序渐进原则的基本要求是：

1. 教学内容要有系统性

教学要按照学科知识的逻辑系统进行。一般说来，各科课程标准、教材已经确定了各学科知识的系统性、连贯性，而且与相应年级学生的认识能力、掌握知识的顺序是相适应的。教师要深入地钻研学科课程标准和教材的知识体系，深入领会教材的系统性及各部分知识之间的有机联系，了解每段知识与前段知识的衔接关系、与相邻学科的配合关系，注意教学的前后连贯、新旧衔接，尽量使新教材与学生已有的知识密切联系起来，逐步扩大和加深学生的知识。

2. 教学过程要有顺序性

教学过程要遵循学生认识和心理发展的顺序，由浅入深、由易到难、由近及远、由简到繁合理地安排好教学的程序。如果不顾教材的系统性和学生认识的顺序性，在教学中一味搞突击、赶进度、跳跃前进，那必定是“欲速则不达”，结果只能是因学生接受不了而导致学习效率降低。如果根据教材的特点、教学目标、学生的认识水平、学习程度以及教学的物质基础等条件选择和确定讲课的最优顺序，合理安排教学过程，就能够使学生打好基础，提高认识能力，也能保证学习进度，提高学习效率。

3. 教学要突出重点、突破难点，要有一定的难度和速度

循序渐进并不意味着教学要面面俱到、平均使用力量，而是要求区别主次、分清难易、有详有略地教学。突出重点，就是要抓住教材知识体系中最主要的部分，即知识的基本结构、基本概念和规律性知识，对于这些内容，教师要详细讲解，使学生真正理解和掌握。难点，是教材内容中学生难以理解和掌握的部分。不同的学生有不同的难点，每个难点都有不同的形成原因。因此，突破教学中的难点要针对学生的困难所在采取措施。如果学生缺乏必要的感性知识，就要加强直观教学;学生的基础过差,就要多复习、多补课;难点过于集中,可适当分散。学生真正掌握了教学的重点,就可以以简驭繁,以点带面,举一反三;理解了难点,就可以扫清进一步学习的障碍。

循序渐进也并不是要求一味放慢教学进度。科学研究表明,大脑蕴藏着很大的潜力,教学太容易会使学生不动脑筋,学习兴趣降低,从而阻碍学生智力的发展。只有适当地增加教材的难度、加快教学的速度,才能加强教学的发展功能。赞科夫的教学理论研究也主张教学要坚持高难度和高速度原则,尽可能促进学生的发展。当然,这里提出的难度和速度,是大多数学生所能接受的,它与循序渐进的要求并不相悖。

4. 要组织好学生学习的顺序

教学过程中,学生的学习活动也应该有一个良好的顺序。学生的学习也是一个循序渐进的过程,既不能一曝十寒、忽冷忽热,又不能一味贪多、急于求成,而应该日积月累、系统地进行学习。这就要求教师要通过系统传授知识和必要的常规训练,培养学生踏实、系统地学习知识的良好习惯。同时,教师要经常有计划地布置适量的作业,安排复习,检查学生的知识和技能,教学生学会合理安排自己的学习时间,计划自己的课外学习和其他活动,培养学生合理规划学习活动的能力。要引导学生学会把已获得的知识技能条理化、系统化,对所学知识的漏洞和缺陷及时加以弥补。牢固掌握前一段知识后,再进入下一阶段的学习。这样才能使学生顺利地掌握系统的知识和技能,稳步地获得发展。

(七)巩固性原则

巩固性原则,是指教学过程中教师要引导学生在理解的基础上牢固地掌握所学的基础知识和基本技能,并将其持久地保存在记忆中,需要时能够及时地再现和运用。

巩固性原则是由教育目的决定的。中小学是基础教育,学生所学的基础知识和基本技能都是他们进一步学习和今后工作所必需的,需要牢固地掌握。这一原则也反映了教学过程的特点和规律的要求。学生在教学过程中以学习间接经验为主,他们所学的书本知识都是未亲身经历过的,容易遗忘,需要不断地加以巩固。另外,学生的认识活动和发展是相统一的,学生牢固地掌握学过的基础知识和基本技能,是他们进一步获得系统知识、形成技能和技巧、发展智力、培养正确的思想观点和良好的品德的基础,没有基础知识及技能技巧的巩固,他们的发展就成为无源之水、无本之木。

巩固性原则也是古今教育实践经验的总结。孔子曾经强调"学而时习之"、"温故而知新"。夸美纽斯也曾指出:"知识的获得凭靠记忆。"俄国教育家乌申斯基认为复习是学习之母,他还形象地把学习中不巩固比喻为醉汉拉货车,边拉边丢,最后到家时只剩下了一辆空车。知识技能的巩固程度是学生掌握知识的重要标志之一。现代心理学研究表明,在学习过程中如果没有及时巩固,边学边忘,那么学生将永远处于无知的状态。同时,只有新旧知识建立联系,才能理解新知识,如果学生对已学过的知识技能遗忘了,就不能应用它们去学习新知识。这些见解都充分说明了及时巩固的重要意义。

贯彻巩固性原则的基本要求是:

1. 提高教学水平,引导学生在理解的基础上记忆

课堂教学是学生掌握和积累知识的有效途径。学生要掌握和积累知识首先要对教材有清晰的感知、深刻的理解,这是学生巩固并运用知识的前提条件。教师要不断提高自己的教学水平,努力做到生动直观、条理清楚、系统连贯、重点突出、深入浅出,使学生听课集中注意,积极思维，清晰地感知教材，透彻地理解教材。教师还应指导学生学会整理所学的知识，寻找规律，把握其要点和逻辑结构，形成知识的关系网络，从而达到透彻地理解，准确地记忆，牢固地掌握。

2. 把知识巩固贯穿于整个教学过程

巩固知识并不是期末复习阶段才做的事，而要贯穿于日常教学活动之中。就一节课来说，在学习新知识之前，要检查学生对旧知识的掌握情况，以建立新旧知识之间的联系，为学生接受新知识作准备。教师在讲授新知识的过程中，也要边讲解边复习，以引导学生准确地感知教材、理解教材，并积极动脑思考，将知识初步内化。授新课结束后，要通过复述、练习、小结、作业等进行及时的巩固。课后还要做好组织复习工作。

3. 要合理地组织复习，加强对学生记忆方法的指导

复习是巩固知识和技能、防止遗忘的基本途径。教师要组织好学生复习工作，具体要做到：(1) 复习必须及时。在学习新知识之后应马上组织复习，以防止大量遗忘。(2) 正确分配复习时间和安排复习次数。要把集中复习和分散复习、经常性复习和阶段性复习结合起来，使复习成为体系，逐步加深对知识的理解。(3) 复习方法和形式要灵活多样。要善于通过多种多样的、新颖的、具有创造性的方法，组织学生复习，如编提纲、列表、绘图、编口诀、趣味竞赛、表演、创作等等。(4) 进行复习指导。教师要在复习时间上、记忆方法上和记忆材料的处理上指导学生，以提高学生的复习效果，尤其要加强对学生记忆方法的指导，使他们掌握记忆的规律，培养记忆能力。

4. 多给学生练习和运用知识的机会

练习不仅有利于知识的巩固和积累，更有利于学生对知识的熟练掌握。教师在教学中要系统地组织和指导学生练习，注意对学生练习质量的检查。练习题要有典型性和代表性，方法要灵活多样，做到讲练结合。要重视作业的布置、批改和讲评工作，使学生通过多读、多写、多练等方法，反复思考和练习，掌握技能和技巧，在运用知识的过程中巩固知识。要经常检查和评定学生获得知识、技能和技巧的质量，不断发现问题，及时改进教学，以使学生获得准确的、牢固的知识、技能和技巧。

（八）因材施教原则

因材施教原则，是指教学既要面向全体学生，根据培养目标，提出统一的要求，又要针对学生在性格、志趣、能力、知识基础等方面存在的具体差异，提出不同的要求，采取不同的方法，有的放矢地进行教学，把集体教学和个别指导结合起来，使每个学生都能扬长避短、获得最佳发展。

因材施教原则是教育要适应儿童身心发展规律在教学中的反映，也是辩证唯物主义实事求是的思想作风在教学中的体现。学生身心发展在一定年龄阶段具有一定的稳定性和普遍性，存在一些共同的特征。但是，由于遗传、环境、教育和自身主观能动性的不同，每个年龄阶段中的每个学生身心发展水平又表现出其特殊性和差异性。教学中只有充分考虑这种个别差异，对具体情况作具体分析，在统一要求的前提下坚持因材施教，才会使大多数学生达到培养目标的要求，这也有利于扬长避短、造就特殊人才，并使人的个性得到全面而充分的发展。

因材施教原则是我国古代教育思想的重要组成部分。早在两千多年前，我国古代教育家孔子就善于根据不同学生的特点来选择教学内容和使用教学方法，并取得了巨大的成功。因材施教正是对孔子教学实践中一条基本原则的准确概括。《论语 · 先进》记载："德行：颜渊，闵子骞，冉伯牛，仲弓。言语：宰我，子贡。政事：冉有，季路。文学：子游，子夏。”宋代学者朱熹在《论语集注》中注释道：“孔子教人，各因其材，于此可见。”在我国，“因材施教”一词就源于此。

近现代许多教育家也同样重视因材施教。如蔡元培先生曾明确指出：“总须活用为妙。就是遇有特别的天才的，总宜施以特别的教练。在学生方面，也要自省，我于那几科觉得很困难的，须格外用功些，那几科觉得特别喜欢的，也不妨多学些。总之，教授求学，两不可呆板便了。”（《普通教育和职业教育》）人民教育家陶行知主张教师的教学必须从学生的实际情况出发，他说：“培养儿童的创造力要同园丁一样。首先要认识他们，发现他们的特点，而予以适宜之肥料、水分、太阳光，并须除害虫，这样，他们才能欣欣向荣，否则不能免于枯萎。”捷克教育家夸美纽斯也承认青少年学生存在着“性格的区别”，“有些人是伶俐的，有些人是迟钝的，有些人是温柔和顺从的，有些人是强硬不屈的，有些人渴于求取知识，有些人较爱获得机械技巧”。他在《大教学论》第 12 章从第 18 节到第 31 节，对这些不同性格的人如何实施不同的教育，作了生动而又具体的论述，体现了他因材施教的教育思想和教学艺术。

因材施教，是教育教学过程中必须遵循的基本法则，而不是一般的可供随意选择运用的教育技巧或方法。它对教育行为的影响和作用，是带有根本性和普遍性的。

贯彻因材施教原则的基本要求是：

1. 深入细致地研究和了解学生

这是整个教学活动的出发点，也是进行因材施教的前提条件。教师只有深入细致地研究学生，努力做到知才、识才，才能从学生的实际出发，有的放矢地进行教学，使全班学生按照教师的要求在各自不同的基础上发展成才。研究和了解学生，包括了解全班学生的一般特点和了解每个学生的个性特点。其内容主要是深入了解学生的年龄特征、知识水平、个人的能力、兴趣和爱好、性格特点、学习态度、知识基础、健康状况以及家庭、社会背景等。对于学习表现最好和最差的学生可作重点的个案研究。

2. 坚持统一要求和个别指导相结合

统一要求是指教学要面向全体学生，按照国家统一规定的教育目的、课程计划和学科课程标准来进行，这是使教学达到国家所规定的基本要求的重要保证，也是学生发展的必要的基础。教师要把主要精力放在全班学生的集体教学上，使教学的深度、广度和精度从大多数学生的实际水平出发，使他们都能具备国家所规定的基本素质。要教育和要求学生正确处理好学习各门功课与发展个人兴趣、爱好、特长的关系，使他们努力学好国家为中小学开设的各门基础课。在这个前提下，教师要根据个别差异进行重点指导，使学生充分发挥个人的特长。坚持统一要求，才能保证教学达到标准规格，不会降低水平，才能保证每位学生具备现代公民的基本素质；进行个别指导，才能有效地使学生得到充分发展。

3. 正确对待个体差异，并采取不同的措施进行教育

学生中的个别差异是客观存在的，而且影响个别差异的因素是比较复杂的。教师必须正视这一现实，并且认真对学生表现出的差异性进行全面而具体的分析，然后区别对待。教师在教学中不能搞“一刀切”，要对各种不同类型的学生采取有针对性的、灵活多样的措施。如教师要善于在集体教学中兼顾个别学生，使程度好的学生“吃得饱”，使程度差的学生“吃得了”，既要照顾两头，又要抓好中间。在提问、自学、作业和检查等方面也应根据学生的不同水平提出不同要求。对成绩优异或具有特殊才能的学生，要采取积极措施，悉心培养，加速其发展，如加强个别指导、布置特殊作业、开设选修课、提供必要的学习资料和试验条件。要允许他们跳级、提前升学，或给他们提供深造的机会。对程度差的学生，更应倍加爱护，给予热情关怀和照顾，深入研究他们的心理活动特点，制订出适合他们特殊情况的措施，如加强个别辅导、补课、帮助他们查漏补缺和打好基础、引导他们的学习兴趣、培养他们的良好学习习惯、针对他们的个性特点提出不同的教育措施等。既不能搞“揠苗助长”，也不能搞消极适应。教师不能只重视少数有特殊才能的尖子，或把主要精力花在选优拔尖上。教师也可以在抓好课堂教学和课外个别辅导的同时，组织丰富多彩的课外活动，促进学生个性和特长的发展。

总之，教师要处理好一般与个别、集体与个人的关系，在坚持统一要求的前提下，关注每一个学生的发展，“让能飞的飞起来，能跑的跑起来，能走的走起来”，使每个学生都能在原有的基础上得到最佳发展。

以上我们分别论述了中小学常用的八个教学原则，我们必须认识到，一方面，各个教学原则反映和解决的矛盾各有侧重，具有相对的独立性；另一方面，所有教学原则又是彼此联系、相辅相成的，具有明显的统一性和整体性。它们共同构成了完整的教学原则体系，共同在教学中发挥作用。每一条教学原则都需要其他原则的配合，并为其他原则的运用创造条件。如正确地贯彻其他教学原则，就对达到巩固性原则的要求有很大的作用。无论从理论上还是从实践结果上，凡是通过生动的、鲜明的、形象的感知而获得的知识，凡是深刻理解而且是通过自己积极思维而获得的知识，凡是通过实践而获得的知识，凡是通过循序渐进的学习而获得的系统知识都是比较容易巩固的。因此，在教学实践中，只有相互配合、综合运用各项教学原则，才能发挥教学原则的整体功能，才能发挥教学原则对整个教学过程以及教学活动的各个基本环节的指导作用，收到良好的教学效果。

教学原则是长期教学实践经验合乎教学规律的总结，是教学工作必须遵循的基本要求。但是，如何运用这些教学原则，还需要教师结合实际情况，不断进行探索和创造。同时，随着教学实践的发展、教学经验的不断丰富和新的教学规律的不断发现，还可以总结出新的教学原则，使我国学校教学原则体系更加完善。

第四节　教学方法

教学方法是构成教学活动的重要因素之一，对于实现教学目的、完成教学任务有非常重要的作用。从一定意义上说，教学质量的高低、教学效果的好坏，在很大程度上取决于教师是否科学地选择和运用了恰当的教学方法，是否能根据教学条件的变化对教学方法进行相应的改革。

一、教学方法概述

（一）教学方法的概念

教学方法是教师和学生为实现教育目的、完成教学任务所采用的相互作用的手段和一整套工作方式。教学方法要解决的是教师如何教、学生如何学、教与学的相互作用及其调节问题。

教学方法既包括教师教的方法，也包括在教师指导下学生学的方法。教师不仅要教学生“学会”，而且要教学生“会学”。由于教师在教学过程中居主导地位，教学方法一般是由教师选择、设计并加以确定的，它不是指学生在学习中采取的自学方法，因此，从最一般意义上理解教学方法应该是教师进行施教并引导学生学习的工作方法。

（二）教学方法的意义

方法是达到目的的手段，是为目的服务的。当教学任务、教学目的和教学内容确定后，能否达到预想的效果，教学方法就成了决定性的因素。只有借助于教学方法，教师才能引导学生掌握知识、形成技能、发展智力、培养能力，并促进学生思想品德和世界观的形成。因此教学方法对于完成教学任务、实现教学目的具有重要的意义。古人云“事必有法，然后可成，师舍是则无以教，弟子舍是则无以学”正是这个意思。具体而言，教学方法是联系教师教和学生学的重要纽带，是实现教学任务的必要条件，是提高教学质量和教学效率的重要保证，它影响教师威信和师生关系并最终影响学生的身心发展。

（三）教学方法的指导思想

在教学方法运用上，指导思想不同，结果亦会大相径庭。启发式和注入式是历来存在的两种对立的运用教学方法的指导思想。

启发式教学思想以辩证唯物主义作为它的理论基础，重视教学中教师的主导作用和学生的主体作用的统一；强调教师从学生实际出发，采取各种有效的办法调动学生学习的积极性、主动性，引导学生自觉、自动地学习和独立思考；强调学生不仅获得知识和发展，而且要学会学习，学会获得知识和发展的方法，形成能力。注入式教学思想片面夸大教师的作用，忽视学生的主观能动性，否定学生的主体作用，主要进行“填鸭式”、不求甚解的“满堂灌”教学，学生呆读死记；只重视知识的积累和再现，忽视能力的发展和培养，学生的独立思考能力和创造精神被压抑，不会运用知识去分析问题和解决问题。因此有人形象地说，注入式教学是“灭火剂”，它能把学生的思想火花熄灭；启发式教学是“助燃剂”，它能把学生的思想火花点燃。

衡量一种教学方法是否具有启发性，关键是看教师能否促进学生积极主动地学习，而不能单从形式上去加以判断。如有人错误地认为讲授法是注入式，谈话法是启发式，“满堂问”、“满堂练”就是启发式。更有甚者，认为低年级学生年龄小、程度低，启而不发；高年级学生年龄大、程度高，不启自发，认为运用启发式是浪费时间等等。其实，启发式教学的核心不在于多问少问、多讲少讲、多练少练，而在于问、讲、练的过程中是否活跃了学生的思想和发展了学生的能力。启发式教学也不分年龄大小、程度高低，只要是教学都应该贯彻启发式教学指导思想。我国教师在选择和运用教学方法时，应该坚持提倡启发式、反对注入式。

二、中小学常用的教学方法

在长期的教学实践中，人们积累了多种多样的教学方法。按照教学方法的外部形态以及教学活动中学生认识活动的特点，可以将我国中小学常用的教学方法讲授法、谈话法、讨论法、演示法、参观法、欣赏法、练习法、实验法、实习法和读书指导法等分成五大类，即以语言传递为主的方法、以直观感知为主的方法、以实际训练为主的方法、以探究活动为主的方法和以情感陶冶（体验）为主的方法。

（一）以语言传递为主的方法

以语言传递为主的教学方法，是指教师和学生通过运用口头语言开展教学活动及学生独立阅读书面语言为主的教学方法。这种方法主要有讲授法、谈话法、讨论法和读书指导法。

1. 讲授法

(1) 讲授法的含义及特点。讲授法是教师运用语言(主要是口头语言)系统连贯地向学生传授知识、发展学生智力的方法。它是教学中最常用的教学方法。

根据讲授本身的特点和讲授内容的不同,讲授法可分为讲述、讲解、讲读、讲演等方式。

讲述法一般用于向学生叙述事实材料或描绘所讲的对象,主要解决"是什么"的问题,在语文、历史等文科教学中经常采用。

讲解法是教师向学生分析说明、解释或论证原理、概念、公式时经常采用的方法,主要解决"为什么"的问题,在各种教学中都能广泛应用,在数、理、化、生(物)等学科教学中最经常采用。在教学中讲解和讲述常常结合运用。

讲读法是教师讲解和学生阅读相结合以加深对教学内容理解的方法。它由一系列复杂的教学活动构成,包括读、讲、练几个方面。通常是一边读、一边讲,讲读并进,边读边加指导、引申或评述,主要应用于语言学科如语文、外语的教学之中。

讲演法主要是在教师深入分析和论证事实,得出科学结论时采用的方法。常采用演说和报告的形式,兼有"述"和"解"的作用,完整地讲明某一课题或专题内容。运用讲演法时教师不仅要向学生系统地描述事实,而且还要深入分析和论证事实,并在一定的深度和广度上做出科学的结论。由于花费时间较长,故这种方法适应于中学高年级的政治课或文史课中的部分教学内容。

讲授法的主要特点是:教师以口头语言作为传递知识的媒体,向学生单向输入信息,学生经过思维把知识贮存在自己的头脑中。它的优点在于教师主导作用发挥得比较充分,在较短时间内学生能获得大量系统的科学知识,同时教师能结合知识的传授发展学生的智力,对学生进行思想品德教育。它的缺点是以教师活动为主,教师单向输出信息,没有充分的机会让学生对所学内容及时做出反馈,学生的主动性、积极性不易发挥。

(2) 运用讲授法的基本要求:

① 讲授的内容要有科学性和思想性,这是确保讲授质量的首要条件。教师讲授的知识或有关材料必须确切可靠,观点鲜明,具有典型性,使教材的思想性和科学性充分体现出来。

② 讲授的内容要系统,条理清晰,重点突出,符合知识的系统性和启发性原则的要求。教师对教材的内在联系,要做出合乎逻辑的分析。对讲授的重点、关键,要详细阐释并加以强调,使其成为一节课内容的中心。对列举的例证,要导向问题的结论,使学生听懂并能融会贯通、举一反三。

③ 讲授时教师的语言(口头语言和板书)要力求清晰、准确、精练。口头语言要生动形象,富有感染力,音量、音调、语速要适宜,和学生的心理节奏相适应。

讲授法依赖语言表达教学内容,语言是教师传递知识、启迪智慧的主要手段。教师的语言表现力如何,直接影响着学生对知识的掌握和智力的开发。优秀教师教学时都善于运用语言艺术,力求在讲课时言简意赅,绘之以形,动之以情,言之成理,情理交融,同时善于用体态语言,并配合必要的直观教具演示、板书,以强化语言刺激,达到增强教学感染力、吸引学生注意力的效果。

2. 谈话法

(1) 谈话法的含义及特点。谈话法又称问答法,是教师根据教学目的的要求,把教材内容概括成一系列问题向学生提出,引导学生根据已有的知识经验,通过答问、质疑、反问、补充和讨论,从而得出结论并获得知识的教学方法。

谈话法是一个古老的教学方法。我国大教育家孔子和古希腊哲学家苏格拉底都倡导并运用过这种教学方法。《学记》中要求教师教学时要做到"善问"、"善待问",朱熹曾说"大疑则大进",人民教育家陶行知也说"发明千千万,起点是一问",这都说明了谈话法的教育价值。

当今谈话教学法得到了充实和发展,形式也更加多样化。谈话法一般可分为三种形式:传授新知识的启发性谈话,巩固检查以往知识的复习性谈话,参观、实习或实验前后进行的指导性或总结性谈话。

谈话法的优点是能够照顾到每个学生的特点,引起学生的兴趣,激发学生的思维,开拓学生的思路,同时能锻炼学生的语言表达能力,有利于克服讲授法教学信息单向输入时形成的注入式教学弊端。它的不足是只适用于从已知到未知,而不适用于从不知到知,所以,不是所有的教学内容都能用谈话法教学。

(2) 谈话法的运用。谈话法的结构分"问题"和"回答"两部分。谈话法的关键是精心设问,提好问题。

首先,教师要根据教材和学生的情况做好充分准备,对谈话的内容、提问的对象、问题的顺序、应得出的结论事先都要周密考虑,对谈话中可能出现的问题要有足够的估计。

其次,所提问题要立意明确,措辞简练,求答范围清晰,也就是说要抓住问题的要害,将问题提在节骨眼上,即抓住教材内容的重点和难点进行提问。教师提出的问题要有启发性、逻辑性,要善于根据教材内容的重点、难点以及关键设计问题的前后联系,使之组成环环相扣的问题序列,以便通过引导学生合乎逻辑的思考,层层开掘,步步深入,得出结论。

再次,提出的问题难易应适宜,要考虑学生智力的"最近发展区",要面向全班提出问题,启发大家的思路,留给学生思考的时间,然后指名回答,并鼓励其他学生作补充或纠正。还要针对不同程度的学生提出难度相应的问题。在学生回答问题时,教师要耐心倾听,一般不应打断学生回答。学生回答后,教师要根据学生的回答进行归纳和总结,明确问题的正确答案,指出学生回答的不足,对有创造性的见解要特别给予肯定和鼓励。

3. 讨论法

(1) 讨论法的含义及特点。讨论法是根据教师提出的问题,让学生在全班或小组中交流个人的看法,进行相互学习的一种教学方法。

讨论法的特点是以学生自己活动为中心,学生在活动中处于主动地位,能够更好地发挥学生学习的主动性、积极性。在讨论中每个学生既可发表自己的意见,又可听取各种不同的看法,集思广益,互相启发,加深理解,共同提高。

讨论法有利于发挥学生的独立思考和探求真理的求实精神及创造精神。但运用这一方法,需要学生具备一定的基础知识、理解能力和思考能力,一般在高年级用得比较多。讨论法常常配合其他教学方法进行,如在讲授、观察、实验之前或活动过程中进行。

(2) 讨论法的运用。首先,在讨论前,教师应向学生提出明确的讨论题和讨论的具体要求,指导学生做好准备,写好讨论发言提纲。

其次,讨论进行中,要引导学生围绕题目中心,联系实际大胆发言,普遍发言,提倡言之有理、论之有据、追求真理、修正错误、发扬民主、不固执己见的好学风。在此过程中,教师的责任主要在于启发、引导和调节讨论顺畅进行,但不宜过多介入,尤其是不可发表结论性的意见或评价,以免影响学生的思路、自信与积极性。

最后,讨论结束时,教师应进行小结。对疑难问题或有争论的问题,教师要阐明自己的看法。有些问题需要学生进一步思考,可让学生自己学习和探讨。教师还应指出讨论中的优缺点,并提出以后改进的意见。

4. 读书指导法

(1) 读书指导法的含义。读书指导法是教师指导学生通过阅读教科书和参考书,获得知识并培养阅读能力的教学方法。阅读是学生获得知识的重要途径,也是学生应当具备的能力之一。随着现代科学技术的迅速发展,新知识不断涌现,阅读能力的培养就显得更加重要。阅读能力是构成自学能力的一个十分重要的因素,学生不论是在校学习还是以后工作都需要这种能力。学生阅读书籍不仅能够培养其独立思考和认真读书的习惯,而且可以开阔眼界,扩大知识面,弥补教师讲解的不足。

根据学生阅读时独立性成分的不同可将阅读分为三类:教师指导性阅读、学生半独立性阅读和独立性阅读。根据阅读目的与时间、地点的不同,可将阅读分为预习阅读、复习阅读、课堂阅读和课外阅读。教师对于每一类阅读都要给以相应的指导,以使学生在阅读中有最大收益。

(2) 读书指导法的运用。运用读书指导法,应注意以下几点要求:

第一,要教会学生使用工具书,包括查字典、词典、图书目录、索引等。这是学生排除阅读障碍进行独立阅读不可缺少的。

第二,要帮助学生逐步学会阅读的方法。教师指导学生读书要把精读与略读、读与思结合起来,要求学生弄懂书中的字、词、句、段、篇章结构,学会概括段落大意,归纳中心思想,懂得朗读和默读的要求及方法,并且会做读书笔记。

第三,要用多种方式指导学生阅读,如课堂讲读、朗读、预习、复习、组织读书报告会、讨论会、讲演会、出墙报等,借以培养学生读书的兴趣和能力,巩固读书的收获,养成读书的习惯。

(二) 以直观感知为主的方法

以直观感知为主的方法主要包括如下几种:

1. 演示法

(1) 演示法的含义及特点。演示法是教师在课堂上展示各种实物、教具或通过幻灯、投影、电视、电影、实验来说明、印证所要传授的知识,使学生获得感性知识的一种教学方法。

演示法的特点在于直观性强,能使学生突破时空限制,获得生活实践中缺乏而又必须掌握的感性知识。演示教学特别适合儿童和青少年的心理特点,能引起学生的学习兴趣,激发学生的思维活动,使学生获得印象深刻的知识,它对培养学生的观察力、感受力和想象力都起着重要的促进作用。

演示法是直观性原则的具体运用,在中小学各科尤其是理、化、生等教学中可广泛采用。作为一种辅助性的方法,它常常配合讲授法、谈话法进行。

教学演示的种类,按教具的类别分有以下四种:实物、标本、模型的演示,卡片、图画、地图的演示,实验的演示,幻灯、投影、录音、电影、电视的演示。按教学的要求分,又可分为两种:一是演示单个的物体和现象,二是演示事物的运动和变化的全过程,前者是单项的,后者是多项或序列性的。

(2) 演示法的运用。首先,要有明确的演示目的,做好演示准备。演示什么、如何演示,应服从教学目的和教材内容的需要。通过演示要有助于学生从直观上升到对科学概念的理解。因此,演示前,教师要认真做好准备,选择好演示的对象,准备好演示的教具,还要进行预演,以保证课堂上演示的顺利与成功。

其次，演示时要使全体学生都观察到演示活动，并尽可能运用多种感官去感知，以加深印象。演示物应选择好放置位置，让学生都能看见，以提高演示效果。当需要与可能时，最好充分运用学生的多种感官，让学生充分地去感知，以便形成清晰而完整的表象。如果感知有片面性，会造成学生对事物认识的曲解、错觉，不利于形成正确的概念。

最后，演示时要引导学生集中注意力，观察演示对象的主要特征和重要方面，以发展学生的观察力和思考力。因为演示时可能会由于学生对教具本身的兴趣，只注意了细枝末节，反而忽略了需要感知的重点。而只观察而不思考等于"视而不见，听而不闻"，不仅不能深刻地感知，也不能达到演示的目的。所以，演示时，教师要及时提示和引导，配合讲解和分析，让学生一边观察一边进行思考，既能了解事物的全貌，又能抓住事物的主要特征，还能观察到事物发展变化的全过程。

2. 参观法

(1) 参观法的含义及特点。参观法是根据教学的需要，组织学生对实际事物进行观察、研究，以获得新知识或巩固、验证已学知识的教学方法。

参观法的特点，是把教学同社会实际、生活实际结合起来，把学生所学的理论知识同实际应用结合起来，能加深对知识的领会，扩大学生的眼界，并从中受到生动具体的思想教育。参观法适用于各科教学。教学参观，要紧紧围绕教学计划、密切结合教材内容进行，可以安排在教学的不同阶段。

教学参观根据其目的可分为三种方式：

① 准备性参观。安排在讲授某一课题之前，组织学生去参观有关事物或现象，目的是为学生学习新课题提供必要的感性材料，为学习新课创造条件。

② 并行性参观。安排在学习某一课题的进程中，目的是为了加深对课题的理解，使学生感性认识与理性认识更好地结合起来。

③ 总结性参观。安排在讲完某一课题之后，目的是使学生用感性材料来验证或巩固课堂上学过的知识。

(2) 参观法的运用。参观法一般分为准备、实施和总结三个基本步骤。

① 准备。在参观前，要确定好参观的目的，联系好参观的地点、时间、接洽人，制订好参观的计划，确定好参观的具体要求、观察的重点、进行的步骤、参观后整理材料的方式、有关注意事项等。出发前，要向学生宣布参观的目的要求，简单地介绍参观对象的情况，提出应注意的事项和应遵守的纪律，做好组织工作或生活安排。

② 实施。要让全班每一个学生都积极投入到参观活动中，引导学生把注意力集中到重点观察对象上，由教师或请参观单位的同志边参观边讲解，注意收集材料（如数字、统计报表、图表及典型事例等），做好必要的记录。要教育学生注意安全，爱护公物，遵守参观纪律。

③ 总结。参观后要及时总结，检查参观计划完成的情况，指导学生整理材料、绘制图表、写出参观报告或座谈收获，引导学生把获得的感性认识上升为理性认识。

参观法虽然能使学生学到许多课堂上学不到的知识，但是运用这种方法费时较多，场所的选择也不大容易，因而次数不宜过多。

（三）以实际训练为主的方法

以实际训练为主的方法主要包括以下几种：

1. 实验法

(1) 实验法的含义及特点。实验法是学生在教师指导下独立操作仪器设备、观察事物的变化以获得知识、形成技能的一种教学方法。

实验法可以使学生有目的、有针对性地获得学习理论知识所必需的感性知识，有助于发展学生的观察能力、思维能力和动手操作能力，有助于培养学生热爱科学的情感和实事求是的科学态度。在教学中，实验法主要用于两种情况：一是学习理论知识之前先让学生做实验，为学习理论知识做好必需的感性知识准备；二是学完理论知识后，让学生通过自己做实验验证所学理论。实验经常用于理化、生物等课中，而且是这些学科教学必不可少的重要内容。

（2）实验法的运用。运用实验法应该注意以下几点：

① 实验前，要周密计划和充分准备。要先行实验，对仪器设备、材料仔细检查，并要让学生明确实验的内容、目的、步骤、仪器设备的操作要领。

② 实验进行时，教师要加以监控和具体指导。对于中小学生来说，适合分步指导。先指导学生完成第一步，经过教师巡视、检查、纠正过不符合要求的地方，确认学生都能正确完成第一步后，再开始指导第二步。要一步一步地指导学生做，有时讲了一大堆如何做，学生反而听不明白，也记不清，不如讲一点、做一点，分步完成。

③ 实验结束时，要及时总结，指导学生写出简单的实验报告，将感性认识上升到理性认识。此外，还要让学生把仪器设备、材料收拾好，放到规定的位置上，同时要教育学生爱护仪器设备。

2. 实习作业法

（1）实习作业法的含义及特点。实习作业法是教师指导学生从事一定的实际工作或实际操作，将书本知识运用于实际，以获得感性认识、形成一定技能技巧的教学方法。

实习作业法应用较广，包括物理、化学的生产技术实习，地理的地形和地貌测绘实习，生物的植物栽培和动物饲养实习，语文教学中的朗读、默读、说话、写字、阅读分析、作文，数学教学中的计算、解答应用题，以及体育、音乐、美术、劳动技术教育中的各种动作技能练习等。

实习作业法的特点在于能够充分体现理论联系实际的原则，锻炼学生的实际工作能力，便于获得直接经验、验证和巩固所学的书本知识，同时对培养学生认真、细心、耐心、负责任等性格与品质也有重要作用。

实习作业法的种类，按实习场地可分为课内实习与课外作业、校内实习与校外实习、分散实习与集中实习；按实习项目可分为单项实习与综合实习。

（2）实习作业法的运用。首先，要做好实习前的准备，包括制订好实习作业的计划、确定好地点、准备好仪器设备，并组织学生学习有关的理论知识，向学生说明实习作业的目的、要求、实际操作及注意事项，宣布实习纪律，划分实习小组。

其次，在实习作业进行中，教师要加强指导，帮助有困难的学生及时克服障碍。在校外实习时，应争取实习单位的大力协作，共同指导，并对学生加强纪律和爱护工具、公物的教育。

最后，实习作业结束后，教师应对学生的实习作业（报告成果）进行检查与评定，认真做好总结。

3. 练习法

（1）练习法的含义及特点。练习法是在教师指导下学生巩固知识、形成技能技巧的教学方法。它是中小学各科教学中普遍采用的一种教学方法。

练习法的特点在于应用知识形成技能、技巧，达到学懂会用的目的。它能够加深理解、消化、巩固知识，是知识转化为技能技巧的重要途径，有助于发展学生的认识能力和创造才能，对培养学生的顽强意志也有重要作用。

练习法的种类，按训练学生不同方面的能力来划分有口头练习、书面练习、实际操作练习、作文和其他创作练习、运动与文娱技能技巧的练习；按练习的独立性成分来划分有模仿性练习、独立性练习、创造性练习。

练习过程一般采用的步骤是：首先，由教师提出练习的任务，说明练习的要求、规则和进行的方法，并做出必要的示范；其次，由学生独立练习，教师进行个别指导；最后，教师在检查学生练习的基础上，进行分析和小结。

(2) 练习法的运用。首先，要使学生明确练习的目的和要求，掌握有关的练习知识，这样才能增强练习的自觉性，才能以理论知识为指导进行练习。经验证明，练习有无目的，其效果是大不相同的。

其次，引导学生掌握正确的练习方法。练习方法包括思维方法和动作方法。任何一种练习都有一定的方法、程序和技能。学生只有掌握了正确的练习方法，才能提高练习的效果，达到预期的练习目的。学生做练习时较普遍存在的问题是：不会审题，只知套公式；解题过程中缺乏必要的步骤；搞错换算单位；答题文字表达和结论表述词不达意等。原因在于缺乏正确的练习方法。因此，教师要通过讲解和示范，使学生明确并掌握练习的方法及其步骤。

最后，练习的安排要有计划性，方式要多样化，时间分配要合理。学生的练习活动要有计划、有步骤地进行，要遵循由简到繁、由易到难、由模仿到独创、由典型到一般、由模式到变式等循序渐进的原则，逐步提高练习的独立性。同时，先练基本的，再练复合的，最后练综合的，使学习逐步加快、加深。教师布置的练习，无论是在内容、分量还是在要求上都应从教科书的要求和多数学生的实际水平出发，既照顾多数，又兼顾两头，贯彻因材施教的原则。还要使练习方式多样化，以达到激发学生练习的兴趣、培养学生的练习技能、训练学生思维灵活性的目的。练习需要有一定的分量，量过少，不利于基础知识的巩固和形成基本的技能技巧，量过多，又会加重学生课业的负担，一定要根据学科的性质、练习的材料内容以及学生的年龄特征来确定练习的多少。练习的时间分配要适当，一般来讲，适当分散练习比过度集中练习效果要好。在开始阶段，练习的次数可多些，每次练习的时间不宜过长，各次练习之间的时间间隔要适度。练习必须经常进行，勤学苦练才能“生巧”，而一曝十寒是达不到巩固知识、形成技能的目的的。

(四) 以探究活动为主的方法

以探究活动为主的教学方法又称为发现法。它是指在教师指导下提出课题和提供一定的材料，引导学生自己分析、综合、抽象和概括，得出原理。它的特点是关心学习过程重于关心学习结果，要求学生主动参加到知识形成的过程中去。

这类方法的优点在于：(1) 提高智慧潜力；(2) 使外部动机向内部动机转移；(3) 使学生学会发现和研究问题的方法；(4) 有助于记忆。

(五) 以情感陶冶为主的方法

以情感陶冶为主的教学方法是指教师根据一定的教学要求，有计划地使学生处于一种类似真实的活动情境之中，利用其中的教育因素综合地对学生施加影响的一种方法。

以情感陶冶(体验)为主的教学方法主要包括欣赏教学法和情境教学法。

1. 欣赏教学法

欣赏教学法是指在教学过程中，教师指导学生体验客观事物真善美的一种方法。它寓教学内容于各种具体的、生动形象的、有趣的活动之中，唤起学生的想象，以加深他们对事物的认识和情感的体验。

欣赏教学法一般包括对自然的欣赏、人生的欣赏和艺术的欣赏等。

2. 情境教学法

情境教学法是指在教学过程中教师有目的地引入或创设具有一定情绪色彩的生动具体的场景，引起学生一定的情感体验，从而帮助学生理解教材，并使学生的心理机能得到发展的方法。它重视学生的主体作用，使认知与情感、活动与环境、学习与应用有机地结合起来。

情境教学法的基本要求是：

(1) 设计新奇。新颖奇特而灵活的设计，很容易将学生引入一个奇特无穷的情境，使学生产生强烈的好奇心，唤起注意，激发思考，从而收到良好的效果。

(2) 设计有趣。必须结合教学内容，创设出有趣、有意义的课堂教学气氛，诱导学生情不自禁地进入学习角色。

(3) 设计质疑。要恰到好处地设疑，造成悬念，激发思维，促使学生的思维处于亢奋状态，在此情境下传授与理解知识，效果最佳。

(4) 师生共同活动。创设情境必须是动态的，是运动的。活动本身所渲染的气氛极大地激发学生的参与意识，使学生能够主动探索、主动思考、主动获取知识、主动获得发展，使课堂迸发出生命的活力。

三、教学方法的选择和运用

(一) 选择和运用教学方法的基本依据

教学方法很多，但具体到一节课上选择哪种或哪些方法最好，应考虑多种因素。

1. 教学任务

教学任务对教学方法的选择具有方向性的意义。教学目标是教学任务的具体化，它直接影响教学方法的选择。每一节课的教学任务、教学目标不同，选择的教学方法也应不同。教师要善于对各种方法完成教学任务和教学目标的可能性进行分析，然后结合实际情况选择最佳的方法。如果是传授新知识，教师可采用讲授法、谈话法；如果是复习巩固知识，教师可采用练习法；如果是培养实际操作技能，教师可采用实验法、实习作业法；如果一节课要完成几个教学任务，可同时采用几种教学方法或一法为主、多法为辅。

2. 教学内容

教学内容决定教学方法，方法是阐发内容的形式。教师要善于依据不同学科的性质和教材特点来选择教学方法。如物理、化学、生物课上教师经常采用演示法和实验法；政治、历史课上多采用讲演法、讲授法；外语课、语文课上多采用谈话法。同一学科不同的教学内容也可以采用不同的教学方法。

3. 学生的年龄特征和知识水平

教师在选择教学方法时必须考虑学生身心发展的年龄特征与知识水平。如高年级多采用讲演法、实验法，也可采用以自学为主的教学法，如“六步教学法”、“八字教学法”、“自学辅导教学法”；而低年级则多采用谈话法。另外，学生知识基础不同，教学法的采用也应有所区别，有一定基础的可采用谈话法，没有基础的可采用讲授法、演示法、参观法等。

此外，选择教学方法时，还应考虑到教学规律和教学原则、教学手段和教学环境、教师本身的条件(包括业务水平、实际经验、个性特点等)、学校可能提供的条件(包括社会条件、自然环境、物质设备等)。如学校条件简陋,根本没有仪器设备,则不能采用实验法,若条件好可用多媒体进行教学。

(二) 教学方法运用的综合性、灵活性和创造性

教学有法,但无定法。任何教学都应当采取一定的教学方法进行,但在实际教学活动中,不要长期只采用一种固定不变的教学方法或模式,而是要根据教学任务和教学内容的需要,综合运用多种教学方法。同时,在各种方法的实际应用中,要善于从实际出发随时对其进行必要的灵活的调整。还可以从教学实践出发,在把握现有教学方法的基础上有所创造。总之,当一定的教学内容确定下来之后,教师要善于根据教学内容、对象以及学生的复杂性与多变性,在选择教学方法时既要注意教学方法的科学性,又要重视教学方法的艺术性,要善于根据具体情况对教学方法进行艺术性的再创造、再加工,以保证教学取得最佳效果。

四、国内外教学方法的改革

半个世纪以来,由于时代的发展和科技的进步,社会对人才的培养提出了更高的要求。因此,许多国家对教学方法进行了各具特色的改革。下面我们重点介绍几种有代表性的教学方法改革。

(一) 国外较有影响的教学方法改革

1. 发现法

发现法又称“发现学习法”或“探究法”,是在教师指导下,学生利用教材和其他学习材料,通过阅读、观察、实验、讨论等途径独立探索、研究,自行发现并掌握所要学习的基本原理和结论的教学方法。

“发现”的观念由来已久。苏格拉底的“产婆术”,就是帮助儿童在以自我为主体的探索和思考中发现真理。以卢梭为代表的自然主义教育学派和以杜威为代表的实用主义教育学派,也都强调儿童独立发现的重要意义。德国教育家第斯多惠说:“一个坏的教师奉送真理,一个好的教师则教人发现真理。”但真正使发现教学形成理论并使之获得重新发展的,是美国著名的认知学派心理学家和教育家布鲁纳。他在《发现的行为》一文中对这种方法做过详细描述。他指出:“发现并不限于寻求人类尚未知晓的事物,确切地说,它包括用自己的头脑亲自获得知识的方法。”①与这种方法相对照的就是通常所说的传授—接受法或讲解—演示法。

运用发现法的一般步骤是:(1) 提出问题,教师根据教学目标创设特定的问题情境,向学生提出要解决和研究的课题;(2) 提出假设,学生利用已有的知识和提供的材料,对提出的问题做出各种可能的假设和答案,确定解决问题的方向和办法;(3) 验证假设,通过论证、辩论、实施等从理论上或实践上验证假设;(4) 做出结论,在比较、分析、推理的基础上对结论进行补充、修改和总结。

发现法的特点是关心学习过程重于关心学习结果,要求学生主动参加到知识形成的过程中去。这种方法对于激发学生的学习兴趣,使学生产生内在的学习动机,提高、挖掘学生的智慧潜力,培养学生解决问题的能力,发展学生创造性的思维品质和积极进取的精神都有较大的优越性。但这种方法需要花费很多时间,不利于学生掌握系统完整的知识体系、结构,而且需

① 王策三:《教学论稿》,人民教育出版社,1985年版。

要学生具有相当的知识经验和一定的思维发展水平，还需要逻辑较严密的教材和素质较高的教师。它适用于高年级学生和特定内容的教学，如影响建立工厂的因素等。对于太简单或太复杂的内容以及资料性的内容，不宜采用发现法。

运用发现法的基本要求是：

（1）依据教材特点和学生实际，确定发现的课题并创设相应的问题情境。教师提出的问题不能过大、过难，应是学生力所能及、可以独立探究的；否则，不易达到预期的效果。同时，教师应注意创设问题情境，激发学生的学习动机，使其形成强烈的问题意识，进而自觉地有意识地发现、提出和解决问题。

（2）合理安排教学序列。确定课题后，发现的内容、过程与步骤要合理安排。布鲁纳认为，教学是“引导学习者通过一系列有条不紊地陈述一个问题或大量知识，以提高他们对所学习事物的掌握、转化和迁移能力。序列是学习者在某种知识领域内所遇到的旧材料的程序，它影响学习者达到熟练掌握的程度”，因此教学应当详细规定所根据的学习材料的最有效的序列。

（3）严密组织教学，深入引导学生的思维活动。学生的探究发现绝不是一种自发的、随心所欲的活动，教师要随时帮助学生正确面对发现过程中遇到的各种障碍，启发和引导学生进行联想、对比和分析，使学生的思维活动具有一定的方向性和可操作性并不断深化。同时，教师要善于通过语言及多种直观手段为学生积极主动地思维创造条件，还要注意给学生点明问题的关键，以减少学生自为的盲目性及发现过程中的曲折，让学生以尽可能少的时间获取最好的学习效果。

（4）努力创设一个有利于学生进行探究发现的良好环境。学生在教师指导下的探究活动，是一种紧张、艰苦、需要付出情感与意志努力的劳动，需要各种条件的配合。学校和教师要从各方面为学生创造良好的情境，使学生在发现学习的过程中始终保持注意力高度集中、思维活跃、探索精神旺盛的最佳状态。尤其要重视创设一种互助互爱、好学深思、奋发向上的良好心理环境，使学生乐于深入讨论、交流，敢于发表不同见解。这对学生的探究和发现非常有利。

（5）安排好教学时间和教学进度。由于发现法以学生自主的探究活动为主，而学生思考探讨的时间又存在个体差异，因此需要教师在及时引导帮助的同时，合理安排课内外的教学时间，以保证教学进度。

2. 暗示教学法

暗示教学法又叫“启发式外语教学法”、“洛扎诺夫教学法”，是运用暗示手段，建立无意识的心理倾向，激发个人心理潜力，创造强烈的学习动机，从而提高记忆力、想象力和创造性解决问题的能力，以充分发展自我的一种教学理论和方法。它是由保加利亚心理学家乔治·洛扎诺夫于20世纪60年代中期首创，最早运用于外语教学中。实验结果表明，利用暗示教学法可使教学时间大大缩短，教学进度大大加快，学习的效果成倍提高。目前，该方法已在俄罗斯、东欧各国、美国、加拿大、法国、奥地利和日本等许多国家研究和使用。

这种方法的理论依据主要有：大脑两半球的协同作用有助于提高学习效果；意识与潜意识活动处于最和谐状态时，是人的活动最有效益的时刻；环境是暗示信息的重要而广泛的发源地。暗示教学认为，要从人脑活动的整体来设计教学过程，在重视学生有意识心理活动的同时，要善于通过各种暗示手段的有机结合，把人类各种无意识功能调动起来，并使之相互协调，促进人脑潜能的发挥，激发学生的学习兴趣和自信心，从而使学生产生强烈的内在学习动机。同时要运用心理学、生理学、精神治疗学等有关知识和规律，通过暗示、联想和想象，运用智力和体力的练习、音乐效应等综合方式，巧妙地利用无意识心理活动，充分挖掘心理潜力，使学生在轻松愉快的情况下进行学习。

暗示教学法的基本原则是：愉快而不紧张原则；有意识与无意识统一原则；暗示互相作用原则。其基本操作程序包括三个阶段：(1) 准备阶段。此阶段需要教师利用自身优势、学校环境等因素营造一种有利于学习的氛围；学生通过各种放松练习促进身体与精神的放松，唤醒潜意识。(2) 暗示或讲授阶段。该阶段包括复习、预习和讲授等环节，每个环节都配以不同形式的音乐，通过音乐节奏使学生身心放松，并让学生积极参与活动，从而开发其大脑潜能。(3) 操练阶段。在学生全身放松、安静平和的状态下，教师根据一定的音乐节奏引导学生进行形式多样的练习和自我改正的测验。

这种方法运用于外语教学的一般步骤是：

(1) 教师说明新课文。(2) 教师朗读课文。用不同的音调连续读三遍(如第一遍用谈话的声调读，接着用私下耳语的声调读，最后用十分得意的声调读)。(3) 播放音乐。教师按音乐的节奏，再把课文连续读三遍，并告诉学生，不要听他读的东西只注意听音乐。(4) 学生分组(2～3 人)，扮演不同的角色，利用新学习的语言进行对话。(5) 重读所学课文。(6) 全体学生用新学的语言唱歌或做游戏。这种教学方法，一般不是用于一节课，而是用于一个学习阶段。

运用这种方法要求创设优雅的教学外部环境；在开始学习之前，利用艺术的力量动员起学习者的可接受性；恰当地采用权威、直观、音乐、节奏等各种暗示手段。另外，在学生编班前，必须进行测验，以便分配角色。每班 10～14 人，男女都有。选出一名性格活泼、办事认真而又具有组织能力的人当班长。教室中可不用课桌，但应备有黑板、银幕、投影及播放音乐的器材等。

3. “纲要信号”图示教学法

“纲要信号”图示教学法是苏联教育家沙塔洛夫提出的。这种教学方法的核心是“纲要信号”图表，它是一种由字母、单词、数字或其他“信号”组成的提纲挈领、简明扼要地反映需要重点掌握的知识的图表。这种图表形象、直观，既能帮助学生记忆，又能使学生把握知识的整体及内在联系，在各科教学中都很适用。例如，苏联的学校七年级有一节历史课，讲到 1789 年俄土战争中雷姆尼克河畔上的一次战役，当时的情况是：苏沃洛夫率领的俄国军队有七千人，奥地利盟军有一万八千人，土耳其军队则有十万人将奥军团团围住，但却丝毫没有注意到距离较远的俄军的动向。苏沃洛夫乘敌不备，日夜兼程，以骑兵迂回袭击敌人的侧翼和后方，使敌人溃不成军，狼狈逃窜。

这一战役的“纲要信号”图表如下：

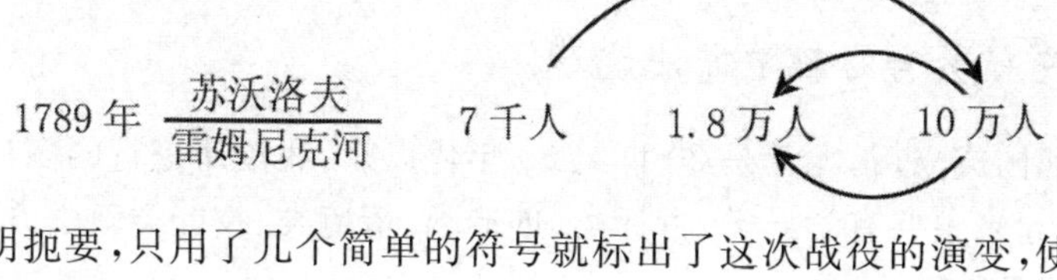

整个图表简明扼要，只用了几个简单的符号就标出了这次战役的演变，使学生对当时战役的进展情况产生深刻的印象，既起到了加深理解、增加记忆、激发兴趣的作用，又减轻了学生的负担，极大地提高了教学效率。

“纲要信号”图示法的一般教学步骤是：(1) 教师按教材内容详细讲解，出示“纲要信号”图表；(2) 再次讲解，突出重点，分析难点，指出各部分知识之间的逻辑关系，并加以概括；(3) 把小型“纲要信号”图表分发给每一个学生进行消化，与此同时，把课上使用的大型图表贴在墙上，以便课余时间学生经常复习巩固或弄清课堂上遗留的问题；(4) 要求学生回家后按教科书和“纲要信号”图表进行复习；(5) 下次课让学生根据记忆，在各自的练习本上画出上次课的“纲要信号”图表，让学生在课堂上按图表回答问题。

运用这种方法时，图表要简单，符号要简明。符号越是准确，越便于记忆，效果就越好。

4. 范例教学法

范例教学法也称示例性教学或典型性教学，是由德国教育家瓦·根舍因、克拉夫基、施腾策尔等倡导的。这种方法强调应该选择学科教材中最典型的材料，为学生提供一种“范例”，使学生通过这些“隐含着本质因素、根本因素、基础因素的典型事例”来掌握一般，并借助这种一般独立地进行学习。

运用范例教学法一般分为四个阶段：(1) 选择并阐明范例，精心筛选能说明事物本质特征的典型范例，深刻讲解、阐释；(2) 阐明“类型”，即根据第一阶段所掌握事物的本质特征或规律，对同类事物或现象进行归类分析，掌握某一类事物的普遍特征；(3) 理解规律，找出隐藏在“类型”背后的某种规律，从而把握事物发展的客观趋势；(4) 引导迁移，帮助学生把所获得的关于客观世界的规律性知识转化为可以用来指导自己行动的知识和经验，这是教育要达到的真正目的。

5. “掌握学习”教学法

“掌握学习”思想首先由美国北卡罗来纳大学的卡罗尔首先提出。他指出，学生的学习进度有快慢之分，但只要给予足够的时间，几乎每个学生都能学会、“掌握”课程要求的各项教学内容。著名心理学家、教育家布卢姆发展了这一思想，形成系统的“掌握学习”理论并倡导“掌握学习”教学法。其核心思想是：为掌握而教，为掌握而学。布卢姆认为：“大多数学生(也许是90%以上) 能够掌握我们所教授的事物，教学的任务就是要找到使学生掌握所学学科的手段。”“要使学生确认自己的学习能力，把自己看成是胜任学习的。”①只要具备合适的教学条件，“每个学生的智力都可以达到很高的水平，是可以完成学习任务的”。

运用这一方法，要求教师把教学内容组成若干形成性学习单元，每个教学单元结束后对学生进行“诊断测验”，发现学习中存在的问题，“给学生第二次机会”学习，由教师针对他们没有掌握的问题进行补充讲解，直到掌握有关教学内容为止。

“掌握学习”教学法的具体步骤是：(1) 确定每个形成性学习单元的内容与目标，制定规格明细表；(2) 编制基本等值的形成性测试试卷两份；(3) 在单元学习后进行形成性测试，一般需要 25～30 分钟；(4) 给学生第二次学习机会，并于两三天后进行平行性测试，准确程度达到 85%，就表示学生对该单元达到了掌握水平；(5) 教师对测验结果进行分析、矫正，帮助学生进一步解决疑难问题。

(二) 国内较有影响的教学方法改革

中华人民共和国成立后，尤其是 20 世纪 80 年代以来，我国所进行的多种形式和内容的教学方法改革，归纳起来主要有学导类、目标类、创造类、情境类、技能类教学方法改革五种类型。我们主要介绍下述几种。

1. 情境教学法

情境教学法是江苏南通特级教师李吉林在小学语文情境教学教改实验过程中提出的教学方法。经过 30 年的探索，李吉林的情境教学—情境教育研究逐步形成完整的体系，“不仅探索

① 顾明远，孟繁华：《国际教育新理念》，海南出版社，2001 年版。

了语文教学科学化的有效途径，而且提出了一种新的教学观和教育观，开拓了教学理论与实践研究的新视野”①，在我国教育界引起了极大的反响，而且也开始走向世界。

情境教学从我国古代文论“意境说”中汲取养分，借鉴大脑两半球理论、暗示原理、场论等有关学说，创造了独特的情境教学法，并构建了相应的理论框架。其探索经历了创设情境（进行片断语言训练）、带入情境（提供作文素材）、运用情境（进行审美教育）、凭借情境（促进全面发展）四个阶段。在理论上建构了情境教学“形真、情切、意远、理寓其中”的四个特点以及促进儿童全面发展、提高素质为目的的教学活动“五要素”，即以培养兴趣为前提，诱发主动性；以指导观察为基础，强化感受性；以发展思维为重点，着眼发展性；以情感因素为动因，渗透教育性；以训练语言为手段，贯穿实践性。在实践操作上，通过不断探索、总结、筛选，逐步形成了以“美”为突破口、以“情”为纽带、以“思”为核心、以“练”为手段、以“周围世界”为源泉的情境教学操作模式，使情境教学的基本主张能贯穿于语文各种课型的教学中并运用于其他学科教学中。

2. 自学辅导教学法

自学辅导教学法是中国科学院心理研究所卢仲衡教授在吸收、借鉴美国心理学家斯金纳程序教学理论有关小步子、及时强化、自定步调等观点的基础上，结合我国中小学教学的现实需要，围绕课本、作业、测验开展的教学方法改革。这一教学方法强调学生通过以自学为主的学习方式，充分调动学生学习的积极性和主动性，培养其独立思考和自主学习的能力。

自学辅导教学法的操作程序有五步，即启、读、练、知、结，并要求在一堂课内完成。启，是指教师面向全班设置学习情境，激发学生求知欲，在学生自学过程中遇到疑惑时，教师及时给予启发；读，是指学生以精细的方式阅读课本，理解教学内容，这是整个教学过程的核心和关键；练，即让学生独立完成相关练习作业；知，即当时知道结果，校对答案，自我纠正错误；结，就是教师向全体学生小结，指出在课堂巡视中发现的问题，概括讲授主要内容，使知识系统化。

3. 八字教学法

八字教学法是上海育才中学实验研究探索总结出来的教学方法。“八字”是指读读、议议、练练、讲讲。这种方法的基本精神是让学生成为学习的主人，变课堂上被动地听讲为积极主动地自学。它把传统的以教师讲授为主改为以学生的读、议、练为主，从组织结构上保证了学生的主体地位，因而给教学带来了巨大而深刻的变化。

读读是基础，指在课堂上引导学生阅读教材，让学生主动地从课本中汲取知识，培养学生的阅读能力、理解能力和自学能力。议议是关键，指在阅读、个人思考的基础上，就某些问题进行小组议论，使学生在互相切磋中各抒己见，求得正确的结论。这不仅能开阔思路、发展智力、掌握知识，还有助于教师对学生有的放矢地启发、引导和解惑。练练是应用环节，指学生做作业或对习题进行分析，以便更深入地理解课文中的概念、定理、公式。在练习中发现问题时，可再读再议，使学生尽可能当堂理解、消化、巩固所学。讲讲是指教师的讲解，它贯穿于教学过程的始终，是教师针对学生学习中的问题所做的必要的启发、诱导、解惑和总结，包括读前的指导、议中的启发、议后言简意赅的总结、练时的指点。讲有助于将学生理解肤浅的问题加以深化，理解片面的问题加以完善。

从实际教学效果看，八字教学法能提高课堂教学效率，促进学生思维的发展，培养学生的多种能力，同时减轻了课外作业负担，使学生精力充沛，有更多的课余时间自主地参加各种课外文化、科技、文体活动，促进学生德智体美劳等方面的全面发展。

---

① 裴娣娜：《情境教学与现代教学论研究》，见《课程・教材・教法》，1999(1)。

运用这套教学方法，对学生读、议、练的要求比较高，活动的质量保证难度较大，要求教师认真细致备课，深入钻研和消化教材，充分了解学生，结合实际编出议论题和练习题。这样教师的主导作用才能在学习中体现出来。

4. 六步教学法

六步教学法是我国教学改革家魏书生总结出的语文教学方法。他认为，教育的关键在于培养学生的自学能力和自我教育能力，并总结了一整套培养学生自学能力的方法体系，主要包括引导学生认识培养自学能力的重要性、激发学生的学习兴趣、教给学生学习的方法、培养学生良好的学习习惯、改革课堂的教学结构等。六步教学法是魏书生在课堂教学结构和教学方法改革方面的尝试。

六步教学法的基本程序是定向、自学、讨论、答疑、自测和小结。定向，即明确课堂教学的目标，确定本节课学习与训练的重点、难点；自学，是学生根据学习重点和难点自学教材，独立思考，自己解决问题；讨论，是四人学习小组共同讨论和研究在自学中没有解决的问题；答疑，是各组学生共同解答疑难问题，仍未解决或有分歧的问题，由老师解答；自测，是根据“定向”指出的重点和难点以及学习后的自我理解，由学生自拟一组 10 分钟的自测题，全班学生回答，自己评分，自己检查学习效果；小结，是下课前每个学生在自己座位上口头总结自己该节课的学习过程和主要收获，再从各类学生中选一两名向全班同学总结，使各类学生接受的信息得到及时的反馈。

5. 尝试教学法

尝试教学法是江苏省特级教师邱学华根据现代教学论思想，考虑儿童的心理特点、学生的认知结构和小学数学的知识结构，吸取国内外教学法的成果，在实验研究中探索出的教学方法。

这种方法的主要特点是“先学后教，先练后讲”，以学生的自主活动为主。尝试教学法强调“三个为主”和“四个作用”。三个为主指学生为主、自学为主、练习为主；四个作用指充分发挥教师的主导作用、学生的主体作用、教科书的示范作用、学生间的相互作用。其基本教学原则是“有指导的尝试原则”。其基本教学程序是出示尝试题、自学课本、尝试练习、学生讨论、教师讲解。这个程序并不是一堂数学课的全过程，而仅仅是进行新课这一环节中的五个步骤。它也不是固定不变的，可以根据教学内容、学生情况的不同及教学条件的变化灵活变通。其变式主要有三种：其一，结合式，即出示尝试题、边看课本边尝试练习、学生讨论结合教师讲解；其二，调换式，即出示尝试题、尝试练习、自学课本、学生讨论、教师讲解；其三，增添式，即准备题导入、出示尝试题、自学课本、尝试练习、学生讨论、教师讲解、第二次尝试练习。

五、教学手段及其现代化

（一）教学手段及其演变

教学手段是指教师和学生进行教学活动以及相互传递信息的工具、媒体或设备。教学手段是构成教学过程的要素之一，其功能主要在于把教材的内容有效地传授给学生。

在人类历史上，教学手段的发展大体经历了如下几个阶段：

1. 口耳相传

远古时期没有文字，人类表达思想依靠口头语言和体态动作。通过口耳相传的形式传播生产和生活经验，虽然直接简便，但范围狭窄，也无法保留。

2. 文字教材

文字的形成和印刷术的推广，使文字成为传播社会意识和生产生活经验的重要工具，教科书成为重要的教学手段。通过教科书这一媒介传授知识使教学信息可以长久贮存、广泛传播，但文字是抽象的书写符号，实感性、形象性差。

3. 直观教具

从17世纪开始，近代教学手段中增添了直观教具，如利用实物、模型、图片、图表等直观教具进行教学，或组织学生参观、游览等，以直观形式加强学生对事物具体的感性认识。直观教具的运用，加强了教学中感性与理性认识的联系、理论与实践的结合。

4. 电教工具

随着科技的发展，19世纪第一架幻灯机开始应用到教学领域，人类的教学手段逐步进入现代化时期。接着，电影、录音、录像等现代化声像传播媒体在教学中被广泛利用起来，大大提高了教学信息传递的速度和效果，更加扩大了传递范围。

5. 计算机与多媒体

20世纪70年代以后，电子计算机开始进入教学领域，这是教学手段发展史上的一次新的质的飞跃。以计算机为主的多种现代教学技术的综合使用就构成了多媒体教学系统。

6. 网络教学

20世纪90年代以后，随着计算机技术的深入发展，一种崭新的教学技术出现在教学领域，这就是网络教学。网络教学是利用互联网进行教学与学习的形式，它彻底打破了教学形式在时间和空间上的局限，使得教学活动更加灵活。如何利用网络教学这一现代化的教学手段，是21世纪教学改革的重要课题之一。

（二）现代化教学手段的发展趋势

现代化教学手段是指借助于声、光、电等媒体以及现代化的教学工具。随着现代科学技术的发展，现代化教学手段日益得到普及，并在其使用中呈现出新的趋势：(1) 教学媒体日益自动化、微型化，如幻灯机自动换片及电影机自动装片、倒片等；(2) 新的教学媒体不断涌现；(3) 教学手段的运用多媒化、综合化、网络化；(4) 现代化教学的服务目标更加多种多样。

（三）现代化教学手段在教学中的作用

1. 在教材建设、教学组织形式和师生关系等方面实现了突破

在教材建设方面，过去只有文字教材，现在有了音像教材（视听教材）。与文字教材相比，音像（视听）教材可将教学内容形象化，使学生眼见其形、耳闻其声，能更好地认识和理解所学的知识和理论。

在教学组织形式方面，突破了班级授课制的局限，它既可以使成千上万的人借助于现代教学媒体同时进行学习，也可供个别人单独教学，而且不受时空限制。

在师生关系方面，现代教学手段可使学生直接与各种音像媒体建立人机联系，从多种渠道获得知识，发展智力。教师和教科书不再是知识的唯一来源，教师可以根据教学目标，以新的方式对人员及书刊、直观教具、音像等资料进行最优化的组合利用。这既发挥了教师的主导作用，又增强了学生主动学习的积极性。

2. 提高了教学质量和教学效率

现代教学手段突破了时空限制，同时，使理性认识和感性认识有机结合，符合认识规律，有利于学生认识事物的本质，为学生领会难度较大的问题创造了条件。同时现代教学手段可以同时使学生的多种感官参与学习活动，取得更好的学习效率。

3. 扩大了教学规模

现代教学手段运用无线电、广播、电视、计算机网络等多种媒体教学，能向远距离的广大区域传递教学信息，一个教师能使成千上万的学生同时接受教育，大大节省了师资、校舍和设备，扩大了教学规模。

第五节　教学的组织

一、教学组织形式

教学组织形式是指为完成特定的教学任务，教师和学生按照一定要求组合起来进行活动的结构，或者说，是师生的共同活动在人员、程序、时空关系上的组合形式，它反映的是教学活动的结构特征。它要研究和解决的主要问题是教师以什么形式将学生组织起来，通过什么形式与学生发生联系，教学活动按照什么样的程序展开，教学时间如何分配和安排等。

教学组织形式是教学理论和实践中的一个基本问题，具有综合、集结的性质。课程、教学任务、教学过程、教学原则以及教学方法等都最终综合、集结、具体落实到一定的组织形式中，以各种各样的结构方式组织起来展开活动，发挥其功能和作用。采用合理的教学组织形式，有助于提高教学工作的效率和质量；使不同的教方法、手段运用于相应的教学组织形式中，可以充分发挥其效用，还有利于使教学活动多样化从而实现教学的个别化。

（一）班级授课制

1. 班级授课制及其由来

班级授课制是将学生按年龄和知识水平编成固定的班级，由教师根据教学计划中统一规定的课程内容和教学时数，按照固定的课程表和统一的进度，主要以课堂讲授的方式分科对学生进行教学的组织形式。它是现代学校教学的基本组织形式，也是国际上最通用的教学组织形式。

班级授课制萌芽于16世纪西欧一些国家，兴起于17世纪乌克兰兄弟会学校，经捷克教育家夸美纽斯在《大教学论》中的系统总结、改进初步定型，之后在欧洲被广泛采用，并不断完善。从19世纪中叶起，它发展成了西方学校的基本教学组织形式。它是适应资本主义兴起时期普及义务教育、扩大教学规模、提高教学效率和质量的要求，在批判和否定封建社会长期实行的个别教学的基础上产生的。中国采用班级授课制，始于清代同治元年北京开办的京师同文馆，1905年清政府废科举、兴学堂后在全国广泛推广。

2. 班级授课制的特征及评价

班级授课制的基本特征是：(1) 把学生按年龄和知识水平分别编成固定班级，即一班的学生年龄和知识水平大体相同，教师同时对整个班级的学生进行同样内容的教学。(2) 将教学内容和相应的教学活动，按学科和学年分成许多小的部分，分量不大，大致平衡，彼此连续而又相对完整，每一小部分内容和教学活动叫作一课，一课接着一课地进行。(3) 将每一课规定在统一而固定的单位时间里进行。单位时间可以是30、40、45或50分钟，但都是统一和固定的，课与课之间有一定的间歇和休息。

班级授课制的优点有：(1) 有利于提高教学工作效率。教师同时对几十名学生教学，大大提高了单位时间内的教学效率，有利于经济有效地大面积培养人才。(2) 有利于发挥集体的教育作用。年龄和知识水平相近的学生由于共同目的和共同活动集结在一起，可以互相观摩、切磋、启发、取长补短，互相促进和提高。(3) 有利于发挥教师的主导作用，提高教学质量。教学内容和时间等方面的统一规定和要求，使教学工作能以教师为主导，有目的、有计划、有组织地进行，使教学质量得到保证。(4) 有助于学生的身心健康和发展。各门学科轮流交替上课，中间有一定的间歇和休息，既能扩大知识领域，又能减轻学生的疲劳，符合大脑活动规律和用脑卫生。

班级授课制的局限主要在于：(1) 过分强调整齐划一和集体统一，过于标准化、同步化、集体化，不能很好地照顾学生的个别差异，不利于培养学生的志趣、特长和发展他们的个性才能。(2) 学生比较多的是在课堂上接受教师所传授的现成知识，为学生提供的实践性学习、探索性学习的机会比较少，不利于学生主体作用的发挥和创新精神、实践能力的培养；(3) 实行分科教学，偏重系统的书本知识学习，一方面容易肢解知识的整体性，另一方面容易忽视学生的实践活动，使理论脱离实际。(4) 教学内容和教学方法比较固定化，缺少灵活性。进入20世纪以来，世界许多国家都对班级授课制进行了改革尝试。

3. 班级授课制的改革

(1) 分组教学。分组教学，是按智力测验分数和学习成绩把学生分成不同层次的班组进行教学的一种组织形式。分组的方法有两种：一种是外部分组，即打破传统的年龄分组的方法，按学生的智力和学习成绩及教师和家长的意见编组教学；另一种是内部分组，即在传统按年龄编的班级内，再按学生的智力和学习成绩进行编组教学。

分组教学是19世纪末20世纪初资本主义国家的一些教育家针对班级授课齐步走不适应个别差异而提出来的。苏联受其影响，20年代进行过分组教学实验，把学生5～6人分为一个学习组，学生独立学习教师指定的教材，教师不作专门讲解，只进行辅导，结果因导致学习成绩下降而遭到批评。70年代末以来，我国部分学校也采用过类似的分组教学，如将学生分为快班、中班、慢班等。

分组教学的优点是便于因材施教，有利于个性发展与人才培养。但仍存在不少问题，如对学生的智力水平难以进行科学测验，而且极易造成对“差生”即后进生的歧视，使他们失去学习的信心等。

(2) 道尔顿制。道尔顿制，是美国的柏克赫斯特1920年在马萨诸塞州道尔顿中学创立并实施的一种新的教学组织形式。其突出特点是教师辅导学生个别自学。道尔顿制主张取消教师按班级向学生传授系统知识的教学组织形式，认为教师只是教学的顾问，其主要任务是为学生分别指定自学参考书，布置学习任务。道尔顿制把教室作为作业室，让学生按自己的兴趣在专业作业室学习，有疑难时请教各作业室的教师辅导，学生完成一定阶段的学习任务后向教师汇报学习情况、接受检查，合格后再接受新的学习任务。每周只有一次或几次的集体教学。

道尔顿制的优点在于重视学生的自学和独立作业，在良好的条件下，有利于学生内化知识、发展智力，同时也有利于培养学生的自学能力。其缺点是不重视教师的系统讲授，在学生不具备自学能力和缺少必要的教学设施的情况下，往往是浪费时间，事倍功半。

(3) 特朗普制。特朗普制，是20世纪50年代由美国教育学教授劳伊德·特朗普创立的，是把大班、小班和个人学习三种教学形式结合起来教学的一种组织形式。该组织形式将教学分为三步：一是大班上课，即把两个以上的平行班合在一起上课，讲课时应用现代化教学手段，由出类拔萃的教师担任；二是小班研究，每个小班 20 人左右，由教师或优秀学生领导、研究、讨论大班讲授的内容；三是个别教学，学生进行独立作业，其中部分作业由教师指定，部分作业由学生自选，以促进学生个性的发展。教学时间的分配是：大班上课占 40%，小班研究占 20%，个人学习占 40%。这是近年来美国出现的一种新的教学组织形式，目前，尚在实验学校中实验。

从以上各种教学组织形式不断推陈出新、发展演变过程中，我们不难得出两点启示：一是任何一种教学组织形式均有利弊两面性，有利弊就会有权衡取舍。事实上，人们为提高教学的质与量，总在自觉不自觉地权衡，如班级授课制历经三百年而不衰，至今仍是我国及其他许多国家学校教学的基本组织形式，正是因为它利大于弊，而道尔顿制也曾介绍到中国，不久便销声匿迹，这与该制度轻易放弃教师的主导作用不无关系。二是每种组织形式即使有弊，也不是不可以尽力将弊端减到最小甚至逐步克服的。各种组织形式之长也是可以在一定条件下互补的，如特朗普制以及当今我国一些学校的改革措施，正显示出人们在这方面的努力。

（二）教学组织的辅助形式

除用班级授课制（即课堂教学）外，现代教学还使用一些辅助的教学组织形式，如个别教学和现场教学，以巩固、加深和补充课堂教学知识，弥补上课在照顾学生个别差异、进行因材施教和理论联系实际等方面的不足。教学的辅助组织形式与课堂教学相比，其共同特点是：不需要通过课堂形式而往往在课外进行；每次活动时间不严格，视需要可长可短；对学生的要求因人而异，因材施教；不一定要面向全班学生，可以采取小组活动或个人作业等形式进行。这些教学的辅助形式主要有个别教学、现场教学、讲座、辅导等。

1. 个别教学

个别教学是教师以个别接触的方式轮流向学生传授知识或布置、批改、检查作业的教学组织形式。古代中国、埃及和希腊的学校多采取这种方式。个别教学的优点在于能根据学生的特点因材施教，使教学内容、进度适合于每一个学生的接受能力，但采用个别教学，教师所能教的学生数量很有限，教学效率低。为克服班级授课教学进度划一、难以照顾学生个别差异的缺点，20 世纪 50、60 年代个别教学被重新提倡并在欧美各国获得发展。其特点是采用师生一对一的关系时设计了相应的学习内容和教材；由学生在自己理解和掌握的基础上自定学习进程，安排学习活动；采用了新的教学技术手段。现代个别教学学生的学习仍然有集体活动的成分，如小组讨论或汇报等，并间接地受到教师的指导和帮助。

2. 现场教学

所谓现场教学，是把教学活动安排在有关现场进行教学的一种组织形式。这里的“现场”可以是生产现场，也可以是社会生活现场等。现场教学的特点是借助于现存的有关条件，如客观事物、现象、事件演化过程等组织进行。例如，生物课教作物栽培时，就可以把学生带到田间观察栽培过程，通过实际操作进行教学。

现场教学和一般的实习、见习课不同。实习、见习课是指导学生运用已学过的知识去观察研究客观事物或进行操作练习，借以加深理解、形成技能技巧的课。而现场教学则完全是有计划、有目的地讲授新课，是引导学生学习新知识的课，现场教学既可以由教师讲解，也可以请有实践经验的专门科技人员讲授。

现场教学的优点是打破了课堂空间的限制，将学生带到生产或社会生活现场，有助于密切联系实际，或一边观察一边学习，或一边操作一边学习，增强了教学的直观性，可以使学生获得更多的生动活泼的感性材料，学到实际有用的知识。不仅如此，由于现场教学是走出课堂到社会生产和生活的环境里进行，能使师生了解到迅速发展的社会生产和生活的信息，对改革教材内容、丰富书本知识、进行思想教育都大有好处。所以，现场教学是一种必不可少的教学辅助形式。进行现场教学应该注意如下几点：

(1) 要从学科内容的特点出发，视实际需要而定。生物课、生产技术课以及物理、化学等自然学科的某些教学内容，需要并适宜用现场教学。现场教学准备工作量大，涉及面广，要求条件高，不应过多安排，也不能无视教材特点、不管实际是否需要而盲目安排。

(2) 要有计划、有目的地进行。某一门课的现场教学一学期安排几次、什么时间进行、进行什么等应当在学期初制订在教学计划中，要提前做好安排，有目的地进行，不能临时决定。现场教学同样也需要写好授课计划、设计好教学程序，做到有计划、有步骤地进行。

(3) 要慎选现场，做好充分准备。选择现场的标准既要有利于完成教学任务、实现教学目的，又要适应教材和学生的年龄特点。进行现场教学前，要从各方面做好准备，创设一切必要的物质条件，同时教师还要对现场进行详细了解，事先向主讲人介绍教学的目的要求和学生的学习情况，使讲授更有针对性。

3. 讲座

讲座是由教师不定期地向学生讲授与学科有关的发展趋势、科学趣闻或新的发展，以扩大学生知识面的一种教学组织形式。它的内容与学生所学的课程有关，也不受教学大纲内容范围的束缚，而是对学科内容的扩充，具有科普性质。这种教学形式具有多方面的意义。首先，能扩大学生的知识面，激发学生的兴趣和培养学生对科学的热爱；其次，宜于因材施教，可以满足对某些学科有特殊爱好的学生的求知需要，发展他们的志趣和特长，为国家发现和培养特殊人才；再次，能活跃学校的学术气氛，使学生关心文化科学的发展，养成良好的学风与校风。组织讲座要注意下述几点要求：其一，要做好计划与准备工作。学校的各科讲座一般由各学科教研组承担，在开学初应制订好进行学科讲座的计划，安排一学期在全校或分年级举行几次讲座，并落实到人。报告人可以是学科教师担任，也可以是校外的专家。其二，要注意讲座内容与学科知识的联系，在学生已有学科知识的基础上进行，以扩大学生的现代科学知识，发展学生对学科和有关科学的兴趣、爱好。其三，要符合学生的需要和年龄特征，加强讲座的知识性、趣味性、时代性、通俗性，增加讲座对学生的吸引力。

4. 辅导

辅导是根据学生的需要由教师给予引导、启示、咨询和指点，以帮助学生独立完成作业的一种教学组织形式。辅导的内容一般包括：使学生明确作业的目的、要求与方法；对学生进行必要的启发、诱导、示范；解答学生的疑难，使知识深化、系统化；发现学生学习中存在的问题及其原因，并帮助他们纠正。辅导可分为个别辅导、小组辅导、集体辅导。它的应用范围很广，是一种重要的教学辅助形式。

辅导在教学中具有重要意义。首先，辅导可根据学生的问题有的放矢，能具体解决学生的疑难，使学习顺利进行；其次，便于因材施教，区别对待，给成绩优异者以特殊指导，给掉队者补课；再次，可以发现课堂教学存在的问题，及时进行补救和改进。

进行辅导时要注意以下要求：首先，做到计划性。对学生的学习情况、兴趣爱好教师要了如指掌，要有针对性地定期进行个别指导，切不可碰到什么抓什么。其次，适当利用学生的力量，取得家长的支持与理解。在不影响优秀生的前提下，提倡同学间在学习上互相帮助，发扬协作精神，让学习好的学生对差生进行力所能及的辅导。同学间的辅导随时都可以进行，这也有利于集体观念的培养。

（三）教学的特殊组织形式——复式教学

1. 复式教学及其特点

复式教学是指一个教师在同一个教室的一节课内向两个或两个以上不同年级的学生进行教学的组织形式。它是一种特殊的教学组织形式，适应于学生少、教师少、校舍和教学设备较差的地区。我国的部分农村小学，特别是偏僻的山区小学，仍然存在着这种教学组织形式。在我国今后农村人口出生率得到有效控制的情况下，这种形式有利于节约人力、物力和财力。它在相当长一段时期内仍将作为一种不可缺少的教学组织形式而保留。

复式教学保持了课堂教学所有的本质特征，所不同的是教师要在一节课时间内巧妙地同时安排几个年级学生的活动。教学实践证明，组织得好的复式教学，它的效果不比班级授课制的效果差，而且学生的基本训练和自学能力往往更强。复式教学也存在着许多缺陷，如学生获得教师直接教学的时间少于班级授课制教学，不同年级的学生在同一个教室学习互相干扰也较多。因此，在采取这种形式教学时要特别注意做好各方面的组织工作。

2. 复式教学的组织

（1）合理编班。合理编班是搞好复式教学的重要前提。复式教学包括的年级多少不等，因此，复式教学的编班也应多种多样，一般多采用单班多级复式编班、两班复式编班等形式。采用何种形式要根据各年级学生的人数多少、教室大小、师资质量等情况来全面考虑，灵活掌握。

（2）编制复式课程表。要编制好复式课程表，一般说来要做好以下两个方面的合理搭配，一是各门课程之间的合理搭配（如语文和算术），二是新授课与复习课之间的合理搭配，使各门课程、各个年级的学生都能在教师的安排下有组织地学习。此外，一周中每天课程的安排也要均匀，避免师生忙闲不均。

（3）培训小助手。在复式教学中适当使用小助手，不仅可以减轻教师在教学中的负担，增加直接教学时间，同时也可以培养学生的工作能力和为集体服务的优良品质。教师可依靠小助手来帮助检查课前的准备工作，组织班上学生复习、做作业、纠正作业、维持课堂秩序等。为了充分发挥小助手的作用，教师要做好培养小助手的工作。一方面要给他们各种实际锻炼的机会，注意树立他们的威信；另一方面又要对他们高标准、严要求，特别要加强对他们的思想教育，防止骄傲自满、独断专行和特殊化等不良作风的滋生。

（4）建立良好的课堂常规。在复式班的教学中，教师要特别注意建立良好的课堂学习常规，要使学生形成自觉配合不同年级讲课和作业交替的教学模式的习惯，在布置作业时要避免不同年级之间的相互影响。教师和小助手之间的活动也要配合好，如教师讲课时，小助手的活动应尽量用文字、手势、动作来表示。

三、教学模式

（一）教学模式概述

1. 教学模式的概念

教学过程是一个多因素组成的完整而复杂的过程。教学过程中各因素之间要按照一定的方式联系组合，使教学过程按照一定的顺序展开，教学模式就是对于这些不同组合方式进行研究的结果。概括说，教学模式就是在一定的教学思想或理论指导下，以一定的教学实践为基础抽象概括而形成的关于教学活动中的各个因素按照一定的要求和程序相互联系的相对稳定的基本结构或范型，包括教师、学生、教材之间的横向组合结构和纵向的学生学习活动过程的学习程序以及教师引导、调控学习活动过程的教学程序。

教学模式是在某种教学理论的指导下设计的教学活动过程结构，是某种教学理论框架的具体化，即把某种教学理论具体化为可以操作的教与学的横向组合方式和纵向活动程序。由于指导教学活动过程的理论不同，所设计的教学模式也就不同。

2. 教学模式的构成要素

教学模式作为一套完整的教学范型，它以某种理论为基础，提出特定的功能水平作为活动目标，通过较稳定的结构或程序来调配教学活动中各因素的关系，并提出适当的操作要领，以保证活动按规定方式展开和功能目标的如期实现。一般说来，教学模式主要包含以下基本构成要素：

(1) 理论基础，即建立教学模式的教学思想或理论依据。它渗透在其他各个因素之中。任何教学模式都是在一定教学思想和理论指导下形成的。从一定意义上讲，教学模式之间的区别，就在于各自的理论基础和指导思想不同。如布鲁纳的发现学习教学模式就是以认知心理学学习理论为基础建立起来的。

(2) 主题。在一定教学思想指导下，每种教学模式都有一个鲜明的主题，犹如一根主线贯穿和主导着整个模式体系，支配着模式的其他构成因素，并产生出与主题有关的一系列范畴。

(3) 目标。任何教学模式都指向一定的教学目标，它要完成主题所规定的任务，使主题更进一步具体化。它在教学模式结构中处于核心地位，并对构成教学模式的其他因素起着制约作用，它决定着教学模式的操作程序和师生在教学活动中的组合关系，也是教学评价的标准和尺度。如非指导性教学模式是以培养学生自我认识、自我实现、自我教育能力为目标的。

(4) 程序，即实现目标的逻辑步骤以及各步骤应完成的任务等。任何教学模式都有一套独特的操作程序和步骤，它确定了教学活动的先后顺序以及具体的教学步骤和阶段，具有明显的时间性、顺序性和可操作性等特点。它的简要概括往往是一种教学模式的突出标志。如强调知识传授的赫尔巴特学派的教学模式把教学概括为五个步骤：预备—提示—联系—总结—应用，即“五段教学法”。

(5) 策略。它是指为实现教学目标而提出的教师和学生采用的教学方法、方式和措施的总和，包括教学的各种条件的最佳组合方案或建议以及对教师运用模式简要提出的原则、方法和技巧等。

(6) 评价，即使用此种模式效果的评价标准和评价方法体系。通过这一体系，对教学活动加以调控，并由此达到改进教学活动、提高教学质量和效率的目的。由于不同的教学模式在指导思想、目标、策略、操作程序等方面不同，因而评价的标准和方法也就不同，每一种教学模式都有自己特定的评价标准和方法。如掌握学习教学模式的评价标准是目标参照性评价。

以上几个因素之间有规律的联系，完整地构成了一定的教学模式。至于模式中各因素的具体内容，则因教学模式的不同而有差异。

3. 教学模式的特点

尽管教学模式种类繁多，但它们都有如下共同特点：

(1) 完整性。如上所述，任何教学模式都有一定的指导思想、主题、目标、程序、策略、内容和评价等基本因素，本身都有一套比较完整的结构和运行机制，这就使得教学模式具有完整性的特点。我们必须从整体上把握其理论原理与操作方法，把教学模式仅仅理解为教学方法、教学程序或教学策略等都是片面的。

(2) 简约性。教学模式是简化了的教学结构理论模型，多以精练的语言、象征的图像、明确的符号表达出来。它既能使零乱纷繁的实际经验理论化，又能在人们头脑中形成一个比抽象、理论更具体的简明的框架，因而被人称为“微型的教学理论”。

(3) 操作性。每一种教学模式都有一套特定的操作系统和程序，并提出了明确的操作要求，便于人们理解和应用。

(4) 针对性。任何一种教学模式都是围绕着一定的教学目标设计的，都有自己明确的主题、有序的进程和适用的范围，也都需要有效运行的特定条件，不存在适用于任何教学过程、教学情境的普适性教学模式。

(二) 历史上对教学模式的探索

对于教学模式，中外教育家曾从不同角度进行了系统的分析和探索。

在古代，由于生产力水平的低下，知识简单，只有单一的、松散的教学方式和教学模式的雏形。如我国教育家孔子总结了自己多年的教育教学经验，提出教学是“学、思、习、行”相结合的过程；荀子认为教学过程是“闻见知行”的过程；《中庸》则将我国古代教育实践经验概括为“博学之、审问之、慎思之、明辨之、笃行之”五个阶段。在西方，古罗马昆体良曾提出“模仿、理论、练习”的培养演说家的程序。

到了近代，随着生产的发展和教学经验的丰富，教育学逐渐发展为一门独立形态的学科，出现了比较完整的教学模式。例如，夸美纽斯提出了“感知、记忆、理解、判断”的阶段理论；赫尔巴特把教学过程分为明了、联想、系统、方法四个阶段，后来他的学生赖因发展了他的观点，提出了五个阶段，即预备(提出问题，说明目的)、提示(给学生明确讲授新知识)、联系(新旧知识的联系)、总结(做出概括和总结)、应用(把所学知识应用于实际)，即所谓的“五段教学法”；杜威以其实用主义教育哲学思想为指导，提出从做中学模式，把教学归纳为创设情境、产生问题、做出假设、验证假设、获得结论五个基本步骤，称之为“五步教学法”。上述对于教学模式的探索，各有其理论依据，也都在一定程度上反映着教学的实践，并对教学实践产生过重大的影响。

真正对教学模式本身进行认识和研究则是现代的事。随着人类在生产和生活中所积累的知识经验日益丰富，教学活动和过程也日益复杂，同时人们对教育教学现象的认识也逐渐加深，形成了更为成熟丰富的教学模式理论。尤其是20世纪50年代以来，随着世界各国教育改革的逐步深入，国内外的教育家在研究教学的过程中建立了各具特色的教学模式，其中有些已经对我国学校的教学实践产生了深刻的影响。如美国教育家布鲁纳提出的“发现学习”教学模式，以认知心理学学习理论为基础，把教学过程分为创设情境、提出问题、建立假设、验证假设、总结运用几个阶段。这一模式着眼于培养学生的归纳、推理等思维能力及探究能力、学习能力。卡罗尔和布卢姆提出的“掌握学习”模式，以卡罗尔对学生学习能力的理解和布卢姆的教育目标分类学及教学评价理论为基础，把教学过程分为目标定向、集体教学、诊断性测验、个别教学、形成性测验几个阶段，以使每个学生“都能学到学校所教的一切东西”，大面积提高教学质量。罗杰斯提出的“非指导性”教学模式，以他的“非指导性咨询”理论为依据，以使学生成为真正自由独立的个人为目标，把教学分为创设情境、开放性探索、个人或小组鉴别三个阶段。

苏联教育家阿莫纳什维利提出的“合作”教学模式，其理论依据是社会主义的人道主义和个性民主化，它的主要特点是，要求教师在课堂教学中首先要为学生创设一个良好的心理环境，其次在检查提问时要创造条件消除学生的种种疑虑，另外在布置家庭作业时不应当强制学生定时定量完成同等作业。这一模式的目标在于形成儿童良好的个性，使他们的精神力量得到充分发挥。

（三）我国中小学常用的教学模式

改革开放以来，我国的教学改革蓬勃发展，在继承的基础上力求创新，形成了一些比较定型的、可行的和具有新意的教学模式。其中有些是国外教学模式的中国化，有的则是实践探索经验的升华。我国中小学常用的教学模式主要有以下几种：

1. 传递—接受教学模式

这是我国中小学教学实践中长期以来普遍采用的教学模式，主要用于系统知识、技能的传授和学习。它源于赫尔巴特学派的“五段教学法”，后经苏联凯洛夫等人根据辩证唯物主义认识论重新加以改造成为“感知、理解、巩固、运用”的程序后传入我国。我国教育界以完成“双基”目标为基础，以学生掌握知识的认识规律为依据，又根据教学实践的经验以及现代教育学、心理学的理论加以调整，使之成为目前中小学常用的模式。

这种模式的基本教学程序是：激发动机——复习旧课——讲授新课（包括感知教材和理解教材）——巩固运用——检查反馈。

这种教学模式的特点是：以学习系统的书本知识为主，注重知识的逻辑顺序；以教师系统讲授为主，学生主要是接受教师提供的信息；其组织形式主要是全班同步学习，学生个别学习、成对活动、小组研讨的机会不多。学生掌握教材的认识程序基本上是由教师直接控制、通过教师的讲授来进行的。

这种教学模式的优点是：它能使学生在较短的时间内有效地、循序渐进地掌握较多的系统知识并形成一些基本技能。所以它一直是我国中小学普遍采用的传统教学模式。但是这种模式也存在一定的局限性，由于这种教学模式要完成的教学任务主要是传授和学习系统的书本知识和技能，因而难以照顾发展能力等方面的任务；由于它是在教师直接控制下通过教师讲授来引导学生完成掌握知识的过程，因而容易忽视学生的积极性、主动性。因此，在使用这种传统的教学模式时，要努力吸收其他模式的优点，以弥补这两个方面的不足。

2. 自学—指导教学模式

这种教学模式的特点是：以学生自学为主，教师的指导贯穿于学生自学的始终。其指导思想是“教为主导，学为主体”的辩证统一的教学观、“独立性与依赖性相统一”的心理发展观、“学会学习”的学习观。其基本程序是：提出要求——学生自学——讨论交流——启发引导——练习运用——评价总结。

我国心理研究所卢仲衡等主持的中学数学自学辅导教学实验、黎世法的“六课型单元”教学、魏书生的“六步教学法”等，都属于这种模式类型。

这种教学模式的特点是：它突出了学生在教学活动中的主体地位，在引导学生掌握知识的每一个程序中，使学生都能够积极主动地参与到教学过程中来。一般地说，它并不改变通常采用的传递—接受式的纵向结构，而是改变传递—接受式的横向结构，变“教师讲，学生听，一学生答，众学生听”为学生个别独立学习、学生成对互问互答、学生小组研讨、教师讲学生听等多种组织方式，使每个学生都能积极主动地参与感知教材、理解教材、巩固知识、运用知识的全部学习过程。

这种教学模式的优点在于:可以提高学生学习的主动性和主体意识,有利于学生自学能力的培养和良好学习习惯的形成;有利于照顾学生的个别差异,更好地解决了集体教学中如何因材施教的问题。但这种模式对教师结合教材设计教学程序的能力、组织课堂教学的能力、编写自学提纲和引导讨论的能力等都提出了更高的要求,如果教师的教学能力达不到,自学过程容易失控,这种模式的优越性也就难以发挥。另外,这种模式排斥系统讲授,是否妥当、是否能在小学低年级广泛采用,都需要继续研究。

3. 探究—发现教学模式

这是一种以解决问题为中心,注重学生独立活动,着眼于创造性思维能力、发现问题和分析解决问题的能力以及意志力的培养的教学模式。其理论基础是杜威、布鲁纳的教学理论及他们的五步探索法、发现法等教学法原理。

这一模式的教学程序是:提出问题——建立假说——推理——验证——总结。

它的特点是:学生掌握知识的过程不是通过教师详细讲授介绍现成的知识,而是要在学生掌握的已有知识基础上,由教师给学生设置问题情境,引导学生提出问题、分析问题、提出解决问题的假设,然后进行推理和验证,最后由学生自己得出科学结论。在教学过程中它重视学生自己发现,重视发现的过程,重视获得知识的方法。

这一模式的最大优点是:能在知识教学过程中促使学生学会如何发现问题、怎样加工信息并提出假设以及如何推理、论证等,因而有利于培养学生的思维能力、创新能力、科学的态度和探究能力。它的局限在于仅适用于部分学科和部分内容的教学,它需要学生必须有一定的经验储备,才能从强烈的问题意识中找到解决问题的线索。另外,它需要花费较多的教学时间。

4. 情境—陶冶教学模式

它是在教学活动中创设一种情感和认知相结合的教学环境,让学生在轻松愉快的教学气氛中有效地获得知识,形成技能并陶冶情感、品德的一种教学模式。教学改革实验中的"情境教学"、"愉快教学"、"情知教学"等均属此列。情境—陶冶教学模式的理论依据是情知教学论和洛扎诺夫的暗示教学理论,其目标在于通过情感和认知多次交互作用,使学生的情感得到不断陶冶、升华,个性得到健康发展,同时又学到科学的知识。

这一模式的基本程序是:创设情境——参与活动——领悟转化。首先教师通过语言描绘、实物演示、音乐渲染等手段为学生创设一个生动形象的与现实生活相类似的场景,以激起学生学习的情绪,有时也可以利用环境的有利因素进行,情境要蕴含哲理;接着学生通过参与各种游戏、唱歌、听音乐、表演、谈话、操作等多种活动,使他们在特定的气氛中主动积极地从事各项智力活动,在潜移默化中进行学习;最后通过教师的启发总结,使学生从情境中获得科学知识,领悟所学内容的主题和情感基调,做到情与理的统一,并使这些知识、经验转化为指导学生的思想行为准则。

这种教学模式的特点和优点是:能使学生在一定的情境中(一般为实际生活中的情境或模拟的实际生活情境)比较轻松自然地掌握知识、形成技能、陶冶情操、受到思想教育。它一般较适用于思想品德、外语、语文等学科的教学,也可以用于历史、自然科学的教学,还可以广泛适用于课外各种文艺兴趣小组和社会实践活动等。

5. 示范—模仿教学模式

这是教学中最基本的教学模式之一,其理论依据是技能形成的一般规律。

这一模式的操作程序是:定向——示范——参与性练习——自主练习——迁移。

定向阶段，教师向学生阐明所要掌握的行为技能并说明操作原理、规则、要领和程序。示范阶段，由教师向学生进行操作示范，可以用动作示范，也可以用实物、样本或录像材料示范。定向与示范两个阶段也可以合为一个阶段，边示范边说明操作要领。参与性练习是教师示范后学生模仿练习，边练习教师边及时指导。自主练习是当学生掌握了动作要领时，让学生独立自主地反复练习，最后达到熟练的程度。迁移是使学生在新的情境中灵活应用已掌握的技能。

这种教学模式应用范围很广，可用于各种以训练技能为目的的教学，如体育课训练运动技能，语文、数学、外语课训练读、写、算等技能，劳动课训练使用劳动工具的技能等。

6. 目标—导控教学模式

这是一种以教学目标为导向，以教学评价为动力，以矫正、强化为活动核心，让大多数学生掌握教学内容的教学模式。这一模式的主要理论依据是美国教育家布卢姆的“教育目标分类学”和“教学评价理论”以及控制论原理。其目标是使绝大多数学生都能掌握所学学科的内容，大面积提高教学质量。

其操作程序为：前提诊断——明确目标——达标教学——达标评价——强化补救。首先对将要学习的单元教学内容所涉及的基础知识，由教师组织学生进行简短的检查、提示、复习或回顾，给学习新知识做好准备。然后教师展示目标，让学生对新知识应达到的水平和掌握的范围做到心中有数。接着通过讲授、提问、练习和自学形式紧扣目标进行教学，力求让尽量多的学生掌握教学内容。在此基础上进行达标评价，评价通常不记分，答案由教师提供，方式有教师对学生评价、学生自评或互评。最后根据评价反馈信息，采取强化或补救性教学。对全部目标已基本达到并有余力学习的学生，可进行提高性学习。对未达标者，则进行补救性学习，如教师个别指导、交换教学材料、改变教法，或组织三四个人一组的互学小组。之后，对未达标的内容进行再评价，以确保未达标者都达标。

目标—导控教学模式能有效地使绝大多数的学生掌握教学内容，大面积提高教学质量。但这一教学模式对教师的素质有较高的要求，也会增加教师的工作负担。我国所进行的中小学目标掌握教学教改实验、上海顾泠沅老师的数学目标调控教学实验都属于这种模式。

7. 集体教学模式

这是我国学者根据团体动力原理进行设想，又经过教学实践检验而产生的一种教学模式，旨在变“静态的集体”为“动态的集体”，为学生提供充分表现自我的机会。其教学目标为建立课堂学习集体，提高课堂教学质量，发展学生个性，注重培养学生的社会意识、社会能力。

其操作程序为：独立思考——小组讨论——组际交流——集体性评价。

这种教学模式能普遍提高学生尤其是后进生的学习成绩，能更有力地促进学生集体观念的形成和个性的发展。

以上我们介绍的只是我国中小学常用的几种教学模式，在实际教学中，每一种模式又有许多变式，教学阶段会表现出不同的特点，具有灵活性。教师既要把握每一种教学模式的基本特点，又不能把他们当作一成不变的公式机械套用。另外，没有哪一种教学模式可以是普遍适用的，每一种模式都有其长处和短处，关键在于什么情况下使用它们。教师必须综合考虑教学目标和具体任务、学科特点和教学内容、学生的年龄特点、知识智力水平和个性特征，以及学生掌握教材的条件、教师的特点、教学条件等的不同，在设计教学方案时做出适当的选择。固守某一种过程模式，只会给教学实际工作带来危害。

第六节　教学工作的基本环节

教学工作的实施是一个完整复杂的系统过程。就以系统掌握知识为基础的学科课程教学来说，它由备课、上课、作业的布置与批改、课外辅导、学业成绩的检查与评定五个相互联系、前后衔接的基本环节有机构成。教师只有做好每个环节的工作，才能有效地提高教学质量。

一、备课

（一）备课的意义

备课是教学工作的起始环节，是教师上好课的前提与基础。它是教师根据学科课程标准的要求和本门课程的特点，结合学生的具体情况，选择最合适的表达方式和顺序，以保证学生有效地学习。备课是教师为上课及其他教学环节所做的准备和策划工作，是教师提高教学质量的关键一环。备课的过程，也是教师提高自身科学文化知识素养的过程，是教师积累、总结教学经验和提高教学能力的过程。

根据备课主体的不同，备课可分为个人备课和集体备课两种。个人备课是教师自己钻研学科课程标准和教材的活动；集体备课是相同学科和相同年级的教师共同钻研教材，解决教材的重点、难点和教学方法等问题。教师备课应以个人备课为主，在此基础上进行集体研究，相互取长补短。

根据备课时间的不同，备课还可以分为间接备课和直接备课。间接备课是指教师为了提高教学工作水平不断地进修专业知识和教育理论，提高自身的专业能力。所谓“台上一分钟，台下十年功”，所表达的正是教师间接备课的功效。从这个意义上讲，教师随时都在间接备课。直接备课是指教师为完成特定的教学任务而进行的有针对性的教学准备工作。

（二）备课的要求

1. 教师备课时要做好三方面的工作

（1）钻研教材。教材是教师讲课和学生学习的依据。正确地使用教材，是保证教学质量的关键。钻研教材包括研究学科课程标准、教科书和阅读有关教学参考资料等。

学科课程标准是学科教学的指导性文件。钻研学科课程标准是为了弄清本学科的教学目的，了解学科内容的编排体系结构，明确学科教学的特点和原则、教学法要求及重、难点。通过钻研学科课程标准，可以纵观全局，理清主线，明确其上下、左右的联系及其章节在整个教材中的地位和作用。

教科书是教师备课的主要依据。熟练地掌握教科书的全部内容，包括掌握教科书的编写意图，逻辑结构，章节的重点、难点和关键，教材的深度、广度以及开发智能方面的要求等。

在钻研课程标准、教科书的基础上，教师还要广泛阅读教学参考书，不断开阔视野，拓展思路，吸收别人成功的经验，以更好地精选材料充实和组织教学内容。

教师钻研教材，要求达到懂、透、化的境界。“懂”，就是对教材的基本思想、基本内容、基本概念及每一个字、每一句话都要弄清楚。“透”，就是对教材不仅要懂，而且能够融会贯通，使教材的知识结构成为教师自己的认知结构的有机组成部分。“化”,就是教师的思想感情和教材的科学性、思想性有机融合。钻研教材要落实到对教材的组织上,组织教材是对教材进行加工、改造、制作的过程。科学合理地组织教材有助于教学做到层次分明,条理清晰,突出重点,把握关键,突破难点。

(2) 了解学生。教学的目的是育人,是借助知识促进学生成长。教学只有建立在对学生全面、深入、准确地了解基础之上,才能取得良好的效果。了解学生包括对学生整体的了解和对每一个学生的了解。前者包括了解学生的年龄特征,熟悉他们身心发展的特点和了解整个班集体的学风、班风等状况。后者包括了解每个学生的学习基础、学习态度、学习方法,即学生原有的知识、技能状况、学习习惯,还应了解学生的智力发展程度、兴趣、爱好,更应了解学生的学习目的、学习能力以及个性特点、健康状况等。对学生不仅要了解,还要在此基础上进行研究,对其各方面的发展变化进行预测,以便把握方向,有的放矢。

(3) 设计教法。在钻研教材、了解学生的基础上,教师还要考虑怎样将知识、技能传授给学生,即要考虑教学方法。教学方法有多种,究竟选择哪一种方法,既要考虑课程的教学目的任务,还要考虑课程的特点和教学内容,更要考虑学生的年龄特点、知识基础与接受水平,即教师选择的教学方法不仅要充分考虑学生的学习基础、接受能力,而且要有助于学生知识的掌握,更要有助于学生智力的发展与能力的培养。

2. 教师备课工作最后要落实到制订好三种计划上

(1) 学年或学期教学计划。学年或学期教学计划一般都在学年或学期初制订。教师在拿到新教材之后,要通览教材,纵观全局,了解教材的编排体系,掌握教材的内在联系,然后,根据教学大纲的要求,制订好学年或学期的教学计划。学年或学期教学计划一般由两部分组成:一是总体说明,它包括分析教材内容,掌握各章节内容之间的相互联系,确定教材的重点、难点和基础知识、基本技能的训练范围,分析学生的基本情况,明确教学目的要求、教学总时数和具体时间安排及各个课题所需要的主要直观教具等等;二是教学进度计划表,它应在学期初拟订好。

(2) 课题(单元)计划。在上课前,教师要对讲授课题的内容进行全面考虑和研究,熟悉内容,明确目的,体会重点,并根据课题各部分教材内容的地位、作用及内在联系,制订出课题(单元)计划。它包括课题名称、本课题的教学目的、课时划分及各个课时的主要问题、本课题各课时的上课类型和教学方法、本课题所需的必要教具等。制订课题计划非常重要,因为教材的内容间有着严密的系统性和连续性,胸中无全局就很难教好一节课。所以我们反对那种不顾教材的内在联系、备一课教一课的做法。

(3) 课时计划。课时计划又称教案,是更直接、更具体的教学准备,一般应在讲课前三五天到一周内备好。编写教案必须在充分做好各种课前准备的基础上进行。编写教案的步骤是:进一步钻研教学大纲和教材,特别要着重研究其中的基本思想、重点、难点;确定本课时具体的教学目的,包括思想政治教育目的、传授知识、培养能力及情感、意志的目的;考虑进行教学的具体步骤,确定课程的结构,划分教学过程中的各个阶段;考虑教学方法的运用,准备好教具并研究其使用方法。

一个较为完整的教案应该包括授课班级、学科名称、课题、授课时间、教学目的、课的类型、教学重点和难点、教学方法、板书设计等,其主体部分是教学内容和教学过程,即它包括一堂课教学内容的详细安排、教学方法的具体选择和教学时间的分配等。

写教案是对所有教师的共同要求。教案分详尽式和提纲式两种,其主要区别在教学进程一栏。一般说，新手教师要写得详细些，有若干年工作经验的教师可写得简略些。但不管是详是略，教案都要清晰、鲜明、实用。教师在上课前还要不断熟悉教案，做到上课时得心应手，运用自如。在上课后，教师可以反思教学过程，在教案后补充教后总结，这是教师迅速提高教学能力和水平的捷径之一。

二、上课

上课，也称课堂教学，是教学工作的中心环节。它对备课、批改作业、辅导、学生成绩的检查与评定等教学环节起着支配和决定作用。上课是教师教的活动和学生学的活动相互作用最直接的表现。对教师来说，上课是其业务水平和教学能力的集中反映；对学生来说，上课则是掌握系统知识、发展能力和个性的基本学习形式。

（一）课的类型和结构

上好一堂课，必须遵循教学规律和教学原则，符合学生的身心发展规律和特点，还应符合不同教学组织形式的要求。就班级授课制来说，必须把握好课的类型和结构。

课的类型是指根据教学的主要任务划分的课的种类。每一节课都是整个班级教学体系中不可缺少的组成部分。在班级教学中，由于教学的对象、教学任务和教学内容不同，每节课不可能采取同一模式进行，因而产生了不同类型的课。教师确认了课的类型，有助于明确一节课上要完成的教学任务，以便考虑教学策略和方法。

课的类型根据教学任务的不同可以区分为两大类：一类是单一课，一类是综合课。

单一课是指在一节课内主要完成一项教学任务的课，如以讲解新教材为主要任务的新知识传授课、以巩固知识为主要任务的复习课、以培养学生技能为主要任务的练习课、以检查学生知识技能为主要任务的检查课等都属于单一课。综合课是指在一节课内同时要完成多项教学任务的课。综合课是小学和中学低年级经常采用的课型，一方面是因为这些年级的学生学习内容比较简单；另一方面是因为低年级的学生随意注意不够发达，需要在一节课内把各部分工作交错起来进行。

每种课型都有一定的结构。课的结构是指课的各个组成部分及各个部分的安排顺序、时间分配和相互关系，也可以理解为一节课的操作程序。不同类型的课有不同的结构，同一类型的课，也会由于学科、教材特点、班级特点和学生状况的不同而有异。

单一课的结构主要依据教学任务确定。综合课的结构大体如下：

1. 组织教学

组织教学是保证教学工作正常而有序进行的基本条件，其目的是为学生上课做好准备，激发学生学习的积极性和求知欲望，保障常规课堂的严肃性和有序性。组织教学不仅应当在一节课开始时进行，而且应当贯穿于课的始终。教师应通过各种方式从上课初就迅速稳定学生的情绪，集中学生的注意力，使师生的积极性都得到充分发挥。组织教学是一项复杂并需要有高度教育机智的活动，教师应善于随机应变，恰当地处理好课堂上各种偶发事件，及时排除干扰，保证课堂教学的顺利进行。

2. 检查复习

检查复习的目的在于对已经学过的教材进行复习、巩固，了解学生掌握知识的质量，加强新旧知识间的联系，培养学生对课业的责任感和按时完成作业的习惯。检查复习的方式有口头答问、书面作业、板演和实践操作等。检查后还应给予评定指导。

3. 学习新材料

这是综合课中最重要的组成部分，是综合课的中心环节。其目的是使学生掌握新知识，并通过知识的学习促进学生智力的发展。传授新知识这一环节进行得怎么样，直接影响着综合课的其他环节。因此，教师要在教材的重点、关键问题上多下功夫，围绕教学目的，完成教学任务；要贯彻教学原则的基本要求，选择最恰当的教学方法并灵活运用，使新教材的讲授质量达到高水平。

4. 巩固新教材

巩固新教材的目的是让学生对所学的知识做到当堂理解、消化和巩固。教师可运用提问、复述、重点讲解、当堂练习等方法。巩固新知识时要注意重点突出、纲目分明，做到温故而知新，防止简单地重复学过的内容，同时还要注意了解各类学生学习情况的信息反馈。

5. 布置作业

布置作业的目的是让学生进一步巩固所学的知识、技能，培养学生独立作业的能力。布置作业的内容、要求、格式、完成时间应明确具体。根据学科的特点，作业形式应灵活多样，习题要有代表性，要有助于活跃学生的思维，要避免简单重复、单纯模仿、机械性的作业，对难度较大的作业，要作适当的提示。作业的分量要适当。还要特别注意布置的课外作业要有别于课内作业。

以上是综合课的一般结构简介。之所以说它是一般结构，是因为这些因素及其排列具有一般的性质，是对无数课的结构的概括。落实到具体的一节课上，其结构应根据这节课的具体教学任务而定。教师在教学工作中，要从实际出发，灵活地安排课的结构。

（二）上好一堂课的基本要求

什么样的课堂教学是好的，教学指导思想不同，得出的结论也不尽相同。综合而言，上好一堂课必须达到以下基本要求：

1. 教学目的明确

教学目的，是指一堂课应完成的教学目标。一般来说，一堂课完成的教学目的有三个：一是让学生掌握哪些基础知识；二是训练学生掌握哪些基本技能和技巧；三是让学生得到什么样的思想观点和情感、态度、价值观的教育。目的明确是指教师在课前不仅要根据教学情况制订出切实可行的目标，而且师生都要对教学目标做到心中有数，并为教学目标的实现共同努力。

2. 教学内容正确

内容正确就是要在保证教学内容科学性和思想性的基础上，教师对教材的基本内容和概念的讲解，对重点、难点和关键的揭示以及阐明教材所揭示的基本规律，让学生掌握的学科基本结构及知识之间的内在联系是正确的、科学的。只有保证教学内容的科学性和思想性，才能使学生获得科学的知识，形成正确的思想观点，提高分析问题、解决问题的能力。

3. 教学方法恰当

方法恰当的标志是教师在课堂上要以启发式教学思想为指导，能够根据教学的需要将各种教学方法有机地结合并自如运用，使教学既有紧张的学习活动，又有生动和谐的学习气氛，形成教师把握全局、学生积极主动、师生感情交融的局面。

4. 教学过程紧凑

整个教学过程要有严密的计划性和组织性，能以较少的时间和精力取得较大限度的教学效益。为此教师应精心设计课的类型和结构，使其合理严谨，教师的讲解、提问、板书、小结及学生的自学、讨论、探究、练习等各种活动，都要进行精心设计、妥当安排，使教学时间得到最大限度的利用，保证课堂教学的质量。

5. 表达清晰

教师的教学语言要清晰、简洁、流畅、生动，富有逻辑性和情绪感染力。声音高低适度，快慢富有抑扬顿挫感。还要坚持使用普通话，注意运用多种语言表达方式，以便于教学中师生的思想与情感的交流沟通。

6. 学生主体性充分发挥

这是一节好课的最根本的标准。一节课如果没能调动学生学习的积极性，没能保证学生的主体地位和发挥学生的主体作用，是不可能成为真正的好课的。上面的几条标准如果离开了学生主体自觉性、能动性、创造性的发挥，不能使学生在教学中获得成长和进步，也就没有价值和意义了。

总之，衡量一堂课的标准，不仅要看教师讲得怎么样，而且更要看学生学得怎么样，归根到底要看单位时间内学生学习的质量和效率。能否做到上述几点，不仅反映了教师对教育方针、教学原则、教学目的、教学方法的理解和体验，也反映了教师的知识素质、教学能力与水平。当然，上述几点只是对教师上好课的基本要求，具体如何上好每节课并没有固定的模式或技巧，需要教师在实践中不断探索、总结和创造。

教师上完每节课后，应及时进行课的质量分析，这对进一步研究教材、改进教法、提高教学质量和教学艺术水平、积累教学经验都是非常重要的。一堂课结束后，或沉浸在达到预期目的的喜悦之中，或为上课前谋划不周导致的意外失利而懊悔和烦恼都是不可取的。如果教师能及时地研究自己教学对象的状况和自己教学实践中出现的问题，从成功的喜悦和失败的烦恼中寻求根源，探究带有规律性的东西，进一步提高自己的教学能力，就能够不断地提高教学质量。

三、作业的布置与批改

作业的布置与批改是课堂教学的延续，是教学工作的有机组成部分。其直接目的在于消化、巩固和运用所学知识，熟练技能技巧，培养学生应用知识和技能以及独立工作的能力，同时对于发挥学生的主动性和创造性，培养学生良好的学习态度、学习习惯和学习方法，锻炼和提高学生的智力和独立思考、分析问题、解决问题等能力，培养学生勇于克服困难等良好意志品质，都有重要作用。作业的布置与批改，也是课堂教学效果的常规性反馈环节。

学生的作业按需要完成的时间与地点可分为两种：一种是在教师的直接指导下完成的课堂作业，它构成了课堂教学的一部分；另一种是课外作业，它又称家庭作业，由学生在课外时间自主完成，是课堂教学的继续和补充。

1. 作业的种类

学生的作业按内容与形式分，大致有以下四种：

(1) 阅读教科书和参考书，如预习、复习、阅读有关文艺读物和科技读物等。

(2) 口头作业，如口头回答、复述、朗读、背诵课文等。

(3) 书面作业，如演算习题、作文、绘制图表等。

(4) 实践活动作业，如社会调查、实验、实地测量等。

2. 布置和批改作业的要求

教师布置作业与批改作业应按照以下要求：

(1) 作业内容符合学科课程标准和教科书的要求，紧扣课堂教学内容，有助于学生巩固、加深理解和运用所学的知识，并形成相应的技能、技巧。

(2) 作业分量适当，难易适度。作业既要有一定的数量，又要有一定的质量。过少过易，起不到锻炼学生思维的作用；过多过难，则加重学生的负担，易使学生失去学习信心。中小学课外作业的分量既要根据该门学科上课时间和自习时间的比例来确定，使各科作业保持平衡，以防止互相排挤，使学生产生学习上的偏废现象，又要根据心理学上的“过度学习”规律来制定。要严格遵守国家规定，小学一、二年级一般不留书面家庭作业；三年级及其以上家庭作业一般每天不超过1小时。作业类型要有典型性和代表性，应突出基础知识的掌握和基本技能的培养，并要有一些有助于学生智力发展的习题。要坚决杜绝“题海战术”和利用作业惩罚学生的做法，以保护小学生的身心健康。

(3) 作业形式多样，具有多选性。作业形式、类型要丰富，既考虑学生的兴趣特点，又有利于学生在多样化的巩固练习中深刻理解和运用知识，同时还要做到因材施教，在对大多数学生统一要求的前提下，照顾到优秀生和后进生的不同需求，使每个学生都在原有基础上得到锻炼和发展。

(4) 作业要求明确，规定完成时间。教师对学生的作业既要提出明确的要求和必要的提示及指导，还要在必需时做出典型示范，以便为学生解决难题时打开思路。既要及时了解学生完成作业时的情况，纠正抄袭行为，又要要求学生做到态度认真，独立完成，自我检查，按时交批，答题正确，字迹整洁。

(5) 作业反馈认真、及时。通过作业批改，教师可以全面地了解学生的情况，从而有效地调整自己的教学，教师批改的反馈信息，又能使学生清楚地知道自己的进步和错误，所以教师要认真、及时地批改作业。

教师批改作业的方式有全批全改、重点批改、轮流批改、当面批改、指导学生相互批改等。采取哪一种方式，应根据教学的需要、学生的实际和作业的性质灵活掌握。批改作业时，应注意作业中错误的数量和性质，分析产生错误的原因，以便在课堂上评讲。批改作业要尽量做到细致认真，评分公正，评语恰当，收发及时，定期评讲。

四、课外辅导

课外辅导是适应学生个别差异、因材施教的重要措施，是课堂教学的必要补充和辅助，是教学工作必不可少的环节。

课外辅导主要以个别辅导和小组辅导两种形式进行。其内容通常包括：给学生解答疑难问题；指导学生做好课外作业；为基础差和因事因病缺课的学生补课，帮助他们克服学习上的困难；给成绩特别优异的学生作个别辅导；给学生学习方法上的辅导；对学生进行学习目的和学习态度的教育等。

课外辅导的基本要求是，要从辅导对象的实际情况出发，分别确定辅导内容和具体措施。同时，要认识到课外辅导只是对课堂教学的补充，不能将主要精力放在辅导上，只有在保证课堂教学质量的前提下课外辅导才能发挥理想作用。课外辅导要坚持正确的目的，以素质教育思想为指导进行，任何以课外辅导的名义变相加课、补课的行为，都应当坚决制止和取缔。另外，辅导时应该注意以学生独立钻研、自学为主，不可包办代替。

五、学业成绩的检查与评定

（一）学业成绩检查与评定的意义

学业成绩的检查与评定是教学工作的反馈环节，是诊断学生的学习状况和教师教学效果、调控教学进程的重要手段，对教学工作的顺利进行和教学质量的提高具有十分重要的意义。通过学业成绩的检查和评定，教师可以了解教学效果和存在的问题，总结教学经验，改进教学工作；学生能从自己学习结果的反馈中及时获得矫正的信息，进一步调整自己的学习；学校可以从中了解教师教与学生学的情况，以便改进对教学工作的领导，制订出提高教学质量的有效措施；家长可以及时了解子女的学习情况，配合学校教育好学生；上级教育主管部门可以据此制定教育方针政策和选拔人才。

（二）学业成绩检查与评定的方式

常用的检查学生学业成绩的方式有两类：考查和考试。

1. 考查

考查（平时检查）是为了随时了解学生的学习情况而采用的方法。其优点在于能及时了解和掌握学生的学习情况和存在的问题，较快地帮助教师改进教学，帮助学生克服不足。常用的考查方式有：

（1）课堂提问。这是了解学生学习情况的一种经常性方式，是学生根据教师所出的题目进行面对面的口头回答。其优点是学生可以充分叙述所掌握的知识，教师可以直接看到学生的反应，并可以根据学生的情况提出补充性问题，能够深入准确地了解学生的学习情况。提问可以在课前、课中、课后进行。教师提问时面要广，还要把简单提问和详细提问结合起来，把书面回答和口头回答结合起来。对后进生要勤提问、多辅导，以督促他们勤奋学习。

（2）检查书面作业，包括检查平时的课堂作业、家庭作业等，可以在课堂进行，也可以在课外进行。目的在于了解学生的学习情况，培养学生及时完成作业的习惯。教师通过书面作业的检查，可以及时了解学生掌握知识的质量和学习上存在的问题。

（3）单元测验。单元测验一般在一章或一个课题学完后进行，也可以在学期中进行。它可以使教师在较短的时间综合地、普遍地了解每个学生的学习情况，为改进教学服务。测验前可以通知学生，也可以不通知，进行的次数不宜太多，时间安排也不可太集中，以防止加重学生学习负担。测验后，教师要及时评阅试卷，并进行评讲。

此外，教师的日常观察也是考查学生平时学习活动的一种重要方法。

2. 考试

考试是总结性检查学生学习情况和教师教学效果的重要方式。它通常在学习告一段落后进行。从时间上考试可以分为期中考试、期末考试、学年考试和毕业考试。考试时要求学生全面地复习并理解已经学过的知识，以便形成完整的知识体系，并牢固地掌握它。

考试的方式有口试、笔试（开卷、闭卷）和实践考试等。采用哪种考试方式，应根据学科的特点、内容和考试的具体要求来选择。笔试命题要根据课程标准和教科书的主要内容拟订，既要有理解性的试题，也要有记忆性和检查技能性的试题；既要有一般要求的题目，也要有联系实际的、难度较大的考查智能的题目，但后者一般只能占 20%。

（三）学业成绩检查与评定的方法

当前我国中小学通常采用的评定学生学业成绩的方法有百分制记分法和等级制记分法。

百分制记分法以百分为满分，从零分到100分，60分为及格。这种记分方法的优点是能标志出学习上的进步序列，能有效地鼓舞学生为争取高分而努力。它的缺点是序列过细，相近分数常难以反映出学生知识水平的真正差别。

等级制记分法可以分为两类：一类是文字等级记分法，如优、良、中、差，甲、乙、丙、丁，及格、不及格等；另一类是数字等级记分法，如5、4、3、2、1，5分为最高分，3分为及格。这种计分方法的优点是记录方便，等级分明。它的缺点是无法记录学生成绩上的细微差别。

评分的标准是学生掌握知识的深度和广度。广度，是指学生对教学大纲中规定的知识范围的掌握情况；深度，是指学生对知识理解的程度，即理解得是否透彻。通过评分，能了解学生掌握知识的巩固程度和运用知识的能力、学生的语言和文字表达能力及学生的口头回答、书面回答和实际操作中所犯错误的数量和性质。

此外，评语也是评定学生学业成绩的一种很重要的方法。一般情况下，上述两种计分方法要和评语有效地结合起来。

（四）学业成绩检查与评定的基本要求

首先要客观、公正。要严肃认真，一丝不苟，实事求是，严格遵守评定标准。学科课程标准所规定的知识范围、水平和相应的技能、能力是确立学业成绩评定标准的依据。

其次要向学生指出学习上的优缺点和努力方向，积极引导学生正确认识自己学习中的优缺点，总结自己的学习方法，不断进步，以达到评定学业成绩的目的。

再次，要积极发现和鼓励学生的创造性。在坚持原则性的同时，又要有灵活性，不仅要关注学生的最终答案，还要重视学生的解题思路，对于学生合理的、富有创见的表现要给予积极的肯定。

当然，学业成绩的检查与评定是一个复杂的问题，目前，在能力的检测、成绩的评定标准和方法上，仍需进行认真的总结和深入的实验，以求达到科学、准确、有效和公正。

总之，教学工作的几个环节共同构成了完整的教学工作系统。每个环节都有不可替代的作用。它们之间虽有主辅之分，但从整体上来说，它们始终是相互联系、相互制约、相互影响的，忽视任何环节的工作，都将严重影响教学工作的正常进行。

第七节　教学技能

教学技能是指教师在已有的知识经验基础上，通过实践练习和反思体悟而形成的一系列教学行为方式和心智活动方式。教学技能对于完成教学任务、实现教育目的有着重要的意义。研究和使用各种教学技能，不仅可以有效地提高课堂教学效果，充分体现教育学课程应用学科的特点，而且能够有效地激发学生的学习兴趣，调动学生学习的积极性和主动性，使学生在愉快活泼的情境中学会知识，得到美的享受、感情的陶冶和智慧的启迪。

根据不同的研究视角，可以把教学技能分为不同的种类。根据国内外的研究成果，1994

年我国国家教委在《高等师范学校学生的教师职业技能训练大纲》中，把教学技能分为五类：教学设计技能、使用教学媒体技能、课堂教学技能、组织和指导课外活动技能和教学研究技能。在课堂教学技能中又设置了九项基本技能，即导入技能、板书板画技能、演示技能、讲解技能、评论技能、反馈和强化技能、结束技能、组织教学技能、变化技能。在本节中我们重点阐述几种主要的课堂教学技能。

一、组织教学的技能

组织教学是教师为了保证正常的课堂教学秩序，组织学生参与教与学双边活动，完成教学任务所采取的行为方式。做好课堂教学的组织工作，创造良好的课堂教学心理气氛，使学生做好物质上和精神上的准备，集中注意力，积极主动地参与教学，是教学工作正常而有秩序地进行的首要条件。因此，每一位教师必须具备基本的组织教学技能。课堂教学的组织工作贯穿于一堂课的全过程，包括组织好一堂课的开端、组织好一堂课的全过程和精彩地结束一堂课。教师组织教学的技能体现于以下几个方面。

（一）组织好一堂课的开端

良好的开端等于成功的一半，课堂教学也是这样。课的开始对一堂课来说至关重要，有时甚至影响到整堂课的教学。因为这时候学生的情绪往往不太稳定，注意力不太集中，若教师视而不见，上台就讲或大吼大叫、不断训斥都不会收到良好的效果。重视课堂教学的组织，使学生一上课就有安定的秩序、积极的思维和良好的听课要求，这样才能保证课的顺利进行。组织一堂课的开端，教师可以凭借语言、动作、身姿、表情等外显行为，也可以借助艺术导课等教学行为。组织一堂课的开端可参考的具体方法有：

1. 环视法

教学实践证明，教师富有表现力的眼睛往往能胜过生动的语言，起到“此时无声胜有声”的作用。因此，教师登上讲台时，要善于用热情的教态、大方的举止、慈善的表情及和蔼可亲、信任而又期待的目光环视全班，示意和提醒学生进入教学状态。这样学生往往能迅速安静下来，个别学生没有准备好，也会感觉到老师的等待，此时其他学生也会帮助提醒他。相反，教师如果不看学生，目中无人，学生就会乘机做一些小动作，影响教学秩序。用该种方法组织教学，目光必须平而有威，且要等学生都做好准备后再开讲。

2. 情感法

教学过程既是知识传授的过程，同时也是师生情感交流的过程。情感具有共鸣性与感染性，教师课堂上不仅要善于说理，而且要善于传情，用波澜起伏的情感激发学生的心智。如三、四节课学生疲劳时，教师如能以振奋的精神、丰富的感情、激昂的语调开讲，往往能鼓舞学生的士气，激发学生的情趣，活跃课堂的气氛，使学生精神焕发。

3. 问题导入法

学起于思，教师上课前若能提一些富有启发性的问题，或讲一段与教学内容相关而又具有启发作用的话，则会像一块心石投入学生的心湖，激起学生思维的涟漪和探究欲望，使学生的注意力被教师的问题吸引，不知不觉地进入教学中。

4. 错误导入法

学生作业中的错误是在所难免的，作业错误往往是由于知识缺陷造成的。抓住作业中的共同错误，分析错误产生的原因，找出正确的解题方法，不仅有利于弥补知识的薄弱环节，使知识系统化，而且能抓住学生的心理，集中学生的注意力。

5. 以旧带新法

以旧带新法是常用的开讲法。科学知识是系统连贯的，新的知识是在旧的知识的基础上发展起来的。在讲解新知识前，若能先复习旧知识，以旧带新，自然导入新课，学生就能在轻松愉快中学习知识。以旧带新法包括三种形式：总结复习自然过渡法、提问思考创新思维法和检查旧知识的巩固法。

6. 开门见山法

讲授开始时，教师开门见山地介绍教学内容，提纲挈领地讲清重点、难点、关键，寥寥数语，既能使教学目的明确，又能使学生心中有数，调整自己的注意力，做好精神准备。

此外，精心设计的前言、导语导入、故事导入、实例导入、审题导入、游戏导入、情境导入、实验导入及诗词、歌曲、格言、谜语、笑话导入等都是组织教学开始的重要方法。

（二）组织课堂教学的全过程

中小学生由于受年龄限制，注意的稳定性和持久性较差，课堂上分心现象是常见的。因此，组织教学应贯穿于整个教学过程中。组织课堂教学可从以下几方面着手：

1. 建立合理的课堂教学常规，规范学生的行为

课堂教学常规是课堂教学中学生必须遵守的行为规范，也是组织课堂教学的重要手段。《中学生日常行为规范》规定：按时到校，上课前准备好学习用品，上下课时起立向老师致敬，下课时请老师先行；上课专心听讲，勇于提出问题，敢于发表自己的见解，积极回答教师的提问。除此之外，课堂常规中的认真听讲、积极思考、遵守课堂纪律等要求也对学生的行为起着制约作用。因此，教师应为学生讲清纪律规范并引导他们养成自觉遵守规范的习惯，以保证课堂教学顺利地进行。

2. 用语言艺术组织教学

语言是思维的外壳，是信息传递的工具，教师的课堂教学语言不仅能起到传递知识的作用，而且也能起到组织教学的作用。一方面教师讲解知识时语言本身的科学性、思想性、趣味性，能使学生在轻松愉快的氛围中掌握知识；另一方面教师运用语言时的抑扬顿挫、高低快慢，可以增加教学过程的节奏感和起伏感，使学生在教师语言的启发下思维活跃、积极性高，起到组织教学的作用。

3. 用注意规律组织教学

注意是知识进入心灵的唯一窗口，是学生学习知识的基本条件。一般而言，上课能认真听讲的学生，都是学习成绩比较好的学生；相反，上课思想抛锚，学习就会出现夹生饭。因此，正确组织学生的注意力是课堂组织教学的一种手段。

注意分为有意注意和无意注意，两种注意各有优缺点。运用有意注意时，注意张力高，耗能多，时间长了易疲劳；而无意注意受刺激的特点和直接兴趣的关系较大，趣味刺激消失后，注意力可能会自动转移。教师要让学生有效地坚持完一堂课，一方面要讲清教学目的，锻炼学生的意志；另一方面又要增强课堂教学的趣味性，使两种注意扬长避短巧妙地结合起来。

另外，教室的布置、直观教具的使用以及教师的装束、言谈、举止等都能影响学生的注意力。例如，教室内过多的五颜六色的装饰和张贴画，直观教具不等使用就放在明显的地方，教师服饰的明显变化等等，都容易分散学生的注意力。这些在组织课堂教学时都应充分注意。

4. 用教学信息反馈组织教学

教学信息反馈是指教师自己讲课时对学生学习情况的了解。教学信息反馈有助于教师及时了解自己的教学效果，以便进行教学过程的调控。因为教师的知识要被学生接受，受许多因素的制约，虽然教师尽可能多地考虑了这些因素，但也有被忽略的方面，如果某一方面的因素考虑不到将影响教学的整体效果，因此教师上课时要随时随地了解学生的学习情况。教学信息反馈既可以通过作业提问进行，也可以通过观察了解。如学生双眉紧锁、面带愁容则是没有听懂的表现，喜形于色、跃跃欲试说明认真听讲并理解了知识，而目光散乱、昏昏欲睡则是分心的标志。教师应根据这些信息及时调整教学。

5. 用教育机智组织教学

在课堂教学中，往往会出现一些偶发事件，引起学生的分心。这些偶发事件既可能是由外界因素引起的，也可能是由教师或学生自身因素引起的。当偶发事件发生时，教师应当以冷静的头脑去分析，用机智巧妙的方法去解决。教师在课堂上应起主导作用，不能被学生的一言一行所左右，而应当纵观全局，明察秋毫，把课堂教学中发生的一切尽可能地纳入到正常的教学轨道中，收到"见怪不怪"的效果。当偶发事件发生后，有经验的教师往往不是马上讲课，而是先通过组织教学把学生的注意力集中到课堂上，使学生将断裂的知识链条自己接起来，如可提一个诸如"同学们，刚才我们讲到什么地方了"的问题，从而收到良好的组织教学的效果。

（三）组织好一堂课的结束

一堂成功的课，不仅应当有良好的开端，而且还应当有耐人寻味的结束。组织一堂课的结束方式有以下几种：

1. 归纳式

一堂课将要结束时，为了给学生留下一个完整的印象，教师可以用简单明了、准确精练的语言对整个课堂的内容进行概括小结，使学生对所学知识有一个完整的认识，以起到突出主题、画龙点睛的作用。

2. 发散式

发散式指课堂教学结束前，结合教学内容给学生留下一些富有启发性的问题，让学生课后去考虑。一个好的问题，不仅能激发学生的求知欲望，还可以培养学生探究问题的精神。

3. 悬念式

教师为了使学生对教学内容留下难舍难忘的印象，可以模仿中国古典章回小说"欲知后事如何，且听下回分解"的结尾，使学生对教学产生"言犹尽而意无穷"的感觉，以激发学生对下次了解新知识的求知欲望，架起新旧知识的桥梁。

4. 作业式

许多中小学教师常用留作业的方式结束一节课。布置课外作业是课堂教学的重要环节，是课堂教学的延续，有助于学生及时巩固、复习当堂课的知识技能。教师布置的作业应当题量适宜，有代表性，还要为学生讲清做题的要求等。

此外，还有画龙点睛式、首尾呼应式、提炼升华式、延伸拓展式、激发情感式、展现成果式、引导实践式等结束课的方式。教师无论采取哪一种方式结束一堂课，都要注意控制时间，既不能空堂，让学生没事干；也不能拖堂，影响学生精力的恢复与课间活动。学生最讨厌的教师是拖堂的教师，下课铃响几分钟后，即使采取了再好的结尾，效果也会减半。

二、运用教学语言的技能

教师讲课的语言和教学中指导学生学习的语言，通常称为教学语言。教学语言是教师教学工作最主要的手段，也是师生间信息交流的最基本的手段，教学语言关系着教学工作能否成功。因此提高教学语言修养是教师的基本功，是教学成功的关键。教师教学语言技能的提高要关注以下几个方面：

（一）教学语言的科学性

教师的基本任务是向学生传授科学知识，因此教师的语言应具有科学性。教学语言的科学性表现在准确性、精练性、逻辑性和系统性四个方面。准确性是指教师能正确地使用概念，科学地进行判断，准确地运用语法规则；精练性是指语言言简意赅、干净利索，能用最简单的语言表达最丰富的内容；逻辑性是指阐述论证严密周详，无懈可击；系统性是指条理清楚，前后连贯。

（二）教学语言的启发性

教学语言的启发性是指教师的课堂语言要能激发学生学习的兴趣，调动学生的积极性和主动性，使学生开动脑筋独立地获取知识。教师语言的启发性体现在教师语言的鼓动性和思考性上，一方面，教师的语言要富有激情，能鼓动学生去获取知识；另一方面，教师要善于设疑、激疑、解疑，引起学生对知识的思考，能使学生经过动脑发现问题、解答问题。

（三）教学语言的生动性

教师讲课既要通俗易懂、深入浅出，又要生动形象、富有趣味性，使学生有一种如临其境、如闻其声、如见其人的感觉。这就要求教师讲课时要善于巧妙地运用语言艺术，把深奥的事理形象化，把远处的东西近处化，把抽象的事物具体化，把无声的文字变成有声的语言，生动地再现教材的内容，引起学生丰富的联想和深入的思考。

（四）教学语言的情感性

教学过程是教师将知识的外化过程与学生将知识的内化过程统一起来的活动。教师外化的知识要被学生接受和掌握，除了运用合理的方法外，还需要以情感为中介，即教师教学要情理交融。讲到平静时如潺潺流水，讲到高潮时如大海波澜；讲到悲伤时如悲似泣，讲到高兴时激情荡漾。这样，学生就会情不自禁地进入角色，达到“随风潜入夜，润物细无声”的效果。

（五）恰当运用体态语言

美国心理学家艾伯特·梅拉根据实验指出，人获得知识的信息总数量为：7%的文字＋38%的语气＋55%的面部表情。由此可见，学生课堂练习中获得的知识有一半以上都是靠体态教学语言获得的。体态语言已构成了教师教学语言的一个重要组成部分。教师的体态语言包括眼神、面部表情、手势、人际距离、身体动作等。教师口头教学语言必须与体态教学语言配合，才能收到立体的教学效果。

此外，教师的教学语言还要注意语调、节奏、速度的控制等，只有将这几方面有机地融合为一体，才能收到教学语言的艺术效果。

三、提问的技能

课堂提问就是在课堂教学过程中，根据教学内容、目的、要求设置问题进行教学问答的活动形式。在中小学课堂教学中，课堂提问是课堂教学经常采用的一种形式，是一个不可缺少的教学环节。提问能鼓励和督促学生对课程进行及时消化、认真复习；能促进学生积极思维，培养学生分析问题、解决问题的能力；能使教师获得最方便、最经常、最及时、最直接、最真实的反馈信息。它直接体现了教师对学生主体地位的尊重和重视，是教师启发式教学的主要手段。教师应从以下几方面关注提问技能的形成。

（一）提问内容

提问内容方面，教师需注意：

1. 目的明确

有明确的提问目的，是课堂提问成败的先决条件。课堂提问的目的，应该服从于总的教学目的和任务，但在具体的教学过程中，由于每堂课的教学目的不同，教师可根据教学任务提出各种类型的问题，如激发兴趣的问题、启发思考的问题、导入新知识的问题、巩固练习的问题。无论提哪一类的问题，都应当立意鲜明，具有一定的启发性，切忌提简单的“是非”之类的问题。

2. 难度适宜

教师提出的问题应当难度适宜，使学生能理解，要让学生跳起来摘桃子。问题过易，激发不起兴趣；问题过难，学生利用已有的知识解答不了，就起不到应有的作用。

3. 逻辑严密

当教师将提问作为课堂教学的主要手段时，如采用谈话法教学，教师提出的问题之间的逻辑性就显得非常重要。问题的提出要根据内容发展的逻辑顺序，围绕教学的重点、难点、关键，层层深入，步步为营，节节剥笋，水落石出。

4. 准备必要的辅助问题

教学中由于教师提问的方式和学生理解水平有限，可能就会出现启而不发的现象。为了防备这种现象发生时手足无措，教师应围绕解决的主要问题准备一些必要的辅助问题。

5. 准备一个完整的答案

学生回答教师的提问时，可能会有多种答案，这些答案可能是正确的，也可能是错误的，还可能是部分错误、部分具有创新意义的。教师提问虽要求学生发散思维，但也需要考虑到学生回答的各种可能，事先应准备一个完整的答案，做到心中有数。

（二）提问方式

提问方式方面，教师应注意：

1. 面向全班，先提后问

教师提问时应当面向全班，先把问题提出来，经过学生思考后再指名要学生回答。如果教师先点名后提问，则学生会误认为问题是为这位同学提出的而自己没必要去主动思考。

2. 给学生留有思考问题的时间

教师提出问题后，不应当立即叫学生回答，应当给学生留有一定的思考时间，尤其对中小学生更应该如此。经过学生充分准备后回答的问题，不仅能增加回答的正确性和完整性，而且有助于增强学生的自信心。

3. 掌握时机，启发诱导

课堂提问应注意时间的掌握，最好在学生处于“心欲求而未得，口欲言而不能”的“愤悱状态”时进行。此时学生的思维活跃，教师若能把握住时机，更有利于学生对问题的解决。

4. 注意层次,因人而异

教师提问时应面向好、中、差三类学生,考虑到各类学生的程度和回答的可能性,不能忽视中、差学生,应注意面向全班,根据问题难易的差别和回答要求的不同,使三类学生都能学有所获,步步提高。

(三)提问要求

提问要求方面,教师应注意:

1. 鼓励学生大胆质疑、主动探索

提问不仅包括教师的提,也包括学生的问。能否在司空见惯的地方提出问题是一个人思维批判性与独创性的标志。因此,我们要鼓励学生大胆地提问,对学生提出的问题,尤其是要教师回答的问题,教师应热情、有耐心,决不能采取粗暴、损伤学生自尊心的做法。

2. 要求学生认真老实地回答

在有提问的课堂教学中,学生对问题的回答是理解知识、巩固知识的标志,也是教师检查教学效果的主要途径。因此,教师一定要让学生老老实实地回答问题,会就是会,不会就是不会,不会装会只能自食恶果。

3. 恰当地评价学生

教师对学生的回答,尤其是对中、差生的回答,应正确引导,热情帮助,积极鼓励。当学生回答正确时,要肯定进步,大胆表扬;当回答不完整或错误时,也要找出积极因素,充分肯定而不求全责备,要树立起学生的信心。

4. 学生回答完后要进行小结

学生受水平限制,在回答问题中出现错误在所难免。教师要对学生的回答给予总结,对正确的加以肯定,不完整的给予补充,错误的给予纠正,最终使学生能掌握系统、完整、科学的知识。

四、板书的技能

板书是教师在黑板上运用文字线条、图形等图文并茂的形式表述教学内容,帮助学生学习的一种辅助教学手段。它是课堂教学中重要的信息交流方式之一,是教学思路和教学内容的浓缩。好的板书,线索明确、逻辑严密、层次清楚、简洁明了。板画也叫黑板画,它是指教师在黑板上以简练的笔法,将事物、现象及其过程用图画的形式生动形象地描绘出来的一种特殊板书形式。板书和板画与教师讲课互相配合,共同保证着教学任务的完成,恰当地运用板书和板画有助于提高教学效果。好的课堂板书有助于学生理解和把握学习的主要内容;有助于集中学生的注意力,引导学生的思路;有助于学生把握教材的内在脉络或理清教学内容的层次结构;有助于学生记忆知识,促进学生思维的发展。板书的技能包括两方面:板书什么和怎样板书。

(一)教师要学会在恰当的时机呈现恰当的板书内容

教师应根据教学任务的需要,在板书最能发挥作用的时候进行板书。

1. 集中学生的注意力,引导和控制学生的思路

讲授新课时,教师往往要将课题先板书出来,吸引学生把注意力集中到本节课的主要内容上,然后围绕课题有条理地进行讲授,同时边讲边板书出本节课的知识要点,以此引导和控制学生的思路。

2. 帮助学生理清教材的知识结构，促进学生形成良好的认识结构

好的板书内容应该体现出课文的知识结构，这个知识结构或者是作者的思路，或者是事情发展的顺序，或者是事物的层次和相互联系，或是公式、定理、法则的推导过程及其结论。

3. 以一定的文字或板图的形式作为学生思考的支撑点

它可以使抽象的关系变得具体、直观，帮助学生理解文章的结构、事物之间的关系以及科学的公式、定理、法则。

（二）教师还要学会以恰当的方式和形式进行板书

教师在板书时应注意：

(1) 一节课的板书要有一个总体设计。先写什么、后写什么、写在什么位置，事先要有一个总体安排。板书一般分为主体部分和辅助部分，主体部分一直保留到讲课结束，辅助部分可随写随擦。到讲课结束时，黑板上留下一个精心设计的知识结构图，这便于学生对一节课所学的内容建立一个整体框架结构，便于学生记忆、复习巩固和运用，也便于教师对一节课的教学内容进行小结。

(2) 板书的字体应该工整、美观。板书的条目应该排列有序、层次分明，用词简明、精当。

(3) 板书的形式可以多种多样，根据实际需要可分别采用总分式、纲目式、对比式、表格式、图文式、网络式、回环式、情节式、情景式、导游式、写意式等等。

下面举几个板书的实例，供同学们阅读参考。

(1)《卖火柴的小女孩》一课，揭露了资本主义社会的罪恶，表达了作者对劳动人民悲惨遭遇的深切同情。教师可以通过如下雁行式板书，把这两方面的内容都表达出来。

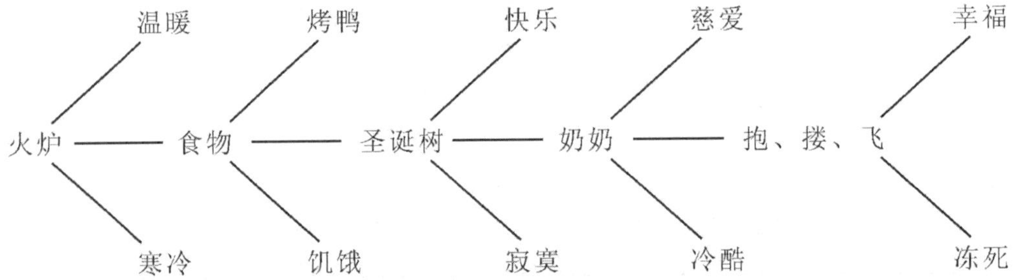

(2)《金鱼和渔夫的故事》鞭挞了像渔夫的妻子一样贪得无厌的人。有位教师的板书设计如下：

贪⟶贪⟶贪⟶贪⟶贪

(3) 下面三例板书设计也为我们提供了很好的板书范例。

一位教师在教《林海》一课时，设计了如下板书帮助学生理清文章结构：

- 林海
  - 景色（美丽）
    - 岭—多而柔
    - 林—广而绿
    - 花—繁而艳
  - 联想（可爱）
    - 木材—美与建设
    - “兴安岭”—人与山林
  - （亲切可爱）

一位教师指导学生自读《第一场雪》时，板书了下列导读表：

课文		《第一场雪》
雪景记叙	下雪前	
	下雪时	
	下雪后	
作者感受		
中心思想		
表现手法		

一位教师运用板图帮助学生根据题意分析数量关系，寻求解题途径时，设计了如下的板书：

例题：甲乙丙三人共储蓄 387 元，甲比乙多存 13 元，丙是乙的 75%。甲乙丙三人各存款多少元？

教师作下图引导学生分析：

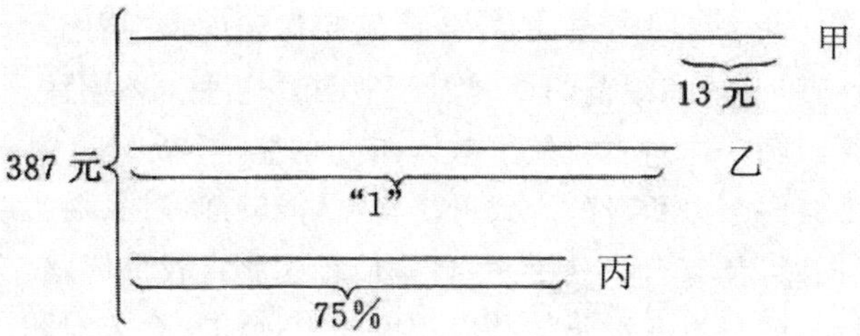

总之，板书无论是在内容上还是在形式上都要紧紧围绕教学需要，与教学过程相得益彰。切忌仅仅为了板书本身的完善和美观而设计板书和组织教学过程，喧宾夺主，偏离教学目标。

五、教学反思技能

教学反思是指教师为了实现有效教学，在教师反思倾向的支配下，对已经发生或正在发生的教学活动以及这些教学活动背后的理论、假设进行积极、持续、周密、深入、自我调节性的思考，在思考过程中，能够发现、清晰表征所遇到的教学问题，并积极寻求多种方法来解决问题的过程①。教学反思有利于提升教师的教学经验，有利于提高教师的职业幸福感，有利于教师形成自己的实践性知识体系，有利于教师在先进教育理念的指导下开展教学工作。教学反思技能是教师专业成长不可缺少的一种教学技能。教师要充分认识教学反思的重要性，在日常的教学实践中养成反思的意识和习惯，逐步提高自己的教学反思水平。

（一）教学反思的内容

1. 教育教学观念与情感

从宏观层面讲，教学反思既要考虑教学行为本身的有效性和合理性，更要关注隐藏在行为背后的观念和教育教学情感。

教育教学观念是教师在教育教学中形成的对相关教育教学现象（包括教育观、学生观和教

① 申继亮：《教学反思与行动研究》，北京师范大学出版社，2006 年版。

育活动观,特别是对自己的教学能力和所教学生的主体性)的认识,它直接影响教师的知觉、判断,进而影响教师的行为。教育教学观念是教师教学行为的灵魂、支点和指南。要想改变旧的教学行为,首先要改变教育教学观念,有了新的教学观念的指导作用,才能产生新的教学行为。教育教学观念的正确与否直接影响着教学行为的对与错。不仅如此,教师的教育观念对教师自己的学习和成长也有重大影响。因此教育教学观念的反思是教师教学行为的重要前提。

教师的教学过程不仅是理性的,还是感性的。教师的专业情感渗透于教育教学的每一个环节,对教育教学起着潜移默化的影响。它包括专业理想、专业情操、专业自我几个方面。

教师的专业理想是教师对成为一个成熟的教育教学专业工作者的向往与追求,它为教师提供了奋斗的目标,是推动教师专业发展的巨大动力。具有专业理想的教师,对教学工作会产生强烈的认同感和投入感,愿意终生献身于教育事业。他们对教学工作抱有强烈的承诺,致力于改善教育素质以满足社会对教育专业的希望,努力提高专业才能以及专业服务水准,努力维护专业的荣誉和形象。

教师的专业情操是教师对教育教学工作带有理智性的价值评价的情感。它是构成教师价值观的基础,是构成优秀教师个性的重要因素,也是教师专业情意发展成熟的标志。它包括理智的情操和道德的情操。前者是指由于对教育功能和作用的深刻认识而产生的光荣与自豪感,后者是指由于对教师职业道德规范的认同而产生的责任感和义务感。

教师的专业自我是教师个体对自我从事教学工作的感受、接纳和肯定的心理倾向。专业自我认同程度高的教师倾向于以积极的方式看待自己,能够准确地、现实地领悟自己所处的世界,对他人有深切的认同感,具有自我满足感、自我信赖感和自我价值感。

教师对自身专业情感的反思有助于教师以积极的、热情的、真诚的态度全身心地投入到教育教学工作中,并在其中获得教师职业的幸福感。

2. 教学行为过程

从中微观层面上讲,教学反思是以教师的教学行为过程为对象的,反思的内容至少包含以下几个方面:

(1) 教学目标。教学目标是影响课堂教学成败的重要因素。教师需要反思教学目标是否全面,是否符合教材的特点,是否符合学生的实际情况;还要反思教学目标是否以总体课程目标为指导,是否将教学目标转化为学生的学习需要,是否在学生原有的知识经验基础上以学生为本因人施教、适时调整教学目标。

(2) 教学结构。教学结构是指在一定的教育思想、教学理论、学习理论指导下,在某种环境中展开的,由教师、学生、教材和教学媒体四个要素的相互联系、相互作用而形成的教学活动进程的稳定结构形式。反思教学结构主要包括反思教学结构是否按照学生的身心发展水平和认知水平划分学生认知的不同阶段、反思教学结构对学生学习方式的影响以及反思是否结合教学实践选择和运用了恰当的教学模式,使教学达到较高的艺术水平。

(3) 教学内容。任何教学目标都需要通过特定的教学内容的学习来达成。反思教学内容主要包括反思是否根据教学目标开发、利用学习资源,使之符合学生的经验、情趣和认知规律等;是否能创造性地使用、整合教学内容;是否根据个人特点和优势开发适合学生的校本课程;教学内容的科学性、思想性和趣味性如何,是否符合学生的年龄特点;是否照顾到学生的个别差异,促进学生的个性发展;是否根据教学过程中学生的学习情况及突发事件,及时调整了教学内容等。

(4) 教学过程。教师要善于对整个教学的运行过程进行反思,包括反思整个教学过程是否做到了教师的主导作用和学生的主体作用有机结合,是否遵循了教学规律、贯彻了教学原则,整个教学过程的组织安排是否严密合理,教学过程是否有助于教学目标的达成,是否有效地促进了学生获得知识、形成能力、发展个性等等。

(5) 课堂组织管理。课堂组织管理是教学过程顺利有效进行的重要保证。教师还要善于反思课堂组织管理情况,包括是否有效地组织学生尽快投入到教学之中,是否运用多样化的教学手段调动学生学习的积极性,是否果断理智地处理了教学中的偶发事件,是否采用恰当的教学管理手段,是否营造了良好的学习气氛等等。

此外,教师还要对教学计划、教学策略、教学媒体的配置与使用以及教学评价等各种教学行为进行反思,以促进教学水平不断提高。

(二) 教学反思的方法

教学反思的方法方式多种多样,可以采用教学后记、案例写作、教育叙事、建立反思档案袋等形式进行个体反思,可以与同事交流与对话共同反思,也可以请专家学者定期进行指导,还可以由学校组织教师进行集体教学反思,也可以与兄弟学校交流等。教师常用的教学反思的方法主要有以下几种:

1. 教学日志

教学日志是教师每天把教学过程中的一些感触、思考或困惑记录下来,并在此基础上对其进行分析,以理清思路、提高认识、改进教学的一种手段和方法。在网络化飞速发展的今天,教学日志不限于书面形式,也可以通过开办自己的教育博客来完成。教学日志既可以作为自己的经验财富来收藏,也可以和同事朋友分享,彼此借鉴,寻求对话合作。

2. 案例写作

教学案例是包含问题或疑难情境在内的真实发生的典型性教学事件。教师可以通过对教学案例的写作与分析进行教学反思。教师在选择好教学案例的前提下写作时,要注意使教学案例符合故事的要求,要素齐全,情节生动,结构合理;论题要集中,主题要突出;要提出探讨的问题和解决问题的方法,并对解决问题的方法给予一定的评价。

3. 行动研究

行动研究就是实践者用科学的方法对实际问题进行系统研究,对教师而言,就是把自己在教育教学中遇到的实际问题作为研究的主题,与专家、学者及本单位的成员共同合作,系统研究,以解决问题的研究方法。一个完整的行动研究过程包括五个步骤:发现问题和界定问题;制订行动计划;积极验证,具体实施;反思和评价;撰写行动研究报告。

4. 教师成长档案袋

教师成长档案袋是教师代表性工作的集合,是教师对自己工作进程的记录,是教师对自己的成就、风格、态度、价值观等方面的描述,是教师特定的作品集,是教师专业成长的记录袋。可以说,教师成长档案袋就是教师工作和思想的博物馆。它是教师反思的引擎,它的建立有助于培养教师善于反思、勤于发现、乐于分享的学习习惯。

教师成长档案袋的内容主要包括教师个人基本信息及其分析、教师不同领域的工作进展情况。后者包含教师作为教学者、学习者、研究者、评价者所做的有生长性的文件和动态的过程记载,还包括静态作品的收藏。

教师成长档案袋的内容还有:教师的专业史;对自己的工作有推动作用的各种问题、事物;

为学生设计或实施不同的教学策略时所做的努力；与学生对重要问题及其相关背景的探索；与同事、教育管理部门或专家的专业合作；对专业资源或重要文献的分析与反思，等等。

教师要积极努力地构建个人成长档案袋，并借助档案袋获得自主的专业发展。学校要为教师建立成长档案袋提供帮助，并恰当利用档案袋评价教师。

综合练习题

一、选择题

1. ______是学校实现教育目的的基本途径，它在学校教育工作中处于十分重要的中心地位。

A. 教学　B. 课外活动　C. 社会实践　D. 生产劳动

2. 教学最基本的任务是使学生______，其他几项任务都要在完成此项任务的同时完成。

A. 掌握“双基”　B. 发展智能　C. 形成良好品德　D. 身心健康

3. 在教学活动中，学生主要是通过学习______来认识世界的。

A. 直接经验　B. 间接经验　C. 个体经验　D. 他人经验

4. 教学活动中，学生主要是在______的过程中获得发展的。

A. 认识　B. 合作互动　C. 情感体验　D. 探索研究

5. 教学过程的中心环节是______。

A. 感知教材　B. 理解教材　C. 巩固知识　D. 运用知识

6. ______原则既是“教学永远具有教育性”这一客观规律的反映，又是我国社会主义教育目的的必然要求。

A. 目标定向　B. 理论联系实际

C. 科学性和思想性统一　D. 因材施教

7. 孔子提倡的“不愤不启，不悱不发”，《学记》强调的“导而弗牵，强而弗抑，开而弗达”，都体现了______教学原则。

A. 直观性　B. 巩固性　C. 循序渐进　D. 启发性

8.《学记》要求“学不躐等”、“不凌节而施”，是______教学原则的体现。

A. 因材施教　B. 启发性　C. 理论联系实际　D. 循序渐进

9. 孔子曾经强调“学而时习之”、“温故而知新”，俄国教育家乌申斯基认为“复习是学习之母”，这些思想反映了______ 教学原则的基本要求。

A. 理论联系实际　B. 循序渐进　C. 巩固性　D. 直观性

10. 坚持统一要求和个别指导结合，“让能飞的飞起来，能跑的跑起来，能走的走起来”，使每个学生都能在原有的基础上得到最佳发展，这是______教学原则的基本要求。

A. 循序渐进　B. 理论联系实际　C. 启发性　D. 因材施教

11. ______教学思想的核心不在于多问少问、多讲少讲、多练少练，而在于问、讲、练的过程中是否重视教学中教师的主导作用和学生的主体作用的统一，是否重视调动学生学习的积极性、主动性，是否活跃学生的思想和发展学生的能力。

A. 探究式　B. 体验性　C. 启发式　D. 注入式

12. ______是教师运用语言（主要是口头语言）系统连贯地向学生传授知识、发展学生智力的方法。它是教学中最常用的教学方法。

A. 讲授法　B. 讲解法　C. 讲读法　D. 讲演法

13. 根据教师提出的问题，让学生在全班或小组中交流个人的看法，进行相互学习的教学方法是______。

A. 谈话法　　B. 讨论法　　C. 练习法　　D. 读书指导法

14. ______可归类于以直观感知为主的教学方法。

A. 实验法　　B. 实习作业法　　C. 参观法　　D. 情境教学法

15. 目前，世界各国普遍采用的最基本的教学组织形式是______。

A. 个别教学　　B. 班级授课制　　C. 分组教学　　D. 现场教学

16. ______是课堂教学的特殊组织形式。

A. 课外辅导　　B. 道尔顿制　　C. 复式教学　　D. 特朗普制

17. 我国中小学教学实践中长期以来普遍采用的教学模式是______。

A. 传递—接受式　　B. 自学—指导式

C. 探究—发现式　　D. 情境—陶冶式

18. 教学工作实施的中心环节是______。

A. 备课　　B. 上课　　C. 作业的布置与批改　　D. 课外辅导

19. 课堂教学组织工作贯穿于一堂课的全过程，每一位教师必须具备基本的______技能。

A. 教学设计　　B. 导入新课　　C. 组织教学　　D. 结束教学

20. ______是教师在黑板上运用文字线条、图形等图文并茂的形式表述教学内容，帮助学生学习的一种辅助教学手段。它是课堂教学中重要的信息交流方式之一，是教学思路和教学内容的浓缩。

A. 教学挂图　　B. 教学语言　　C. 教学板书　　D. 教学媒体

二、简答题

1. 什么是教学？教学的作用体现于哪些方面？
2. 教学任务的确定受哪些因素制约？我国中小学教学的基本任务是什么？
3. 什么是教学过程？教学过程有哪些规律？
4. 教学过程一般可以分为哪几个阶段？它们间的关系如何？
5. 什么是教学原则？我国中小学常用的教学原则有哪些？
6. 什么是教学方法？它的产生和发展受哪些因素的制约？
7. 什么是教学组织形式？它在教学中的意义何在？
8. 班级授课制有哪些优缺点？该如何改进？
9. 什么是教学模式？它包含哪些基本构成要素？常用的教学模式有哪些？
10. 综合课的结构一般包括哪些组成部分？
11. 一堂好课应该达到哪些基本要求？
12. 什么是教学技能？教师应该具备哪些基本教学技能？
13. 组织课堂教学的全过程从哪些方面着手？
14. 什么是教学反思？教师为什么必须具备教学反思技能？教学反思的内容和方法有哪些？

三、论述题

1. 试述学校工作为什么必须“以教学为主，全面安排”。
2. 试述教学过程的各条规律。
3. 试结合实际论述每项教学原则的含义、制定依据和贯彻要求。

4. 试用所学的教学过程和教学原则的理论分析一节课的得与失。
5. 谈谈你对“教学有法，而无定法，贵在得法”的理解。
6. 中小学常用的教学方法有哪些？试述它们的特点和运用要求。
7. 试述各种教学模式的特点和功能。
8. 试述应该如何做好每个教学基本环节的工作。
9. 试述五种教学技能及其基本要求。

第十章 德　　育

本章学习指导

1. **识记**：德育、德育过程、德育原则、德育方法的概念。
2. **理解**：德育的意义，中小学德育的任务和内容，理解和掌握德育过程主要矛盾及四个基本规律，理解和掌握德育原则的含义、制定依据和贯彻要求，明确中小学德育的主要途径及其各自的特点，理解和掌握我国中小学常用的德育方法的运用方式与要求。
3. **应用**：能初步综合运用德育的基本理论分析或解释一些教育现象。

第一节 德育概述

一、德育的概念

德育是思想品德教育的简称，是教育者根据一定社会的要求和受教育者思想品德形成的规律，有目的、有计划、有组织地对受教育者施加教育影响，以便使受教育者形成教育者所期望的思想品德的教育活动。一般来说，德育包括三个方面：政治教育，即政治方向和态度的教育；思想教育，即世界观和方法论的教育；道德教育，即行为准则和道德规范的教育。其中道德教育是基础，政治教育是灵魂，思想教育是指导行为的动机力量，三者相互联系，共同构成一个德育整体。

社会的思想品德与受教育者个体的思想品德是两个既有区别又有联系的概念。前者是一种社会现象，是社会存在的反映；后者是一种个体现象，是具体人的世界观、人生观和道德品质。德育的实质就是教育者按照受教育者思想品德形成的规律，有意识地把一定社会的思想观点、政治方向和态度以及道德规范转化成为受教育者个体的思想品德的教育。

德育是人类各个社会共有的教育现象，在阶级社会里德育具有阶级性。在我国社会主义学校里，对学生进行思想品德教育，是我国社会主义教育的根本任务之一，也是社会主义市场经济体制下对学校德育的必然要求。

二、德育的意义

自人类出现学校教育以来，任何阶级的学校，无不重视对学生进行德育。纵观古今，横看当代，任何一个阶级在学校教育中无不通过德育将其思想意识、政治观点和道德规范灌输给受教育者。我们党和国家历来十分重视对年青一代的思想品德教育，尤其是在我国改革开放和建立社会主义市场经济体制的新形势下，进一步加强了对青少年学生的德育工作。中共中央先后下发了《关于进一步加强和改进学校德育工作的若干意见》、《中学德育大纲》、《小学德育纲要》、《关于适应新形势进一步加强和改进中小学德育工作的意见》、《关于进一步加强和改进未成年人思想道德建设的若干意见》等一系列改革和加强学校德育工作的文件。认真学习党和国家颁发的关于学校德育工作的纲领性、指导性文件，深刻认识学校德育工作在社会主义现代化建设事业中的地位和作用，对加强和搞好德育工作具有十分重要的现实意义。

（一）加强德育是促进社会主义物质文明和精神文明建设的重要条件

我国现阶段的根本任务是进行社会主义现代化建设，而物质文明建设和精神文明建设是社会主义现代化建设的两个重要方面。我国学校是培养现代化建设人才的场所，德育作为培养人才之首要，是精神文明建设的重要组成部分，同时又贯穿于物质文明的建设之中。

社会主义精神文明建设的根本任务，是适应社会主义现代化建设和市场经济发展的需要，培养有理想、有道德、有文化、有纪律的社会主义公民，提高整个中华民族的思想道德素质和科学文化素质。精神文明建设主要包括两方面的内容：一个是思想道德建设，一个是科学文化建设。由此可见，学校德育是社会主义精神文明建设的重要组成部分，是社会主义精神文明的主要内容。加强学校的思想品德教育工作，用共产主义思想道德来教育年青一代，创造一个良好的育人环境，努力带动社会风气的好转，从而有力地推动社会主义精神文明建设的发展。

物质文明是指人们改造自然界的物质成果，表现为人们物质生产的进步和物质生活的改善。在社会主义物质文明建设中，大力提高劳动者的科学技术文化水平，不断提高劳动生产率是首要任务。而人作为生产力中最积极、最活跃的因素，是否愿意为社会创造更多的物质财富，以此推动社会主义经济的发展，其世界观、人生观、价值观和职业道德对生产力的影响极大。德育是通过培养劳动者一定的品德而作用于社会生产的。加强德育以提高劳动者的思想觉悟，就能调动劳动者的生产积极性，推动经济的发展。在现今社会，加强德育，培养和形成人们与现代生产和商品经济发展相适应的科学精神、民主法制观念、社会责任感和集体协作意识，就能促进现代生产和现代商品经济的发展。因此，德育具有为经济服务的功能，加强德育对物质文明建设具有重要意义。

（二）加强德育是促进青少年学生健康成长的需要

青少年学生是祖国未来的建设者，是中国特色社会主义事业的接班人。他们的思想道德状况如何，直接关系到中华民族的整体素质，关系到国家的前途和民族的命运。高度重视对下一代的教育培养，努力提高青少年学生的思想道德素质，是我们党和国家事业后继有人的重要保证。青少年学生的思想品德不是先天就有的，也不是自发形成的，而是在社会生活条件的影响下，特别是在学校教育的影响下，在实践活动中形成和发展起来的。青少年学生正处在身心发展的时期，也是树立科学的世界观、人生观和形成正确的政治观点的重要时期，具有很强的可塑性。所以，在市场经济条件下，必须加强中小学生的德育工作，提高他们辨别是非、抵制错误思想影响的能力，保证他们的思想品德沿着正确的方向健康成长。

（三）加强德育是实现教育目的的重要保证

德育集中反映了一定社会的政治经济制度的要求，决定着学校教育的性质和方向，为维护和巩固一定阶级的利益服务。因此，任何国家的学校教育都非常重视德育，并把德育放在首要位置，这是学校教育的一条重要规律。

我国的教育目的是培养德智体美劳全面发展的社会主义建设者和接班人。为了实现这一目的，必须对学生实施全面发展的教育。德育作为全面发展教育的重要组成部分，在全面发展教育中居于首要地位，是我国社会主义学校性质和方向的根本保证，对学生的发展起着保证方向、塑造灵魂、提供动力的重要作用。我们培养的人才，不仅要有健康的身体，具备现代生产所必需的知识、才能，而且还必须具有社会主义的觉悟和坚定正确的政治方向，有为社会主义现代化建设服务的思想和志向，要立志为我国社会主义现代化建设贡献自己的力量。因此，学校教育工作必须五育并重，德育为首。也只有加强了德育，为学生的全面发展提供了精神动力，使他们树立了正确的政治方向，培养了他们崇高的理想和共产主义的道德品质，他们才能够正确地处理人与人之间、个人与社会之间的关系，自觉地按照党和国家的要求发展并完善自己，最大限度地发挥自己的聪明才智，为现代化建设做出贡献。

德育对全面发展教育中的其他各育起着重要的促进作用。在全面发展教育中，德育是方向，指导并激励着其他各育的发展。因此，只有搞好了德育，才能把社会主义现代化建设对年青一代的要求转化为受教育者内心的要求，转化为他们学习和其他一切活动的动机，使他们更好地按照社会发展的要求来发展自己，促进智、体、美、劳各方面的发展。因此，加强德育，是保证学校的社会主义性质、实现教育目的的重要保障。

（四）加强德育是促进社会政治、经济、文化的发展和维护社会稳定的根本保障

加强德育，倡导与传播一定社会所需的思想、意志与道德观念，使人们形成适应社会发展的观点、态度和行为习惯，以此促进社会政治、经济、文化的发展。随着社会的发展，德育的这种影响作用愈来愈强烈。尤其是现代社会，德育已不是消极适应社会的变化，它不仅要随着社会的变化而变化，而且要站在时代的前面，引导人们观念的变革，积极主动地传播与社会变革相适应的新观念、新规范，推动社会向前发展，推动社会的变革及科学技术、商品经济和文化的发展。

德育在一定程度上具有维护社会稳定的功能。在不同时期，不同社会的统治阶级总是通过制订一定的思想道德标准来规范人们的行为，利用德育协调各种社会关系，调整和改善人们的社会生活方式、政治与经济制度，通过一定的途径，采取一定的措施，向年青一代灌输其阶级意志，约束他们的思想行为，从而达到保证其统治地位、稳定社会大局的目的。因此，加强德育，是维护社会稳定的根本保障。

三、德育的任务

德育的任务是指通过学校的思想品德教育，在学生思想品德发展方面应当达到的基本要求和总规格。我国中小学德育要完成三个方面的基本任务。

（一）培养学生具有坚定正确的政治方向、辩证唯物主义的世界观和共产主义的道德品质

政治方向表现为一个人的政治观点和政治立场，是德育中最重要的内容。我国学校德育必须教育学生把坚定正确的政治方向摆在首位。在政治方向上要培养学生具有鲜明的无产阶级立场，教育他们要坚持四项基本原则，树立为建设社会主义现代化强国而艰苦奋斗的精神，要使他们能够在复杂的环境中坚持社会主义方向，坚持改革开放，成为全面发展的社会主义现代化的建设者和接班人。

世界观是人们对世界的根本看法。科学的世界观就是辩证唯物主义世界观和历史唯物主义世界观。科学世界观的形成是一个长期而艰巨的任务。青少年学生正处在世界观的形成和发展过程中,学校德育要为年青一代形成科学的世界观打好基础。因此,要教育学生认真学习马列主义、毛泽东思想和中国特色社会主义理论,努力学好科学文化知识,正确地认识世界,并在改造客观世界的过程中改造自己的主观世界,逐步形成科学的世界观。

道德品质是指个人根据一定的道德规范行动时表现出来的经常而稳定的倾向和特征。我国学校应该培养学生具有共产主义的道德品质,使学生理解并自觉遵守爱祖国、爱人民、爱劳动、爱科学、爱社会主义的社会公德,培养他们具有高尚的道德情操和各种文明行为习惯,从根本上提高他们的道德素质。

(二) 培养学生具有道德思维、道德评价能力和自我教育能力

培养学生的道德思维能力,就是要发展学生对各种人际关系、思想关系、道德关系进行观察、比较、分析、综合、抽象、概括的能力,教给学生正确的道德思维方法,使他们学会科学地看待政治、社会、人生等问题,正确地理解道德的社会意义和共产主义道德规范。

培养学生的道德评价能力,就是要培养学生自觉地运用正确的道德准则和道德规范,从缭乱的各种道德行为中评判是非、善恶、美丑的能力。

学生思想品德的形成是通过教育和自我教育实现的。自我教育是受教育者为了形成良好的思想品德而自觉进行的思想转化和行为控制活动。培养学生自我教育的能力,就是要培养学生自觉地在社会主义和共产主义道德规范指导下,具有自我认识、自我激励、自我监督、自我改正、自我评价等能力,从而形成自我修养、自我学习、自我陶冶、自我改造等习惯。

(三) 培养学生具有良好的个性心理品质

心理品质在人的素质结构中占有重要的地位,并且同人的思想品德有着密切的联系。现代教育的一个重要趋势和学校德育工作的重要任务之一,就是有计划地促进学生的心理健康,培养学生良好的个性心理品质,使学生具有自尊自爱和开拓进取的品格、健康积极的情感、乐观开朗的心境、勇敢顽强的意志以及适应环境的能力、自我控制的能力,促进学生各种心理素质得到和谐的发展。

四、德育的内容

德育的内容是根据一定社会政治、经济、文化的要求,以及德育的任务、受教育者的年龄特点、受教育者道德发展水平而确定的具体道德价值、道德规范及其体系。

(一) 确定德育内容的依据

德育的内容,不是凭教育者的主观愿望所决定的,而是有客观依据的。社会存在决定社会意识,作为反映政治经济制度并为政治经济制度服务的德育,其内容必定受一定社会的政治经济制度制约,总是从不同的角度去反映一定社会政治经济制度的要求。确定德育内容的依据,主要有以下三个方面:

1. 教育目的和德育的任务

教育目的和德育的任务决定德育内容的性质和方向。德育内容是为达到教育目的、实现教育任务服务的。要培养什么样的人,要使受教育者的思想品德达到什么样的要求,就要选择

和确定与之相适应的德育内容。我国的教育目的和新形势下德育的任务决定了我国中小学德育的内容主要为由政治方向、世界观和道德品质三个方面组成的完整的德育内容体系。

2. 学生的年龄特征

学生的身心发展特点和年龄特征决定了德育内容的深度和广度。德育的对象是正在成长发展中的青少年学生，不同年龄阶段的学生在身心发展上具有不同表征。所以，在确定中小学德育内容时，要在深度和广度上有所区别、有所侧重，应遵循前后一致、螺旋上升、由浅入深、由易到难、由简单到复杂、由具体到抽象、循序渐进的规律，将内容的相对稳定性和教育的连续性结合起来。

3. 当前形势和学生的思想实际

当前形势和学生的思想实际决定了德育内容的针对性。不同的时期、不同的形势，党的政策方针会随着政治经济的发展变化而有所侧重，因而德育的内容也应与之相适应。学生的思想是社会现实的反映，形势的变化也将引起学生思想的变化。因此，针对当前社会形势和学生的思想实际进行形势任务和时事政策教育，也是德育的一项重要的、经常性的内容。学生所处的具体情况不同，对待学习、生活等都会有各自不同的思想反映，因而应当根据学生的思想状况来研究德育内容。

德育内容既有稳定性、完整性，又有可变性、针对性。一般来说，既要根据教育目的、德育任务和学生的年龄特征来确定相对稳定的、完整的德育内容，又要根据当前形势和学生的思想实际有所侧重地选择德育内容，以便有针对性地对学生进行德育，以保证德育工作取得实效。

（二）德育的基本内容

1. 马列主义、毛泽东思想、邓小平理论教育

马列主义、毛泽东思想、邓小平理论是无产阶级科学的世界观和方法论，是我们党的思想基础和行动指南，是我们认识世界和改造世界的思想武器，也是社会主义学校德育的核心内容。要使学生具有坚定正确的政治方向、共产主义的理想、高尚的道德品质，最根本的措施是要他们掌握马列主义、毛泽东思想和邓小平理论。青少年学生只有掌握了马列主义、毛泽东思想、中国特色社会主义理论，才能正确地分析和解决社会主义市场经济下社会生活中遇到的各种新问题，正确地认识个人与社会的关系，提高自己的思想觉悟，在自觉改造客观世界的同时改造自己的主观世界。

2. 爱国主义和国际主义教育

爱国主义是数千年来形成并世代相传的对自己祖国的深厚情感和热爱态度。爱国主义是一个国家和民族的强大的凝聚力。它集中表现为民族自尊心和自豪感，它鼓舞着人们为祖国的独立和尊严、团结和统一、繁荣和富强贡献自己的一切，它是一个国家和民族发展的不竭动力。

国际主义是指人们对世界人民、对全人类及其科学文化和思想精神的热爱之情。它既是人类爱心的表达，也是鼓励人们维护和平、追求进步、主张正义的精神动力。

学校德育应当重视和加强对学生进行爱国主义和国际主义教育，培养学生具有爱国主义和国际主义精神，使他们把自己的学习和生活与祖国的前途命运联系起来，奋发学习，为把我国建设成为一个强大的社会主义国家及世界和平而努力。

3. 集体主义教育

集体主义是共产主义道德品质的核心。集体主义教育是用集体主义精神教育学生，使学生逐步形成集体观点和群众观点，培养关心集体、助人为乐的情感以及在集体中生活和工作的能力与习惯的教育。

4. 理想教育

理想是人们对生活目的和奋斗目标的向往与追求，是创造生活、创造历史的精神支柱和前进动力。理想是青少年学生对美好未来的向往和追求，是他们努力学习的动力和形成正确人生观、世界观的起点。对青少年进行理想教育，就是要引导学生树立远大的共产主义理想，给他们以前进的正确方向和巨大力量，为形成正确的人生观和科学的世界观打好基础。

5. 社会公德和文明行为教育

社会公德是人们在长期的社会生活中形成的调节社会公共生活的道德规范。它主要依靠社会舆论、传统和习惯的力量来调节人与人、人与社会之间的关系，规范人们的行为。社会公德的状况体现着一个社会的文明程度。对学生进行社会公德、文明行为教育，就是教育学生无论是在学校、家庭还是在公共场所都要遵守社会公德和文明行为。要教育学生尊重教师，尊老爱幼，爱护公共财物，忠诚老实，团结友爱，严于律己，具有正义感，使学生养成助人为乐、见义勇为、热爱劳动、勤俭节约、艰苦奋斗的品德和作风。要教育学生从小做起，从自己做起，遵守社会公德，养成各种文明的行为习惯，健康成长。

6. 劳动教育

劳动是人类最基本的活动，是人类社会赖以生存和发展的基础。劳动教育是我国全面发展教育的重要组成部分。劳动教育就是对学生进行热爱劳动、热爱劳动人民、养成劳动习惯的教育。

7. 社会主义民主和法制教育

社会主义民主和法制教育是社会主义现代化建设的需要。它是指用社会主义民主和法制的基本知识教育学生，使他们了解和执行社会主义公民的权利和义务，增强法制观念，养成自觉遵守法律的行为和习惯。

8. 自觉纪律教育

纪律是指人们严格遵守社会或集体规定的规章制度、命令及条例的行为表现。没有纪律，集体就不能从事有秩序的、有效率的活动，没有纪律的保证，学校就不可能取得教育和教学的实际效果。自觉纪律教育是指教师用社会主义国家和集体的纪律教育学生，使其养成自觉遵守纪律的好习惯、好思想、好品质。

9. 荣辱观教育

荣辱观是世界观、人生观、价值观的重要内容。树立正确的荣辱观是社会文明的重要标志，也是经济社会顺利发展的必然要求。胡锦涛总书记指出，社会风气是社会文明程度的重要标志，是社会价值导向的集中体现。在我们的社会里，是非、善恶、美丑的界限绝对不能混淆，坚持什么、反对什么，倡导什么、抵制什么，都必须旗帜鲜明。要在全社会大力弘扬爱国主义、集体主义、社会主义思想，倡导社会主义基本道德规范，促进良好社会风气的形成和发展。广大青少年要树立社会主义荣辱观，坚持以热爱祖国为荣，以危害祖国为耻；以团结互助为荣，以损人利己为耻；以服务人民为荣，以背离人民为耻；以诚实守信为荣，以见利忘义为耻；以崇尚科学为荣，以愚昧无知为耻；以遵纪守法为荣，以违法乱纪为耻；以辛勤劳动为荣，以好逸恶劳为耻；以艰苦奋斗为荣，以骄奢淫逸为耻。

10. 心理健康和个性发展教育

现代德育认为，人的德性与人的心理素质和人格特征有关。因此，要想使青少年一代具有良好的思想品德，就要通过多种方式对不同年龄层次的学生进行心理健康教育和指导，帮助学生提高心理素质，健全人格，增强承受挫折、适应环境的能力。

第二节 德育过程

一、德育过程的概述

德育过程就是教育者根据一定社会的德育要求和受教育者思想品德形成的规律，对受教育者施加有计划、有目的、有组织的影响，并通过受教育者内部心理的矛盾运动，使受教育者逐步形成教育者所期望的思想品德的过程，也就是把一定社会的行动准则和道德规范转化成为受教育者个体的思想品德的过程。

德育过程的这一概念，包含了以下相互联结的几个意思：

(1) 德育过程是教育者对受教育者施加影响的过程，因而教育者和受教育者就成为这一过程的两个基本因素。那么，施加影响的内容、活动及方法，就成为两者之间传递的中介。在德育过程中，教育者代表社会对受教育者提出一定的德育要求，塑造其品德，因而是教育活动的主体，起着主导作用。受教育者即教育对象，具有教育客体和教育主体的双重性质。作为客体，受教育者接受教育者传授的思想观点和道德规范，实现教育者的德育要求；同时，受教育者又是具有主观能动性的主体，有着强烈的自我意识和思维评价能力，不是消极地接受灌输和影响，而是通过自身的认识、体验和实践最终形成一定的品德。因此，教育者必须认识到受教育者的这种双重身份，善于把自己的主导作用和受教育者的主体地位统一起来。而教育者对受教育者施加影响必须借助于德育内容和德育方法的中介作用才能实现，德育内容、德育方法乃至教育者自身，在德育过程中都被看成教育手段。由于教育者的人格、情感、意志以及言谈举止等都是影响受教育者的因素，因而在德育过程中，教育者和教育手段是融为一体的。德育过程的各个要素，都有各自的特殊地位和作用，相互间存在着复杂的联系。德育过程的理论，就是要研究如何处理好各因素之间的关系，以便教育者、受教育者、德育内容和方法以及教育活动取得最佳的配合。其中必须要处理好教育者与受教育者之间的关系，才能取得最佳的教育效果。

(2) 德育过程是有目的、有计划、有组织地进行的，因而它区别于环境对人的盲目的、自发的影响过程。在这一过程中，有教育者的组织、管理、监督和指导，影响学生思想品德的因素是可以调控的。

(3) 德育过程和学生思想品德形成过程是两个不同的概念，它们之间既有区别，又有联系。德育过程是教育者对受教育者施加影响的过程，是双边活动；而思想品德形成过程是指个体的人接受外界影响，经过自我消化，形成个人品德的自我发展的过程，是单独的活动。前者表现为教育者所掌握的社会要求的道德规范同受教育者原有的思想品德基础之间的矛盾，而后者则表现为外界复杂的信息影响与个体内部思想品德基础的矛盾，它们之间是教育与发展的关系。

两者又有密切的联系。德育过程是教育者培养受教育者思想品德的过程，因此就要考虑受教育者思想品德形成的规律，将社会的需要同受教育者品德发展的要求相适应，德育和个体的思想品德形成过程相适应才能产生最佳效果，也就是说，学生思想品德的形成、发展离不开教育者的教育，而教育要遵循学生思想品德形成、发展的规律。

(4) 德育过程的主要矛盾是教育者提出的德育要求同受教育者现有道德水平之间的矛盾，这一主要矛盾是思想品德教育的基本动力，贯穿于德育工作的全过程。教育者向受教育者提出的每一项道德要求，总是与受教育者原有的道德水平出现差异，差异即矛盾。在教育者的指导下，受教育者调整自己的认识、情感、意志和行为方式，使自己的思想道德水平和行为达到一个新的高度，与教育者的要求相统一。当教育者的教育要求转化为受教育者的思想观点和行为习惯，即实现了德育任务，这时矛盾得到了解决。当教育者再次提出新的德育要求，与受教育者的道德水平之间又构成新的矛盾，便又开始了新的教育过程。在这一矛盾转化过程中，教育者要施加教育影响，要经过受教育者的积极活动，经过受教育者的内部矛盾斗争有选择地接受、内化，继而外化为行为。教育者要将社会的思想意识和道德要求转化为受教育者个体的思想意识和道德要求(内化)，然后受教育者在教育者的指导下，将个体的思想意识和道德需要转化为行为习惯(外化)，形成个人的思想品德。

(5) 德育过程的主要矛盾决定了德育过程不同于教学过程，它们之间既有联系，也有区别。德育教育过程与教学过程都是实现教育目的、培养全面发展的新人的重要途径，因而两者的任务和活动有一致而重合的部分，也有互相联系、互相渗透的一面。但它们的任务和活动又各有侧重和特点，因此是两个相对独立的过程。教学过程是教师引导学生掌握知识、认识客观世界的过程，其本质是帮助学生认识世界，发展学生的认识能力。因此，它主要是解决学生认识世界和改造世界的能力问题。而思想品德教育过程是提高学生的道德认识、丰富学生的道德情感、锻炼学生的道德意志、培养学生的道德行为习惯的过程，其本质是把一定社会的思想准则和道德行为规范转化为受教育者个体的思想品德。因此，它主要是解决学生对客观事物的主观态度问题。德育过程和教学过程都必须注意知与行、理论与实践的统一，但德育过程要着重于行，它主要是调节人们的行为规范，其形成离不开实践，培养的着眼点在于知转化为行。教学过程中，情感因素主要表现为学生的兴趣、爱好和好奇，这些因素对掌握知识有很大的影响，但不起直接作用。而在德育过程中，情感的力量能够转化为学生的直接心理动力以影响个性发展方向。

综上所述，一个完整的德育过程应包含相互作用的“四个要素”、紧密相连的“三个阶段”和缺一不可的“两次转化”。第一阶段，教育者将一定社会的道德要求灌输给受教育者，受教育者根据需要选择地接受并内化为个体的品德意识。第二阶段，受教育者个体头脑中的品德意识形成动机，支配调节行为，反作用于社会的道德要求，外化为个体品德。第三阶段，在教育者和受教育者的共同努力下，将个体品德行为所产生的社会效果通过反馈联系和行为判断，进一步调节个体行为，产生反馈过程，出现教育者对受教育者的再教育，意味着新的过程的开始。

二、德育过程的规律

德育过程的规律是德育过程中各要素之间以及各要素内部诸方面之间所具有的本质联系，具体可概括为以下几点：

(一) 德育过程是培养学生知、情、意、行的统一过程

德育过程是培养学生品德的过程，而学生的品德心理结构又由道德的知、情、意、行四个因素构成，各要素之间是按一定方式相互影响、相互促进的。只有当这四个心理要素都得到相应

的协调发展时，个体的品德才能形成，这是品德形成和发展的心理规律。所以德育过程就是培养学生知、情、意、行的过程。

知，即道德认识，是人们对社会准则和道德规范及其意义的理解和掌握，是对是非、善恶、美丑的认识和评价，以及在此基础上形成的道德观念、信念和相应的评价能力。知是思想品德形成过程中一个重要的环节。要使学生形成某种思想品德，首先要解决知的问题。“知者不惑”，它是学生形成个体思想品德的基础。因此，德育过程经常是从提高学生的道德认识开始的。

情，即道德情感，是人们根据一定的道德标准对客观事物作是非、善恶、美丑判断时所表现的爱憎好恶的情感体验和态度。感人心者，莫先乎情。情感是认识与行动的纽带和桥梁，它使道德知识的教与学变得容易，使道德意志更加坚强，使道德行动变得自觉。道德情感是使道德认识转化为道德行为的内部力量，因为学生提高了道德认识，并不一定有相应的道德行为。只有当学生对道德认识有了强烈的情感共鸣时，才能产生巨大的力量，推动他们把道德认识升华为道德信念并进而转化为道德行为。因此，情在学生思想品德形成和发展中起着动力作用。

意，即道德意志，是指人们为实现道德目的、践行道德行为过程中所做出的自觉而顽强努力的心理品质，它是一种毅力和自我控制能力。人们在实践道德义务中，必然会遇到许多困难和阻力，如果没有坚强果敢的道德意志，就不会产生道德动机，就可能畏缩不前、半途而废。一个人只有具备了坚强的道德意志，才能始终不渝地改造自己的思想品德，即使在条件十分困难或无人监督时，仍能自觉实践自己的道德信念。意在学生思想品德形成和发展中是一种调节行为的精神力量。

行，即道德行为，是人们在道德规范的支配和调节下，在行动上对他人和社会做出的反应，是道德认识、道德情感、道德意志的集中表现，是一个人思想品德的外在标志。所以衡量一个人的思想品德的高低和道德品质的好坏的主要标志，不是看他的认识水平高低，而是看他的行为是否高尚，是否符合社会的要求。可见，行在思想品德形成过程中是关键的。

综上所述，德育过程就是培养学生道德认识、情感、意志和行为，由不适应到适应和由不平衡到平衡的矛盾运动过程。在这一过程中最主要的是知与行，而行又是道德的主要特点。但如何使道德认识变成道德行为，还需要情感和意志的作用为桥梁。认识要成为信念，离不开情感的作用；行为要成为习惯，没有意志的作用是达不到目的的。在实际工作中，知、情、意、行的培养是密不可分的，没有知，就不能区分是非、善恶、美丑，形不成正确的道德情感，更不会产生坚强的意志而去克服内外困难，行也就迷失了方向，产生盲目性；没有情，知难以发展成信念，意和行便缺乏内在动力；没有意，知容易动摇，情难以控制，行难以坚持；没有行，知、情、意都无法表现和检验，也难以发展。这四者是相辅相成的关系，因此，对学生进行德育工作要晓之以理、动之以情、导之以行、持之以恒，这样才能最有效、最巩固地培养学生的品德。

学生思想品德的形成，通常以知为开端，由道德认识进而产生道德情感，终而引起道德动机和道德行为。但由于知、情、意、行各因素的相对独立性及发展方向和水平的不平衡性，德育过程具有多开端性。学校德育工作就要根据学生的实际情况，选择最需要、最迫切和最能奏效的方面作为开端，或从提高认识人手，或从激发情感开始，或以锻炼意志、训练行为作为开端。

（二）德育过程是促进学生思想品德内部矛盾积极转化的过程

德育过程是把社会的行为准则和道德规范转化为学生个体的思想品德的过程。把外部的教育影响转化为学生自身的思想品德，是一个由外向内转化的过程，外因必须通过内因而起作用，即必须通过学生思想内部的矛盾运动和学生的自我教育而起作用。学生的思想品德内部矛盾，就思想品德的心理要素看，有知与不知、正确认识与错误认识、健康情感和不健康情感、认识和意志、知和行的矛盾等；从社会内容看，有先进和落后、真善美和假恶丑等矛盾；从内部和外部看，有个人需要和社会需要、个人原有思想品德和社会发展的要求等矛盾。这些矛盾错综复杂，交织一起，并互相转化，概括起来，就是教育者提出的德育要求与受教育者现有思想和道德发展水平之间的矛盾。这个矛盾成为推动学生思想品德发展变化的内部动力。一个学生的思想品德的形成和发展，都必须经过他的思想内部的矛盾斗争和积极转化。在德育过程中，学生的思想内部矛盾，不会自然而然地向积极方面转化，这种转化需要教育者的主导作用和学生主观能动性的结合。教育者要促使学生的思想矛盾的转化，就必须重视发挥学生的主观能动性，培养学生自我教育的能力。教育者要及时而恰当地运用思想品德发展的内部矛盾运动规律，引导、启发、加速受教育者自己的运动，让他们自己发现矛盾，自己分析矛盾，以实现将社会需要转化为自己的需要，使他们的思想品德的形成得到发展，即学生思想内部道德环境的形成。作为一种内部道德环境，思想品德就具有了相对的独立性，并转化为一种能动的自我教育力量。因为在已经形成的内部道德环境的影响下，可以形成新的更高的内部道德环境。人们从已形成的立场、观点和道德准则出发，对自己正在形成和产生的思想及行为作评价、选择，加以控制和调节，把自己推向更高的思想境界，自我认识、自我评价、自我控制进行得越经常、越深刻，人们的思想品德进步得越快。所以，德育过程是一个教育和自我教育相统一的过程。

在德育过程中，教育者必须充分研究学生的心理特点和状况，深入细致地分析学生的思想矛盾，研究促进思想矛盾转化的关键，针对不同的矛盾采取不同的方法，因材施教，促使学生内部道德环境的形成，把教育者的教育和学生的自我教育有机结合，只有这样，才能促进学生思想矛盾的转化，促进学生思想品德健康地形成和发展。

（三）德育过程是组织学生参加活动和交往的过程

人的思想品德是一定社会思想道德关系的反映。作为一种社会思想体系和意识形态，它是不会自动作用于人的，总是通过人们的活动和交往对人发生作用的。在活动和交往中社会思想体系和意识形态得到了传递，在活动和交往中人们才能掌握道德观念、形成道德行为习惯。因此，人的思想品德的形成是在参与社会和交往之中，并在活动和交往中体现出来的，在活动和交往中表现出对他人、对事物的关系，活动的行为方式受一定社会关系的道德准则调节。没有活动和交往，就没有人的思想品德的形成和发展。活动和交往是德育过程的源泉和基础。

教育过程的活动和交往，对学生思想品德的形成、发展起着积极的主导作用。学校的教学活动是主要活动，也是学生接受思想品德教育的主要活动。在教学活动中，学生与教师、学生与学生之间发生着各种关系，如对教师的尊重、同学间的团结互助。学生可以在活动中学会如何正确处理人与人之间的关系，学习各种道德准则和规范。学校德育还可通过各种课外、校外活动以及团队、班集体活动进行，这类活动具有较大的生动性、趣味性和灵活性，往往以一种易于接受的方式使学生获得思想上、情感上的感染，产生其他活动所不易产生的影响作用。

青少年学生思想品德的形成是多方面影响的结果，是在广泛的社会活动和交往中接受学校、家庭和社会影响的结果。在各种影响中，有的可能产生与现行社会相符合的思想品德，有的则可能产生相反的结果。学校德育具有可控性，那么，学校就要对各种客观影响做出选择和调节，积极引导、组织学生参加各种有益的活动和交往，并在活动中接受健康的、积极的影响，同时，注意组织学生参加一定的道德实践活动，使学生的思想品德在道德实践环境中形成、发展、完善并巩固下来。

（四）德育过程是一个长期的、反复的、逐步提高的过程

德育过程是逐步提高学生思想品德的渐进过程，是一个需要长期反复培养、实践的过程，是长期积累、反复教育的过程。

学生思想品德是在活动和交往的基础上，知、情、意、行从简单到复杂、从低级到高级、从旧质到新质的矛盾运动中发展的，也就是通过一次又一次的活动和交往，不断产生新的内部思想矛盾运动的螺旋上升的过程，即经过不断的教育和自我教育，逐步形成学生思想品德的过程。这种不断提高、螺旋上升需要经过长期的、反复的培养和教育。

学生思想品德的形成是知、情、意、行相应发展的过程。但四要素具有不稳定性和发展的不平衡性，因此，学生思想品德的形成需要诸因素的统一和谐的发展。而这四个因素形成、发展和巩固都不是一次性的结果，而是需要在活动和交往中逐渐地发展、巩固和提高。学生的道德认识要由不知到知、由知之少到知之多、由落后或错误认识到先进或正确认识，学生的道德情感要在提高道德认识的基础上，随着主客观情况的变化而不断得到巩固。学生的道德意志也要经过多次挫折、锻炼才能变得坚强，道德行为也要经过无数次的训练巩固才能变成相对稳定的道德行为习惯，即知、情、意、行的整体水平要在活动和交往中，经过无数次的思想斗争、发展、转化，不断调整其结构状态，才能达到新的水平。

学生思想品德中的消极因素，不是经过一次教育就能消失的，错误的思想认识、不良行为，不可能通过一次的批评惩罚就能改变，而是一个点滴积累、由量变到质变的渐进过程，只有持续不断地对学生进行长期反复的培养教育，才能逐渐提高其思想品德水平。

学生的思想品德是在学校、家庭和社会多方面教育影响下形成和发展的。环境的影响是复杂的，既有积极的、正确的，又有消极的、错误的。它们会同时作用于青少年学生身上，再加上青少年学生处于成长时期，思想不成熟，可塑性强，当正确的影响在学生思想品德发展中起主导作用时，他们的思想品德就会顺利地向前发展；当不良的思想风气干扰了正确的教育并处于支配地位时，就可能导致他们的思想品德发展的停止或倒退，出现小的或大的反复。同时，学生思想品德的形成要通过学生积极主动的努力，经过他们思想内部矛盾的斗争，特别是改造不良的思想品德，更需要学生新旧思想复杂的矛盾运动，甚至是多次反复的过程。

学生思想品德形成和发展的长期性、反复性和渐进性，决定了教育过程是一个长期的、反复的、逐步提高的教育与培养过程。根据这一德育规律，教育工作者应有计划、有组织地对青少年实施深入细致的教育工作，要循序渐进，善于反复抓、抓反复，坚持不懈，持之以恒，使学生的思想品德朝着社会所要求的方向健康发展。

第三节 德育原则

德育原则是学校和教师对学生进行德育所必须遵循的基本要求，是学校和教师在教育过程中处理普遍存在的基本矛盾和关系的基本准则。德育原则的制定要依据德育目标和德育任务，根据德育规律和青少年身心发展的特点，批判地吸收历史遗产和借鉴国外的有益成果，还

有德育实践经验的总结和概括。正确地理解和贯彻德育原则，对于提高德育的效果具有重要的意义。

我国学校德育的基本原则概括如下。

一、教育影响的一致性和连贯性原则

教育影响的一致性和连贯性原则，是指学校、家庭和社会各方面都要按照教育方针和德育目标的要求，统一步调，前后连贯地去教育、影响学生，以提高德育工作的整体效果。

教育影响的一致性和连贯性原则是德育过程中影响学生思想品德形成的多因素性和长期性所决定的。青少年学生不仅要在学校接受思想品德教育，而且还不断地受到家庭和社会的影响。如果各方面的教育影响不一致、互相矛盾，教育作用就会互相抵消，甚至使学生产生思想混乱和不良的品德行为。只有学校教育、家庭教育和社会教育密切配合，协调一致，形成教育合力，才能取得良好的效果。学生的观点、思想及行为习惯的形成和发展，都不是一朝一夕能实现的。培养、塑造新的思想品德，需要长期、反复的教育，克服、改造不良的思想品德，更需要经历斗争、醒悟、反复、改正、巩固这样复杂的过程。因此，教师对学生的要求只有连续不断、前后连贯，才能形成稳定的思想品德。

贯彻和运用这一原则的基本要求是：

第一，校内各方面的教育要求要保持一致和连贯。

学校中的团队组织、班主任、各科教师及一切工作人员都应在学校的领导下协调一致，形成统一的教育力量。学校要加强统一领导，制订教育措施，充分发挥各部门、各组织的教育作用。班主任是班级思想工作的骨干力量，要与任课教师保持密切联系，交流信息，研究学生的思想状况，统一要求，相互配合，充分发挥教师集体的教育作用。

第二，要做好德育各阶段、各层次间的衔接工作。

对学生的教育影响如果不连贯、不一致、前松后紧或时宽时严，不仅会使教育力量分散、教育影响抵消，而且还会造成学生思想上的混乱、行为上的矛盾。因此，要做好德育的衔接工作。一方面要把小学与初中、初中与高中、高中与大学、学期与学期之间的德育衔接起来；另一方面也要把因教育者的变动而产生的德育空白填补上，使前后衔接起来。只有做好德育的衔接工作，才能保证德育的前后一致性和系统连贯性。

第三，学校、家庭和社会对学生的教育要求要一致和连贯。

学校作为专门的教育机构，在统一和协调教育力量工作中要发挥主导作用。学校和教师要经常与家长保持联系，争取家长的配合和支持，共同教育好学生。学校和教师还要主动与社会有关团体加强联系，共同研究，协调对青少年的教育，使社会教育与学校教育相一致，逐步形成以学校为中心的学校、家庭和社会三结合的教育网络，为学生思想品德的形成和发展创造良好的环境和条件。

二、信任、尊重与严格要求相结合的原则

信任、尊重与严格要求相结合的原则，是指在德育过程中把对学生的尊重、热爱和信任与对学生的严格要求结合起来，使教师提出的合理要求易于转化为学生的自觉行为。

信任、尊重与严格要求相结合的原则集中反映了德育工作中教育者和受教育者双边活动关系的性质和特点，也是学生思想品德形成发展的客观要求。一定的道德品质不可能自发产生，必须通过一系列的严格教育和合理要求，并注意启发、引导、加速学生思想内部的矛盾斗

争，才能使他们的思想品德向社会需要的方向发展。严格要求还体现了教师对国家培养人才和对学生的高度负责，不能放任自流、误人子弟。再者，现代社会人与人之间的民主、平等、团结、友爱的新型关系，也要求教师必须尊重学生的人格，保护他们的尊严，信任他们的力量和能力，热情关怀他们的成长。这既是教师忠诚于教育事业的具体表现，又是教育好学生的前提。因此，严格要求与信任、尊重学生相结合，既是教师的神圣职责，也是教师的职业美德。

信任、尊重与严格要求是辩证的统一。严格要求是在信任、尊重的前提下提出的，严格要求本身包括了对学生力量的信任，表现了对学生的尊重。同样，只有当教师真诚地热爱、关心、信任、尊重学生时，才会向学生提出严格的要求，才能促进学生克服困难，自觉履行教师提出的要求，并在履行要求的过程中逐渐形成坚强的意志。和严格要求相结合的尊重、热爱，对学生是一种积极的鼓励力量，学生会因教师的尊重、信任而产生实现要求的内在动力，即转化为自我教育的力量。因此，德育过程中教师要严出于爱，爱中寓严，以爱动其心，以严导其行。正如苏霍姆林斯基所说，教育者最可贵的品质之一就是人性，对孩子的深沉的爱，兼有父母的亲昵的温存和睿智的严厉与严格的要求相结合的那种爱。

贯彻和运用这一原则的基本要求是：

第一，教师要严格要求学生。

教师对学生提出的要求应该是正确的、合理的、明确具体的。正确是指内容要符合教育方针和思想品德教育任务的要求。合理就是要做到严而有格，严而有理，要符合学生实际，即符合年龄特征和思想实际。要求太高，力所不及，无济于事；要求过急，欲速则不达；要求太低，不能调动学生进步的积极性。明确具体是指对学生的要求意义要明确，内容要具体。这样的要求才容易为学生所掌握，并见之于行动。对学生的要求还应有连续性、层次性，所提出的要求前后应一致，不可相互矛盾。当学生达到某阶段的要求后，要及时向他们提出新的更高的要求，把他们的思想品德引向新的高度。教师在提出要求之前要慎重考虑，要求一经提出，就要认真执行，坚持不懈地贯彻到底，绝不能迁就、姑息、放松要求。

第二，教师要热爱学生。

教师没有真诚的爱，就没有真挚的教育。教师只有热爱学生、关心学生，才能深入了解学生，才能产生教育好学生的强大动力。教师对学生真诚热爱，能赢得学生的尊敬和信赖，沟通师生之间的感情，为学生接受教师的严格要求并转变为相应的行动奠定情感的基础。教师对学生的爱谓之“教育爱”，是一种“给予爱”，只讲付出，不计报酬，教育爱应是一视同仁的，并且爱的层次与学生层次成反比，教育爱恰恰在对那些品行不良、学业不好、态度不恭的学生的教育中体现出来。因此，德育过程中教师要对学生无微不至地关怀，满腔热忱地爱护，使学生在这种教育爱的感化下受到深刻的影响。

第三，教师要信任学生。

教师信任学生是做好教育工作的基本前提。教师对学生的信任，不仅可以增强教师教育好学生的信心，还可以帮助学生树立起进取的信心，信任本身就是教育。教师应坚信学生都是积极向上的，人人都有荣誉感和上进心，即使再差的学生也不会例外。由于种种原因，有些学生的荣誉感和上进心被埋没，他们变得自暴自弃。对这样的孩子，最好的教育方法是运用教师真诚的信任和温暖去唤醒那沉睡的荣誉感和上进心，使他们在充满信任的气氛中按照教师的指引自我觉悟、自我完善。

第四，教师要爱护学生的自尊心。

自尊心是一种要求得到社会、集体和他人尊重的感情，也是学生积极向上的内在动力。教师要爱护学生的自尊心，每一句话、每一个教育要求和措施以及情感的控制和运用，都要利于激发和维护学生的自尊心，并把他们的自尊自强之心引向积极健康的方向，唤起他们对自己行为的责任感、荣誉感。特别是那些具有生理缺陷或家庭不幸以及屡遭挫折的学生，常常会表现出异常的心理和情感。如生理残疾的学生最反感同学的玩笑，就连他人表现的怜悯或同情，也常常损伤他们的自尊，陷入深深的自卑；家庭不幸的学生往往表现出异常的孤独、冷漠、压抑，在受到外界攻击时，易表现出愤怒情感和拼命劲头；学业上落后的学生会失去学习的兴趣和信心；人际关系屡受挫折的学生则会独来独往，与周围的同学格格不入，不近人情。对待他们，教师要一视同仁、机会均等地为他们创造成功的条件，这是维护和强化他们的自尊心的重要途径。上述学生有些自暴自弃，有些教师并未察觉出这是学生用最微弱的、最消极的手段来维护自己的尊严，反而简单斥之为"破罐子破摔"，这样就会使学生的心灵再次创伤，往往把学生推向绝境。培养学生的自尊心是一件润物细无声的工作。

三、正面启发疏导与纪律约束相结合的原则

正面启发疏导与纪律约束相结合的原则，是指对学生进行教育，要坚持以正面启发疏导、说服教育为主，同时辅之以纪律约束，使二者有机地结合起来。

正面启发疏导与纪律约束相结合的原则，是学生思想品德形成发展的"转化"规律的反映，也是由德育过程中内因与外因的辩证关系所决定的。在德育过程中，外界的教育影响是不可缺少的，但这种影响要真正发挥作用，为学生所接受，转化为自身的思想品德，还需要经过一个内因变化的过程，即经过思想内部的矛盾运动，这是学生思想品德发展的动力。因此，教育者要坚持正面启发疏导，引导学生开展积极的思想矛盾运动，促进、加速矛盾向积极方向转化，调动学生自我教育的积极性。

正面启发疏导与纪律约束相结合也是符合青少年特点的。青少年正处于世界观、人生观、道德品质形成的关键时期。他们朝气蓬勃，积极向上，追求真理，充满活力，容易接受新事物、新思想。但由于他们还不成熟，缺乏经验和自制力，是非的辨别和抵抗能力较弱，容易受不良思想、习气的影响，甚至会迷失方向、误入歧途。因此，对他们进行正面教育的同时要有必要的纪律约束。

贯彻和运用这一原则的基本要求是：

第一，坚持正面启发疏导，摆事实，讲道理，循循善诱，以理服人。

通过摆事实、讲道理、循循善诱的办法，教给学生正确的思想和观点，提高他们的认识，解决他们的思想问题。通过典型而有说服力的事例，进行耐心细致的分析说服，帮助学生明辨是非、分清善恶。比如，现在学生除了从学校、老师那儿获得信息和教益外，还从电影、录像、电视、网络、社会交往、家庭等等中获得大量美丑并存、真假难辨的信息，加上西方一些似是而非的甚至错误的观念以及我们现实道德生活中出现的非理性的东西都影响着中小学生。面对这些，我们用堵、防的方法是无济于事的，必须主动引导学生接触社会，经受锻炼，认识现实，把握现实，提高学生的社会适应能力、鉴别能力和应变能力。对于一些一时失足犯了严重错误的学生，教师更要坚持正面疏导，启发他们认识错误。切忌采取简单粗暴的训斥、讽刺、辱骂、变相体罚等不正当手段，挫伤学生的自尊心和上进心，造成师生对立，影响教育的效果。

第二，树立榜样，表彰先进，以身作则，言传身教。

以人为镜可以知得失，从而自我反省，引起愧疚，自觉克服不良思想，矫正不良言行。榜样的力量是无穷的，它能给学生正确的方向，引导他们积极向上。革命领袖、英雄模范人物，是民

族的代表、人类的精英，他们的光辉形象易激发学生的敬仰之情，对学生有巨大的说服力和感染力。教师要积极引导学生了解榜样，通过感人至深、令人起敬的事迹讲解，使他们在心灵深处对榜样产生爱慕和敬仰之情，同时，要抓住时机，及时把学生的情感引导到行动上来，把敬慕之情转化为道德行为和习惯。学生中的先进典型对学生有更直接的教育意义。他们是同学、同龄人，有相似的心理倾向和共同的基础，可望、可及、可信、可学，教师要通过树立优秀学生个人和集体，使他们形成互相学习、你追我赶、共同进步的局面。

由于青少年有很强的模仿性和向师性，教师往往成为学生学习的楷模和行动的样板，这种教育影响是潜移默化、影响深远的。因此，教师要处处以身作则，言传身教，以自己优良的品德、高尚的风格和崇高的情操来感染学生，影响他们的人格、品质和情操，促进学生思想转变，积极进取。

第三，坚持表扬鼓励为主，批评处分为辅。

青少年的自尊心、上进心和荣誉感都比较强，在德育过程中，要坚持以表扬鼓励为主、批评处分为辅。教师对学生个人或集体表现出来的好思想、好品德要给予及时的、恰当的表扬和鼓励，这可以使受表扬者明白自己正当、良好的思想行为，从而获得积极的情感体验，增强其自尊感、荣誉感和责任感，并激起巩固、发展这些优良品德的愿望和信心。教师对学生的错误、缺点应给予必要的批评，甚至处分。批评和处分在适当时机恰当地运用，也是一种伸张正义、制止不良现象的有效方法。它可以使受教育者了解自己的不良思想品德和行为表现的严重后果，从而产生自责、羞愧和内疚，以吸取教训，克服、纠正和根除不良的思想行为，这既可以教育本人，又可以影响全体学生。

第四，要把正面启发疏导和纪律约束有机地结合起来。

正面启发疏导和纪律约束是相辅相成、辩证统一的关系。只有正面教育，没有具体规章制度的约束，学生的行为就无规可守、无章可循，正面教育就会成为空洞的说教。如果只用行政命令、规章制度，不伴以正面说服，则规章制度就不能成为学生的自觉行动，起不到很好的教育作用。因此，学校和教师在正面启发疏导的同时，必须建立合理的规章制度，把二者紧密结合起来，明确教育要求，定期检查督促，逐步培养他们具有良好的思想观点和行为习惯。

四、集体教育与个别教育相结合的原则

集体教育和个别教育相结合的原则，是指在德育过程中，教师要善于组织和培养学生集体，通过集体力量来影响个别学生，并通过对个别学生的教育来影响集体，促进集体的形成和发展。

集体教育和个别教育相结合的原则是根据集体在学生思想品德形成发展中的特殊地位和功能以及集体与个体的辩证统一关系提出的。活动和交往是形成和发展学生思想品德的源泉，而集体却是学生形成和发展思想品德的良好环境。学生的活动和交往主要是在学生集体中进行的，学校、班级、团队组织及校内外各种活动小组，都是学生的集体。在集体中，个人与集体相互依存，相互促进。集体协调、熏陶、同化个人，促进自我教育；个人关心、尊重、维护集体，成为集体的积极力量。集体成员之间互相学习，取长补短。这些集体内部的相互关系，正是集体内部的重要教育因素。

马卡连柯非常重视集体教育的作用，他说："教育了集体，团结了集体，加强了集体，以后，

集体自身就能成为很大的教育力量了。”①因此，马卡连柯认为，教师要影响个别学生，首先要去影响这个学生所在的集体，然后通过这个学生集体和教师一道去影响这个学生，把教师个人的意图和要求变成学生集体的意图和要求，使它成为大家的舆论，把教师个人的教育作用变为学生集体的教育作用。这就是他提出的“通过集体，在集体中进行教育”(即“平行教育”)的著名教育原则。由此可见，学生集体既是教育的对象，又是集体的主体；既是教育的目的，又是教育的手段。

这一原则又是学生个别教育所要求的。由于每个人的家庭、社会环境、个人经历、主观态度不同，学生的思想品德、气质性格就存在着个体差异。教师在抓集体教育的同时，还必须深入了解每个学生的特点，进行个别教育。

贯彻和运用这一原则的基本要求是：

第一，必须精心培养和耐心组织坚强的学生集体。

实践证明，一个良好的集体可以培养学生各种优良个性品质，改变不良行为习惯，甚至可以教育好品德恶劣的学生；一个不好的集体则会使学生沾染各种恶习，甚至走上犯罪道路。因此，教师要重视组织和培养好学生集体，关心它的成长，指导和帮助它开展集体活动，健全它的领导核心，把学生集体培养成一个具有共同奋斗目标、正确的集体舆论、良好的风气和传统、严格的组织纪律、朝气蓬勃、团结友爱的坚强集体。

第二，教师要充分发挥学生集体在教育中的作用。

良好的学生集体是发挥集体教育作用的前提，是相对于个体而存在的巨大教育力量。教师要充分发挥学生集体的教育作用，最重要的是注意发挥学生干部的作用，指导和支持他们的工作，使他们在学生集体中起骨干带头作用，把教师的个人教育力量变成学生集体的教育力量。教师还要有目的、有计划地开展各种生动活泼、丰富多彩的集体活动，使集体成员意识到自己应尽的责任，从而关心集体，自觉为实现集体的奋斗目标而严格要求自己。还要通过建立合理的规章制度，来教育、训练和陶冶每个学生，提高他们的思想觉悟，形成良好的思想品德。

第三，要加强个别教育，把集体教育与个别教育结合起来。

教师在进行集体教育的同时，还要抓好个别教育，只有使每一个学生在集体中都充分发展，才能做好集体教育。因此，教师要将集体教育与个别教育有机地结合起来，使二者相辅相成、互相促进，既要重视集体教育，还要注意发挥每个学生的兴趣爱好、聪明才智，使每个学生的个性在集体中都得到充分发挥。

五、从学生实际出发的原则

从学生实际出发的原则，是指教师在对学生进行思想品德教育时，要根据学生的年龄特征、个性差异和当前的思想实际，提出德育的要求，确定德育的内容，选择德育的方法，使德育工作具有针对性。

这一原则是依据教育必须遵循青少年身心发展规律和学生思想品德发展规律提出来的，也是教育影响要通过受教育者思想内部矛盾起作用这一客观规律的要求。

学生思想品德的发展要以其生理、心理的发展为基础，受身心发展的制约。不同年龄阶段的学生，他们的认识、自我意识、思想、情感、意志、行为以及个性的发展具有不同的年龄特征；同一年龄阶段的学生，由于个人的经历、所受教育影响、主观条件的不同也表现出不同的特点。

① 马卡连科：《马卡连柯全集》(第3卷)，人民教育出版社，1956年版。

他们既有共性又有个性。学生是思想品德形成的主体,教育影响要通过学生自身思想内部矛盾的斗争即自我教育而起作用,这就决定了对学生进行思想品德教育工作必须符合学生的年龄特征、个别特点和思想实际。

贯彻和运用这一原则的基本要求是:

第一,要客观、全面、深入地了解学生。

教师只有了解和研究学生,才能掌握学生的思想实际,有的放矢地做好教育工作。这是进行德育工作的前提,也是因材施教的基础。

第二,要针对学生的思想实际。

学生的思想是现实社会生活的反映,社会的发展变化必然会引起学生思想的变化。因此,教师只有掌握当代学生思想的时代特点,了解学生的思想实际,才能进行有针对性的教育,把握教育的最佳时机,采取适当的教育措施,增强教育效果。

第三,要注意学生的年龄特征。

不同年龄阶段的学生,其身心发展有着不同的特点。教师必须研究、掌握这些特点,特别是要掌握不同年龄阶段的学生在道德认识、道德行为等方面的特点,从而使德育要求、内容在保持其系统性、一贯性的同时,注意其阶段性、针对性,并要随着学生年龄的增长而逐步提高要求、加深内容。

第四,要注意学生的个性特点。

同一年龄阶段的学生,有着不同的个性特点,他们在学习、能力、兴趣、爱好、性格和行为习惯以及身体素质等方面也会表现出各种差异。所以,德育的要求与方式要因人而异,根据学生的个性特点来做好教育工作。

六、知行统一原则

知行统一原则,是指在德育过程中既要对学生进行系统的理论教育,提高他们的思想认识,又要引导学生进行实际锻炼,培养他们相应的道德行为习惯,把认识与实践、思想和行为结合起来,达到知行统一。

这一原则是马克思主义关于认识与实践统一的原理在德育过程中的应用,也是根据培养思想品德的知、情、意、行统一规律和思想品德在活动和交流中形成的规律提出来的。

学生的思想观点、道德信念和道德品质不可能自发形成,必须经过教育使他们有"知"。孔子对"知"的意义和作用作过一系列的论述,他认为有了"知"才会有坚定的信念,知可以解弊,去除思想上的弊病,"行"要有知的指导,"弗学何以行?"在现实生活中,我们经常可以看到有的人所以有这样那样不符合社会道德的行为,甚至走上危及社会公共利益的道路,并不是他们开始就有意要违反社会公德,而是由于他们没有正确的道德认识,他们无知,好坏不分,美丑不辨,是非不清。因此,我们在德育过程中,必须有目的、有计划地让学生掌握道德知识,提高道德认识,形成道德信念。

思想品德形成的根本标志在于形成与言论相应的行为习惯,而行为习惯是不能灌输的,必须在躬行实践中才能形成。学校的教育影响只有通过学生自身的活动与交往,才能使外部影响与学生内部需要、思想、感情发生交互作用,变成学生的道德认识、道德情感、道德信念和道德意志,并转化为道德行为。

知与行的关系是辩证的。知是行的先导,没有正确的认识作指导,行动往往是盲目的,甚至是错误的。行是知的目的,提高学生思想认识的目的在于指导他们的行动。只从认识上了解了道德规范，还不能成为一个有道德的人，而这种没有变成道德行为的认识往往也是没有实际体验的，是不深刻不牢固的。因此，在德育过程中，必须把理论教育与实际锻炼相结合，既要提高学生的理论认识，又要指导学生的道德实践，使学生的认识转化为行动，做到知与行的统一，才能把他们培养成为具有高尚品质、言行一致、表里如一的人。

贯彻和运用这一原则的基本要求是：

第一，重视道德知识教育，提高道德认识水平。

教师要有目的、有计划地向学生进行社会道德规范教育，使其领会德育的内容和要求，从根本上提高道德认识能力。政治课、思想品德课是对学生进行系统马列主义教育和共产主义道德教育的主要途径。要教育学生上好政治课、思想品德课，使他们领会和掌握马列主义、毛泽东思想的基本观点和精神实质，并引导他们学会用其观点解决社会现实生活中的问题，指导和评价自己的行动。要通过各科教学，对学生进行辩证唯物主义和历史唯物主义基本观点的教育，逐步形成他们共产主义世界观的基础。通过平时道德谈话使学生在实际生活中掌握共产主义道德规范，懂得做人的道理，正确处理社会主义社会人与人之间的新型关系。

第二，注重社会实践活动，训练道德行为能力。

教师要组织学生参加各种实践活动，锻炼他们的思想，培养其相应的道德行为习惯。学校德育必须在提高学生思想认识的同时，尽力为学生创设实际锻炼的机会和环境，使他们在实践活动中加深认识，增加情感体验，坚定信念，磨炼意志，形成良好的行为习惯。通过实践活动，教育学生把当前的学习任务同实现社会主义现代化联系起来，同远大的共产主义理想联系起来，培养他们刻苦学习、努力钻研、敢于拼搏、勇于攀登的勤奋精神和坚强意志。要把学生的日常生活过程组织成道德训练过程，逐步培养学生为人处世的正确态度和文明行为习惯。还应组织学生参加必要的社会活动和生产劳动，培养学生热爱劳动的情感和劳动习惯。通过严格的集体生活磨炼，培养学生集体主义思想和自觉的纪律。总之，通过各种实践活动，把理论教育与实际锻炼有机地结合起来，达到知行统一。

第三，教育者要以身作则、以身立教，把言教与身教紧密结合。

教育者必须模范地把言传与身教结合起来，要严于律己，为人师表，做出示范。教师要求学生做到的，自己首先要做到。如果教师说的是一套，做的是另一套，或只说不做，这种言行不一、知行分离的表现会使学生失去信任，甚至会产生消极的影响。所以，教育者的一言一行，都应符合社会主义道德行为、规范的要求，在知行统一、言行一致上为学生做出表率。

第四，要求学生言行一致、知行统一。

德育过程中，教育者不仅要提高学生的思想认识，更应注意对学生的言行举止提出严格要求，并督促他们去身体力行。评价学生的思想品德，既要看他的思想认识，更要看实际行动。

七、发扬积极因素与克服消极因素相结合的原则

发扬积极因素与克服消极因素相结合的原则，是指德育过程中要充分调动学生自我教育的积极性，善于依靠和发扬他们自身的积极因素，限制和克服其消极因素，因势利导，长善救失。

发扬积极因素与克服消极因素相结合的原则是根据学生思想品德形成的内部矛盾运动规律而提出的。任何一个学生身上都不同程度地存在着积极因素和消极因素的矛盾，这种矛盾的两个方面在一定条件下是可以互相转化的。学生的积极因素是形成新思想品德的基础，是克服消极因素和抵制不良影响的内在力量。在德育过程中，我们要自觉地运用矛盾转化和正

面引导的原理，依靠并扩大学生自身的积极因素，抵制和克服其消极因素，使矛盾向积极方面转化，从而促进学生思想品德的不断发展。事实证明，从发扬积极因素入手去克服缺点、错误，要比直接从批评缺点、错误入手去矫正缺点、错误的教育效果好得多。

贯彻和运用这一原则的基本要求是：

第一，坚持一分为二的观点看待每一个学生。

作为教师，全面了解学生、公正评价学生是正确教育学生的前提。任何一个学生身上都存在着优点和缺点，即使最优秀的学生也有不足之处，最落后的学生也有闪光点。学生的积极因素和消极因素，有时外显，有时隐蔽。这就要求教师真正成为学生的良师益友，深入学生的学习和生活，通过不同的渠道，采取多种方法，去寻找和发现他们的优点和不足，对学生有一个客观的、全面的分析和评价。教师对学生态度积极，对学生充满信心和希望，学生心里也会深受触动，外力转化为动力；教师态度消极，对学生缺乏信任，即使是不自觉地流露，学生情绪也会受到波及，难以产生向上的勇气。因此，在德育过程中，教师要深入学生，及时掌握学生的思想变化状况，一分为二地、公平客观地对待每一个学生。特别是后进生，教师更要善于发现他们身上的"闪光点"，要倍加爱护，并创造条件加以扶持、培育和发扬。对于先进学生身上存在的弱点，也要及时指出，防微杜渐。

第二，发挥学生的主观能动性，启发他们自觉进行思想斗争。

德育过程是促进学生思想内部矛盾转化的过程，具有主动性和自觉性的特点。学生思想品德的形成和发展，是在教师的教育引导下，通过学生的主观能动性来实现的。如果没有学生思想内部的矛盾斗争，教师的教育和影响就不可能发挥作用。因此，在德育过程中，教师要注意引导学生开展积极的思想斗争，培养他们的自我教育能力。这就需要教师根据学生的实际情况，运用各种生动活泼的方法和手段，启发他们按照共产主义道德规范的要求进行自我分析、自我评价、自我控制、自我调节，把教师的教育变成学生的自我教育，把教师的督促变成学生的自我要求。

第三，因势利导，长善救失，化消极因素为积极因素。

教师要有辩证的观点，不仅善于发现学生的积极因素，分析研究他们的消极因素，还要善于从消极行为中发现积极因素，从缺点中找优点，因势利导，化消极为积极，促使学生思想品德向好的方向转化。

以上德育原则都是以教育目的和德育任务为依据的，从不同侧面反映了德育过程的规律，具有自身的特点和要求。但各原则之间彼此不是孤立的，而是相互影响、相互促进的。因此，在德育实践中要把这些原则联系起来运用。

第四节　德育途径

德育途径是指学校向学生进行思想品德教育而组织进行的各种活动和工作，是在教育实践中形成的较为稳定的思想品德教育的组织形式。德育的实施，总要通过一定的途径来实现。影响学生思想品德因素的广泛性，决定了德育途径的多样化。但概括起来有两大类：一类是使学生理解、接受和掌握社会的道德要求和规范；另一类是使学生参加各种实践活动，在实践中得到锻炼。

具体的途径有各科教学、团队活动、班主任工作、课外校外活动、社会实践活动等。

一、各科教学

教学永远具有教育性，这是一条规律。学校德育要努力挖掘各科教学中的教育因素，坚持科学性和思想性统一的原则，寓德于教。

思想政治课是向学生较系统地进行社会主义思想品德和政治教育的一门课程，是德育的主阵地，在诸途径中居于特殊重要的地位。它以课堂教学为主要形式，用以马克思主义为指导的理论观点和社会科学基础知识武装学生，逐步提高学生的思想政治觉悟和认识能力，培养良好的道德修养和道德品质。

其他学科教学中也蕴涵着丰富的思想教育因素。人文社会学科中包含大量的思想教育内容，充分挖掘能直接提高学生的思想觉悟和道德水平。自然科学学科中包含丰富的辩证法内容，挖掘其中的思想性因素能为学生辩证唯物主义观点的形成奠定基础。

总之，各科教学是学校对学生实施德育最经常、最基本的途径，它能使学生从书本中汲取丰富的精神营养，不断形成、提高自身的思想品德水平。

二、团队活动

共青团、少先队是青少年学生自己的组织。学校通过学生组织进行思想品德教育，可以调动学生的积极性、主动性，培养他们自我教育、自我管理的能力。实施过程中，从活动的构思、设计到活动的组织，主要是依靠组织成员的创造性思维，从事创造性实践。这种具有自觉性、独立性的创造性活动是达到德育目的的最有效形式，同时，团队活动也是培养青少年良好思想品德的重要阵地。

三、班主任工作

班主任作为班集体的组织者、班级活动的协调者，其作用表现在他是学生健康成长的引路人，是联系班上各任课教师的纽带，是沟通学校、家庭和社会各方面教育力量的桥梁，是学校对学生进行思想品德教育的骨干力量。因为班主任和学生接触最多，对学生了解最深，因此对学生的影响最大。班主任的任务，就是抓好学生的学习，对学生进行有计划的、经常性的思想品德教育工作，对学生的全面发展负责。因此，学校要充分利用班主任的特殊地位，发挥班主任的教育优势，搞好班级的德育工作。

四、课外校外活动

课外校外活动是开拓学生视野、培养学生能力、发展学生体力和创造性能力的途径，也是学校德育不可缺少的重要途径。课外校外活动形式多样、生动活泼、内容丰富多彩，具有自愿、自治的特点。课外校外活动不仅可以使学生受到共产主义思想品德和辩证唯物主义世界观的教育，提高认识水平，而且着重于锻炼学生的道德意志和养成道德行为习惯，并进而加深和促进他们正确的道德观念的形成和发展。

五、社会实践活动

组织和引导学生参加各种社会实践活动，是学校德育的一条重要的有效途径。因为，人的正确思想来自社会实践，而思想品德教育最终要服务于社会实践，同时，实践也可以检验思想、体现品德。所以，学校要有目的、有计划地组织学生参加社会实践活动。通过社会实践，使学生获得大量感性认识，为提高理性认识创造条件、打下基础；通过社会实践，使学生得到亲身体验，加深对社会的了解，培养为社会服务的能力，增强社会责任感；通过社会实践，使学生获得的理性认识得到检验，不全面的得以补充，不正确的得以纠正，从而改变思想感情，提高原有认识。

第五节 德育方法

在德育目的和任务确定后，为了实现德育目的、完成德育任务，就需要采取一定的方法和手段。这些在德育过程中采取的方法和手段就是德育方法。德育方法要以德育过程的规律和德育原则为理论依据。人们在长期的德育实践中，不断揭示出德育过程的规律，并根据规律制定了德育工作必须遵循的指导原则。原则指导方法，方法体现原则。正确的方法只有在正确的原则指导下才能产生，而正确的原则又只有在有成效的方法中才能表现出来。

由于德育过程是一个多因素且各因素又相互影响的多层次发展过程，这就决定了德育方法的多样性，既包括教育者施教的方法，也包括受教育者形成品德的方法；既有侧重于提高学生思想认识的方法，也有侧重于培养学生情感、意志和行为习惯的方法。

我国学校常用的德育方法大致有说服教育法、榜样示范法、陶冶教育法、实际锻炼法、修养指导法、品德评价法。

一、说服教育法

说服教育法是指在德育过程中通过摆事实、讲道理，以提高学生思想道德认识和道德水平，形成良好的道德品质的一种教育方法。说服教育法是教育者进行思想品德教育的最基本方法，它主要是使学生明辨是非，提高认识，形成正确观点。

说服教育法的突出特点是以马列主义、毛泽东思想、邓小平理论为指导，以大量可见、可闻的事实材料为依据，以良好的语言表达能力为手段进行的，因此它对于提高学生的思想认识、培养学生明辨是非的能力、启发学生遵守纪律的自觉性都具有极其重要的作用。

由于青少年学生年龄小，社会经验不足，缺乏对事物的分辨能力，需要通过说服教育提高他们的思想觉悟，使他们对事物有正确的认识，能明辨是非，养成良好的思想品德。因此，说服教育法应贯穿于德育过程的始终。

（一）说服教育法的方式

说服教育的方式多种多样，主要有讲解、报告、谈话、讨论、参观、调查、访问等。这些方式又可以分成两类：一类是以语言为主的说服教育方法；一类是以事实为主的说服教育方法。

1. 以语言为主的说服教育方法

以语言为主的说服教育方法主要有讲解、报告、谈话、讨论等方式。

讲解，是教师向学生说明、解释、分析政治观点、原理、道德观念等时常用的方式。它适用于比较严谨的、有特定内涵的教育内容，大多用于政治课、思想品德课及学生守则、行为规范等教育活动中。通过讲解，主要使学生明白是非、善恶、美丑，提高道德观念，掌握行为准则，培养判断能力，明确教育要求。

报告，是教育者比较系统地向学生论述、论证、分析某一个思想品德教育专题时常用的方式。它涉及范围广，所需时间长。报告者可以是教师、校领导，也可以是校外党政领导、战斗英雄、劳动模范、科学家等。通过报告可开阔学生的视野，激励情感，活跃思想，提高认识，同时也可树立榜样，启迪学生自我思考，培养学生自我教育的能力。

谈话，是指教师就某些问题与学生对话、交换意见，以形成良好的思想品德并促进学生转化的方式。谈话既可以和全班学生进行，也可以和几个学生进行，还可以和个别学生进行。谈话不受时间和空间的限制，内容可多可少，时间可长可短，且能根据对象的情况及时调整谈话的内容和思路。谈话法针对性强，便于师生间交流思想感情、增进师生间的相互了解，便于问题的解决，有助于提高德育效果。当然，谈话前要做好充分准备，目的要明确，态度要诚恳，要有耐心，循循善诱，富有启发性。

讨论，是教师引导学生就共同关心的问题各抒己见，经过研究、探讨、辩论、相互启发、互相帮助，共同提高思想认识的一种方式。在讨论中师生间、同学间可以互相启发、互相争辩，可以拓宽思路、开阔眼界。这种方式既可以发挥教师的主导作用，又能调动学生自我教育的积极性，还可培养学生识别是非、判断和评价问题的能力，并培养学生坚持真理、修正错误的勇气。

2. 以事实为主的说服教育方法

以事实为主的说服教育方法主要有参观、访问、调查等方式。

参观，是根据德育任务的需要，组织学生到实地进行考察和研究，以验证讲述过的理论或获得新知识的一种方式。

访问，是指根据需要组织学生走访典型对象，通过对典型事例深入了解以加深印象、掌握第一手资料，以便更好地研究某一问题、形成某一观点的做法。

调查，是带领学生深入实地就某一问题进行全方位的了解和研究，以得出某一结论或验证某一问题的方式。

以语言为主的方法和以事实为主的方法在德育过程中都很重要。因为仅有理论而无事实，空头说教，难以令人信服；而仅有实践而没有理论，事实罗列，难以让人的认识深化。因此，只有将两者结合起来，以语言说服为前提，以事实说服为强化，才能使说服教育更有教育力。

（二）运用说服教育法的要求

1. 以事实为说服的依据

在教育学生过程中，说服的一个重要基础和前提就是事实。因此在说服教育前，首先要对说服的问题进行认真的调查和研究，要保证说服的问题具有针对性，做到有的放矢。其次在说服教育中，教师引用的事实和材料不管是直接的或是间接的，都要让学生感到真实可信，反映客观规律，符合客观实际，因为可信性来自真实性。

2. 以情感为说服的基础

教师对学生的关心和爱护是教师成功说服的基础。因此教师要想说服教育成功，必须以真情换真情。首先，教师要真心爱护学生，深入了解学生的内心世界，关心学生的疾苦，要为学生的进步而高兴，为学生的止步不前而担忧，为学生的退步而焦虑，要让学生感到教师是真正关心他们的，这样才能架起师生之间情感的桥梁。其次，教师要尊重学生，将学生放在与己平等的地位上，尊重学生的个性，尊重学生的要求，尊重学生的人格，使学生获得尊严感，这样就会缩短师生间的心理距离。再次，教师在说服教育学生时，还要做到生动形象，动之以情，以情感人。因为人的活动都是受情感支配并推动的，只有触动了学生的真情，沟通了学生的心灵，拨动了学生的心弦，教师的教育才容易被学生接受。

3. 以防患于未然为说服的目的

当学生已经违反了纪律、形成了不良习惯后再纠正，不是一句话两句话就能解决问题的。因此，说服教育更应当注意以预防为主，“禁于未发”，也就是说，教师的说服应当走在学生出现问题之前，当发现学生有某一问题倾向时就要针对问题说服教育学生，将问题消灭在萌芽之中。

此外，说服还要注意说服内容的知识性、趣味性，把握好说服的时机，掌握好说服的技能、技巧，以便提高说服的效果。

二、榜样示范法

榜样示范法是指教育者以他人高尚的思想、良好的行为、优秀的品德来影响教育学生的一种方法。

榜样示范法的特点在于通过他人的示范，将抽象的道德说教和枯燥的道德理论具体化，使学生通过鲜明的形象、生动而切实的榜样受到激励、感染和熏陶，使思想品德教育更有成效。

榜样的力量是无穷的。“以人为鉴，可以知得失”，“见贤思齐，见不贤而内自省”，榜样可以作为一面镜子，使学生在和榜样人物的对比中找到差距，克服不良思想，矫正不良习惯，提高思想觉悟，使学生对榜样的言行产生敬慕之情，从而将榜样感人的事迹作为自己前进的动力，使学生在学榜样中成为先进、成为榜样。榜样对青少年具有很大的感染力和说服力。青少年学生可塑性大，模仿性强，富有理想，锐意进取，这些都是榜样示范法对学生起作用的心理教育基础。

（一）榜样的类型

在教育学生的过程中能够作为学生榜样的主要有三类：

1. 典范人物

历史伟人、民族英雄、革命领袖、著名科学家、劳动模范等各个时代、各个领域中的杰出人物，他们是人类的精英、民族的代表、时代的楷模，他们不平凡的一生、伟大的业绩，留给人们的不仅仅是历史的改写、世界的巨变、科学的发展、民族的振兴，更主要的是他们不屈不挠的意志、顽强拼搏的精神和崇高的思想品德，这些精神对学生具有极大的影响，极易激发学生的敬仰之情，对照典范严格要求自己，推动自己积极上进。

2. 家长和教师的示范

父母和教师对学生的精神生活有着巨大的影响作用，他们是学生接触最多、影响最经常、最直接的榜样。父母和教师的言谈、举止、仪态、作风、为人处世以及其他各方面的表现，都对学生起着示范作用，产生潜移默化的深远影响。因此，父母和教师一定要严格要求自己，以身作则，事事处处都要为学生做好榜样。

3. 学生典范

学生中的榜样是在学生中成长起来的，他们的生活经历、学习环境、年龄、行为方式大体上相仿，其形象让人感到可亲，其行为让人感到可敬，其言谈举止更容易学习，其榜样作用更容易发挥。因此教师一定要善于在本班学生中为同学们选择一些榜样。或许这些榜样的言行不够完美，形象不够高大，但他们与其他同学都是同学、同龄人，有相似的心理倾向和相同的基础，可望、可及、可信、可学，便于学生赶超，对学生的作用可能更大。

（二）运用榜样示范法的要求

1. 加强指导，要为学生选择好榜样

青少年学生模仿性强，许多良好行为的形成靠的是模仿，但由于他们年龄较小，识别能力较差，在对模仿榜样的选择上可能缺乏是非标准，因此教师一定要帮助学生选择好榜样人物。

教育者要根据时代的需要和学生的思想实际，帮助学生分析榜样形成的条件，指出榜样优秀品德的社会意义，指导学生选好学习的榜样。要告诉学生学习榜样的目的是，应当学什么崇高品质，怎样学。

榜样的选择既可以根据学生的不同年龄特点选择不同的榜样人物，又可以根据学习内容的不同为学生选择学习的榜样，使学生在学习榜样人物时全方面得到发展。

选择榜样要注意利用学生与榜样的可接近性，引起情感上的共鸣。还要注意榜样的时代精神，使榜样更贴近孩子们的实际生活，对学生产生较强的吸引力。更要处理好榜样的远近、大小的关系，以便于学生由远及近，从小事做起，点滴积累进而形成良好的思想品德。

2. 树立威信，激发学生对榜样的敬慕之情

榜样人物，以其优良的品德、高尚的行为、无私奉献的精神、勤学苦练的意志、大公无私的胸怀赢得人们的尊敬，在榜样身上表现出了无数可歌可泣的故事和英雄事迹，学习榜样人物要学习榜样人物的精神和品质，不能停留在一般的、表面的模仿上。这就需要教育者要帮助学生了解榜样的身世、艰苦奋斗的历程、卓越的成就、崇高的品德，特别要让学生了解那感人至深、令人起敬之处，使学生在心灵深处产生惊叹、爱慕、敬佩之情，深刻理解榜样人物的优秀品德以及这些优秀品德的社会意义，从而形成正确的观点、信念。

3. 积极实践，学习榜样要见之于行动

学习榜样的目的在于导之以行，只有将榜样的好思想、好品德转化为学生自身的思想和行为，才算达到了目的、收到了效果，即学习榜样不应当仅仅停留在口头上，还应当落实到学生的学习、生活、劳动等各个方面，使学生善于用榜样人物的言行去调节自己的行为。

三、陶冶教育法

陶冶教育法是指通过创设有教育意义的情境，组织有教育意义的活动，从而潜移默化地影响学生，使学生形成良好的思想行为的方法。

陶冶教育法显著的特点是，寓教育于情境之中，通过按教育要求预先设置的情境来感化与熏陶学生，其教育影响潜移默化并且效果持久而稳定。陶冶教育法是我国古代教育家很重视的一种教育方法。孔子用诗歌、音乐来陶冶学生的性情；孟子非常重视环境对人的陶冶作用；董仲舒认为人的性情之所以“或仁或鄙”，是因为“陶冶而成之”，从而明确提出了陶冶的概念。今天，陶冶已成为德育和美育的一个重要方法。因此教师一定要善于为学生创设好情境，组织好活动，给学生品德以积极的陶冶。

（一）陶冶教育的方式

陶冶教育的方式很多，主要有以下三种：

1. 人格感化

人格感化就是教育者以自身的品德、情操和对受教育者深切期望的态度来感化对象。教师在品格方面具有的高尚的品德、崇高的修养、良好的品行、民主的作风、健康的性格无疑都能增加教师的教育力；教师在专业上渊博的知识、高超的教育技艺、卓越的才能和创造性的教育机智使学生愿意接受教师的指导并对教师有一种敬仰心理；教师在情感方面对学生热切的希望、真诚的理解、无微不至的关心和爱护等，不仅能使学生对教师产生尊重、信任和爱，而且这种情感本身所形成的人格力量就是一种巨大的教育力量，触动、感化学生，促进学生思想转变、积极进取。

2. 环境陶冶

环境陶冶是指学生所生活的周围环境，对其思想品德的形成和发展有着潜移默化的影响作用。学校积极创设或巧妙借助具有浓厚德育氛围的环境，使学生在心灵上震撼，从而产生美好的情感体验，唤起内心上进的意识，这是强化学生思想品德的有力手段。如引导学生到大自然中去参观、旅游，不仅会使学生产生美的感受、起到修身养性的作用，而且能使学生感到祖国的伟大，从而激发起学生热爱祖国大好河山的思想感情。注重校园文化建设，从静态的校园环境的绿化、净化、美化到动态的各种健康娱乐活动，培养学生高尚的道德情操和审美情趣。良好师生关系的建立、师生精神风貌的改善、健康校风班风的形成，可以使学生置身其中，在不知不觉中受到熏陶、感染，从而达到环境育人的效果。

3. 艺术熏陶

艺术熏陶是指借助艺术的感染力量来陶冶学生的情操，促进其品德健康发展的有效方式。文学艺术作品包括诗歌、文学、音乐、美术、舞蹈、影视作品等，其内容非常广泛。这些艺术作品来自生活，高于生活，内容丰富，形象概括，寓意深厚，感人至深，特别为广大青少年所喜爱，而且在愉悦的艺术享受中丰富精神生活，陶冶情操，受到教育。学校教育为学生选择的文艺作品，一定要让学生在欣赏文艺作品的过程中得到美的享受，激发青春的活力，保持活泼舒畅的心境和乐观开朗的情绪，同时也能得到情感净化，实现完美的人格。此外，它还能使人在对艺术形象的熏陶中辨别真善美和假恶丑，从而受到道德教育。因此教育工作者一定要善于利用文学艺术作品的感染力来达到教育学生的目的。

陶冶教育还可通过托物言志，对生活中那些具有独特风格的事物赋予它特殊的意义，影响人的思想感情。如松的坚贞、竹的节操、梅的傲岸为世人所公认，而且以其独特的风格给世人以警喻，发挥陶冶性情的育人作用。生活中能托物言志、陶冶性情和人格的事例是举不胜举、丰富多彩的。

（二）运用陶冶教育法的要求

1. 创设良好的情境进行陶冶教育

良好的情境是陶冶的条件和工具。学校必须努力为学生创设良好的情境，这种情境必须是具体、生动、形象、直观的，能像磁石一样强烈地吸引着学生，使学生犹如身临其境、心入其情、全神贯注、进入角色，经过较长时间的熏陶、感化，逐渐达到陶冶性情之目的。

2. 与启发说服相结合

为了更有效地发挥情境的陶冶作用，教育者要以与启发说服相结合的方式，引导学生注意自己学习和生活的情境的美好，并习惯和喜爱这种良好的情境，自觉汲取情境中的有益影响，从而培养自己的良好品德与作风。

3. 引导学生参与情境的创设

良好的情境不是固有的、自然存在的，需要人为创设。但这决不能只靠教师去做，应当组织学生为自己创设良好的学习与生活的环境。学生在积极创设更加美好的情境活动中会感到美好环境来之不易，会更加理解、尊重他人，同时也会感到自豪、自尊并倍加珍惜自己的劳动成果，更加严格要求自己，他们的品德也必将陶冶得更好。

四、实际锻炼法

实际锻炼法是指在德育过程中根据一定的要求组织学生参加一定的实践活动，在实践中经过反复锻炼形成良好的思想品德和行为习惯的方法。

实际锻炼法的突出特点在于意志品质的锻炼和行为习惯的养成。在德育过程中，说服的方法重在提高学生的思想觉悟，形成学生的道德观念，为形成良好的思想行为奠定基础。而实际锻炼法重在让学生参加活动，使学生获得的思想观念转化为坚定的信念，并落实在行动上，形成良好的行为习惯。要使学生在活动中将知转化为行，就必须进行实际锻炼。离开了实际锻炼，不论用什么方法都不能培养学生的良好品德和习惯。因此，学校德育要为学生创造条件，让他们在活动中增长才干，在活动中修身养性、陶冶情操、形成良好的思想行为。

（一）实际锻炼的方式

实际锻炼的方式很多，大致可分为以下三种：

1. 在完成具体任务中培养学生优良的品德和行为习惯

学习活动是学生参加的最主要的活动，完成学习任务对锻炼品德具有重要的作用。因为学习活动不仅是学生生活、实践的主要内容，而且还能使学生学会处理与老师、同学和集体之间的关系，这就给学生实践道德行为提供了良好的机会。学生在学习活动中养成的学科学、用科学、爱科学的端正的学习态度，在学习过程中培养起来的认真、刻苦、勤奋、耐心以及学生尊敬老师、团结同学、遵守纪律、维护集体荣誉等优秀品质，都是品德教育的重要内容。

学校、团队、班集体、老师及社会交给学生的其他任务，如文体娱乐活动、有意义的社会公益活动、帮助同学、劳动活动等，对学生品德的培养都具有重要作用。无论学生参加哪一种活动，都要求学会热情、容忍、谅解、热爱集体、遵守行为规范，具有责任心、义务感、荣辱感，具有无私奉献精神、团结互助的团队精神等，因此，学生参加活动的过程，也是一个良好行为习惯养成的过程。

教师还可以根据学生思想品德形成的薄弱环节，实行因材施教，有目的地为学生布置某项具体任务，对其优良品德的形成产生显著的效果。如对粗心的学生，教师就要交给他培养仔细和耐心的任务；对与同学和集体关系不好的学生，教师应布置他去从事与同学共同协作才能完成的任务，以培养他团结合作、互相帮助的好品德；对意志力薄弱、做事不能有始有终的学生，教师应经常交给他需要克服困难才能完成的任务，以便锻炼其意志力。

2. 积极组织学生参加各种实践活动

学生参加各种实践活动，承担一定的社会工作，有助于他们接触实际，能够培养他们关心国家、关心集体和为国家、为集体做贡献的精神，提高实际工作能力。组织学生参加实践活动，目的要明确，意义要讲清，充分发挥学生的自觉性、主动性、创造性；要尽可能吸引所有的学生都参加，都能承担一定的社会工作，使学生都受到锻炼。还要根据学生的年龄特征区别对待，对年龄小的学生要多给予具体指导与帮助，同时应注意培养他们独立活动的能力；对高年级学生要多发挥其独立性、主动性，同时也要给予必要的指导。

3. 让学生按照一定的规章制度进行锻炼

任何活动的开展都必须有相应的规章制度，只有有了完善的规章制度才能保证活动顺利进行。因此，学生能否在活动中自觉地遵守行为规范和规章制度也是衡量学生良好道德行为习惯是否形成的一个重要的标准。学校中合理的规章制度是学生行动的合理界限，它是任何有高度说服力的语言所不能代替的。通过引导学生遵守一定的规章制度，特别有助于培养学生的组织性、纪律性和良好的生活习惯，故遵守规章制度是一项很重要的实际锻炼方式。这是加强学生实际锻炼的一种带有强制性的辅助手段，以保证学生实际锻炼的连续性和经常性。学生一旦养成遵守纪律的习惯，就能够时时刻刻严格要求自己，使自己的行为符合社会道德标准，成为一个遵纪守法、行为端正的人。因此教育者一定要善于利用规章制度来约束学生的言行。

（二）运用实际锻炼法的要求

1. 要使学生了解实际锻炼的重要性，并启发学生参加实际锻炼的自觉性

活动之前，教师要讲清锻炼的意义，激发起学生的积极性、主动性，使学生感到锻炼是必要的、有益的、有价值的。这样，他们就会积极主动地参与，并在活动中表现出极大的自觉性，严格要求自己，变“要我做”为“我要做”，从而获得最大的锻炼效果。

2. 对学生应当严要求、勤督促

在学生参加社会实践活动时，教师要为他们提出明确的活动目的和要求，要“严”字当头，对活动的质量和要求，必须让学生按期完成，同时还要鼓励学生不懈地坚持下去，不能前紧后松、放任自流、马虎从事、丝毫放松，发现学生怠懈后要鼓劲加油，使学生在活动中养成持之以恒的自觉性。

3. 要注意根据学生的特点为学生组织活动

学生由于其年龄大小不同，接受水平不同，教师为他们组织的活动应当有所不同，在活动中提出的要求也不应相同。比如对小学低年级的学生要为他们组织一些力所能及的活动，提出一些较低的要求，如要求他们认真做作业、按时完成作业、积极参加教室的卫生打扫等；对小学中高年级的同学除了组织以上活动外，还要为他们组织一些打扫校园、保持校园环境整洁的活动以及让学生走上街头参加社会公益活动等；对初中学生还要组织一些植树造林、宣传环境保护知识以及共青团“警民共建岗”等活动。学生的主要任务是学习，因此组织的活动最好围绕学习和实现全面发展的培养目标服务。

五、修养指导法

修养指导法又称指导自我教育法，是指在教师的指导下，学生经过自觉学习、自我反思和自我行为调节，不断完善自身品德的方法。

学生思想品德的形成是学生思想内部矛盾斗争的结果，自我教育体现了学生的主体作用，是学生思想品德形成和发展的内在动力，其成效同学生个人能否自觉主动地进行道德修养紧密相关。因此，教育者在对学生进行教育的过程中，一定要激发起学生自我教育的积极性和主动性，重视学生的道德修养，提高他们的自我教育能力。

自古以来，我国教育家对自我教育的德育方法就非常重视，并提出过不少真知灼见，如我国古代著名教育家孔子曾经提出的“学而不思则罔，思而不学则殆”、曾子提出的“吾日三省吾身”、荀子提出的“君子博学而日参省乎己，则智明而行无过矣”等等，都强调了自我反思、自我修养的重要性。刘少奇同志在《论共产党员的修养》一书中也强调革命者要在实践中加强自我修养和学习。自我修养作为一种自觉的思想转化和行为控制活动，贯穿于德育的整个过程之中。教师要善于指导学生在认识周围世界的同时，更好地去认识自己，进行自我约束，经过刻苦锻炼使自己的品德不断提高。

（一）修养指导的方式

修养指导的方式很多，主要有以下几种：

1. 自我评价法

自我评价法是指根据一定的道德标准对自己已经形成的思想品德和行为习惯进行客观、认真、公正的评判，以找到自己品德上的优点和缺点，为今后品德的不断提高奠定基础的方法。它包括自我反省、自我批评等。这种方法可以提高自身的思想觉悟，也是青少年学生进行道德修养的一种重要方式。

2. 自我学习法

自我学习法是指为提高思想修养和形成良好行为习惯而进行学习的方法。个人道德修养的提高，主要依赖于不断地学习，以提高自身的道德认识水平和辨别能力，积累道德经验，汲取丰富的思想营养。

3. 自我锻炼法

自我锻炼法是指通过学生参加实践活动，在活动中身体力行养成良好思想行为的方法。通过各种社会实践活动，加深对社会的认识，实现品德教育由知向行的转化。

（二）运用修养指导法的要求

1. 激起学生自我教育的愿望

引导学生自我修养，必须激发起学生的积极性和主动性，使他们愿意去实践。注意引导学生树立道德理想，使学生获得进行自我教育的强大动力，产生坚强的意志，实现道德目标。还要以体现理想人格、崇高品德的先进典型为榜样来引导学生认识自我教育对形成高尚品德的重大意义。

2. 培养学生自我教育的能力

培养学生自我教育的能力首先要培养学生道德评价的能力，即提高学生识别正误、评判是非的能力，特别是自我评价能力。学生只有能够合理地、恰当地评价自己，才能够正确认识自己，约束自己，把道德认识转化为控制个人行为的自觉力量。其次，教师一定要善于为学生树立一些道德教育的“典范”，并通过“典范”人物的事迹和言行去激励、鞭策学生，甚至还可以引导学生由模仿做起，“见贤思齐”，从外部行为和外部言语开始逐渐达到认识内化和水平提高的目的。再次，对学生做出的道德行为，要及时地引导学生自我分析、自我评判，从而从这些具体的道德标准中，逐渐加深理解并掌握道德评价标准，培养良好的道德行为和自我教育能力。

3. 引导学生在活动中加强道德修养

一个人的思想品德形成和发展离不开社会实践，自我修养也决不能脱离社会实践活动。因此，教师要积极组织学生参加各种社会实践活动，指导学生在实际活动中不断汲取丰富的思想营养，反复锻炼自我修养的习惯和能力。

六、品德评价法

品德评价法是指根据一定社会的道德评价标准对正在形成或已经形成的思想品德进行肯定或否定的评价，从而督促学生发扬优点、克服缺点、不断进步的方法。

品德评价法的突出特点是对学生某一活动阶段或某一时期的行为结果进行评价，不断强化积极方面、抑制消极方面，从而促进优良品德的形成和深化。因此它是德育的一种辅助教育方法，也是德育过程中不可缺少的一种方法。其根本目的在于使受教育者通过评价来明辨是非、荣辱、美丑、好坏、正误，明确品德修养的方向，养成善于评价自己和评价他人的品德的能力。

（一）品德评价的方式

品德评价的方式主要有以下几种：

1. 奖励

奖励是对学生的良好思想品德给予肯定评价，从而鼓励学生继续发扬优点的方法。通过表扬能对学生的行为给予强化，能对学生的精神给予满足，并使学生获得愉悦的情感体验，从而激发其自信心、自尊心和进取心，并对自己提出更高的要求。心理实验也证明，在教育学生时奖励的效果要优于惩罚的效果，因此教师一定要善于用奖励的方法教育学生。

奖励的方式主要有三种：赞许、表扬和奖赏。

赞许，是指对学生的良好思想言行给予赞同和肯定，它既可以用口头来表示，也可以用身体或表情等态势语来表示，如“好”、“对”、“我赞成”和目光、点头、微笑、手势等。

表扬，是对学生良好的思想和行为做出的比较郑重的评价。表扬既可以口头表扬，也可以书面表扬；既可以对某个学生单独进行，也可以在集体面前进行，还可以通过板报或表扬信等形式进行。

奖赏，是对学生品德中的突出表现和行为进行的评价。奖赏既包括奖状又包括奖品，究竟对学生颁发哪一种奖赏应根据学校具体情况而定。奖赏一般在较隆重的场合颁发，以达到鼓励个人、教育全体的作用。

2. 惩罚

惩罚是指对学生不良思想和行为进行的否定性评价，从而督促学生改正错误的方法。通过惩罚，否定学生的不良言行，可以使学生对自己的不良思想和行为及其社会后果产生自责、羞愧和内疚，激发他们的荣誉感、自尊心和羞耻心，这有利于今后他们纠正、克服或根除不良的思想和行为，明确努力方向，并能达到惩罚本人、教育全体的目的。

惩罚的方式主要有两种：批评和处分。

批评，是指对学生不良思想行为进行的指责和教育，主要分为个别批评和当众批评两种。采取哪一种批评方式，不仅应当根据学生所犯错误的情况而定，而且还要考虑教育的效果和学生的个性、性别等。

处分，是对学生比较严重的不良思想和行为的否定性评价。根据学生所犯错误的大小，处分又可分为警告、记过、留校察看和开除等。采取哪一种处分方法，主要根据学生所犯错误的严重程度、学生对错误的认识程度及犯错误后的表现等来决定。对学生最严重的处分是开除，但开除决不能轻易采用。因为学校毕竟是教育人的场所，而中小学生年龄小、可塑性强，正处于成长阶段，如果因犯了一点错误就开除他们，不仅不利于他们成长，而且将他们抛弃到社会上，可能会给社会的安定带来一定的不良影响和不安定因素，也是学校不负责任的表现。只有当学生所犯错误特别严重，又无正确认识，并且屡教不改时才可以采用开除。对学生采取一定的惩罚是必要的，但决不能采取侮辱人格、影响健康的体罚或变相体罚。

3. 操行评定

操行评定是依据一定的德育目标，在一学期或一学年结束时，由班主任对班级中的每个学生的思想品德状况做出全面、合理的评价和总结。它包括评分、评等级、写评语等。其目的在于肯定学生的优点和进步,指出其存在的缺点和问题,明确今后的努力方向,使之不断进步。它具有诊断、矫治、导向和强化的功能,是班级德育工作的重要手段。

(二)运用品德评价法的要求

1. 对学生的评价要客观、公正、实事求是

评价是一种手段,而不是目的。其目的是想通过对学生良好言行的奖励及对学生不良行为的惩罚来教育学生。因此,奖惩前教师对学生的思想品德和道德行为要做认真、实事求是的分析和客观公正的评价,以便做到评价时言之有物,事实确凿,论功行赏,罚当其过,不能感情用事,畸轻畸重,更不能偏见地对学生下结论。

2. 评价要得到舆论的支持

评价,特别是一些重大的评价,一定要发扬民主,事前广泛征求大家的意见,经过大家的充分讨论,取得大家的共识。奖惩一定要在班级群体心理中引起共识,教师表扬的人应当是具有大家公认的良好思想行为的人或言行符合行为规范的人,教师批评的人也应当是大家认为有某些缺点和犯了一定的错误应当受到谴责的人。否则,如果没有集体舆论的支持,就可能出现表扬一个打击一群、批评一个引起全体学生同情的局面,这样是达不到教育目的的,相反还会降低教师的威信,削弱教育的力量。此外,教师运用品德评价时一定要因人而异,注意时间、场所和学生的个性特点。批评、表扬后还要经常做善后工作,以免受表扬的同学骄傲和受批评的同学一蹶不振。

以上六种方法是我国学校德育中常用的对学生进行良好品德培养的方法,这些方法各有特点和作用,共同构成了德育的方法体系。教师在教育学生的过程中应当根据具体的教育场景选择不同的教育方法,但绝不能把它们割裂开来机械使用。德育的这些方法都有助于青少年形成良好的思想品德,但是就学生品德发展而言,不管其认识水平有多高,最后都要落实到行动上,因此加强对青少年的道德训练,无疑是今天德育工作的一个着力点。对青少年良好品德的训练,今天已经不是一个单纯的品德教育和训练问题,而是一个伦理学、心理学、医学等领域共同关心和研究的问题。

综合练习题

一、选择题

1. 德育过程的主要矛盾是______。

   A. 德育内容与德育方法之间的矛盾

   B. 教育者与受教育者之间的矛盾

   C. 道德认识与道德行为之间的矛盾

   D. 教育者提出的道德要求与受教育者现有道德水平之间的矛盾

2. 德育原则是进行德育必须遵循的______。

   A. 德育原理　　B. 德育规律　　C. 基本要求　　D. 具体途径

3. 思想品德形成的基础是______。

   A. 道德认识　　B. 活动和交往　　C. 道德情感　　D. 道德意志

4. 学生思想品德由知、情、意、行四个基本要素构成,所以,在教育过程中______。

   A. 要严格按照知、情、意、行的顺序对学生进行教育

B. 以情为开端，动之以情，对学生进行教育

C. 以行为开端，从培养行为习惯人手对学生进行教育

D. 根据学生实际选择最需要、最易生效的因素为开端对学生进行教育

5. 在德育过程中，知与行的统一，就是______。

A. 感性认识与理性认识的统一　　B. 读书与参加生产劳动的统一

C. 上课与做作业的统一　　D. 理论与实践相结合

6. 学校德育的基本途径是______。

A. 课外活动　　B. 各科教学　　C. 团队活动　　D. 班主任工作

7. “桃李无言，下自成蹊”，这句格言所体现的德育方法是______。

A. 榜样示范法　　B. 说服教育法　　C. 自我教育法　　D. 实际锻炼法

8. “春风化雨”，这句话所体现的德育方法是______。

A. 榜样示范法　　B. 陶冶教育法　　C. 自我教育法　　D. 品德评价法

9. 教师通过创设良好的环境和自身的教育因素，对学生进行熏陶和感染以培养学生良好思想品德的德育方法是______。

A. 品德评价法　　B. 榜样示范法　　C. 实际锻炼法　　D. 陶冶教育法

10. 托物言志是______的方式之一。

A. 示范教育法　　B. 陶冶教育法　　C. 自我教育法　　D. 实际锻炼法

11. 受教育者的思想品德是在______中形成和表现出来的。

A. 上课　　B. 读书和作业　　C. 活动和交往　　D. 谈话和讨论

12. 对学生思想品德的形成和发展起动力作用的主要因素是______。

A. 道德认识　　B. 道德意志　　C. 道德情感　　D. 道德行为

二、简答题

1. 德育过程的主要矛盾是什么？德育过程的主要规律有哪些？
2. 为什么说学生思想品德的形成是培养学生知、情、意、行的过程？
3. 为什么说学生思想品德是在活动和交往中形成和发展起来的？
4. 谈谈你对学生思想内部矛盾转化这一德育规律的认识。
5. 为什么说学生思想品德的形成是一个长期的、反复的、逐步提高的过程？
6. 德育过程和思想品德形成过程有什么重要区别？
7. 我国普通学校应贯彻的德育原则有哪些？

三、论述题

1. 联系实际说明学校德育工作的重要意义。
2. 德育过程有哪些规律？如何理解？
3. 思想品德教育需要遵循哪些原则？说出它们的含义和贯彻要求。
4. 中小学德育的主要途径有哪些？它们有什么不同？
5. 学校德育常用哪些方法？说明每种方法的含义、特点及使用要求。
6. 试论集体教育和个别教育相结合的德育原则。
7. 试论依靠积极因素、克服消极因素的德育原则。
8. 论尊重、信任学生与严格要求学生相结合的德育原则。

第十一章　班主任工作

本章学习指导

1. **识记**：班主任工作的意义和任务、班主任工作的主要内容、良好班集体的特征。
2. **理解**：理解和掌握班主任工作的内容和方法。
3. **应用**：掌握班主任工作的有效方法，初步学会组织和培养班集体。

第一节　班主任工作的意义和基本任务

一、班主任工作的意义

班级是学校的基层组织，是学校进行教育和教学工作的基本单位。班主任是教师队伍的重要组成部分，是班级工作的组织者、班集体建设的指导者、学生健康成长的引领者，是思想道德教育的骨干，是沟通家长和社区的桥梁，是实施素质教育的重要力量。班主任在学校教育教学计划和其他各项管理的实施、协调本班任课教师的教育工作和沟通学校与家庭、社会教育之间的联系中起着重要作用。班主任工作的意义具体体现在以下几个方面：

（一）班主任是班集体的组织者和领导者

一群学生聚集到一个班级中，并不意味着他们形成了一个班集体。学生的年龄特征和发展水平决定了他们不可能自发地形成班集体。要把一群背景、发展水平、兴趣爱好等方面存在很大差异的学生转化成为一个班集体，就需要一个强有力的组织者和领导者。班主任多数是思想道德素质好、业务水平高、身心健康、乐于奉献的教师，他们能够在较短的时间内把学生组织起来，通过各种活动激发学生对班级的感情，从而培养良好的班集体。

（二）班主任是学生的教育者和学生健康成长的引路人

作为教师队伍中的一员，班主任必然是学生的教育者，是学生健康成长的引路人。而且由于工作的特殊性，与普通任课教师相比，班主任与学生接触时间最长、接触面更广、接触更频繁，对学生的健康成长能产生更直接、更大的影响。一方面，班主任可以随时发现学生成长中存在的问题，及时给予教育指导。另一方面，班主任的工作态度、政治素质、道德修养、知识素养、心理素质，会直接影响学生的成长和发展，影响他们的身心健康。这种影响常常是无形的、长远的、深刻的，是任何教科书、任何道德箴言、任何惩罚和奖励制度都不能替代的一种教育力量。

（三）班主任是学校进行教育工作的得力助手和骨干力量

学校的教育教学等方面的工作，大多通过班级这个基层组织、通过班主任工作来实现。一方面班主任受学校校长的聘任、委托，在学校统一领导下，全面领会国家的教育方针、学校教育目标和学校领导的意图，并把它们变成班级工作的指导思想和行动，使学校对学生的教育计划得以执行和具体落实；另一方面班主任要将班级的情况随时反馈给学校领导和学生管理部门，为其提供正确决策的依据。班主任工作是学校教学和德育工作的基础，班主任是学校实施教育教学计划的得力助手和骨干力量。

（四）班主任是班级各方面教育力量的协调者

学生在成长的过程中，受到来自校内和校外各个方面教育力量的影响。要想使学生得到全面发展，就必须使这些教育力量相互配合，形成合力。班主任在班级各方面教育力量的组织和协调中发挥着桥梁和纽带的作用。校内，班主任要把本班任课教师协调组织起来，向他们反映本班情况，协调他们对学生提出的要求，加强师生间的感情联络，维护教师的威信，使任课教师在学生成长中更充分地发挥作用。同时班主任还要协助和指导本班少先队、共青团的活动，调动和统一校内其他有关教育力量，共同完成本班的教育教学计划。校外，班主任要加强和家长的联系，争取他们对学校教育的支持和配合，共同教育学生。此外，班主任还要沟通和协调社会有关因素对学生的影响。

二、班主任工作的基本任务

班主任工作的基本任务就是组织和培养良好的班集体，对全班学生的全面发展负责。2009年8月12日，教育部发布《中小学班主任工作规定》，其中第三章规定了中小学班主任的职责与任务：

(1) 全面了解班级内每一个学生，深入分析学生思想、心理、学习、生活状况。关心爱护全体学生，平等对待每一个学生，尊重学生人格。采取多种方式与学生沟通，有针对性地进行思想道德教育，促进学生德智体美劳全面发展。

(2) 认真做好班级的日常管理工作，维护班级良好秩序，培养学生的规则意识、责任意识和集体荣誉感，营造民主和谐、团结互助、健康向上的集体氛围。指导班委会和团队工作。

(3) 组织、指导开展班会、团队会(日)、文体娱乐、社会实践、春(秋)游等形式多样的班级活动，注重调动学生的积极性和主动性，并做好安全防护工作。

(4) 组织做好学生的综合素质评价工作，指导学生认真记载成长记录，实事求是地评定学生操行，向学校提出奖惩建议。

(5) 经常与任课教师和其他教职员工沟通，主动与学生家长、学生所在社区联系，努力形成教育合力。

班主任是学校教育第一线的骨干力量，是学校教育工作最基层的组织者和协调者。教师履行好班主任的职责，必须树立正确的教育理念，遵循中小学生身心发展的规律，运用科学的教育方法，善于利用各种教育资源。班主任老师不仅应该努力协调好各任课教师，做好班级的管理和建设工作、学生的教育和引导工作，积极支持少先队、共青团、班委会开展班级活动，而且还应该成为沟通学校、家庭、社会的纽带，及时了解学生在家庭和社区的表现，引导家长和社区配合学校共同做好学生的教育工作。

第二节 班主任工作的内容和方法

一、了解和研究学生

了解和研究学生是有效地开展班主任工作的前提和基础。班主任要想教育好学生，培养和组织好班集体，就必须全面了解和研究学生，并且把这项工作贯穿于自己整个工作过程中。

（一）了解和研究学生的内容

了解和研究学生，包括了解学生个体和学生集体两个方面。这两个方面要结合起来，既要以整个班集体为背景来了解研究每个学生，又要在深入了解研究每个学生的基础上把握整个班集体，做到既见“树木”又见“森林”。

1. 了解和研究学生集体

(1) 班级学生的基本情况。班级学生的基本情况主要包括学生人数、姓名、性别、年龄、民族、来源等。根据这些基本情况班主任可以总结出相关信息，如班级性别结构、年龄结构、民族结构、家庭类别结构等等。

(2) 班集体的发展状况。班集体的发展情况主要包括班集体有无共同的奋斗目标及其实现情况，班委会、集体舆论及班风、班级凝聚力、班级中人际关系等状况，班集体中的各种群体对班集体建设的影响，班集体思想品德、学习成绩、纪律等方面的水平等等。

2. 了解和研究学生个体

(1) 学生自身的情况。学生自身的情况主要包括学生的成长经历、一般表现、思想品德发展状况、学习情况、学习潜能、兴趣特长、个性特点、人际交往状况和身体状况等。

(2) 学生的家庭情况和社会生活环境。这方面的情况主要包括家庭结构、家庭经济情况、家庭各成员的职业与素质、家庭期望和教养方式等，学生在家庭中的地位、生活与学习习惯，家庭的周边环境等等。

（二）了解学生的方法

1. 观察法

这是班主任了解学生的基本方法，也是班主任工作的基本功。班主任应该有目的、有计划地在自然状态下观察本班学生的言谈举止、感情、意志、性格等方面的表现和变化。为此，班主任需要经常深入到学生的学习、劳动、课余生活中去，在日常生活中对学生进行观察，更多地了解学生自然真实的情况。必要时，班主任还可以将观察到的情况加以记录，以备分析研究。班主任要善于做有心人，这样才能处处细心观察，在不动声色中把工作做好。

2. 谈话法

通过谈话，班主任可以更深入地了解个别学生的内心世界，掌握他的思想动向。谈话可以单独进行，也可以组织几个或更多学生一起座谈。无论采取哪种形式，要想使谈话取得良好的教育效果，班主任必须注意：谈话前要做好准备工作，认真考虑谈话的目的、中心内容、采用的方式以及时间、地点的选择等。在谈话过程中，态度要自然、亲切、和蔼，同时要尊重学生，注意倾听学生的意见，讲究谈话技巧，把握谈话时机，针对学生的思想实际，循循善诱，启发引导，鼓励学生奋发向上。谈话后要注意及时整理记录，加以积累，为今后工作的进一步开展奠定基础。

3. 资料分析法

可供班主任分析学生的书面材料大致有三类：一是学生档案，如学生登记表、学籍卡、学生成绩单和操行评语、家庭情况表、体格检查表和健康档案、有关奖罚的记载等。查阅这些材料，可以尽快地了解学生、熟悉学生。二是班级记录资料，如班主任工作手册、班级日志、班级好人好事登记簿和荣誉册及班会、班委会与团队会议记录等，这些资料有利于班主任系统地了解班级整体情况，了解每个学生在班级内的发展状况。三是其他反映学生发展水平的材料，如书面作业，包括学生的作业本、试卷、作文、日记、图画以及墙报稿、入团申请书等，这些材料能够直接反映学生的思想面貌、心理活动、学习情况等多方面的特点。

4. 调查访问法

调查访问可分为一般性调查访问和主题性调查访问。一般性调查访问是为了在新形势下了解学生德智体各方面发生的总的、规律性的变化，表现出来的特点、优点与问题，以便制订班主任工作计划。主题性调查访问的目的在于了解学生个人和集体中发生的某个方面的问题，深入而全面地掌握有关情况，以便采取有效措施，正确处理。调查访问要精心设计调查方案，根据调查目的来确定调查的对象、内容和方法。调查应持客观的实事求是的态度，对所获得的材料要核实、分析。

班主任了解学生的途径和方法很多，班主任应该依据自身素质特点和学生的实际情况灵活选择最适宜的方法或结合使用几种方法。同时，要做一个有心人，善于从平常小事中了解和研究学生，讲究了解学生的艺术，注意积累档案资料，坚持不懈。另外，不论采取哪种方法，班主任对学生情况的分析、研究，一定要坚持实事求是、一分为二、发展的观点，以使自己的工作建立在科学的基础之上，取得最佳成效。

二、组织和培养班集体

班级是学校进行教育教学的基本单位，是学生全面发展的重要场所，而班集体是“班级组织建设所达到的最高水平”①。班集体由整个班级成员共同组成，以完成学校教育任务为共同目标，有一定组织机构、规章制度的学生的共同体。从班级发展到班集体的过程中，班主任需要做大量科学而细致的工作。每位班主任在接手一个班级后，都应把主持组织和培养班集体作为自己工作的首要任务。班集体一旦形成，就具有巨大的教育力量，成为班主任开展工作的有力助手和途径。组织和培养班集体是班主任工作的中心环节，也是班主任工作的目的之一。

（一）良好班集体的特征

1. 有共同的奋斗目标

有共同的奋斗目标是班集体形成的首要标志。共同的奋斗目标能够将全班学生的不同需要转化为共同的动机，从而推动共同的行为的产生；能够促使学生按照共同的目标要求控制、修正自己的行为方向；能够给学生以力量去克服困难、排除障碍；能够促使集体产生凝聚作用，增强集体的向心力。

① 李学农：《班级管理》，高等教育出版社，2004 年版。

2. 有高效精干的班委会和庞大的积极分子队伍

班干部是班集体的中坚和支柱，他们既是班集体建设的组织者，又起模范带头作用；既融洽和疏通班级的人际关系，又对班集体的正确舆论起导向作用。有威信、有工作能力的班干部是班主任的得力助手，是班级制度的贯彻者、执行者、维护者。一个集体必须有一个坚强的核心，班集体能否形成，往往取决于能否形成为班级成员所拥护的班委会以及团结在班委会周围的一批积极分子。一个班级中可以成为班干部和积极分子的学生越多，班集体的发展水平就越高。因此，做好选拔班级干部和培养积极分子的工作，在班集体建设中具有十分重要的意义。

3. 有正确的集体舆论

集体舆论是在集体中占优势的、为大多数人所赞同的言论和意见。它是集体生活中多数集体成员意愿的反映，以议论、褒贬等形式肯定或否定集体的动向和集体成员的言行，是影响个人和集体发展的一种重要力量。正确的集体舆论是集体正确认识的反映，是集体觉悟水平的表现，它的形成有利于提高集体成员的思想觉悟，能够使大家明辨是非，支持正确的言行，抵制错误的倾向。只有当集体形成了健康正确的舆论，集体才能识别是非，扬善抑恶，扶正祛邪，伸张正义，抵制腐蚀，引导其成员奋发向上。正确的集体舆论是学生自我教育的重要手段，是形成和发展班集体的巨大力量。

4. 有良好的班风和传统

班风是指一个班级整体特有的稳定的倾向，它是一个班的集体舆论持久地发生作用而形成的一种风气，是班集体在形成过程中绝大多数同学的精神面貌和道德风尚的反映。它是一种无形的教育“资产”，是一种巨大的精神力量，是教育班集体成员的重要手段。一个班的班风一旦形成，就会对全班学生形成一种巨大的约束力和教育力，无形地支配着集体成员的行为和集体生活，可以培养集体成员的荣誉感、自豪感和对集体的尊重，对班集体的形成、巩固和发展起到巨大的推动作用。良好的班风主要表现为：全班学生积极向上，学习态度端正，学习积极性高；师生关系亲密融洽，尊师爱生；同学之间互帮互助，团结协作；文明礼貌，遵守各项纪律；热爱劳动，讲究卫生；兴趣广泛，生动活泼等。一个班的班风若能巩固并长期保存下来，就成了传统。班集体的优良传统，不仅能使全班学生产生自豪感、荣誉感，而且能使学生将自觉维护班集体的传统作为自己的责任。在此过程中，学生不仅能受到良好的班风和传统的熏陶与培养，而且还能反过来对良好班风的巩固发挥作用，即全班学生通过自身努力能形成良好的班风，而良好的班风形成后又能成为教育学生的良好环境。

5. 有健全的制度和严格的纪律

俗话说：“没有规矩，不成方圆。”班级制度和纪律具有导向和约束作用。健全而科学的班级管理制度是班级工作走向科学化的客观需要，是班级工作文明进步的标志，是做好班级工作的重要保证。健全的制度和严格的纪律能够为学生确立行为准则，明辨是非；可以让学生逐渐地由“他律”发展为“自律”，充分地发挥主人翁的精神，养成主动学习的好习惯；可以发展学生的自主性，尽可能地发掘学生的学习潜力。这不仅有利于提高班级管理效率，更重要的是有利于培养学生的自主管理能力，让学生终身受益。健全的制度和严格的纪律对于一个班级的正常运转、提高活力、展现生命力等具有十分重要的作用，使班级成为一个具有自我检测能力、自我调控能力的高效运作的管理组织。

（二）班集体的发展阶段

1. 初步建立阶段

学生们刚刚从四面八方汇聚在一起，往往相互不认识、不了解，无集体观念。这时班级实际上处在单纯的、松散的群体水平，班级组织管理工作和活动主要靠班主任来开展。但同一班级的学生已不是彼此无关的个体，而是在班主任和其他教师组织指导下共同活动的群体，相互之间开始了一定的交往。在这一阶段，班主任的工作重点是尽快了解和熟悉每个学生，在此基础上完成指定临时干部到选举班委会、健全班级各种组织的过渡，提出明确的集体奋斗目标，制定必要的规章制度，积极开展学生间的交往活动，培养学生对班级的情感，发现优秀学生。如果班主任能很好地运用自己的权威，引导得法，就可以大大缩短这一阶段的时间。

2. 基本形成阶段

经过一定时间的活动与交往，师生之间、同学之间有了一定的了解，产生了一定的情谊与信赖，有了一定的归属感和认同感，出现了各方面的学生积极分子，并团结在班主任的周围，班级的核心初步形成，学生中三两人一伙的友伴群体开始整合到班级集体之中。班级组织机构开始和班主任一起履行集体的领导与教育职能。班主任开始从直接领导、指挥班级活动逐步过渡到向班干部提出建议，由他们来组织开展集体的工作与活动。但这时班集体仍处于他律水平，还需要班主任不断地提醒、告诫、教育。

3. 发展成熟阶段

这一阶段集体已处在自律水平，能自主活动，积极分子队伍不断壮大，学生普遍关心、热爱班集体，能积极承担集体的工作，参加集体活动，维护集体的荣誉，初步形成正确的舆论与良好的班风，班委会已成为班级的领导核心。这时，良好的班集体已基本形成，成为教育的主体并走向成熟。这时班主任仍然要运用各种方法手段来巩固、加强和提升这一成果。建设这样的班集体需要班主任付出长期而艰巨的创造性劳动。

从上述可知，班集体在形成发展的每个阶段都有着不同的特点，班主任应根据班集体的不同发展水平和特点，采取有效的教育措施，促进班集体快速成长。

（三）如何组织和培养良好的班集体

1. 确定共同的奋斗目标

确定班集体的奋斗目标要注意体现：(1) 方向性，即目标要正确，反映全面发展的教育要求。要考虑到学生多方面的发展，在思想、学习、纪律、体育、劳动等方面都有目标要求。但可以根据班级的实际情况，在某一个时期突出某一目标。(2) 可行性，即目标要适合学生的接受水平，明确和具体，能振奋人心，鼓舞学生前进，而且通过努力能够实现；不然，目标也就成为空洞口号。为了使班集体奋斗目标成为教育学生的手段，班主任在制定目标时，一定要充分考虑本班的实际和学生的愿望及要求，使目标体现学生的意志，还要善于将教师的要求变为学生的自觉行动。目标宜小不宜大，宜实不宜空，宜易不宜难。(3) 层次性，即目标应当是一个由易到难、循序渐进的滚动的系列，当已有的目标实现后，要根据更新更高的目标，引导学生不断地前进。层次目标可以使学生时时处在新目标的鼓舞下，把全班学生吸引并团结到集体中来，借助实现目标的奋斗过程来推动班集体的逐步形成和巩固发展。班集体奋斗目标一般可以分为近期、中期、远期三个层次。

班集体的奋斗目标确立之后，就要围绕目标来进行和开展班级的一切工作，将集体目标内化为个体目标,使班级的奋斗目标和全班学生的日常学习、生活、工作紧密联系起来。目标实现后,班主任要及时总结评价,在使学生体验到成功快乐的同时,提出新目标来引导班集体继续前进。在引导学生实现班级目标的过程中,班主任应首先让学生明白目标的内容、要求、奖励等情况,鼓动士气,做好动员工作,加强凝聚力。还应利用班级舆论制造一种气氛和环境,如办好宣传栏、黑板报、评比窗等,加强舆论力量和宣传力量。同时,注意强化学生的成就动机,对学生不断地鼓励、表扬,使学生们自信、自强,最终完成目标任务。

2. 培养高效精干的班委会和庞大的积极分子队伍

首先,要通过各种渠道挑选那些品学兼优、关心集体、能以身作则、任劳任怨且有一定的组织能力的学生担任班干部,组成高效精干的班委会。选拔时应注意班干部的智力、才能、性格、爱好、性别的合理搭配,根据其特点分配工作,使之扬长避短,充分施展才华。

其次,班干部选定后班主任还要进行培养和放手使用他们,使其真正发挥核心作用。为此,班主任应该注意以下几点:(1) 因材而用。班主任要根据每个人的特长、爱好和能力水平,分配给他们适宜的班级工作,用人所长避人所短,合理搭配,组成最佳班集体领导群体,实现最优班级管理效果。(2) 培养教育。班主任对干部应提出明确要求,并提供方法上的帮助。班主任要经常指导班干部的工作方法,发现班干部工作中的问题和不足时要及时指教。同时,班主任要教育班干部懂得珍惜大家的信任,为同学服务,要起带头作用,处处以身作则,要讲究工作方法,班干部之间要注意相互配合协调等等。(3) 大胆使用。学生干部在班集体中能发挥多大作用,很大程度上取决于班主任对他们信任的程度。班主任要放手让学生干部工作,培养班干部的独立工作能力,使他们能逐渐独当一面,发挥自我教育的作用,真正成为班级管理的主人,带领班集体前进。(4) 检查督促。班主任要经常组织全班学生对班干部的工作进行评议,定期考察,以便督促班干部更好地开展工作,这也有利于班干部及时反思自己的工作,在实践中不断提高自己的工作能力。

3. 树立正确的集体舆论

正确的集体舆论要靠班主任通过丰富多彩的集体活动来有意识、有目的地引导和培养,要靠全班同学的共同努力。班主任应经常注意组织学生学习政治理论、道德规范,提高他们的认识。要注意表扬好人好事,批评不良思想行为,为形成正确舆论打下思想基础。特别是在处理班上一些涉及原则性问题而学生又未能正确认识的事件时,班主任要善于抓住时机,通过积极的思想斗争,提高学生分辨是非的能力,以推动正确舆论的形成。班主任讲的道理必须是实事求是的,不讲大话、空话和假话。班主任要以身作则,处处做同学们的表率。班主任要坚持民主生活会制度,教育学生正确对待批评与自我批评。

4. 建立良好的班风和传统

班主任可以从以下几方面入手:(1) 要善于利用各种活动和宣传阵地,对学生进行有关规范的教育,使学生掌握是非、善恶、美丑和荣辱的标准,从而产生相应的言行。(2) 要针对集体教育实际中出现的不良倾向、典型问题,及时组织学生开展讨论、辩论,通过学生积极的思想斗争,使学生分清是非,提高认识能力,并用以指导行动。(3) 要树立班级先进榜样,使之成为正确舆论和良好行为的代表。先进分子是班集体的支柱,也是班集体形成过程中的榜样。树立先进、选拔先进、评比先进的活动本身就有一种号召力量和舆论力量,引导着班级的风气。(4) 可以开展经常性的表扬和批评活动,通过褒贬强化学生的是非观,使班级正气得到弘扬,歪风邪气受到谴责,从而将集体舆论和行为引导到正确的方向上来。(5) 常抓不懈,使学生在反复的实践中形成班级的优良传统习惯,同时对集体中已经形成的良好班风要及时宣传,获得全班同学的认可和支持，并使之发扬光大。

5. 健全制度，严格纪律

班主任在制定班级规章制度时，应当注意下面几点：第一，所制定的规章制度要明确具体，宽严恰当，便于记忆，利于执行，使之具有可行性和可操作性。第二，所制定的规章制度要多从积极方面鼓励，避免从消极方面限制、防范，不应当简单地与“禁令”、“处罚”画等号。第三，规章制度一经制定，就要坚决执行，不能随意放松要求。倘若一套班级管理制度制定得极其复杂，咬文嚼字，多是惩罚条例，而且是草草了事，那么，这样的制度跟没有是不会有差别的，它甚至会产生负面影响，使学生觉得所谓的班级管理制度就是一种形式条例，就是一套惩罚制度，就是一份纸上文章。

班主任在制定和使用这些制度与纪律的同时，必须配合说服教育，使学生把对制度与纪律的遵守建立在全面而深刻理解的基础之上。这样学生才能在内心认同这些制度与纪律，自觉遵守这些制度与纪律，真正实现从“他律”向“自律”的转变，最终养成良好的行为习惯。

三、在培养好集体的同时，做好个别教育工作

（一）促进班集体全体成员全面发展

班级既是教育的对象，又是教育的巨大力量。对此苏联著名教育家马卡连科有深刻的认识，他说：“我自己从17岁起就当教师，我曾长时间地讲过：最好先把一个学生管理好、教育好，然后再教育第二个、第三个、第十个，当所有的学生都教育好了的时候，那就会有一个良好的班集体了。可是，后来我得到一个结论……要采取这样的方式——使每个学生都不得不参加共同的活动。这样一来，我们就教育了集体，团结了集体，加强了集体，以后，集体自身就能成为很大的教育力量。”①班主任要对全班学生的全面发展负责，要全面关心学生的成长，要在集体中依靠集体，通过集体教育学生学好功课，提高思想品德，增进身心健康，还要关心学生的课外校外生活，以促进学生全面发展。具体要做好以下几项工作：

1. 对学生进行思想品德教育

班主任是学生思想品德教育工作的主力军，对学生进行思想品德教育是班主任工作的首要任务。班级德育工作的好坏，对班级整个工作的质量、对学校整体教育工作的质量起着决定性的影响。班主任应围绕教育目的和学校培养目标，结合当前中小学生的思想实际，激励学生热爱社会主义祖国，树立共产主义远大理想，增强集体主义观念，培养高尚的革命情操，养成热爱劳动、遵守纪律、助人为乐、积极向上的优良品德。

2. 教育学生努力学习，提高学业成绩和智能素质

学习是学生的主要任务，教育并帮助学生学好功课，提高学业成绩和智能素质，是班主任全面贯彻教育方针的一项极为重要的经常性的工作。班主任可以针对学生的学习情况从以下几个方面做好这项工作：

（1）教育学生明确学习目的，端正学习态度，形成学习兴趣，提高学习的自觉性。学生对学习的意义、目的认识得越清楚越深刻，就越能积极自觉地对待自己的学习，加强学习的责任感。学生对学习的兴趣越浓，求知欲越强，越能主动地去学习，学习起来就不觉得“苦”和“累”，而且会克服各种困难，勤于思考，增强自学能力。班主任可以通过组织适合学生年龄特点的主

---

① 马卡连科：《马卡连科全集》（第5卷），人民教育出版社，1957年版。

题班会、举办讲座、举行中外名人学习故事会等活动对全班同学进行正确的学习舆论引导，使学生形成对学习的正确认识和态度。

（2）教育学生遵守学习纪律。班级内的学习不是个人行为，而是集体行为，为了避免相互干扰，提高学习的效率，班主任要建立和维护良好的学习制度，以体现纪律和节奏相结合，体现劳逸结合。班级的学习制度有课堂常规、课代表制度、作业要求、课间休息要求等。班主任要教育学生牢记并能自觉执行这些制度，还要经常性地检查以帮助学生形成习惯。

（3）指导学生掌握正确的学习方法，形成学习能力。班主任要经常有针对性地对全体学生及个别学生进行学法指导，组织学习方法交流活动，帮助和教育学生掌握有效的学习方法，如预习、质疑、听课、思考、笔记、复习、作业等学习活动的基本方法，使学生高效率地学习。班主任对学生学习方法的指导，尤其要着眼于学习能力的培养。学习能力既表现在智力方面，又表现在五种积极性方面（向上、兴趣、自信、注意力、毅力），还表现在三种能力方面（接收能力、表达能力、自学能力）。班主任不能只抓考试分数和表面成绩，而要对学生进行智力培养和能力锻炼，使学生获得整体发展和长远发展。

（4）创设优良的学习环境。学习环境首先是指学生主要的学习场所——教室。教室应整齐干净、光线明亮、布置协调优雅，还可以适当挂贴名人名言、学习资料、校训口号等，潜移默化地影响学生。其次，学习环境还指班级良好的学习氛围和习惯，团结互助、比学赶帮的学习风气及班级中有关学习的正确的集体舆论等。再次，学习环境也包括班主任团结任课教师、家长，以协调一致的思想、言行促进学生学习而形成的精神环境。这些都是班主任在完成帮助学生努力学习这一重要工作任务时不可忽视的。

3. 指导学生课余生活，关心学生身心健康

课外教育活动也是培养学生全面发展的重要途径。班主任应重视学生课余时间的管理和指导，帮助学生安排丰富多彩的有益于身心健康的各种活动，并给予必要的指导，以使学生能抵制课外的消极影响，健康成长。但要注意充分发挥学生的主体性、创造性，不能包办代替。

班主任要善于在体育课之外充分利用活动课和其他教育时间，加强学生的身体锻炼和卫生保健知识教育，不断增强学生的体质，同时，还要加强对学生心理健康问题的关注。

当今社会急剧变化，社会环境日益复杂，社会竞争不断加剧，道德观念冲突等现实与当代独生子女的“温室效应”形成了强烈的反差，造成了青少年心理问题的增长。据有关心理卫生教育工作者调查统计，青少年中存在心理问题的学生约占学生总人数的20%左右，其中有比较严重心理障碍的占10%左右。这些问题不仅直接影响着青少年自身的成长，而且也关系到我们国家的长治久安。加强青少年的心理健康教育已经成为青少年健康成长和社会发展的必然要求。班主任要掌握心理健康教育的知识，能对学生开展心理健康教育工作，不断增强学生抵抗挫折的能力和适应力。在教育学生时，要改变过去单纯德育的教育方法，将德育问题和心理问题认真区分，针对不同问题采取不同的教育方法。班主任还要善于将两者有机地结合起来，构建起“生理—心理—德育—社会”综合教育模式，不断提高学生的社会适应性，强化学生的心理素质，使他们成为身心健康的人。

（二）做好个别教育工作

班主任在组织和培养班集体、面向全体学生进行教育的同时，还要根据学生个人的特点、需要和问题单独进行深入细致的教育。只有使每个学生都能在集体中进步，班集体才能健康地发展。这也是班主任工作的一项重要内容。

个别教育是指针对某个学生出现的显性或隐性的错误思想和言行进行批评、帮助和纠正。很明显，凡出现错误的学生，都是个别教育的对象。个别教育不是公开化的，也不是班级讨论式的，主要是班主任和学生一对一地进行，或在集体教育的过程中含蓄地进行。个别教育的内容一般多从学生身上反映出的问题入手，这些问题既有经常性的，也有偶然性的，大多表现在学习成绩、学习态度、学习纪律、同学关系、心理问题、不良行为、校外表现等方面。这就需要班主任仔细观察，掌握情况，主动交谈，耐心教育。

一般情况下，每个班级的学生都可以根据其进步程度分为优秀生、中等生、后进生三种不同的层次，每个层次中的每个学生都有各自的特点、兴趣、情感、性格，具有不同的思想状况和不同的发展水平。班主任可以针对每一类学生的不同特点进行个别教育，并根据同一类别学生的不同情况采取不同措施，因人施教，以确保全班学生的良性发展和全面进步。具体说，班主任要做好以下三项工作：

1. 培养优秀生

优秀生是指那些品学兼优、德才兼备，可以作为学生学习、效仿榜样的好学生。培养优秀生既能促进他们尽快地成长，又能使全班同学学有榜样，带动和鼓舞全班同学积极向上。优秀生不是自发形成的，而是要靠班主任的发现和精心的培养。一般而言，优秀生是班级集体中的核心和骨干，是班级活动的积极分子和班主任的得力助手。他们有许多优点，但也存在一些缺点。对优秀生的培养工作可以从两方面入手：(1) 发挥他们的长处，带动全班进步。优秀生一般具有以下优点：学习成绩好，热爱关心班集体，遵守纪律，有一定的组织能力和威信，善于团结同学，有极强的自尊心和进取精神，有较强的超群意识和竞争意识等。班主任应该在班级中充分发挥优秀生的榜样作用，促进良好班风的形成，还可以根据条件选用优秀生作班干部，指导他们以自己的良好作风和辛勤工作，取得同学们的信任和支持。(2) 严格要求，防止出偏。优秀生有时容易产生骄傲自满情绪，看不起同学，愿听好话，受不了批评，当别人超过自己时，容易产生嫉妒心和挫折感。如果不加以引导和保护，优秀生可能会滋生虚荣心、不良竞争意识等。因此，班主任对他们既要高标准、严要求，防止他们骄傲，又要对他们加强挫折教育，防止他们因小挫折而一蹶不振，还要注意培养他们正确的竞争意识，学会合作竞争，防止他们因竞争而导致心理狭隘或不择手段。

2. 教育中等生

中等生是指班级中思想品德、学习及其他方面处于一般水平，基本上达到培养目标要求的学生。他们在学业和品德等方面往往表现平常，既没有大的缺点，也没有突出的优点，在班级中往往容易成为被教师忽视的一群。长期下去，他们可能形成对什么都无所谓的态度，既不想争先进，也不愿当后进，甘居中游随大流。中等生在班级中面广量大，这部分学生品德、学习的好坏，不仅影响着整个班集体的好坏，还影响着中小学教育质量的高低。因此，班主任要十分重视做好中等生的教育工作。事实上，中等生表面上看来比较稳定，但实际上他们有可能变化最大。对于他们中的一些学生，班主任如能给予及时的关心和帮助，就有可能使他们变成优等生；如果放任自流，也有滑下去的危险。所以班主任千万不能放弃对中等生的教育，因为放弃了他们就等于放弃了班上的大多数学生。对于中等生的教育，班主任要注意：(1) 鼓励上进。要充分发挥班级舆论的教育作用，在班级中宣传正气、抨击邪气，并为学生树立各方面的榜样，尽可能使中等生克服从众心理，鼓励他们树立信心，鼓足勇气，知难而上，勇于进步。(2) 主动关心。中等生时常感觉自己处于被人遗忘的角落而存在一种失落感。正是这种失落感，使他们对班上的一些事情表现出漠不关心和冷漠。因此，班主任一定要注意关心和爱护中等生，特别是当他们出现好的表现，哪怕是比较小的进步时，班主任也一定要及时给予表扬，让他们感到教师的关心和爱，感到自己也是教师关注的对象，从而努力学习，争取上进。

3. 转化后进生

后进生是指那些在品学方面达不到培养目标的要求、相对落后的学生。任何班级的学生在成长过程中都会在层次和水平上表现出差异，都可能出现后进生。后进生不是固定不变的，而是暂时落后，只要教育措施得力，后进生是可以转化并不断进步的。后进生在班集体中的人数并不一定多，但他们思想表现差，行为习惯差，自制力差，不仅严重地阻碍他们个人的成长进步，而且也会给全班带来许多消极的负面影响。因此，为了后进生本人的成长进步以及整个班集体的发展，班主任一定要努力做好后进生的转化工作。后进生和正常学生一样有强烈的自尊心，但往往由于学习和品德的缺陷而得不到别人的尊重，于是干脆自暴自弃或故意捣乱甚至明知故犯以引起教师的注意。他们虽然也想取得学习上的进步，但一般学习成绩比较差，并因此失去学习的兴趣和信心。另外，他们还有辨明是非的能力比较低、意志力薄弱等特点。

班主任要想转化后进生，必须做到：(1) 真诚地尊重和爱护他们。后进生经常遭到教师的批评、同学的轻视、家长的指责，他们强烈的自尊心得不到满足，因而多数都自暴自弃，而且有一种疑惧心理和对立情绪，总认为大家都嫌弃自己、反感自己，对教师、同学、家长时时“戒备”、处处“设防”。在这种情况下，一般的说教、粗暴的训斥、挖苦嘲讽、简单的处罚对他们往往难以奏效。而当他们感到教师是真心实意地尊重自己、爱护关心自己时，心理上会引起极大的震动。作为回报，他们会尊敬教师，向教师敞开心扉，“痛改前非”，认真学习，努力上进。教师的爱是后进生进步的动力。(2) 正确看待。班主任一定要用一分为二的观点、发展的眼光看待后进生。既要看到他们身上的缺点，也要看到他们身上的优点，尤其是要善于发现后进生的闪光点，并抓住这些闪光点，唤醒他们的自尊心，发挥积极因素，克服消极因素，促进后进生的转化和进步。(3) 区别对待，因势利导。后进生形成的原因是多方面的，有来自同学、家庭、社会的负面影响，有学校教育的原因，也有自身的原因。班主任应摸清后进生的思想言行的主要成因，找准突破口，进行个别教育。同时，不同的后进生在性格、气质、能力、兴趣上又有他们各自的特点。班主任在转化后进生时必须针对这些特点因势利导。例如，对自卑感强、自暴自弃的学生，班主任就要发现和探明他们的长处，增强他们的自信心、自尊心和进取心。对有一定动手能力、组织能力但生性顽劣的学生，班主任可对他们提出一定的要求，利用他们的长处为班级服务，使他们感到自己也是一个有用的人，从而激发他们的上进心。对学习成绩较差又不遵守纪律的学生，班主任应多接近他们，主动给他们补课，教给他们学习方法，激发他们的学习兴趣。(4) 严格要求。班主任要在爱护后进生的前提下对他们提出严格要求，并对他们取得的点滴进步及时给予肯定，使他们也能尝到成功的喜悦。另外，还要在班上通过制造舆论，营造良好的班级氛围，形成全班教育的大环境，使后进生知是非、识美丑，使每个同学既是受教育者，又是教育者，这样当后进生出现问题时能及时得到制止，并认识和克服自己的错误。只要班主任坚持用爱心、信心、耐心、恒心对待后进生，定能使“顽石成金”。

四、协调各方面的教育影响，构建家庭、学校、社会一体化的教育网络

影响学生成长的因素是多方面的，要想使学生健康成长，班主任就必须使各方面的教育力量协调一致，互相配合，形成一种合力，以保证学生沿着正确的方向迅速成长。

（一）协调校内教育力量

1. 团结所有任课教师，形成坚强的教师集体

任课教师和班主任一样，都是学生成长过程中的重要影响者，都对学生的全面发展负有责任。任课教师主要是通过所教学科的教学活动来培养学生的，他们虽然不像班主任那样承担班级的日常管理责任，但在教学中他们的教育思想、教育方法以及自身的修养等都影响、熏陶着每个学生。如果各任课教师和班主任的教育思想不一致，势必影响班集体建设的进程，给班级管理工作带来阻碍。因此，班主任要加强与任课教师的配合与协作，并协调好任课教师之间的关系，充分调动任课教师的积极性，使他们对班级学生成长的作用充分发挥出来。

为此，班主任要注意做好以下几项工作：(1) 经常沟通。班主任要及时向任课教师介绍学生的情况，帮助他们更多地了解学生，增加他们教育学生的针对性。同时，班主任要经常倾听任课教师对学生的反映和对班级管理的意见，还要创造条件增进任课教师之间的沟通。这项工作可以通过个别交谈或召开任课教师碰头会的方式来完成。(2) 有计划地听课。班主任要有计划地深入任课教师的课堂，了解每个教师的教学特点和对学生的要求，包括作业布置、自习辅导、考试测验等，以便协调他们对学生的要求，避免各行其是、相互冲突，也便于班主任有针对性地工作。(3) 增加任课教师对班集体的认同感。班主任要邀请任课教师参与班级管理的各项工作，积极参加班级活动，充分发挥任课教师的智慧，使任课教师感到自己是班集体中的一员，把班级的奋斗目标当作自己的努力方向。(4) 密切任课教师与学生的情感联系。班主任要通过各种活动，使学生了解教师的甘苦，树立任课教师的威信，增加师生间的情感联系，使任课教师和学生形成比较融洽的心理关系，为师生教与学的潜力更好地发挥创造条件。(5) 协调任课教师间的关系。帮助他们解决彼此之间的矛盾，尤其是在教育教学中出现的矛盾，协调他们对学生的教育要求，使大家同心协力，实现对学生的最优化教育。

2. 协调团队的教育影响，充分发挥学生自我教育的作用

少先队和共青团是班集体的核心力量，是青少年的群众性组织和先进组织，是学校对学生开展教育工作、促进学生素质全方位提高的重要组织，充分发挥团队对班级的教育作用有助于班集体教育工作的成功。虽然班级团队组织不受班主任的直接领导，主要是以学生自己为主组织活动并开展活动的，但是由于学生年龄和活动能力的限制，其工作离不开班主任的指导。团队活动和班主任工作从总体上说目的是一致的，班级基层团队组织应当紧密结合班级实际，加强自身思想建设、组织建设和作风建设，这样才能更好地发挥其先进作用，并配合班主任建设班集体，使学生健康成长。

班主任协调班团队的关系要做好以下工作：(1) 帮助团队正确领会上级团队组织的有关指示和意图，结合班级团队实际制订好工作计划，并帮助班团队开展活动。(2) 帮助团队做好少先队和共青团的发展工作，使团队组织的活动既有机配合又相互衔接，以团队的工作来带动班集体的工作。(3) 帮助团队培养干部，不断提高团队干部的组织能力和管理能力。

（二）协调校外教育力量

家庭和社会对学生的影响广泛、深刻而持久，它们直接关系着学生的健康成长。班主任是沟通学校教育、家庭教育和社会教育的桥梁，做好家庭和社会的工作，争取他们配合学校教育学生，是班主任工作的重要方面。班主任对校外教育力量的协调主要包括做好家长工作和协调社会教育力量，通过争取家庭和社会有关方面的配合，统一学校教育、家庭教育和社会教育的影响，实现“三教结合”。

1. 做好家长工作

家庭教育是学校教育的基础和必要补充，离开家庭与学校教育的配合，学校的教育活动也很难取得实质性成果。而在实际中，虽然教师和学生家长在教育学生方面目标一致、方向相同，但是二者在教育方法、方式上甚至内容上都会出现差别。因此，班主任必须积极联系家长，与家长在教育观念和方法上达成共识，使他们积极配合学校教育学生，形成家庭和学校的教育合力。

班主任进行家长工作的主要内容是：经常和家长联系，一方面要向家长宣传党的教育方针、学校的教育思想和教育措施，向家长介绍班级和学生的情况、班级教育目标、活动计划和需要家庭做好的配合工作；另一方面要了解学生在家庭的表现，了解学生家长的教育方法、教育观念及其对学生产生的影响，给家长答疑解惑，增进理解，向家长讲解家庭教育的知识，引导家长掌握正确的家庭教育方法和技能技巧，向家长提出教育子女的具体要求，避免家庭教育的随意性和盲目性。

班主任与家庭联系的方式主要有：

（1）家访。家访是教师走访家长，了解学生的家庭情况，并向家长反映学生的情况，通过双方交换意见，共同研究如何鼓励学生进步和帮助学生克服缺点所采取的一种教育方法。班主任做家访工作，要有目的、有计划、有准备，要注意与家庭诚恳地合作，要帮助改善学生在家庭中学习与生活的条件。在家访过程中，班主任一定要尊重家长，爱护学生，同家长一起分析研究学生的情况，共同商讨教育学生的方法，绝不能带着厌恶学生、埋怨家长的情绪，更要杜绝“告状式”、“指责式”家访。班主任既要做到普访，又要常访，还要做好重点访。家访结束后，班主任要及时对家访的情况进行记录，以便积累资料，为今后改进工作提供依据。

（2）书面联系。班主任通过《学生手册》、《家长联系簿》、通信等形式，使家长及时了解子女在校的情况和学校、班级的要求，也能使班主任经常了解学生在家的表现及家长的反映。

（3）家长会和家长学校。这是对家长进行集体工作的有效方式。家长学校和家长会是学校或班主任主持全体学生家长召开的集体会议。它们不能经常召开，但是一学期至少应该有一次。其主要内容是宣传学校的教育思想、教改计划和措施，介绍成功的家庭教育方法，汇报学生的学习成绩、思想状况，明确学生的收费开支、学校对家长的某些要求等。同时邀请家长参与班级管理，做学生的业余辅导员，组织一些有特长的家长给学生做报告等。要办好家长学校、开好家长会，班主任必须作充分的准备和精心的组织，在开会时间、场地、发言内容、展示材料、组织方式等方面都要精心考虑，切忌把家长会开成“告状会”、“批评会”。

（4）约请家长来校。为了及时处理学生中的一些突发事件和重大问题，班主任可以约请家长来学校，以便共同研究和解决问题。

在信息化时代的今天，以上这些方式均可以采取现代信息技术手段进行。例如，可以通过电话进行家访，可以通过电子邮件进行书面联系，可以通过 QQ 群或博客的方式开家长会或举办家长学校等。这些现代信息技术手段为班主任高效、全面地开展家校联系提供了极大方便，现代教师应该熟练掌握。当然，在充分利用现代信息技术手段的同时，仍然不能忽视对传统方法的运用，而是应该把传统方法与现代信息技术手段结合起来，以达到最理想的沟通效果。

2. 协调学校与社会教育的关系

当今社会，开放程度日益加深，使得学校教育与社会的联系越来越密切，学生每天除了接受学校教育外，还通过多种途径接受着来自社会的广泛的积极和消极的影响。班主任的任务是争取各方面的配合，充分利用社会影响中的积极因素，抵制消极因素，共同营造一个有利于学生成长的环境。班主任一方面要了解社会中对学生产生教育作用的因素及其对学生的影响情况，引导学生吸收社会教育的积极影响，培养学生辨别是非的能力和抵抗不良思想的能力；另一方面要积极争取社会教育力量的配合，充分利用社会的教育资源，采取可行的措施，来抵消社会的消极影响，共同促进学生健康成长。如请心理学家来分析中学生早恋的害处，组织学生到社会各种机构参观实践，了解社会，认识社会，并树立为社会进步而努力学习的远大志向。

五、做好班主任工作计划和总结

（一）班主任工作计划

教育工作是有目的、有计划、有组织的活动，任何一项教育工作都必须有周密的计划。班主任工作同样如此。班主任应该在了解研究学生的基础上，根据教育目的和具体的班级工作目标，以教育科学和管理科学为依据制订班主任工作计划，以保证班级工作顺利、有序开展。

班主任工作计划一般分为学期工作计划和具体执行计划。

1. 学期工作计划

学期工作计划是班主任一学期工作的总纲，是在对本学期班级工作全面设计的基础上确定的班主任工作思路，一般在学期初制订。它一般包含以下三部分内容：

(1) 班级基本情况分析。这部分内容主要是在了解和研究班级成员的基础上，分析班级的基本情况，明确班级工作的指导思想，提出班级工作的主要任务和基本要求。

(2) 班级工作的内容、要求和措施。这部分内容是整个计划的中心，包括本学期班级工作的各项内容及相应措施，如思想教育、学习指导、体育卫生、课外活动、家长工作、团队工作等等。

(3) 本学期主要活动及其安排。这部分内容是把计划中的工作任务和活动，按月、按周落实到一定时间期限之内，以保证有条不紊、主次分明地开展各项班级工作。安排活动时，既要突出中心，又要兼顾一般，使每项工作在时间和措施上得以具体落实，内容上相互承接，避免互相冲撞或干扰。

2. 具体执行计划

具体执行计划是班主任为开展某一教育活动而制订的详细的实施计划，如组织某次主题班会、文体活动计划等等。班级的总体工作计划制订出来后，班主任还要制订出每次活动的具体执行计划，以保证每次活动都能得到落实和有效开展。

（二）班主任工作总结

班主任工作总结可分为全面总结和专题总结两大类。全面总结是综合性的班级工作总结，其内容涉及全班同学在德智体美劳几方面发展变化的情况及其基本原因分析，从中总结出成绩和经验，也要找出存在的问题和教训。专题总结是对有突出经验或教训的某项工作进行总结，发掘班集体某些内在优势。这类总结具有鲜明、生动、直接、启示性强的特点。班主任工作总结，一般在学期、学年终结时进行，也可以在期中、在某项活动完成之后进行。

不论哪种形式的总结，都是对班级工作的再认识过程，同时还要为今后的工作作准备。班主任要想把工作总结做好，就要做有心人，平时注意积累工作资料，记载每项教育活动的情况，并撰写心得体会，还应注意做阶段小结，这样，在期末总结时就可以比较全面、真实地反映班主任的工作情况。班主任工作总结要公正、客观、实事求是，要突出总结的教育性，要有典型事例分析，要尽量提高到教育理论的高度上来分析研究、探索教育规律，为今后的工作提供借鉴、指明方向。

综合练习题

一、选择题

1. 班级自愿成立起来的学科兴趣小组是______。
   A. 正式群体　B. 非正式群体　C. 逆反群体　D. 大群体
2. 深入了解学生，选择积极分子是______的主要工作。
   A. 建立班级组织机构　B. 完善班级管理制度
   C. 转变后进生　D. 培养先进分子
3. 班主任工作的中心环节是______。
   A. 对学生进行思想品德教育　B. 抓好学生的学习，提高教学质量
   C. 组织和培养班集体　D. 开展班级多种多样的活动
4. 班集体的正确舆论对学生的思想品德______。
   A. 起好的作用　B. 起不好的作用
   C. 不起作用　D. 起一般作用
5. 全面负责把班级所有任课教师、学生组织起来，并吸收家庭和社会的力量，使学校计划能在每个班级有计划有步骤地顺利进行的是______。
   A. 校长　B. 教导主任　C. 班主任　D. 一般教师
6. 班主任是全面负责一个班______的教师。
   A. 教学工作　B. 德育工作　C. 学生工作　D. 团队工作
7. 班集体形成的主要标志之一是______。
   A. 成立了班委会　B. 开展了班级工作
   C. 形成了正确舆论　D. 确定了班级工作计划
8. 班主任了解学生的基本方法是______。
   A. 考核法　B. 观察法　C. 问卷法　D. 谈话法

二、判断题(对的打√，错的打×)

1. 班级和班集体是同一个概念。(　　)
2. 班集体建设与班主任密切相关，和其他教师没有关系。(　　)
3. 一个班几十名学生在一起，有了班主任，班集体就形成了。(　　)
4. 班主任是学校开展教导工作的得力助手和骨干力量。(　　)
5. 一般说来，学生个体在班集体中会获得更好的发展。(　　)
6. 班级不能缺少全体成员为之奋斗的目标。(　　)
7. 不应让成绩不好的调皮学生当班干部。(　　)
8. 班级干部最好实行轮换制。(　　)
9. 班主任在学生面前要有权威，要让学生感到有些怕，这样有利于对班级的管理。(　　)
10. 班主任不严肃不厉害，就管不住学生。(　　)
11. 班主任要十分注意培养班级的正确舆论。(　　)

12. 班级要多开展一些活动，这样可以增强班级的凝聚力。(　　)
13. 班主任应放手让学生组织自己的活动。(　　)
14. 学生撇开班主任搞活动，就是不尊重班主任，这是不能容许的。(　　)
15. 开展班级活动与抓学生学业成绩有矛盾，不能多搞。(　　)

三、简答题

1. 班主任工作的意义有哪些？
2. 班主任工作的基本任务有哪些？
3. 班主任应怎样做好后进生的转化工作？
4. 班主任对学生个体的了解和研究包括哪些方面？
5. 班主任对学生群体的了解和研究包括哪些方面？

四、论述题

1. 班主任应如何组织和培养班集体？
2. 班主任应如何做好各类学生的工作？
3. 班主任应怎样协调各种教育影响？

第十二章　课外教育工作

本章学习指导

1. 识记：课外教育活动的概念、意义、组织形式及家庭教育的概念和意义等。
2. 理解：课外教育活动的特点、基本要求及课外教育和课堂教学的关系。
3. 应用：学会组织与辅导课外活动，坚持家庭教育的基本要求。

第一节　课外教育的概念、特点和意义

一、课外教育的概念

课外教育是指在课堂教学以外，利用课余时间，对学生实施的各种有目的、有计划、有组织的教育活动，它既包括由学校组织的各种课外教育、团队活动等，又包括由校外教育机构组织的校外活动和家庭教育等。

根据实施机构和活动范围的不同，一般把课外教育活动分为两种：一种是由学校、班级组织实施的课余教育活动，我们通常所说的"课外教育"主要是指这类活动；另一种是由校外教育机构领导和组织的课余教育活动，如少年宫、青少年之家、青少年科技活动辅导站、电视台、广播电台等组织的课余教育活动，这种课外教育也称为校外教育。这两种课外活动合在一起就是广义的课外教育。

二、课外教育的特点

课外教育与课堂教学的根本目的是一致的，都是为了培养德、智、体等方面全面发展的社会主义事业的建设者和接班人。但是，课外教育与课堂教学在实现这同一目的的方式方法、内容、途径等方面，都有显著的不同，因而表现出鲜明的特点。

（一）从活动的性质来说，具有自愿性和选择性

课外教育是学生根据自己的兴趣、爱好自愿选择参加的，因而学生在活动中带有自觉性和主动性。而课堂教学是在固定的时间、场所和教学内容条件下每个学生都必须参加的，从其接受教育的方式上看，带有强制性。

（二）从活动的内容来说，具有伸缩性和开放性

课外教育的内容不受教学大纲和教材的限制，是由组织者根据具体情况和参加者的愿望

要求确定的，活动内容可多可少、可长可短，具有较大的伸缩性。课外教育也不受传统教学方式的约束和学校现有师资条件的限制，能充分利用社会上各种有利条件，选择不同的活动内容，按照学生的兴趣爱好要求，开展各种科技、文化、艺术活动，因而具有开放性的特点。

（三）从活动的方法来说，具有独立性和自主性

学生是课外教育的主体，各项活动是在教师、辅导员或家长的指导下，由学生独立自主地进行的，学生可以自由选择其活动的内容和方法，自己组织，自己设计，自己动手，这有益于学生发展思维能力、发挥特长。与课堂教学相比，学生在课外教育活动中具有自主性和独立性，这有利于学生能力的培养。

（四）从活动的组织形式来说，具有多样性和灵活性

课外教育可以根据学生的年龄特征、知识水平和个人要求以及教师、现有条件等具体情况灵活地安排活动的规模和时间。因而，其活动形式、活动规模的大小、活动时间的长短以及活动内容的多少都可以根据学生的年龄特点和现有条件来确定，具有很大的多样性和灵活性。

（五）从活动的效果来说，具有综合性和广效性

课外教育以活动为中心，为学生提供综合运用多种知识、锻炼多方面才能的机会，促进学生理论联系实际，全面提升学生的素质，其效果与课堂教学相比，具有综合性和广效性。

三、课外教育的意义

由于课外教育具有鲜明的特点，它范围广泛，内容丰富多彩，方式生动活泼，能够较好地满足学生的兴趣爱好，最大限度地调动学生的主动性、积极性，因而对促进学生的全面发展、真正实施素质教育、发展学生的个性等具有极其重要的意义。

（一）可以促进学生德、智、体等方面生动活泼地发展

课外教育是灵活多样、生动活泼的活动，它不像课堂教学那样受时间、空间、教材、教学手段等条件的限制，可以扩大和加深学生在课堂上所学的知识，提高其实践活动的能力。青少年精力充沛，喜爱从事多方面的活动，易受各种因素的感染，他们接受教育的影响远远超出了课堂，因此，适当地为他们组织一些课外教育有助于他们全面发展。

1. 有利于学生良好思想品德的培养

各种有目的、有教育意义的课外教育是在客观现实的环境中开展的，可以使青少年学生在活动中受到熏陶、感染、启发和影响，有利于学生良好品德的培养。

2. 有利于拓宽学生的知识范围和培养能力

各种有组织的课外科技文化活动，具有强大的吸引力，可以激发学生的学习兴趣和求知热情，扩大学生的知识范围，使学生不断获得新知识，弥补课堂教学的不足，从而达到发展学生智力、提高学生综合运用知识的能力的目的。

3. 有利于丰富学生的业余生活，陶冶他们的情操

各种富有乐趣的课外文化娱乐活动，如唱歌、跳舞、音乐会等，有利于发展学生的艺术兴趣和创造才能，提高学生的审美能力和创造美、表达美的各种技能技巧，培养学生正确的审美情趣。

4. 有利于增强学生体质，形成正确的劳动观

通过各种体育活动、公益劳动和工艺活动，能够锻炼体魄、增强体质、培养体育和劳动的技能技巧，有助于学生劳动观念的形成和劳动习惯的培养。

（二）可以满足学生的多种爱好与需要，丰富学生的精神生活

青少年学生的兴趣爱好十分广泛，精神需要也多种多样。他们不仅有学习求知的需要，还有友谊、社交、审美以及自我实现的需要。只有通过形式多样的课外教育，才能从多方面满足这些需要，丰富学生的精神生活，从而发展学生的个性和特长，使他们精神充实，更加热爱生活和科学知识。正如苏联教育家苏霍姆林斯基指出的那样，教师执行教学大纲、搞好课堂教学好比"选种"，学生的精神生活好比"土地"，优良的"种子"必须播种在耕耘过的"土地"上。因此，教学必须建立在学生充实的精神生活之上，而课外各种活动正是丰富学生精神生活的重要途径。

目前，我国基础教育改革正处在实施素质教育的重要时期，而素质教育是建立在学生个性充分发展基础上的全面发展。这就要求学校教育工作者克服"应试教育"的传统教育思想，把课堂教学与课外教育密切配合起来，发挥教育的整体功能，使学生通过各种丰富多彩的活动获得情绪体验，激发求知欲望，满足自我发展的要求，从而成为具有独立个性和创造精神的一代新人。

（三）有利于学生在各种实际锻炼中增长才干

课堂教学作为教学的基本组织形式有其优越性，但也存在着一定的局限性，表现为重理论轻实践、重共性轻个性、重一般发展轻特殊培养、重教师讲授轻学生自主活动，等等。因此，开展各种各样的课外教育，有利于弥补课堂教学造成的这些缺陷。通过各种课外教育，可以对学生进行实际锻炼，培养其独立性、创造性精神和才能，增强其组织能力和实际工作能力，使学生在实际锻炼中既长知识又长才干，从而为他们将来走向社会从事实际工作打下良好的基础。

（四）有利于因材施教，发展学生的兴趣和特长，培养和造就各种专门人才

兴趣是最好的老师，对学生学习会产生巨大的动力。古人云："知之者不如好之者，好之者不如乐之者。"由于青少年的发展不平衡，他们的兴趣、爱好和特长也不同，智力、体力、个性各方面都存在着差异。课堂教学作为集体活动，受教学计划和教学内容的限制，往往难以照顾学生的个别差异，不利于因材施教，从而常常出现接受能力强的学生吃不饱、接受能力差的学生消化不了的现象，学生的兴趣、爱好和特长被忽视，学生的个性发展被压抑。开展各种各样的课外教育，不仅可以弥补课堂教学的不足，还可以根据学生的个别差异因材施教，有的放矢地进行个别辅导，既有利于学生整体水平的提高，也有利于有针对性地发展学生的兴趣、爱好、特长，造就出各种各样的专门人才，以适应国家各项建设事业对人才的需要。

认识与把握课外教育的重要意义，必须正确理解和处理课外教育与课堂教学之间的关系。一方面，二者都是为了实现教育目的，促进学生全面发展。为此它们必须相互补充、相互促进，课堂教学为课外活动打下了一定的基础，课外活动加深了对课堂教学活动的理解与运用。另一方面，必须充分考虑课外教育的特点，它在促进学生全面发展的过程中具有不可替代的作用。不能把它仅仅当成课堂教学的延伸从而加重学生的学习负担，更不能把课外教育当成教室外的"课堂教学"从而在内容方法等方面完全等同于课堂教学。

第二节　课外教育的任务和基本内容

一、课外教育的任务

作为实现教育目的、培养德智体等方面全面发展的一代新人的重要途径，课外教育有自身鲜明的特点，有它相应的具体任务。

（一）巩固、加深和扩大学生在课堂上所学的知识，拓宽学生的视野

学生从课堂上学习的知识，往往偏重于理论知识，而且受教学内容的限制。课外教育扩大了学生的知识范围，丰富、巩固并加深了学生在课堂上所学的知识，同时在各种活动中学生接触到的最新科学成就，有利于发展他们在文化科学技术等方面的兴趣和爱好，并能充分发展他们的独立思考、独立工作能力和勇于创造的精神。

（二）提高学生的政治思想觉悟，培养良好的道德品质

各种有意义的校外、课外教育，如组织学生进行社会调查、参加社会实践、结合学生的生活实际和社会实际对学生进行的时事教育、政治教育、共产主义理想和道德教育等，有利于学生在活动中加深认识，履行道德准则，形成良好的道德品质。

（三）发展学生多方面的兴趣和才能，发现和培养各种专门人才

开展丰富多彩的课外教育，可以发展学生的兴趣和爱好，给学生以施展才能的机会，有利于发展和培养学生的特长和才智，有益于专门人才的培养。

（四）丰富学生的业余生活，促进其身心健康发展

通过组织参加有益的文体活动，可以培养学生的审美情趣，调节其精神生活，使他们在学习之余能得到积极的休息，促进其身心健康发展。

（五）增强学生的交往能力，促进学生个性社会化的进程

学校教育的目标之一，就是要培养学生良好的个性。个性的形成过程又是个体社会化的过程，而个性社会化必须在交往中进行。课外教育为学生提供了相互接触、相互联系的交往机会，能增强学生交往的能力，促进学生个性社会化的进程。

二、课外教育的基本内容

课外教育的内容是根据教育目的、中小学的培养目标以及课外教育的任务来确定的。在保证活动内容的科学性、思想性、趣味性的前提下，还要充分考虑学生的兴趣爱好、知识水平、学校的教育力量和设备条件，尽量做到使活动丰富多彩、生动活泼、富有吸引力。具体来讲，课外教育的基本内容主要有以下几个方面：

（一）政治教育活动

政治教育活动是以向学生进行思想政治教育、激发学生的政治热情、提高学生的政治思想觉悟为目的的活动。如结合政治课、历史课、思想品德课、地理课、语文课等可组织学生参加时事报告会、节日纪念日活动、革命传统座谈会、英模报告会、社会调查、参观访问、宣传、游览及参加各种公益活动，也可以结合国内外的大事开展时事论坛、知识竞赛、演讲比赛等活动。通过各种活动可以使学生了解国情、了解历史、了解家乡、了解世界，从而使他们从小爱祖国、爱家乡、爱社会主义、关心国家大事、提高政治思想觉悟。

（二）科学技术活动

科学技术活动是组织学生以学习科学技术为目的，以增进学生对科学技术新成果的了解，扩大和加深学生的知识面，培养学生的实际操作技能，使学生把掌握的科学知识和技能运用于实践中，形成学生学科学、用科学、爱科学的好学风，培养学生创造能力为任务的活动。科技活动的目的在于增进学生对现代科技知识的了解，启发对科学技术的兴趣和爱好，培养运用知识和动脑动手的实际能力，发展科学的钻研精神。

科技活动是多层次的，既包括各种实践性的作业活动，如计算机操作与程序设计、家电原理及维修、良种培育、航模、机械、标本制作、病虫害防治、园艺小组、农机具维修等实用技术活动，也包括面向大多数学生的普及性活动，如科普讲座、参观科技成果发明展及开展小发明、小创造、小制造、小实验、小论文等活动。

（三）文艺活动

课外文艺活动包括课外文学、艺术活动和文娱活动，如文学欣赏、文艺评论、文学创作、音乐欣赏、歌咏比赛、舞蹈、戏剧、绘画、雕刻、书法、摄影等活动。通过各种丰富多彩、富有感染力和吸引力的活动，能够培养学生对文艺的爱好并发展学生文艺方面的才能，从而丰富学生的精神生活，提高学生的审美情趣和对艺术美的欣赏能力、创造能力，发现和培养文艺方面的专业人才。

（四）体育活动

体育活动是课外教育中最广泛、最普遍的活动，也是青少年最喜爱参加的活动之一，包括各种球类、田径、体操、武术、游泳、拔河、滑冰、滑雪、爬山、棋类以及其他各种体育竞赛活动。这些活动以发展学生的体力、增强体质、训练运动技能为主要目的，有利于培养和形成学生灵活勇敢、坚强耐劳的优良品质，有利于形成团体协作、奋勇拼搏的良好体育风尚，有利于早期发现和培养体育专业人才。

（五）劳动工艺活动

社会主义事业的建设者和接班人首先必须是合格的劳动者，因此养成正确的劳动态度、掌握一定的劳动技能是学习的重要内容。组织劳动工艺活动不仅能使学生掌握一定的自我服务和生产劳动的知识技能，还可以培养学生正确的劳动观点和良好习惯，增进学生关心集体、团结互助、遵守纪律的思想感情，树立全心全意为人民服务的社会责任感。劳动工艺活动包括生产劳动、服务性劳动和工艺劳动等，具体而言主要有种植、编织、插花、盆景制作、雕刻、家务劳动等等。

（六）社会实践活动

理论与实践相结合，不仅是我们工作的重要原则，也是提高学生学习效果、增加学习兴趣的重要原则。积极鼓励、组织学生参加适宜的社会实践活动，既可以提高学生的动手能力，促进知识向能力的转化，又可以开阔学生的眼界，了解社会生活，密切与人民群众的联系，提高服务人民的意识。社会实践的具体内容有城乡绿化、拥军优属、维护交通秩序等等。

第三节　课外教育的组织形式与基本要求

一、课外教育的组织形式

（一）群众性活动

群众性活动是课外教育最普遍的一种组织形式。群众性活动一般分为两类：一类是普及性质的，往往要在较短的时间内组织较多的学生参加，有全校性和校际性的、全班性和班际性的，如各种报告会、讲演会、专题讲座、文艺演出、体育竞赛、歌咏比赛、联欢会、夏令营、参观、访问、公益劳动、电影、电视等；另一类是提高性质的，往往经过充分准备，在全校或校际间举行，如科学讨论会、各种学科竞赛、智力竞赛以及建立各种课外、校际组织的文学社、摄影协会、书法协会、艺术团等。其他如革命纪念日活动、办墙报、刊物等都是群众性活动。

（二）小组活动

小组活动是课外教育的基本组织形式。它是建立在学生对某项活动的兴趣、爱好和要求的基础上，根据学生的兴趣、爱好和要求以及学校的具体条件就某一课题组成小组进行的有目的、有计划、经常性的活动。学生可以自由选择、自愿参加各种小组，形式多种多样。小组的成员人数，根据活动的内容而定，可多可少。小组活动在校内外都可组织。小组活动应有严格的纪律和活动日程安排，以保证小组活动的正常进行。课外教育小组按活动的内容和性质可以分为学科兴趣小组、劳动技术小组、艺术小组、科学技术小组、体育小组等。总之，小组活动要灵活多样，注重成效。

（三）个别活动

个别活动是指学生在老师和辅导员的指导下，根据个人的兴趣、才能，组织学生独立进行活动的形式。这种活动形式常与小组或群众性活动相结合，由小组或班级分配任务，个人独立完成。个别活动的主要内容有完成某种作业、阅读书籍报刊、写读书心得或报告、创作文艺作品、科技制作、独唱练习、乐器独奏练习、采集制作动植物标本、摄影、绘画制作等。

二、课外教育的基本要求

课外教育是学校教育工作的有机组成部分，为进一步促使课外教育的顺利开展并取得较好的教育效果，就应当遵循其内在的规律和特点。

（一）要有明确的目的和周密的计划

课外教育作为课堂教育不可替代的教育形式，应当具有明确的目的性，它必须始终按照党的教育方针，配合学校的具体培养目标开展活动。它应坚持将教育寓于活动之中，有的放矢地选择那些有积极教育意义的方式，而不要使活动流于形式。对于那些庸俗的、低级趣味的、不利于青少年学生身心发展的活动，要及时加以抵制。

课外教育具有广泛性、开放性的特点，它同时又是学校和校外教育机构在周密的计划和严格的组织下开展的，在组织学生参与的各项活动中，它是根据学生的兴趣、需要和能力，围绕活动计划有步骤地进行的，从而能使活动达到预期目的。

（二）要照顾学生的年龄特征和个性差异

青少年学生正处在迅速成长的重要时期，他们精力充沛，可塑性大，模仿性强，个体之间的兴趣爱好、才能表现差异很大，因此，各种生动活泼、丰富多彩的课外教育，必须根据青少年的年龄特征，灵活安排其活动内容。低年级学生由于知识经验少、独立性较差、兴趣不够稳定，应开展一些简单易行的活动，如娱乐游戏、体育活动、课外阅读，并注意加强指导。高年级学生则可以多开展一些科技文化活动，如科学小实验、模型制作、专题讲演、文艺演出、气象观测等，以满足其旺盛的求知欲和猎奇探究心理。此外，还要按照学生的个性差异和性别特征区别对待，因势利导，鼓励学生积极参与，发挥特长，使每个学生都得到充分发展。

（三）坚持自愿、自主性原则，充分发挥学生的主动性

课外教育是以学生自愿、自觉参加为主的活动，学校和校外教育机构不能采取强制性措施来干预，而应积极为学生创造自由的活动环境，充分发挥他们的主观能动性，逐步培养他们独立思考、独立工作的能力。在各项活动中，教师要鼓励学生克服困难，创造条件，解决各种问题。比如生物兴趣小组在开展活动时，辅导员首先要向学生提出要求、讲清有关知识，再让学生制订出活动计划，并根据计划进行各种花草树木栽培，观察、记录其生存条件和生长环境，制作植物标本，这样不仅可以提高学生学习的兴趣，充分调动其活动的主动性，而且能够让学生通过有组织的活动认识大自然，热爱生活，增强其分析、观察能力，这有利于学生的全面发展。

课外教育以学生为主体，但离不开教师和辅导员的指导，因为中小学生受知识水平和认识能力的限制，对事物的发展和环境往往缺乏全面的分析和系统的认识，带有一定的局限性和片面性，教师在活动中应为学生指明活动方向，指点活动方法，当学生遇到困难时，要及时给以鼓励和帮助，提供一定的知识经验和物质条件，使学生在活动中获得成功的体验。只有这样，才能充分发挥教师的主导作用，调动学生活动的积极性，使其自愿参与活动。

（四）坚持知识性与趣味性相结合，增强活动的吸引力

课外教育的目的在于使学生有所收益，补充课堂教学无法或不便讲授的内容，扩展学生的知识面。因此，课外教育要融知识性与趣味性于一体，做到寓教于乐，这样才能发挥其应有的功效。况且青少年好奇心、求知欲强，如果活动没有一定的知识性、趣味性，不仅无法吸引学生，而且丧失了其教育意义。

在贯彻这项基本要求时，要反对两种观点：一是片面追求趣味性，只求“乐”；二是孤立地强

调知识性，使活动枯燥无味。实际上，趣味性与知识性是相辅相成的，活动有趣味性，才能吸引学生广泛地、自觉地参与，才能激发学生的积极性和主动性，从而使学生在活动中更好地理解知识，使活动的知识性得以实现；同时，学生在活动中增长了知识，活跃了思想，提高了素质，他们才会对活动感兴趣，并自觉地把活动坚持下去。因此，组织课外教育，要选择生动的材料、具体的内容，使活动新颖有趣、引人入胜，切忌陈词滥调、形式刻板，降低学生的活动效率。

（五）从实际出发，坚持因地、因校制宜

课外教育具有较强的实践性，受各种客观条件的限制，所以课外教育不能强求一律，应根据各地各校的具体条件开展。城市可以利用科技馆、少年宫、工厂、科研所、影剧院、博物馆、公园等条件，而农村要充分发挥农田、养殖场的作用。总之，要因地、因校制宜，充分利用现有资源的优势，保证活动的顺利进行。

（六）学校要与家庭、社会各方面配合，对课外教育加强组织与管理

由于课外教育具有广泛性、灵活性和适应性的特点，其活动形式也是多渠道、多层次、多样化的，因此充分发挥课外教育活动的作用，使学校与家庭、社会各方面结合起来，对青少年一代的健康成长具有广泛的教育意义，所以必须高度重视它，切实提高活动效果。为了达到这一目标，应注意以下几点要求：

1. 统一思想，提高认识

开展课外教育，教师、家庭、社会各方面要相互配合，端正指导思想，充分认识活动的意义和作用，既不能以升学来排斥活动，也不能把活动当成形式和负担而忽视活动的教育和影响。

2. 建立组织，分工负责，层层落实

课外教育只有通过家庭、学校、社会各方面统一协调形成教育网络，才能发挥其整体教育功能。因此，教师、家长和教育、文化、科研单位、工厂街道等机构要相互支持、相互理解，使学生的课外活动都具有组织性和教育意义。教师、家长、辅导员要有明确的分工，层层负责，使各种活动有计划、有检查、有总结评定，真正使活动落到实处，发挥应有的作用。

3. 建立一支稳定的、高素质的辅导员队伍，保证活动的正常开展

选拔和培养一批事业心、责任心强，有一定组织管理能力和专业特长的辅导员，是开展课外教育的前提，是提高活动质量的关键。因此，要加强辅导员队伍建设，重视辅导员的选拔、培养和训练，多种形式地提高他们的政治、文化、业务水平。要为他们创造良好的工作条件，保障他们的工资待遇和社会地位，调动他们的工作积极性和创造性，确保课外教育的正常开展，不断提高活动的效率。

4. 切实解决好课外教育的时间、场所、设施和经费问题，保证活动顺利开展

解决好课外教育的时间，首先要提高课堂教学的质量，减轻学生的负担，使学生有一定的自由支配时间。其次，要考虑学校、家庭、社会因素，结合活动的要求，合理安排时间。平时应根据学校有关活动安排，利用重大节日、重大活动或周末、课余时间开展活动。在寒暑假期相对集中的闲暇时间，可以集中组织学生活动。另外，对学生来说，为保证学习和活动质量，不宜让其参加过多的活动，以免精力分散、影响效果。

开展课外教育需要一定的场所。有条件的学校和地区可以专设实验室、活动室；一般的学校和地区可利用图书馆、礼堂、运动场、教室等现有的场地；校外活动可利用少年宫、工厂、影剧院、农场等场所开展。

最后，课外教育要有一定的基础设施和经费，学校可利用教学设备，要有专项活动经费，也可接受社会赞助或通过勤工俭学筹集。

总之，要切实加强对课外教育的领导，使全社会行动起来，保证其经费、场地、设施等方面的需要，使课外教育工作顺利开展。

第四节 现代家庭教育

一、家庭教育概述

家庭教育，通常是指父母或其他年长者对子女、晚辈进行的教育及家庭成员之间的相互影响。从狭义的角度来看，家庭教育主要是指在家庭中，家长（父母或其他年长者）自觉和有意识地按照一定社会对人才的要求，通过家庭生活和言传身教，对子女实施有一定教育影响的行为活动。

一般而言，根据教育方式的不同，可把家庭教育分为以下四种类型：

(1) 独裁型。这是一种非常传统的家庭教育类型，我国封建社会时期的大多数家庭教育都属于这种类型。在这种家庭，孩子的独立性、主动性、自尊心受到压制，一切取决于家长。

(2) 保护型。这是一种比较典型的家庭教育类型。家长出于对孩子的珍爱，往往做得特别过分，过于保护、溺爱孩子，甚至包办孩子的一切，也是一种比较专制的类型。

(3) 和平共处型，也被称为淡漠型。家庭成员之间很少有沟通，每个人都独立面对各自的问题与困难，相互之间极少有感情的交流。这种家庭对孩子的成长非常不利。

(4) 合作型，也被称为民主型。家庭成员之间相互尊重，彼此合作，经常沟通感情与思想，遇到困难家庭成员之间相互支持、相互帮助、携手共渡难关。孩子的独立性、自尊心都受到很好的尊重，能够经常决定自己的事情，有选择的余地。这种家庭能够有效促进孩子的成长。

要构建理想的家庭教育模式，促进孩子的健康成长，就必须努力学习家庭教育的知识，掌握现代家庭教育的技能。

二、家庭教育的意义

家庭教育作为整个教育的有机组成部分，是社会的基本职能之一，也是学校教育的基础和补充。它对于下一代的健康成长、家庭的兴衰、社会的安定、民族的发展具有重要意义。

（一）家庭教育是影响社会主义精神文明建设的重要因素

家庭是社会的细胞，抚养教育子女是家庭的基本社会职能。家庭教育是在一定的政治、经济条件下产生的，必然带有一个时代政治、经济的特点。家庭教育既受制于经济社会的发展，又对经济社会的发展起着重要的作用。一个人出生后先生活在一定的家庭中，再逐步进入更广泛的社会生活领域。家庭教育效果如何，直接影响社会风气的好坏，影响国家的精神文明建设。因此，能否充分发挥家庭的教育职能，不仅关系着子女的成长、家庭的兴衰，而且影响着社会的安定和民族的发展。社会主义现代化建设，要求我们既要建设高度的物质文明，又要保证高度的精神文明。青少年时期是一个人精神成长的关键时期，家庭教育对孩子的精神面貌起着非常重要的作用。如果每个青少年都能够受到良好的家庭教育，成长为社会主义现代化建设的有用人才，就必然能从整体上保持良好的社会风气，促进社会主义精神文明的建设。

（二）家庭教育是学校教育的基础和补充

首先，从子女的成长来看，家庭教育起着奠基作用。家庭是个人成长的摇篮。现代心理学研究证明，儿童三岁左右是其智力发展的关键时期，这个时间的教育，将会影响其整个一生，而此时儿童所受的教育主要是家庭教育。学龄初期、中期的学生具有较大的可塑性，他们与父母之间所固有的血缘关系、情感关系、经济关系，使得他们在心理上、生活上对家庭具有极大的依赖性。父母的言谈举止、兴趣爱好、个性特征时时刻刻都影响着子女的成长，家庭给予的影响和教育，成了儿童形成良好个性的基础。

其次，从学校与家庭的关系来看，家庭教育是学校教育的必要补充。儿童从入学以后，就接受着学校有目的系统教育，学校对儿童的成长起主导作用。但他们的成长，仍然离不开家庭教育。就教育关系来说，家长和子女之间所固有的血缘关系，较之学校教育的师生关系更富有感情色彩。从时间上看，走读式学校是我国中小学教育的主要形式，学生接触家长的时间要比接触教师的时间长，因而父母的教育仍经常起作用。家庭教育仍然是学校教育的必要补充。

可见，虽然学校是专门的教育机构，在培养人才方面起着主导作用，但学校教育离不开家庭的支持、协作与配合。

（三）家庭教育是青少年健康成长的必要保证

一方面，家庭教育为青少年的健康成长奠定了基础。从孩子出生开始，父母就开始着手对孩子进行全方位的教育。从呱呱坠地开始，孩子在家长的引领下一步步向前发展，其中既包括健康卫生教育、基本知识与能力教育、基础道德伦理教育，还包括最基础的审美教育、劳动技术教育。没有父母的艰辛付出，没有良好的家庭教育基础，就谈不上青少年的健康成长。

另一方面，家庭教育为青少年健康成长的持续提供各种条件。无论是身体的健康成长、智力的发展成熟，还是道德品质的不断提高、审美能力的增强和劳动技能的增长，都需要一定的条件保障，其中既有物质的保障，也有精神的支持。在物质条件基本能够得到保障、全面建设社会主义小康社会的今天，家庭教育在提供精神支持方面显得尤为重要。由于家庭是孩子的第一成长场所，它所提供的心理安全感是任何其他场所和群体根本无法替代的。

从以上两个方面来看，重视家庭教育，提高家庭教育的质量，是青少年身心健康的必要保证。

三、家庭教育的任务

家庭教育的基本任务，就是根据我国教育目的的要求，同学校密切配合，全面关心子女的成长，促进他们德、智、体、美、劳诸方面全面和谐发展。具体来说，家庭教育的任务包括以下五个方面：

（一）关心子女的身心健康，重视体育卫生

父母要关心子女的身体健康。健康的身体是全面发展的基础。为使青少年一代更好地成长发育，需要在饮食、卫生、体育等各方面为他们创造条件。中小学生正处于成长发育的关键期。父母要重视子女的身心健康，培养孩子讲究卫生、锻炼身体的良好习惯，为孩子制订合理

的作息制度，注意劳逸结合、卫生保健，预防各种疾病，指导子女参加各种有益的文体活动，促进他们的生理健康发展。父母还应当关心子女的心理健康。初中生正处在由不成熟到逐渐成熟的心理“断乳期”，独立性和依赖性、自觉性和幼稚性相互矛盾是这一时期青少年心理发展的主要特点。如果教育不得法，他们就会出现不健康的心理现象，如紧张焦虑、遇事冷漠、残忍粗暴、孤独离群、胆怯懦弱、意志薄弱、缺乏信心、自暴自弃、固执任性等等。尤其是片面追求升学率及其他原因的影响，不少父母忽视子女的心理健康教育，甚至采取违背心理发展规律的教育方法，造成或加重子女的心理问题，这是不利于子女成长的。心理健康与生理健康密切相关，是现代人健康的重要方面。父母在关心子女生理健康的同时，还应关心他们的心理健康，注意他们的心理卫生，发现他们有心理缺陷或障碍时，要及时进行矫正，正面疏导，引导他们热爱生活、热爱社会、关心他人，增强他们的责任感、义务感、独立性、自尊心、自信心、承受力和自制力，养成良好的个性品质。

（二）关心子女的学习，配合学校做好教育工作

家长配合学校进行教育的任务是，辅导或督促子女努力学习，掌握必要的知识，完成学校规定的学习任务，发展他们的智力，培养他们的能力。当前我国正处在实施义务教育和素质教育的过程中，父母首先必须承担保证子女接受义务教育的责任，同时，还必须更新教育观念，克服片面追求升学率的错误认识，和学校教育紧密配合，从学习生活和职业选择上给子女以正确的指导，杜绝在学习上、心理上施加高压手段使子女厌学、失去生活的乐趣和信心，甚至对学校、父母产生对立情绪，从而给教育和子女的身心发展带来严重的不良后果。

（三）关心孩子的成长，抓紧抓好德育

就其一生来看，孩子的成长最重要的莫过于德育，良好的道德品质是孩子的立身处世之本。家长在关心孩子的身心健康和学习的同时，必须高度重视孩子道德品质的发展变化。未来的社会是一个高度重视契约与信用的社会，这对一个人的道德品质提出了较高的要求。为此，家长必须配合学校，对孩子进行爱国主义教育、理想教育，教育他们从小热爱祖国、热爱人民，树立为人民服务、为国家努力学习的远大理想。家长要通过各种途径教育孩子热爱集体、遵纪守法、诚实守信，养成谦虚友好、尊老爱幼、讲文明礼貌、举止文雅等良好习惯。

（四）重视劳动技术教育和生活能力教育，培养孩子热爱劳动的习惯和独立生活的能力

我国的教育目的的重要内容之一就是“培养社会主义事业的建设者”，没有相应的劳动技能就不可能成为合格的建设者。家长必须让孩子从小参加力所能及的劳动，积极进行自我服务，养成热爱劳动的习惯，掌握基本的劳动技能，逐步锻炼独立生活的能力。当前，我国独生子女较多，家长必须树立正确的劳动观念，正确对待子女的劳动问题，消除任何包办的思想与行为，为孩子日后独立生活奠定良好的基础。

（五）重视家庭美育，培养孩子的高尚情操和审美情趣

家庭是实施美育的第一场所，家长需要注意引导孩子，教育他们树立正确的审美观点，培养他们感受美、鉴赏美、创造美的能力，使他们具有高尚的情操和审美情趣。家庭实施美育的途径主要有三个方面：第一，指导孩子阅读文学作品、观看影视动画、欣赏美术作品等，帮助孩

子分辨美丑，使孩子养成正确的审美观。第二，利用大自然进行美育。家长应该尽量利用节假日带领孩子进行户外活动，并适当到一些风景名胜进行参观、旅游，既增长孩子的见识，陶冶他们的情操，又能培养他们热爱国家、热爱生活的思想。第三，通过日常生活进行美育。家庭环境布置以及家长的衣着打扮、言谈举止、待人接物、爱好等都是很好的美育资源，只要家长充分利用，就可以恰当地进行美育。

四、家庭教育的基本要求

（一）更新家庭教育观念，树立正确的家庭教育指导思想

正确的家庭教育观念是保证家庭教育任务完成、教育成效优良的必要条件。一些家长由于受错误家庭教育观念的影响，往往用错误的教育思想、方法和态度对待子女，导致教育效果不佳甚至教育失误。因此，必须更新家庭教育观念，树立正确的家庭教育指导思想。

1. 要增强家长的家庭教育意识

克服“树大自然直”、“甩包袱”等错误思想，不能借口工作忙、没时间管而把教育的责任完全推卸给学校和教师。

2. 要一分为二地对待传统家庭教育观念

我国历史悠久，有着丰富的历史文化遗产和家庭教育经验。对待这一珍贵遗产，我们要采取一分为二的态度，继承其正确合理的因素，抛弃其过时错误的因素，既要发扬光大传统家庭教育经验，又能与时俱进，促使家庭教育理论的系统化和科学化。

3. 要提高家长自身素质，树立正确的家庭教育指导思想

提高家长自身素质是更新家庭教育观念、树立正确的家庭教育指导思想的基础，也是形成良好的家庭教育氛围的必要条件。提高自身素质，家长必须掌握教育的原理和技巧，遵循教育的规律，才能够以严格的要求和民主的家庭气氛对待子女，提高家庭教育的质量。

（二）了解青少年儿童的心理特征，掌握科学教养子女的规律和方法

在我国，由于传统观念的束缚，心理学、教育学等学科尚未普及，许多家长完全缺乏了解子女的方法，缺乏了解子女心理特征的能力，因而根本无法做到科学教养子女。为此，家长必须勇于承认自己的不足，谦虚学习，努力钻研，不断提升自己在心理学、教育学等方面的基本素养，切实增强实施家庭教育的能力。

（三）改变错误的家庭教育态度和方法，努力做到“三结合、一协调”

错误的家庭教育态度和方法，是家庭教育失败的最直接原因。要增强家庭教育效果，构建和谐的亲子关系，就必须做到教养结合、爱严结合、言传身教结合及协调一致。

1. 教养结合

在家庭教育中，家长既要关心子女的物质生活，又要关心子女的学习和思想品德的发展，把二者有机地结合起来，做到教养并重。家长既要通过日常生活照顾好子女的衣食住行，关心子女的身体健康，又要关心子女的学习和品德修养，要及时地、经常地与学校和教师联系，促使子女的全面发展。

2. 爱严结合

“宽是害，严是爱”，爱孩子是父母的天性，但父母的爱要适度，过分溺爱、宠爱会使孩子放

纵、自私、骄横；关心爱护子女，还必须严格要求。家庭教育要做到爱严结合，严而有理，爱而不纵。

3. 言传身教结合

以身作则是家庭教育行之有效的方法。身教重于言教，因此，父母要以身作则，处处检点自己的行为，严格要求自己，做子女的楷模，以自己的良好行为启迪孩子的心灵，以自己的才智哺育子女健康成长。

4. 协调一致

家长对孩子进行教育时，必须相互配合、协调一致，才能取得良好的教育效果。无论是教养结合、爱严结合，还是言传身教结合，都要求家长一致行动，孩子才能受到良好教育；否则，孩子就会生活在矛盾之中，无所适从，根本无法健康成长。

（四）家庭教育要与学校教育互相配合、协调一致

家庭教育和学校教育是整个教育的重要组成部分，也是家庭、学校、社会三教结合中最重要的部分。家庭教育与学校教育有各自的特点，在不同时期、不同空间、不同领域对人的成长都具有十分重要的影响。为此，二者必须紧密结合、相互配合，为学生（孩子）的成长提供理想的发展平台。

为了提高家教水平，学校在和家庭联系的过程中，必须坚持指导家长的原则，向家长介绍家庭教育的内容、原则和方法。一般来讲，学校指导家庭教育主要通过班级来组织，全校性的指导主要有以下几种方式：

1. 举办家长学校

学校可以充分利用自己的师资和教学条件举办家长学校，以普及家庭教育知识，提高家长的教育水平，调动他们教育子女的积极性。教学内容应理论联系实际，具有针对性和实用性。

2. 开展家教咨询

学校可以通过设立家教咨询中心，帮助家长掌握和了解教育子女的科学知识和方法，指导家长解决家教中遇到的具体问题。在信息化时代，学校应该充分利用各种联系手段，特别是应该充分利用网络技术，搭建起家校沟通的平台。

3. 成立家长委员会

通过教师和家长推荐，把热心教育、有代表性和权威性、有一定组织能力的家长组织起来，成立家长委员会。它是学校教育同家庭教育、社会教育紧密联系的一种较好的方式。家长委员会的主要任务是：充当学校的参谋，为家庭教育提供咨询服务，促进学校教育、家庭教育与社会教育的结合。实践证明，成立家长委员会，有利于充分调动各方面的力量促进年青一代的健康成长。

综合练习题

一、选择题

1. 下列活动属于课外教育活动的有______。

A. 政治课　　B. 体育课　　C. 元旦晚会　　D. 信息技术课

2. 一些同学根据爱好组织了书法小组活动，这体现了课外活动特点的______。

A. 综合性　　B. 可控性　　C. 选择性　　D. 强制性

3. 课外教育活动的基本组织形式是______。

A. 群众性活动　B. 小组活动　C. 个别活动　D. 班级活动

4. 父母应该重视子女的______。

A. 身体健康　B. 心理健康　C. 考试成绩　D. 全面发展

5. 家庭教育是学校教育的______。

A. 障碍　B. 组成部分　C. 基础　D. 无关因素

二、判断题(对的打√,错的打×)

1. 课外教育活动内容与考试无关,因此课外教育工作可有可无。(　　)
2. 课外教育工作具有开放性的特点,所以无须制订工作计划。(　　)
3. 为丰富同学的业余生活,课外教育活动应该主要采取群众性活动的组织形式。(　　)
4. "棍棒之下出孝子",家庭教育越严厉越好。(　　)
5. 因为学校教育在人的身心发展中起主导作用,所以不需要重视家庭教育。(　　)
6. 不断努力学习,提升自己的教育素养,是每个父母的义务与职责。(　　)

三、简答题

1. 课外教育的主要特点有哪些?
2. 课外教育的基本内容有哪些?
3. 课外教育的主要要求是什么?
4. 课外教育与课堂教学的关系是什么?

四、论述题

1. 论述课外教育的重要意义。
2. 论述如何组织课外教育活动。
3. 实施家庭教育的基本要求有哪些?

第十三章　学 校 管 理

本章学习指导

1. **识记**：学校管理的含义、特点、基本环节、基本原则。
2. **理解**：理解学校管理活动是实现教育目标的保证，理解学校管理的科学性。
3. **应用**：了解学校管理的基本方法以及对管理者的基本要求，形成学校管理系统的科学概念。坚持社会主义方向，运用科学的方法，按照教育规律，依靠教职工采取民主化的管理方式，做好学校管理工作和教育改革。

第一节　学校管理概述

一、学校管理的含义

学校管理是指学校管理人员遵循教育教学和管理活动规律，根据国家规定的教育方针、政策，运用科学的手段和方法，合理组织学校的人力、财力、物力、信息等资源，积极开展教育教学活动，协调一致地完成学校工作目标的一种有组织、有计划、有秩序的活动过程。

学校管理与学校相伴而生，有学校就有学校管理活动。任何组织的活动都以管理为前提和基础，没有管理就谈不上组织活动。社会主义学校管理以社会主义学校培养目标为依据，以现代管理理论和教育理论为基础，以国家的教育法律、法规和方针政策为保证，以学校教育目标和管理目标的实现为最终目的。

科学管理能够极大地促进我国学校教育活动不断发展和完善。实施科学的学校管理，对于做好学校工作、提高教育质量具有重大意义。“办好一所学校，要具备很多条件，最主要的有四个条件：第一，有一支素质优良的教师队伍；第二，有比较好的学生来源；第三，有比较完善的教育教学设备；第四，有比较高的学校管理水平。其中起主导作用的是第四条。”①实践证明，如果学校前三个条件都比较差，但具有较高的管理水平，学校就能较快地改善前三个条件，从而整体提高学校的层次；如果学校前三个条件都比较好，但管理水平极其低下，学校就容易成为一盘散沙，教育教学质量难以提高。正是在这个意义上，人们常说“一个好校长就是一所好学校”。

① 萧宗六：《学校管理学》，人民教育出版社，2001 年版。

二、学校管理的“二重性”

学校管理的“二重性”,是指学校管理的“自然属性”与“社会属性”。学校管理的“自然属性”,是指学校管理活动是有其独立于政治经济活动之外的自身规律。学校管理的“社会属性”,是指学校管理活动在与社会政治经济活动发展直接联系过程中所表现出来的特征,如学校管理体制、学校思想政治工作管理等都直接受社会性质制约。

学校管理的二重性对学校管理的实践与理论研究具有重要的指导意义。

(1) 只有全面理解学校管理的自然属性和社会发展,才能如实地认识学校管理的本质特点,抓住它的本性属性,掌握它的客观规律。

(2) 在学习国外学校管理理论时,能够与我国学校管理实际相结合,既不一概排斥,也不照搬照抄,而是能够批判地吸收、借鉴一切有利于我国学校管理的理论与做法。

(3) 管理的自然属性和社会属性是辩证统一的两个方面。在学校管理中,忽视了任何一个方面,必然造成对整个管理活动的破坏。

第二节 学校管理过程

一、学校管理过程的含义和特点

(一) 学校管理过程的含义

学校管理过程是指学校管理者根据教育与管理规律,组织和指导学校内部成员,为达到学校预定的总体目标进行共同活动的过程。

(二) 学校管理过程的特点

学校管理过程主要有以下特点:

1. 以人为本的多边互动性

在学校管理过程中,管理的主体是人,管理的客体还是人,学校管理效益体现人才培养质量的高低。因此学校管理过程是学校领导、教师和学生三边共同活动的过程。他们既是管理的主体,又是管理的客体,这就要求学校管理必须以人为本。

2. 以育人为宗旨的目的性

学校管理的各个部门虽然担负着不同的工作职责,但是他们的工作目标是相同的,就是把学生培养成合格的社会主义事业的建设者和接班人。因此学校管理过程必须牢固贯彻教书育人、管理育人、服务育人的宗旨。

3. 以提高管理效能为标尺的效益性

学校管理与其他管理活动一样,必须强调对人、财、物、事、时间、空间、信息等资源的科学合理配置,以提高管理效益。在教育不断改革、降低教育成本、提高教育效益呼声日益高涨的今天,教育管理更须高度重视效益。

二、学校管理过程的基本环节与职能

管理过程一般都包括计划、组织(执行)、检查、总结四个基本环节,这四个环节构成了一个环形周期,管理就是沿着这四个环节循环往复,不断推动着管理过程的前进与发展。这个规律是由美国著名管理学家戴明发现的,因而被为戴明环理论。学校管理过程同样由这四个环节组成。

(一)计划

在学校管理中,计划是指对学校未来的发展设想和对未来工作的决策。具体来讲,计划包括确定学校管理目标、制订实施管理目标的方案和实施管理目标的措施等。

计划是学校管理工作的起始环节。凡事预则立,不预则废。没有良好的工作计划,就不可能有高效的管理。通过制订与实施科学、完善、可行的管理计划,学校能够立足现在、着眼未来,对学校进行系统管理;有了计划,才可能开展其他环节的工作,并控制、协调和评价其他环节的工作,特别是能够使其他环节的工作都围绕管理目标而开展;良好的学校计划还能改善学校的工作氛围,促进学校全体工作人员关系的和谐,使他们齐心协力,为共同的学校目标而努力奋斗,增强学校的向心力、凝聚力和工作效率。

要制订科学、完善与可靠的管理计划,学校管理者必须明确制订计划的主要依据,既要严格遵守国家的法律法规,全面理解与贯彻党和国家的教育方针、政策,又要理论联系实际,因地制宜,根据学校的具体情况统筹兼顾,灵活安排。

1. 要理解和贯彻教育方针和政策

要理解掌握全局性的和具有长期指导作用的有关方针和政策,贯彻上级部门对某一时期工作的具体要求。制订计划的过程,是学习党的方针、政策、上级指示和统一思想的过程,同时也是了解学校所在地的党和政府及其所属教育行政部门的工作精神的过程。

2. 要全面分析学校的具体情况

管理工作涉及学校的人、财、物、信息等等,这些都是非常具体的东西,在实际工作中决不允许有差错。制订计划的过程,就是全面分析学校人、财、物、信息等的过程。通过全面、客观的分析,学校管理者才能做出合理安排,充分利用现有资源,争取急需资源,为学校的发展奠定良好基础。

3. 要发扬民主,全面参与

民主管理是现代管理、科学管理的必然要求。学校的管理计划能否顺利实施、工作目标能否实现,要依靠全体学校工作人员的努力。只有在制订计划的过程中充分发扬民主,全面参与,制订出来的计划才最符合学校的实际,学校工作人员才能更好地理解与实施管理计划。

(二)组织(执行)

组织(执行)是学校管理过程中的中心环节,是计划的后续环节,是供检查的对象和总结的依据。管理工作成果的质和量是做出来的,不是计划写出来的,也非凭空检查和总结得来的,实施阶段是管理活动全过程中占时最长、需花大力气抓落实的阶段,也是最复杂、最艰难的阶段。学校工作成果是“丰收”还是“歉收”,管理活动是经验还是教训,都在实施阶段中见分晓。

在组织(执行)过程中要做好以下几方面的工作:

1. 组织

组织包括两个方面:任务的合理分配和人力、物力、财力的妥善安排。要努力做到人尽其才、物尽其用、财尽其利,调动各组织机构和成员的积极性,促使各个环节的工作畅通。

2. 指导

指导是指学校管理者为实现计划,对所属部门或个人在工作上进行的指点和帮助,以避免工作失误,提高效率。在指导时管理者要注意方法,即指点而非说教,帮助而非代替,引导而非强加,批评而非压制,从而使被指导者在接受指导之后提高积极性,自觉主动地去继续工作。此外,还应提倡学校成员之间相互学习、相互帮助。

3. 控制

控制是指在管理过程中,根据反馈信息对偏离管理目标、信息传递不畅、执行计划不力等失误现象迅速做出反应,立即采取措施进行调控。

4. 协调

协调是指对管理过程中的各种矛盾和不平衡现象进行疏导,既要协调各部门之间的关系,使上下左右步调一致,又要协调人与人之间的关系,使大家团结一心,同时还要协调好事物之间的关系,解决矛盾,减少内耗,增强凝聚力。

5. 激励

激励是指在管理过程中,既要充分利用行政管理,又要充分利用情感管理;既要利用制度与命令,又要经常运用赞许、表扬、奖励等手段,充分调动工作人员的积极性和主动性,形成团结向上的局面。

(三)检查

检查是学校管理的一个重要环节,是对计划执行过程有效地、全面地监督和验证,并在检查中发现新的潜力。它既是学校管理的基本职能之一,又是学校管理的重要手段方法,应贯穿学校管理的全过程。

检查的方式有多种,在实行中必须灵活运用。以时间为标准划分检查方式,有平时的分散检查、阶段性的集中检查;以内容为标准划分检查方式,有专题性检查和全面性检查;以检查者为标准划分检查方式,有自检、互检和专检三种;以检查方法为标准划分检查方式,有口头汇报检查和书面检查;以检查方式为标准划分检查方式,有汇报、座谈、听课、考试、考查、抽查等。

为保证检查的结果,在检查时应注意以下几点:

(1) 要以计划为尺度制订一个客观公正的量化评价标准,防止检查中乱加指责,挫伤师生的积极性。

(2) 要深入到各项工作中做深入细致的调查研究,把检查与发现问题、分析原因、解决问题结合起来,做到检查和指导相结合。对检查中发现的问题要有文字记载,对取得的成绩要认真积累资料,特别是被实践验证过的带有规律性的管理经验要妥善保存原始资料,为进行教育与管理科学研究提供可靠的基础。

(3) 要防止弄虚作假和走过场,既要检查结果,又要检查过程。

(四)总结

总结是学校管理过程的终结环节,也是下一管理周期的准备环节。通过总结,既能总结经验,又能为下一步工作提供决策依据,可以说,总结起着承上启下、积累经验、提高管理水平的作用。通过总结，对上一阶段的工作进行总分析、总评价，得出指导性的结论，使学校管理者加深对管理活动的认识，探索管理规律，更好地掌握管理理论，提高对学校管理工作的自觉性和预见性，防止和克服盲目性和主观随意性。

在总结时要全面系统，注重掌握大量的事实材料，突出重点，以检查结果为依据，使总结真实可靠，同时注意研究经验教训。在撰写总结材料时，观点要明确，条理要清晰，语言要精练且具有激励性，要注意各个环节的衔接，指明今后的工作方向，为做好下一步的工作作准备。

学校管理过程的四个环节之间具有整体性、循环递进性、反馈性等特点，是一个前后衔接、相互作用的有机整体。它们既相互区别，又相互联系，因此不能机械地加以分割。学校的全部管理活动，正是在这几个相互联系、相互制约的环节中周而复始地不断循环、不断前进的。

第三节　学校管理原则与方法

一、学校管理原则

学校管理原则是指在学校管理过程中，为实现管理目标，管理者实施管理活动时必须遵循的行动准则。学校管理原则是根据我国学校教育的性质、目的和任务以及管理过程的客观规律提出来的，也是我国学校管理长期实践经验的概括。学校管理原则，对学校管理活动有重要的指导作用。只有遵循这些基本的学校管理原则，才能顺利地开展学校管理活动。

我国目前普通中小学的管理原则概括起来有如下几个：

（一）方向性原则

方向性原则，是指学校管理必须坚持社会主义的办学方向。这是由我国社会主义教育的性质、目的、任务决定的，是学校管理必须受社会政治经济制度制约这一客观规律的反映。《中华人民共和国教育法》第五条规定："教育必须为社会主义现代化建设服务。"这一法律条文反映了我国教育的社会主义性质，学校管理必须坚持社会主义的办学方向。

贯彻学校管理的方向性原则，必须以有中国特色社会主义理论为指导，深入贯彻落实科学发展观，严格遵守国家的教育法律、法令、方针、政策，坚持"教育必须为社会主义建设服务，社会主义建设必须依靠教育"的原则，结合普通中小学的培养目标，实施素质教育，培养有理想、有道德、有文化、有纪律的德智体等方面全面发展的社会主义事业的建设者和接班人。为此，各级学校管理者必须始终牢固坚持党的领导，坚定不移地贯彻党的教育方针、政策。

（二）整体性原则

整体性原则，就是要求学校管理者要把学校各项工作看作一个整体，从实现整体目标出发，面向全局，统筹规划，综合部署，统一指挥，通力合作，充分发挥整体功能，以达到最佳效果。

学校管理的整体性原则，是由教育工作的复杂性决定的。教育工作千头万绪，影响学生成长发展的因素极多，要正确地处理好学校管理工作中各种错综复杂的关系，就必须遵循整体性原则。

贯彻学校管理的整体性原则的基本要求为：

1. 面向全局，内外协调

作为一个组织，学校中也存在诸多矛盾，如个人与学校集体的矛盾、局部与全局的矛盾、管理者与被管理者的矛盾、下级与上级的矛盾等等。要协调处理好各种矛盾，实现学校的整体目标，学校管理者必须引导学校全体工作人员，切实树立全局观念，真正做到个人服从集体、局部服从全局、下级服从上级等，真正实现全校一条心，确保学校各项工作顺利完成。

2. 以教学为主，统筹安排

以教学为主，全面安排学校各项工作是学校教育的客观规律，是学校管理的根本指导思想。科学的学校管理必然要求学校的一切工作围绕着教学工作开展，一切为师生的教学工作服务。衡量学校管理工作的重要标准就在于，是否为教学工作提供了应有的高质量服务。为此，学校管理者要引导学校全体工作人员强化服务意识，牢固树立为教学服务的思想，把工作重心放到教学服务上。

3. 分工合作，统一指挥

根据现代管理理论与实践的要求，学校管理必然是分工负责、各司其职。但是，分工的目的是为了有利于实现学校管理各方面的具体目标，这些具体目标都应为学校的整体管理目标服务。为此，分工的前提是统一指挥。在管理过程中，学校各部门必须服从领导的统一指挥与安排，既要独立承担各自的任务，又要经常沟通、相互协调，防止政出多门、各自为政。

（三）民主性原则

民主性原则，是指充分发扬民主，让学校全体工作人员都参与学校管理活动，从而调动他们工作的积极性和创造性，依靠集体的智慧和力量管理好学校。

学校管理工作的对象包括全体师生，学校管理的最终目标是为了促进全体师生的成长与发展，学校管理的许多措施需要师生去落实和执行。只有充分让师生广泛参与，充分调动他们的积极性和创造性，才能让他们更好地理解与执行学校管理的措施，才能有效地实现学校管理的目标。因此，学校管理必须遵循民主性原则。

贯彻民主性原则的基本要求为：

1. 切实保障教职工当家做主的地位和权益

在社会主义国家，教职工不仅是学校的工作人员，而且是学校的主人，对学校的稳定与发展承担相应的责任、享有相应的权利。学校管理者特别是校长，必须摆正校长负责制与民主管理的关系，依法建立和健全本校的教职工代表大会制度。学校管理者应该树立群众观点，汲取群众智慧，由教职工代表依法监督、审议和评估学校工作，使教职工的民主权益得到保障。

2. 发扬民主作风，调动师生员工的积极性

学校管理者应该尊重教师、关心教师，听取教师对学校管理工作的建议和设想，善于从教师对班级的管理经验中汲取营养成分，促进学校管理工作的改进。学校管理者要树立学生既是管理客体，又是自我教育的主体的观念。既要管理、服务好学生，又要建立健全规章制度，充分发挥学生在学校管理工作中的作用，逐步实行学生自治自理，增强学生的民主意识。

（四）规范性原则

规范性原则，是指在加强思想政治教育工作的基础上，完善学校规章制度，明确管理规范，加强组织纪律，使学校各项工作都有序开展，力求学校管理工作的制度化、规范化和科学化。

贯彻规范性原则的基本要求为：

1. 建立健全规章制度，规范学校管理工作

没有规矩，不成方圆。没有健全的规章制度，学校的管理工作就无所适从。合理的规章制度有利于形成和巩固良好的校风，使学校的各项工作有章可循，能够有效地避免学校管理工作的人为因素，真正实现依法治校。建立健全学校规章制度，是学校管理科学化、规范化的基础工程。

2. 开展计划管理，确保工作高效

计划既是管理过程的重要环节，也是管理的有效工具。良好的计划管理，有助于减少学校工作的盲目性和随意性，提高学校工作的规范性和预期性，增强师生员工的主动性与积极性。计划一经制订，只要没有重大特殊情况发生，就应该严格执行，这样才能确保学校高效地开展工作。

（五）有效性原则

有效性原则，是指学校管理工作必须讲究效率，要合理而有效地利用人、财、物、事、时间和信息，要把多快与好省统一起来，以最小的消耗取得最佳的效益。

贯彻有效性原则的基本要求为：

1. 健全组织机构，充分发挥人力的作用

管理就是靠人去管理，人在管理的过程中必须有相应的权力与职责。因此，必须根据学校工作的实际要求，合理设置管理岗位，把高素质的人才充实到相应岗位上去，切实做到责权利的高度统一，培养一支精良的管理队伍。在分配相应工作中，既要强调分工负责，又要强调相互合作，形成相互支持、团结一致的工作环境，做到人尽其才、才尽其用。

2. 优化资源配置，降低教育成本

科学高效的管理必然要杜绝浪费，排除无谓的消耗。为此，学校管理必须做到人、财、物、信息等资源的合理配置，高效使用，必须科学地支配时间，合理地使用空间，努力实现又好又快地完成学校的各项工作目标，为教育教学提供良好的服务。

（六）弹性原则

弹性原则也称之为权变原则，是指在学校管理过程中，应该用动态的眼光看问题，能根据主客观条件的变化因地因时制宜，灵活多变地采取措施和手段，对工作进行调整，以期产生最理想的管理效果。

贯彻弹性原则的基本要求为：

1. 提高学校管理的总体适应能力

学校工作的对象是人，存在许多不确定性，而且学校管理的环境每时每刻也都在不断地变化。学校管理者必须根据主客观条件的变化不断更新自己的管理方法与手段，创造新的管理措施，既要保持管理工作的相对稳定性，又要具有足够的灵活性。只有这样，才能做到真正的科学管理、有效管理。

2. 洞察未来，准确预测

随机应变，固然是学校管理工作应该注意与遵循的要求。但是，这种工作方式容易造成学校较为被动的局面，容易打乱学校的正常工作秩序，不利于学校稳定发展。为此，学校管理者应该具有一定的洞察能力和前瞻性，较为准确地预测可能发生的问题与出现的变化，并制订相应的应急机制，灵活地处理意外和特殊事件，确保学校稳定与发展。

3. 动静结合，开拓创新

动态管理与静态管理都是学校管理的有机组成部分。动态管理强调的是根据实际情况的变化，相应地改变预先计划的任务、措施、管理目标等，它是对静态管理的补充与矫正。但是，不能因此否定静态管理的重要作用。因为，没有静态管理，就不可能有正常的学校工作秩序。为此，学校必须动静结合，既要保证常规，又要开拓创新，全面实现学校的管理目标。

二、学校管理方法

学校管理方法，是指为了实现学校管理目标，根据教育活动和管理活动的规律，遵照学校管理的原则，完成学校管理的任务而采取的方法。学校管理工作有自己的规律和特点，要管理好学校，学校管理者必须以正确的理论为指导，认真总结学校管理经验，不断提高认识，改进学校管理方法。

学校管理中常用的方法主要有以下几种：

（一）行政管理方法

行政管理方法，是指学校管理者依靠行政组织，运用行政手段，按照行政程序来管理学校的方法。行政管理方法是管理活动中最古老、最基本的方法，具有权威性、强制性、垂直性等特点。

行政管理方法包括行政命令、行政奖励、行政处罚等。运用这种方法时要注意在利用权力影响的同时，充分发挥自己的非权力影响；要健全学校内部的组织系统，明确分工，畅通信息沟通渠道；还要发扬民主，集思广益，确保行政管理的实施。

（二）经济管理方法

经济管理方法，是指学校管理者利用物质利益的影响，通过物质刺激的方式对学校成员产生作用以实现管理目标的方法。经济管理方法具有利益性、多样性、平等性等特点。

经济管理方法是用物质刺激作为杠杆去调节学校教职工的工作积极性、主动性。在社会主义市场经济体制下，经济因素具有一定的激励作用。学校虽然是以创造精神产品为主的教育机构，教师更注重精神上的满足，但如果精神鼓励长期与物质利益脱离，精神鼓励的作用也会逐渐失去效果。但如果过分注重物质鼓励，忽视精神鼓励的价值，会在一定程度上降低物质刺激的作用，而且极易导致学校内部过度竞争，不利于创造团结协作的工作氛围，影响学校管理工作的整体效率。因此，学校要逐步确立科学合理的考评机制，既要充分体现按劳分配的原则，又要做好教职工的思想教育工作，防止“一切向钱看”，做好学校的团结稳定工作。

（三）法律管理方法

法律管理方法，是指学校依照国家有关教育法律、法令、条例等来管理学校，即通常所说的“依法治校”。从广义上来讲，这里的“法律”还包括学校制定的各项规章制度。从宏观上看，法律手段对保证新时期教育方针的贯彻执行，确保教育在国民经济中的战略地位，推动教育改革的不断深入，提高科学管理水平都具有十分重要的意义。从微观上看，法律管理方法可以保证学校必要的管理程序，协调学校各种管理因素之间的关系，增强学校管理系统的功能，提高管理效益和工作效益。

学校管理者应该树立“依法治校”的观念，增强法律意识，熟悉教育法律政策，提高法律素养，应该成为教育法律法规的模范执行者，把教育法律法规作为管理学校的重要依据和准则。学校管理者还应该做好教职员工的教育工作，提高教职员工的法律意识，使他们明确各自的权利和义务，增强他们的教育法制观念，保证教育法律法规的贯彻执行。

（四）思想教育管理方法

思想教育管理方法，是指学校管理者根据教育规律，从学校实际出发，通过摆事实、讲道理来充分调动教职员工的主动性、积极性，从而实现学校管理目标的方法。它对于保证社会主义的办学方向，统一学校职工的思想，提高他们的觉悟，转变他们的观念，激发他们的工作热情具有重要的意义。这种方法具有启发性、长期性、普遍性等特点。

学校是知识分子群集的地方，绝大多数教职工都具有高度的理性，思想教育管理方法是最适用于学校管理的方法。运用思想教育方法，应注意深入、细致地开展工作，不能急于求成，因为思想观念的转变需要一个过程。此外，还应充分结合说服教育、陶冶教育、榜样示范等具体方法。

以上四种学校管理方法各有特色，经济管理方法强调物质刺激，思想教育管理方法重视精神激励与自觉性，行政和法律管理方法具有强制性。在具体的学校管理过程中，应该考虑最能调动学校师生的主动性和积极性、实现学校的管理目标的方法，而且应该使它们有机结合，优势互补，形成有效的学校管理方法体系。

第四节　学校管理体制

学校管理体制即学校管理层的组织机构、职责、权力、关系等内部制度的体系，是学校内部设立的主要管理机构及其职能的总称，包括学校内部的领导体制、组织机构、规章制度等等。

一、校长负责制

（一）校长负责制的法律依据和概念

在我国，学校内部的领导体制由相关教育法律规定。《中华人民共和国教育法》第三十条规定："学校及其他教育机构的举办者按照国家有关规定，确定其所举办的学校或者其他教育机构的管理体制。学校的教学及其他行政管理，由校长负责。"《中华人民共和国义务教育法》第二十六条规定："学校实行校长负责制。校长应当符合国家规定的任职条件。校长由县级人民政府教育行政部门依法聘任。"从以上法律规定可以看出，我国中小学内部的领导体制是校长负责制。

校长负责制，就是学校工作由校长统一领导和全面负责，具体来讲，是指校长是学校行政的最高负责人，是学校的法人代表，处于学校的中心地位，对外代表学校，对内全面领导和负责教育教学、科学研究和行政管理工作。

（二）校长的任职资格

《中华人民共和国教育法》第三十条规定："学校及其他教育机构的校长或者主要行政负责

人必须由具有中华人民共和国国籍、在中国境内定居、并具备国家规定任职条件的公民担任，其任免按照国家有关规定办理。”

除了以上法律规定的最基本任职资格外，1991年7月，我国国家教育委员会在发布的《全国中小学校长任职条件和岗位要求(试行)》中规定了如下的校长任职的基本条件：

(1) 拥护中国共产党的领导，热爱社会主义祖国，努力学习马克思主义。热爱社会主义的教育事业，认真贯彻执行党和国家的教育方针、政策、法规。关心爱护学生，刻苦钻研教育、教学业务。热爱本职工作。有一定的组织管理能力。团结同志，联系群众。严于律己，顾全大局。言行堪为师生的表率。

(2) 乡(镇)完全小学以上的小学校长应有不低于中师毕业的文化程度，初级中学校长应有不低于大专毕业的文化程度，完全中学、高级中学校长应有不低于大学本科毕业的文化程度；中小学校长应分别具有中学一级、小学高级以上的教师职务；都应有从事相当年限教育教学工作的经历；都应接受岗位培训，并获得岗位培训合格证书。

(3) 身体健康，能胜任工作。

二、学校的组织机构

学校管理工作涉及方方面面，不可能全部由校长一人去直接管理，因此必须设置相应的组织机构来具体实施相应的管理任务。一般而言，我国中小学内部的组织机构有：

(一) 党支部(党总支)及其领导下的群众组织

学校党支部是坚持社会主义办学方向的组织保证，对学校的工作具有指导和监督作用。规模较小的学校，一般由校长兼任党支部书记；规模较大的学校，一般设立党总支，有专职党总支书记。

学校党支部领导下的群众组织主要有教职工代表大会、校工会、共青团、少先队、学生会等。

教职工代表大会是学校实行民主管理和民主监督的基本组织形式和制度。《中华人民共和国教育法》第三十条规定：“学校及其他教育机构应当按照国家有关规定，通过以教师为主体的教职工代表大会等组织形式，保障教职工参与民主管理和监督。”规模小的学校直接设立全体教职工大会；规模较大的学校一般由教职工选举组成职工代表大会。代表人数一般占全体教职工的三成左右，而且在所有代表中必须保证教师比例占七成以上，并要保证有一定数量的女教职工代表。在现行学校领导体制中，它是教职工行使民主权利的机构，可以根据不同性质的工作赋予相应的民主权利，如对校长工作报告、学校发展规划、重要规章制度的审议权，对学校干部考核、任免的评议推荐权，对在学校权力范围内有关教职员工切身利益的问题的决定权等。

校工会是教职工代表大会的工作机构，在教职工代表大会闭会期间处理日常工作，维护职工的合法权益。

共青团是党领导的先进青年群众组织。学校共青团组织接受上级团委和学校党组织的领导，也接受以校长为首的行政组织的指导。团组织是学校党组织和行政组织的有力助手。其主要任务是：加强团的组织建设和思想建设，提高团员的质量，壮大团的队伍，增强团组织的战斗力，开展丰富多彩的活动，对团员和青年进行思想政治教育，帮助他们树立远大理想，继承革命传统，发扬共产主义精神；教育团员和同学努力学习，明确为振兴中华而学习的目的，养成勤学好问、刻苦钻研的学风,努力提高学习成绩;领导学校少先队,团组织坚持以共产主义精神教育少年儿童,引导他们听党的话,好好学习,天天向上。

少先队组织是我国少年儿童的群众组织,也是少年儿童的教育组织。学校少先队要在学校共青团组织的领导和帮助下,开展各种教育活动,团结并教育少年儿童听党的话,努力学习,锻炼身体,爱祖国,爱人民,爱劳动,爱科学,爱护公共财物,做诚实、勇敢、活泼、团结的新一代,立志为建设社会主义现代化强国贡献力量,做共产主义的接班人。

学生会是团结全体学生的群众性组织,要在学校党政组织领导下进行工作,要协助和配合学校团组织开展各项活动,协助班主任领导各班委会,促进和带动全体学生全面发展,尤其在开展群众性的文体活动、节日庆典活动、管理食堂的用餐秩序、管理宿舍和环境卫生等方面要发挥支持和促进的作用。

(二)校长领导下的行政组织

中小学的行政组织一般有校务委员会、校长办公室、教导处、总务处等。这些行政组织根据学校规模的大小,可以设正副职各一人、职员若干名,或只设正职一人。

校务委员会由学校领导人和教职工组成,是学校的审议机构,其职责是审议学校的重大决策,但不是决策机构,也不是行政事务管理机构。

校长办公室直属校长领导,是处理日常校务工作的办事机构,具有综合协调性和辅助性,可只设专职秘书或干事。学校大的还可另设人事保卫部门,职责任务是管理学校的人事保卫工作,管理学校的文件收发、报表统计、文书档案工作,协助校长协调各类组织机构之间的关系,负责学校的联络,接待处理来访来信,收集和分析各种反馈信息供校长决策办事参考,做好校长交办的其他工作。

教导处是学校的行政组织机构的重要职能机构,负责教学和学生的思想品德教育的组织管理工作。其主要任务是:领导各年级、班主任和各学科教研组的工作;主持召开年级组长、班主任和教研组会议,布置、检查和协调教育教学工作,分析研究教育教学工作的发展动态和存在的问题,为校长提出教育教学工作的设想和建议;管理有关学籍、课务、考核、考勤以及文印、资料、统计等教务工作,领导图书馆、阅览室、资料室、实验室、卫生室的工作。现在有的学校把教导处分设为教务处、政教处以及体卫处。

总务处是学校行政组织机构的重要职能机构,负责学校后勤方面的组织管理工作,为学校工作和师生生活提供服务和物资保障。主要的职责任务是:会计与出纳工作,物品的采购保管工作,设备的采购、保管和维修工作,校舍和道路维修工作,校园的绿化、美化和清洁卫生工作等。

(三)校长、教导主任领导下的教学组织

中小学的教学组织机构主要有各科教学研究组、教学年级组、班级和班主任、教学科研组等。

教研组一般由同学科教师组成。大的学校下分年级备课组,小的学校可由学科相近的教师组成,农村学校可以以中心小学为核心建立联合教研组。教研组是各科教师的教学研究组织,不是一级行政组织,教研组长也不是介于校长、教导处和教师之间的一级行政干部。但许多学校把教研组视为学校的一级基层单位,扩大了它的职能,赋予了某些管理的责任。其主要任务是:组织教师学习教育方针政策,端正教育思想,研究本学科的教学大纲、教材和教学方

法,钻研教育理论和专业学科知识;组织备课,在个人钻研基础上进行集体备课,提高备课的质量;总结和交流教学经验体会,不断提高教学水平。

大的学校一般都设教学年级组。教学年级组自产生以来人们对它就有多种理解和做法。有的由同年级班主任组成,主要研究学生思想工作,开展同年级共同的教育活动;有的吸收任课教师参加,其任务就扩大到研究同年级的各科教学和教育工作。

班级是学校对学生进行全面教育的基层组织,是学生学习和生活的集体组织。班主任是班级的组织者和领导者。班级设班委会,它是学生会的基层组织,在班主任领导下开展工作,由学生自己管理自己。班委会要在协调师生关系、同学关系的基础上创造班级团结向上的气氛和和谐一致的环境,促进每个学生健康成长。

教学科研组是近年来一些学校设立的一种业务性组织。学校的教学科研组由少数专兼职骨干教师组成。其主要任务是:为学校的教育改革提出设想和规划,提供咨询;协助教导处实施学校的教育改革计划和方案,并推动全校性教职工的教育科研和学科教研活动;协助教导处组织和实施青年教师的培养工作;收集校内外的各种信息,为学校领导提供决策服务;结合学校实际工作,进行有关专题的教育科学研究。

三、学校的规章制度

学校的规章制度是学校管理的重要手段,它体现着社会的道德观念和是非标准,是全体师生员工必须遵守的行为规范。良好的学校规章制度对于培养学生的正确思想观点,进行自觉纪律教育,培养良好的行为习惯,形成良好的道德风尚,树立良好的校风有着重大的作用。它能保证学校各项工作有秩序、有成效地进行,使教师和学校其他工作人员的工作规范化和学生在校行为规范化,提高工作效率。

通过规章制度进行管理,就是通常所说的"常规管理"。一般而言,中小学最基础的规章制度有岗位责任制和会议制度。

(一)岗位责任制

1. 教师岗位责任制

教师岗位责任制不仅明确规定担任什么课程,还要具体规定教与学的质量标准,并明确怎么教、采取什么措施与手段达到质量标准。教师岗位责任制包括岗位专责制、交接班制、定期自检制等等。

2. 职工岗位责任制

职工岗位责任制应根据不同岗位的特点确定。它的内容一般应包括思想作风和工作劳动纪律方面的要求、工作和劳动任务方面的要求以及质量标准、工作流程(或工作规程)、设备管理方面的要求、工作制度方面的要求等等。

3. 各级管理者岗位责任制

它包括学校高层管理者的岗位责任制和中层管理者的岗位责任制以及教研组长、年级组长、班主任与备课组长等一般管理者的岗位责任制等。其内容一般包括基本职责、考核制度、工作流程等等。

(二)会议制度

1. 校务会议

校务会议由校长、副校长、教导主任、总务主任、教研组长、年级组长、班主任、工会主席、团委书记、少先队辅导员以及教师代表等组成。重要会议请支部书记出席。会议由校长主持。会议一般于学期初、学期中、学期末各举行一次，必要时可召开临时会议。校务会议的内容主要是讨论研究上级的重要指示，讨论学校工作计划和工作总结以及其他重大问题。学校规模小的可不设校务会议，而是由全体教职工会议代替。

2. 行政会议

行政会议是学校行政人员经常研究工作的会议，由校长、副校长、正副教导主任、总务主任组成，必要时吸收有关人员参加。会议由校长主持，主要研究学校日常行政工作的重要问题，每周或间周一次。

3. 教研组长会议

教研组长会议主要讨论教学工作中的重大问题，可以在会上听取各教研组长的汇报和布置工作。教研组长会议可吸收有关教师参加。会议每月召开一次，必要时可召开临时会议。会议一般有教导主任主持，讨论特别重要问题的会议由校长直接主持。

4. 年级组长、班主任会议

年级组长、班主任会议主要讨论和研究学生的思想品德教育工作和班级的工作，交流情况和经验。每月召开一次，一般由教导主任主持，必要时邀请共青团书记、大队辅导员参加，适当时还可邀请校长参加。

5. 家长会议

为了加强学校教育和家庭教育的密切配合，教师除了家访与家长取得联系外，应在学期初、学期中、学期末以学校或班级为单位召开家长座谈会，邀请全体家长参加，由校长或班主任报告工作，统一认识，并征求家长意见以改进教育教学工作。

6. 教职工代表大会和学生代表会议

这种会议根据实际需要，分别不定期地召开，听取他们对学校各方面工作的意见和要求。

此外，还有教导处、总务处、团委、工会等研究本部门工作的会议。

除以上由学校制订的规章制度外，还有一些学校职能部门制订的重要制度。教导处的基本制度有：(1) 教导处工作管理制度；(2) 教师备课、上课、批改作业、课外辅导、考试、质量分析的规定及教研活动规定、课堂规则、实验室规则、阅览室规则、图书借阅规则、课外活动制度；(3) 学生方面有思想教育制度，包括德育目标管理制度、考勤考核制度、奖惩制度、班主任制度、学生学习制度、课堂纪律及学生预习、听课、复习、练习、小结、试验、实习、参加社会实践与公益活动、参加课外活动、参加生产劳动、班会等的规定；(4) 作息制度、值日制度、集合制度、宿舍制度与就寝制度。总务处的基本制度有：财务制度、财产设备管理制度、经费开支标准、宿舍规则、饭厅规则、爱护公物的规则、美化校园与卫生大扫除检查评比制度、总务工作人员行为规范守则。校长办公室基本制度有：人事管理制度、安全保卫制度、信息管理制度、档案管理制度、保密制度、接待制度、事务管理制度、教职工工作责任制度、教职员工考核制度、评比奖惩制度、教职员工学习制度等。

第五节　课程改革背景下的学校管理

课程改革是牵一发而动全身的工程，它对基础教育的影响与要求不仅仅体现在课程方面，而且涉及教育工作的方方面面。课程改革对学校管理也提出了多方面的要求与挑战，这里主要谈谈校本管理与校园文化建设。

一、校本管理

2001年教育部颁发的《基础教育课程改革纲要（试行）》指出："改变课程管理过于集中的状况，实行国家、地方、学校三级课程管理，增强课程对地方、学校及学生的适应性。""为保障和促进课程适应不同地区、学校、学生的要求，实行国家、地方和学校三级课程管理。""学校在执行国家课程和地方课程的同时，应视当地社会、经济发展的具体情况，结合本校的传统和优势、学生的兴趣和需要，开发或选用适合本校的课程。各级教育行政部门要对课程的实施和开发进行指导和监督，学校有权力和责任反映在实施国家课程和地方课程中所遇到的问题。"校本课程成为本次课程改革的一大亮点，与之相适应，我们必须掌握与理解校本管理的基本知识。

校本管理，意为以学校为本位或以学校为基础的管理，主要指一种以权力下放为中心的学校管理思想和模式，其核心就是强调教育管理重心的下移，强调教育行政部门给予学校更大的权力和自由，使中小学成为自我管理、自主发展的主体，可以根据自身的需要确定自己的发展目标和方向，从而提高学校管理的有效性。其主要特点是通过权力下放来实现学校自主管理和共同决策，使学校全体同仁凝聚和达成共识，提高学校的活力和办学效益。校本管理模式的产生反映了西方教育管理哲学从"外控式管理"向"内控式管理"的转变，也是学校管理权的下放和教育行政部门及学校（包括校长、教师、学生及其家长等）角色转变的过程，校本管理使学校有了更大的自主性、灵活性。

校本管理的提出有其深刻的背景。学校的复杂性使得校本层面的问题日益突出，教育管理体制的逐步变化、学校办学自主权的逐步扩大以及学校在教育中所处的位置使"校本"走进人们的视野，走近每个教育者与学校管理者。"校本"大意为"以学校为本"或"以学校为基础"，包含三方面的含义：一是为了学校，即以改进学校实践、解决学校所面临的问题为指向，改进是其主要的特征，它既要解决学校存在的种种问题，也要进一步提升学校的办学水平及教育教学质量；二是在学校中，即学校自身的问题，要由学校中的人来解决，要经由学校校长和教师的共同探讨分析来解决，所形成的解决问题的诸种方案要在学校中加以有效实施；三是基于学校，即要从学校的实际出发，所组织的各种培训、所开展的各类研究、所设计的各门课程等，都应充分考虑学校的实际，挖掘学校所存在的种种潜力，让学校资源更充分地利用起来，让学校的生命活力释放得更彻底。校本主要体现和落实在校本培训、校本课程、校本研究及校本管理四个方面，其中校本管理是核心与关键。校本管理贯穿和渗透于校本培训、校本研究和校本课程之中，起着协调、组织的作用，是其他三者的基础和保障。

学校在实施校本管理的过程中应注意以下几点：

1. 校长真正发挥领导作用

我国实行校长责任制，校长是学校管理的主体，是学校的法人代表，校长对学校的各项工作负全责。校长要根据党的教育方针和上级教育行政部门的批示，结合学校实际提出自己的办学理念和学校发展蓝图，对学校发展做出有价值的选择，提出近期、中期和远期的规划，在多种可供选择的方案中确定最佳的发展方案。同时，校长在协调自己学校内部的人力资源、组织教学和科研等方面应起到带头作用。

2. 强化教学，走质量发展的道路

以教学为中心，这是教育工作的基本规律。在信息社会，知识、技术、产业、产品的更新可谓日新月异，教育必需面向未来。教育要使受教育者不仅学会现有的知识、技术，更重要的是使受教育者“学会学”，终身具有不断自我学习、自我发展和自我完善的可持续发展能力。

3. 增强决策意识，实施民主集中制

在确立校长主导地位的同时，还需对校长加强思想道德教育，不应使校长的权限过于膨胀。校长要把整个学校的发展与自己的荣辱联系起来，做到与学校荣辱与共，同时发挥教职工的积极性和主动性。

二、校园文化建设

（一）校园文化建设的意义

校园文化是指学校在长期发展中逐步形成的具有独特凝聚力的共同的价值观，以及承载这些共同的价值观的学校活动形式和物质形态，包括学校的教育目标、校园环境、校风、学风、校园文化生活和教育设施、学校制度规范和学校传统习惯等。

校园文化包括精神文化、物质文化、制度文化和活动文化等方面。精神文化主要是指学校领导、教职工和学生共同遵守的基本理念、价值标准、道德风貌等精神意识。它是校园文化的核心和灵魂，体现着校园文化的方向、实质和水准。物质文化是一种直观性的文化，如校园建筑物的布局装饰、教学设施设备、设景布点、绿化美化等。它是校园文化发展程度的一个外在标志，是校园文化建设的基础，对师生具有重要的潜移默化的教育功能。制度文化既表现为以文本、书面文字等形式显现出来的学校规章制度，又表现为师生对建立和遵守规章制度的态度和价值观。它是规范学校管理的重要手段，是校园文化中其他要素得以正常、高效运行的润滑剂，具有巨大的潜在保障功能。活动文化是校园文化建设的重要组成部分，是指为促进师生发展而开展的内容丰富的活动。它对陶冶师生情操、提高师生综合素质、丰富学校生活的内涵等具有十分重要的作用。

“校园文化不仅是一种自发的文化现象，更是一种自觉的文化意识，是一种新的管理理念和新的管理模式。作为一种新的管理理念和模式，校园文化是对学校办学活动、教育活动、管理活动基本认识的反映，它一旦形成就影响着全体教职员工的办学行为、教育行为和管理行为。”①校园文化建设是学校教育的重要内容，它能使全校师生员工在积极参与校园文化建设的过程中获得知识、陶冶情操、健康成长。它有利于青少年的健康成长，提高学生的思想道德素质和科学文化素质；有利于推动学校精神文明建设，加强社会主义精神文明建设。无论是对于学校管理，还是深入推进基础教育课程改革，校园文化建设都具有极其重要的意义。

（二）校园文化建设的策略

校园文化建设是一个复杂的系统工程，需要全员参与，全方位配合，要树立科学的发展观，采取切实有效的措施，统筹协调，与时俱进，开拓创新。在校园文化建设中，必须始终坚持以格调高雅的校园环境熏陶人，以丰富多彩的校园文化活动教育人，以蓬勃向上的校园精神激励人，以规范科学的校园制度约束人，遵循普遍性与特殊性相统一、继承性与创造性相统一、主体性与开放性相统一的原则。当前，课程改革正在稳步推进，正是加强校园文化建设的大好时机，我们应当从以下方面努力：

---

① 葛金国：《校园文化建设导论》，安徽大学出版社，2003 年版。

1. 把校园文化建设纳入学校发展的总体规划，树立全员共建意识

校园文化建设不是一朝一夕所能完成的，需要长期、艰苦地努力才能收到一定的成效，必须科学规划、全面统筹和系统安排，把它纳入学校长远发展规划，树立全员共建校园文化的意识，形成人人都是校园文化的建设者，人人都是校园文化的享受者，努力形成浓郁健康的校园文化，不断提高校园人的生活质量。

2. 在统筹建设的同时，着力创建校园精神文化

校园文化包括物质文化、制度文化、组织文化、行为文化和精神文化，五者相互联系、相互渗透，形成一个不可分割的有机整体。在校园文化建设中必须全面协调、统筹进行，不能只建设物质文化而不配套制度文化建设，也不能只注重组织文化而忽视行为文化，更不能轻视精神文化建设。精神文化建设是校园文化建设的核心和目的，在协调建设校园物质文化、组织文化、制度文化和行为文化的同时要着力创建校园精神文化。

3. 培育校园文化新的增长点

社会在进步，校园文化也必然要随之发展。在新世纪，知识经济已显端倪，以多媒体技术、计算机网络技术、网上通讯、虚拟技术及软件技术为代表的信息化社会已经到来，数字化学校已经出现，这一切改变了人们的生活，一股发展势头强劲的网络文化占据了校园文化的强势增长点，因此必须加以认真研究、积极引导。终身教育的提出和学习型社会的逐步建立，使校园主体的结构发生了变化，校园的内涵和外延得到了进一步的丰富和拓展。校园文化必然产生一些新的增长点，需要我们认真地研究和积极地把握。

4. 挖掘学校文化特色

挖掘学校文化特色要从以下几方面入手：(1) 重视学校的优良传统。传统是历史赋予校园文化建设的特色，校园文化建设应在积淀学校发展历史的基础上继承优良传统，凸现其特色。(2) 从学校人才培养目标出发，确定校园文化建设的方向。各类学校培养人才的规格不一，只有在立足于这种特殊要求的基础上，才能有利于学生成才。(3) 特色创新。校园文化建设既要以现有校园文化状态为基础，又要根据时代发展的需要规划校园文化发展的前景。在规划时，要着力以特色立校，以特色确定学校在人才培养中的定位，体现校园文化特色。

5. 不断优化校园文化活动过程

校园文化活动从计划、组织、实施到完成是一个系统过程，要想获得最佳的效果，必须重视其过程的优化。学校在组织开展校园文化活动时，首先要明确活动目的。要做到活动开展的出发点理直气壮、达成共识，落脚点客观具体、切实可行。其次要优化主题。主题要鲜明，应把活动的思想性、趣味性、知识性融为一体，主题应翔实、可行。再次要优化时机。时机包括时间和机遇，时间优化要尊重国人的时令特点，机遇优化要充分把握重大纪念日和校内外发生的具有影响的重大事件所提供的活动机遇。最后要优化方式和方法。校园文化活动的开展方式和方法没有定式，以条件允许、师生欢迎、效果最佳为选择的标准，特别是要不断地创新，只有创新才有吸引力。

综合练习题

一、选择题

1. 学校管理的二重性是指______。

A. 政治属性和经济属性　　B. 自然属性与社会属性

C. 主观属性和客观属性　　D. 主动属性与被动属性

2. 学校管理过程的起始环节是______。
   A. 计划　　B. 实施　　C. 检查　　D. 总结
3. 学校管理工作中必须遵循的基本原理和行动准则，称为管理的______。
   A. 原则　　B. 原理　　C. 规律　　D. 方法
4. 学校管理的行政方法具有______特点。
   A. 利益性　　B. 强制性　　C. 平等性　　D. 启发性
5. 学校管理中，经济方法的特点有______。
   A. 权威性　　B. 长期性　　C. 强制性　　D. 垂直性
6. 学校管理中，思想教育方法的特点有______。
   A. 有偿性　　B. 启发性　　C. 利益性　　D. 强制性
7. 我国的学校内部管理体制是______。
   A. 书记负责制　　B. 主任负责制　　C. 校长负责制　　D. 局长负责制
8. 实行校长负责制，党支部对学校行政工作的作用是______。
   A. 领导决策　　B. 保证监督　　C. 提供咨询　　D. 信息反馈

二、判断题（对的打√，错的打×）

1. 学校管理就是管理学校的人和物。（　　）
2. 学校管理水平对学校风气和教育质量没有影响。（　　）
3. 学校管理过程应该严格按照计划、实施、检查、总结的顺序开展。（　　）
4. 学校中设立党支部是坚持社会主义办学方向的重要保证。（　　）
5. 校长负责制就是学校的一切工作都由校长说了算。（　　）
6. 教育管理的规范性原则要求学校必须建立和健全规章制度。（　　）
7. 校本管理与国家的方针政策没有关系。（　　）
8. 校园文化建设可有可无，因为教学才是学校的中心工作。（　　）

三、简答题

1. 学校管理的含义与特点是什么？
2. 简述学校管理的二重性。
3. 学校管理过程有哪几个环节？
4. 学校管理方法有哪些？
5. 学校管理的原则有哪些？

四、论述题

1. 怎样才能做一名合格的中学校长？
2. 如何通过校本管理创建优秀的校园文化？

第十四章　教育科研与教育评价

本章学习指导

1. **识记**：教育科学研究的原则、教育评价原则、当前我国教育评价发展的特点。
2. **理解**：了解并掌握教育科研的模式和方法、教育评价的程序。
3. **应用**：能初步运用教育科研和教育评价的知识尝试进行教育科学研究及教育评价工作。

第一节　教育科研

一、教育科研的概述

（一）学校开展教育科研的意义

教育科研是以教育科学理论为指导、以教育实践为对象、以探索教育规律为目的创造性的认识活动。学校中的教育科研涉及教育、教学和管理的各个领域，在实施素质教育的新形势下，特别是基础教育新一轮课程改革中，学校教育教学中有许多问题要探讨、研究，教育研究已处在了统帅、导向的地位。培养新时期所需要的学者型教师，构建 21 世纪富有中国特色的教育体系，教育科研将具有十分重要的意义。

1．教育科研是推动教育改革与发展的强大动力

教育改革所涉及的问题十分广泛，诸如教育思想、教育结构、教育内容和方法等，这些问题都必须从理论和实践的结合上给予正确的回答和提出有效的解决措施。随着教育改革的不断深入，教育过程中出现许多新的热点、新的矛盾、新的困难，这势必呼唤着教师通过科学研究去探索、去解决，如怎样提高教学质量、怎样建立适应新课程改革需要的新的教学模式等等。教育科研可帮助我们直面这些问题，积极地探索和发现教育活动的规律，从而切实提高教学质量。当前世界各国都把教育的发展和改革纳入到教育科研的轨道，形成不间断的改革创新的局面。我国学校中的教育科研也成了引导教育改革与实践深化的动力。可见，教育的出路在改革，而教育研究活动的开展是深化教育改革的关键。

2．教育科研是全面提高教育质量的前提

全面提高教育质量的每一个举措和方法，都需要有教育科学作指导，这样才能遵循教育规律，稳步提高教学质量。教育科研成果是教育规律的表现，一旦被广大教育工作者所掌握，就可以转化为提高教育质量的现实力量。实践证明，提高教育质量靠改革，改革靠科研，不掌握教育规律,不相信教育科学,单凭经验提高教育质量,往往是不能奏效的。因此,教育科研是全面提高教育质量的前提。

3. 教育科研是教育决策科学化的依据

决策科学化,就是用科学的方法和手段,遵循科学的程序进行决策。现代教育改革和发展中有许多关系相互交织,而且变化十分迅速,需要解决的问题往往牵涉许多因素,而且各因素相互制约、相互影响,十分复杂。教育行政决策必须依靠教育科研提供依据。教育科研以其综合的知识体系和科学的研究方法,帮助人们观察分析复杂多变的教育现象,并对它做出规律性的鉴别、判断和预测,起到保证教育决策科学化、民主化的重要作用。因此,要鼓励教育专家、广大教师和一切关心教育的人士参与教育决策科学化的教育研究,凝智聚力,推动教育决策的民主化、科学化,推动我国教育事业健康、快速地发展。

4. 开展教育科研是提高教师素质的需要

教育实践和教育研究相互促进、相得益彰。教师要提高自己的教学水平,不能总是在感性的"经验型"水平上徘徊,必须通过科学研究来开拓思路,丰富知识,发现问题,解决问题。教师开展教育科研是提高教师素质的重要途径之一。因为教育科研常常突破常规的创造性工作,需要教师有高度的工作热情和责任感,需要有广博、系统、扎实的基础知识和丰富的教育教学经验,更需要有严密的判断、推理能力和一定的教育科研能力。在教育科研过程中,教师的思想水平、知识功底、学术水平、思维能力和教育教学能力均会得到相应提高。教师将科学成果融入自己的知识体系并创造性地应用于教学活动,能使教学内容更丰富,学术思想更活跃,课讲得更生动、更有特色。所以,开展教育科研是提高教师素质的有力措施。

长期以来,不少人总有一种模糊或错误的认识,即从事教育科研只是高等院校和教育科研机构的职责,不是中小学教育工作者的任务。这种认识是非常有害的。实践证明,中小学教师参与教育科研活动,不仅必要而且完全可行。首先课题实际而丰富,中小学教师处于教育工作的第一线,面临许多具体的问题与困难,这就为他们从事教育科研拓宽了思路;其次材料真实而具体,中小学教师在教育实践中既有成功的经验,又有失败的教训,这是进行教育科研的丰富材料,也是探索教育规律的重要依据;再次活动方便而可靠,他们身处教育第一线,了解情况,熟悉学生,因而不管是进行教育调查还是组织教育实验都比较方便可靠,这既为真实、全面、深刻地分析问题和解决问题创造了有利的条件,也能较准确地感受和判断教育科学理论在教育实践中的运用情况。

(二)学校教育科研的内容

学校教育科研的内容十分丰富,总起来说,可分为以下几大方面:

1. 教学论方面的研究

教学是学校中的中心工作,搞好教学要有科学的教学理论作指导,教学论是研究教学规律及其应用的一门科学。

教学论首先要研究中小学教学过程的规律,探讨教学的任务。只有认识教学过程的规律,才能使教学工作有科学的依据;也只有明确教学任务,才能使教学工作有明确的方向。

教学论还应研究如何运用教学规律来解决教学工作中的理论问题与实践问题。教学内容、教学原则、教学方法、自学方法、教学质量评估以及教学工作组织形式等,都是教学论的研究课题。还有,发展学生能力、突出学生主体性等涉及课程改革的问题,也是教学论的研究课题。

2. 德育论方面的研究

德育是学校教育工作中的首要组成部分，是社会主义学校教育的重要标志，是培养全面发展人才的重要途径。在当前改革开放的新形势下，德育的任务、内容、过程、原则、方法以及操行评定等都是德育论的重大课题。

3. 学校管理工作研究

学校管理就是以学校教育教学为主要管理对象的一种团体社会活动，它是管理者根据学校工作特点、一定的法律政策和管理思想，运用一定的方法手段，建立一定的制度，组织领导学校全体成员有效地实现学校工作目标的一种特殊性质的社会活动。学校管理研究的主要内容有学校管理的特点、过程、原则与方法及学校组织机构的设置、校长的领导艺术、教师和学生的管理、教学管理、思想政治工作管理、体育卫生管理、学校总务管理等。

（三）学校教育科研的原则

由于科学是特定范围内反映客观事物的关系及规律的知识体系，有自身的特点，如客观性、规律性、系统性、准确性、可验性、可证性等，因此对待教育科研应具有科学的态度，坚持一定的原则。

1. 科学性原则

教育科学规律是不以人的意志为转移的客观存在。因此搞教育科研必须尊重规律，实事求是。从题目的选择、构思、设计方法的选用直至数据的处理、结果的分析等，都必须从客观事实出发，要以足够的实事为依据，详细占有材料，使材料具有广泛性、深刻性、代表性，不能凭主观愿望想象，要依据现实资料，正确地认识教育现象内部与外部的因果关系，保证其客观性，以获得科学的结论。

2. 准确性原则

科学知识要求准确、真实。教育科学材料必须是可靠的、准确的，决不能使用模棱两可的词语，若不如此，它的结果应用于教育实践，会造成严重的后果，因此教育科研要脚踏实地，严肃认真，一丝不苟，观察和纪录必须是全面准确的。

3. 实践性原则

教育科研要理论联系实际，用理论去指导实践，在实践中完善发展教育理论，发现新的教育规律，只有如此才是正确的。科学本身具有可验证性，如果不在实践中检验，得不到实践的承认，理论是无价值的。

4. 创造性原则

教育科学研究要探讨人们未知的东西，缺乏创造性也就失去了教育科研的价值。因此，教育科学研究要创新，要解放思想，独立思考，从各种权威中解放出来，在尊重真理、尊重事实的前提下发挥自己的创造才能，克服困难，顽强努力，走前人没走过的路。

5. 协作性原则

科学研究需要多方面的努力与帮助，需要各层次的人才相互合作协调，而且现在的研究需要不同学科的人相互协作。因此搞教育科研要发扬团结友爱、与人共事的精神。

二、教育科学研究模式与方法

（一）教育科学研究模式

科学研究过程就是对客观事物的认识过程，也是一个科学的思维过程，要经过发现问题、提出问题、明确问题、分析了解问题、提出假设、深入思考、得出结论、实践验证等几个环节。教育科学研究也是如此,教育科研的一般模式为:教育科研选题→调查研究问题→制订科研计划→搜集整理材料→分析研究材料→撰写报告。

1. 教育科研选题

教育科学研究过程就是一个不断提出问题和解决问题的过程。选择课题,确定研究主攻方向,这是教育科学研究活动的开端,也是教育科学研究过程中具有战略意义的环节。一切创造开始于提出问题,只有在教育实践中提出有价值的问题,教育科研才能充满生命力。因此,应该慎重选题,这是科学研究的关键一步。

教育科研的选题可以是教师根据教育实践的需要,为解决教育教学的某个实际问题而自选或自拟课题,也可以是随着教育实践的发展,遇到了许多无法解决的新问题,现有理论解决不了,必须寻求新的方法和途径来解决这些问题的课题。教师还可以选择国家各级教育部门和教育学术团体定期制定的教育科学规划作为研究课题。

教育科研选题必须具有为教育实践服务的应用价值,发挥其预测与指导的功能。要实现教育科研的真正价值,选题既要体现课题的创新性,还要考虑到实施完成课题的可行性。

2. 调查研究问题

选题以后就要对所确定的课题进行调查研究,进一步了解,要查阅文献资料以获得信息,把握对此问题已取得的成果、尚待解决的难点以及应采取什么样的方法去解决面临的问题。如果盲目从事,可能会重复前人走过的路,去解决前人解决过的问题,致使出力不少却没有创新。查阅资料应注意以下两点:

首先,查阅文献要有科学的方法。为节省时间和精力,要先查有关问题的索引,看文摘,阅读文献综述及科研情报动态等。在查阅资料中找到自己需要的东西认真阅读,摘要记录,把对本问题所有研究的重要资料搜集到手,看其科研已达到的水平,这样才能在原有的基础上进行研究。

其次,要对问题进行实地调查。对有关问题要以调查、访问及观察的手段进行实地了解,对问题的价值及可能性进行实地探讨,做到心中有数,以便制订计划。

3. 制订科研计划

在选题明确并查阅文献的基础上,对选题有了清楚的了解后,便可制订详细的工作计划,内容包括在何时完成什么内容、进行哪些调查与研究、还需要哪些数据与资料。在制订科研计划时,要订出研究问题的范围、采用方法、研究对象的抽样及时间安排。当然,在实施的过程中,不要完全受计划的制约,根据实际情况,使计划性与灵活性有机结合起来。

4. 搜集整理材料

在查阅文献的基础上,针对所要研究的问题要重新搜集资料,以调查、观察、实验等形式系统地搜集能充分反映问题的事实和数据。搜集材料时要注意以下两点:

首先,对搜集的材料要进行鉴别。科学需要精确,故应对新材料的真实性、可靠性、准确性及价值性进行辨别,以决取舍,注意数量与质量的统一,把有价值的数据与材料保留下来。

其次,对搜集的材料进行整理分类。要对鉴别后的材料进行整理、分类、统计,这种经过分类整理的材料本身就具有很高的科学价值,对其他科研也将会有巨大的价值。

5. 分析研究材料

教育科学研究,最重要的一步是对所整理的数据进行分析研究,这对教育科学研究的质量起决定作用。教育科研的目的是揭示教育现象的本质,发现其运动规律。如果仅仅把大量的材料堆积在一起，停留在对材料的表面认识或个别问题上，这不是科学研究。为达到科研目的，还必须对已有的材料做进一步的精细加工，由表及里，去伪存真，利用比较、归纳、推理、分析、综合等多种方法研究、分析问题，找出其客观规律和本质性的东西。分析研究材料要注意以下几点：

首先，要克服主观片面性。尽管此时所写的材料有理有据，但也要考虑个人的感情色彩，或带有一定的片面性、局限性及狭窄性，要征求他人、集体、专家的意见，在更大更广的范围内集思广益，以获得与自己材料不同的意见。

其次，深入整理原有材料。要进一步整理原有材料，在征求意见的基础上，发现所占有的材料的缺点和不足，或重新调查研究以获取更正确的数据材料，使研究更合理可靠。

再次，归纳整理，得出结论。教育科研的关键是下结论，这也是教育科研的最重要一环，在此应把分析研究的成果归纳总结出几条原则或原理，做出正确的判断。在下结论时一定要尊重事实，尊重规律，切不可以自己的主观愿望为转移而出现主观误差，要在尊重材料来源与统计结果的前提下全面系统地得出科学结论。

最后，结论与命题要呼应。结论是在研究材料的基础上产生的，要使命题与结论相符，但决不能为了与原定题目相符而扩大结论。

6. 撰写报告

把教育科研的全过程及其所得的成果用文字完整地表达出来，就成为教育科学研究报告。教育科学研究报告一般包括以下一些内容：教育科研报告的目的，教育科研对象或抽样，教育科研方法，教育材料的归类与整理，教育科研结论，教育科学研究的启示，等等。报告的文字力求简洁明确，浅显易懂。

教育科研报告模式：

教育科研报告是教育科研工作的全过程的缩影，是研究结果的文字记载。完整、高质量的研究报告，能科学地总结研究工作，提供出有价值的教育研究信息，丰富和推动教育实践工作。所以要加强写作训练，写好教育科研报告。教育研究报告有一定的模式，可分为以下几个部分：标题、署名、前言、正文、结论、引文注释和参考文献。

(1) 标题。研究报告的题目应反映科研的主要内容，使人们一看就大体知道其主要内容并产生阅读兴趣。所以报告命题必须确切、鲜明、简练、醒目，即词句恰当简明、引人注目。

(2) 署名。撰写研究报告，必须署作者的姓名及工作单位。署名的目的是表示对研究报告负责，并记下自己为教育科学事业贡献的力量。

(3) 前言。前言是研究报告的序言。在此应说明别人的工作，前人或同时代人对于这项研究进展的程度、哪些问题已解决、哪些问题还有待进一步研究、自己在什么基础上进行研究，切忌把功劳全记在自己身上。

(4) 正文。正文占研究报告的绝大部分篇幅，是报告的主体。在正文里必须对研究内容进行全面的阐述论证，包括整个研究过程中观察、测试、调查、分析的材料以及由材料而形成的观点和理论。正文部分要写调查研究问题的现状和实质、产生问题的原因及发展趋势。

正文必须首先掌握充分的材料，然后对材料进行分析、综合、整理，经过概念判断推理的逻辑组织最后得出结论。

(5) 结论。结论是经过反复研究而形成的总体论点，是研究报告的中心归宿。结论必须指明哪些问题已经解决了、还有什么问题尚待研究，亦可进行有关的讨论或建议。结论必须结构严谨、逻辑严密、文字简明具体，不能模棱两可、含糊其辞。

(6) 引文注释和参考文献。教育科研是前人研究的继续和发展，是在前人的基础上进行的，所以在撰写报告中引用到前人的材料、数据、论点时要注明出处。这反映作者的一种品质——尊重别人劳动的同时也体现出报告的科学依据。

引文注释分为页下注(脚注)、文末注(段落后或篇后注)、文内注(行内夹注)和书后注四种，这可根据情况而定。此外还要对与本题研究有帮助的人或文章提出感谢。

总之，写研究报告一定要严肃认真，反复修改，征求意见，以达到比较完善的境界。

(二) 教育科学研究方法

教育科学在自己研究和发展的过程中，形成了一套基本的科学的研究方法，主要有观察法、调查法、实验法、比较法、统计法等等。

1. 观察法

观察法是指在常态(不加控制)条件下，为完成一定任务而按照一定的目的和计划，对研究对象进行系统、连续的观察，并做出准确、具体和详尽的记录的一种研究方法。通过观察，研究者可以对研究对象作直接的了解，掌握第一手材料。

(1) 注意事项。研究者在进行观察时，要有明确的目的性和计划性；要坚持观察的客观性和全面性，采取实事求是的科学态度；要注意观察时的典型性与自然性；要掌握观察技术，培养观察能力，在观察前拟订好观察提纲，具有一定的观察地点，制订观察的客观标准，做全面细致的记录，将观察到的材料数量化、本质化、系统化。

(2) 观察的步骤。首先要了解观察对象，确认观察目的及内容重点，制订观察计划；其次是按计划进行实际观察；最后要及时整理材料，并对记录的材料进行分析研究，得出结论。

(3) 观察的途径、方法。观察的途径主要有参观、听课、列席学校各种会议、参加学校各种集体活动。观察的方法主要有抽样观察法和追踪观察法。

抽样观察法包括时间抽样观察法，即专门观察和记录在特定的时间内所发生的教育现象、教育人员或学生的言谈举止的一种方法；场面抽样观察法，是观察者有意识地选择一个自然的场面，观察研究对象行为的一种方法；阶段抽样观察法，研究者只选择某一段时间有重点地进行观察的一种方法。

追踪观察法是一种长期地、系统地、全面地观察研究对象发展过程的方法。

2. 调查法

调查法是通过各种方法手段，有目的、有计划地搜集研究对象的材料，从而发现规律性的问题、获得研究成果的方法。它可以对研究对象作全面的了解，为教育科学研究人员提供第一手材料和数据，为教育行政部门制定一些政策规划和措施提供事实依据，明确教育现状并指出教育上存在的问题，提出有建设性的意见或建议，从而推动教育事业的发展。

(1) 注意事项。调查要有明确而具体的目的、任务、内容或项目，调查的对象必须适合调查的目的和任务，具有典型代表性；要利用各种可能的手段尽量搜集能全面、客观、正确地反映和说明调查对象的材料，让被调查的对象说实话说真话；调查的标准必须是一致的，保证其精确性；对能测量的材料要进行测量，保证其真实性。

(2) 调查分类。依据调查的目的，调查可分为两类：一类是常模调查，目的在于了解教育的一般情况，寻找一般数据；一类是比较调查，目的在于比较两个群体地区或两个时期的教育情况。依据调查内容的性质，调查可分为事实调查和征询意见调查两种：前者要求调查对象提供现成的事实或数据，后者要求调查对象提供自己对某个问题的看法和意见。依据调查范围的大小，调查可分为综合调查和专题调查两种。依据调查对象，调查则可分为全面调查和非全面调查：全面调查亦称普遍调查，即对调查对象全部加以调查；非全面调查，就是从调查对象总体的全部中抽选一部分有代表性的对象作为样本进行调查。

（3）调查步骤与方法。调查是有目的有计划的活动，需要有严格的工作程序。第一步是调查前的准备工作，即确定调查课题、选取调查对象、拟订调查提纲、制订调查计划；第二步是实际调查实施，搜集材料；第三步是对所搜集的材料进行整理；第四步是撰写实验报告，得出结论。

调查的具体方法有开调查会即座谈、访问、发问卷、填写调查表格等。在调查方法的使用中，主要是用问卷法。问卷法是指通过一系列书面问题来征询回答者对某一主题的意见，从而获得有关这一主题的第一手材料。其步骤主要为：选择调查题，制订问卷，发出问卷，跟踪研究，整理并分析收回的试卷，形成结论，撰写报告。

3. 实验法

实验法是指变更某些现象的条件，从而揭露其发生原因或变化规律的一种科学研究方法。实验法最主要的特点是对事物的情况加以适当的控制，排除一些无关因子的干扰，突出所要研究的实验因子，从而比较准确地探索出事物间的因果关系来。由于实验法可以控制条件，因此可以观察到自然状态下见不到的情况，可以重复验证，便于测量，易于观察某些特定实验因子的效果。

（1）教育实验的条件及要求。教育实验是教育科学研究中的常用方法，指在一定的教育理论或假设指导下，通过实验探究教育规律的活动。教育实验法有很多优点，但并不是任何情况下都可以使用，应有一定的条件。如首先必须有一设想或理论，即解决问题的实验因子；其次查阅有关资料，看前人对此问题是否解决或已解决到什么程度，然后再考虑实验方案；再次看完成实验的主客观条件如何。只有在弄清上述条件后，才能开始实验。

具体运用教育实验法时，还必须认真考虑研究课题的具体性质和内容是否适合采用实验法，是否对研究对象产生有害的影响，是否产生不科学的结论。在实验过程中，实验要严密，有计划、有系统地进行，实验操纵必须严格掌握，测量准确，使实验对象保持常态。要控制可给实验造成影响的恒性与变性的无关实验因子，消除实验人员的主观偏向，避免实验误差，克服由于时间等其他原因所造成的误差，并详细记录实验情况。

（2）教育实验的内容及分类。教育实验就其内容来分，可分为整体实验和单项实验（局部实验）。整体实验，指以某一学校为整体，对该校的教学工作、思想品德教育工作、体育卫生工作、管理体制等，进行有计划的全面改革实验，也可以超出单一学校范围，把几个学制衔接的学校联系起来，在统一方案指导下进行实验，还可以对一个教育实验区进行全面改革实验。单项实验，一般指专门对学校内某一项工作的实验，如教学工作实验，也可就教学中的教材与教法或者教法中的某一方式进行实验。

教育实验的基本方法有单组实验法、等组实验法和循环实验法三种。

① 单组实验法：这种方法是向一个或一级研究对象施加一个或数个实验因子，然后测量它所产生的一种或数种变化，借以确定实验因子的效果如何。进行单组实验的条件是后面的因子在实验对象中所产生的变化，必须不受以前实验因子的影响；其他混杂因子所产生的影响，在实验的前后两个阶段中应该是一样的或无关紧要的；测量应该准确，而且前后的难度应该是一样的。

② 等组实验法：这种方法是将不同的实验因子分别施于两个或几个情况基本相同或相等

的组，其他条件不变，然后比较实验因子所产生的效果。在进行等组实验时，各组必须尽量相等，即各组除实验因子外，所有能影响实验的其他因素特别是实验对象的原有水平必须基本相同或相等。

③ 循环实验法：这种方法也叫轮组实验法。它是把各实验因子（不管几个）轮换施于各组（各组不必均等），然后根据每个实验因子所发生的变化的总和来决定实验结果的方法。其优点是可以减少无关的混杂因子的影响，不必使实验组情况均等，而且实验因子增多，准确度更高。

4. 比较法

比较法是根据一定的标准，对某类教育现象在不同情况下的表现进行比较研究，找出教育的普遍规律及特殊本质，得出符合客观实际结论的方法。运用比较法时，要注意条件性，即必须是两个或两个以上同一类教育问题的事物；必须具有可比性，可以把同类教育问题放在一定的社会历史条件下考察，即有相同或基本相同的条件基础；这些事物必须有不同的特征，可进行质的比较而并非只作表面的比较。

（1）比较法的分类。由于事物的性质与事物的关系是多种多样的，所以教育比较法也是多种多样的，但其基本方法有以下几类：① 纵向比较，是对同一事物的历史形态进行比较。② 横向比较，是对同时并存的事物进行的比较。教育实验中通常采用的实验组与对照组相比较的方法即为横向比较。③ 同类比较，是对两个或两类性质相同的事物具有的特征加以比较，在比较中寻找事物的共同点。这可以从第一个事物具有某种特征因而有某种性质，得出第二个具有这种特征的事物同样具有与第一个事物相同的性质。④ 相异比较，就是对两个或两类性质相反的事物或一个事物的正反两个方面加以比较。它可以通过两种事物不同属性的比较而说明事物的不同，其结果鲜明、清楚，有利于鉴别分析。⑤ 定性比较，就是对两类事物具有的本质属性进行比较，从而确定事物的性质。⑥ 定量比较，就是对事物的属性进行数量上的分析，从而准确地判定事物的变化。

（2）使用方法与步骤。在运用比较法的过程中，要按照一定的方法步骤。首先，要明确比较的主题，即要知道比较什么问题，把问题放在一定的范围内，不能乱比；其次，要确定比较的方法标准，把比较对象的材料按可能比较的形式排列起来，使比较的概念明确化、比较的数据精确化；再次，解释比较的内容，对比较的事实数据充分研究、说明、解释，最后得出结论，即对比较的对象的材料、情节进行全面的分析研究后得出结论。

比较法的作用主要表现在它可以克服教育科学研究中的狭隘性，把所研究的事物纳入广阔的背景之中，从而更好地揭示教育的普遍规律；可以帮助获得新的发现和发明；可以更进一步地认识某种教育现象的特点。因此，在运用比较法时要把握住其条件与标准，并配合其他方法，以便取得更佳效果。

5. 统计法

统计法是通过观测、调查和实验，并对所搜集的数据资料进行整理、计算、分析、解释和统计检验等手段，对研究对象进行定量分析，以研究教育现象、揭示教育规律的方法。这种方法主要包括教育统计资料的搜集、教育统计资料的整理和教育研究结果有关数值的计算、分析、检验等几个环节。其特点是有助于我们掌握总体的面貌，避免片面性，有助于研究的科学性和精确性，有助于培养科学研究人员的科学思维能力和科学态度。

总之，教育科学的研究方法多种多样，列表法、图示法和个案法也是常用的教育科学研究方法。但每种具体的方法并不是孤立的，在使用一种方法的同时，必然和其他一种或多种方法联系起来使用,这有助于提高教育科学研究的科学性、精确性,而且有助于获得最佳的科研成果。

第二节　教育评价

一、教育评价的含义和意义

(一) 教育评价的含义

评价,即评议和估价。评价是一个过程,包含一系列的步骤和方法,是一种连续性的活动。评价的一般程序是:规定目的,确定标准,采集信息,分析资料,形成判断,做出评价。可见,评价就是根据既定的目的、按照一定的标准、通过系统地收集信息对某一对象进行价值判断的过程。

教育评价是指人们依据一定的目的和标准对教育活动及其有关因素和方面所做的评价。教育评价的含义可概括为:依据学校教育目标,运用可行的方法技术,通过系统地收集信息,按照严格的科学程序,有目的、有计划、有组织地对教育绩效做出价值判断的过程。教育评价是检测教育工作的效果与教育目标的距离,进而逼近目标的一种手段,是教育活动的一个基本环节。

教育评价有广义和狭义之分。广义的教育评价是指对于一切教育活动及一切与之有关的因素所做的评价,如对学校教育制度、学校教育目的以及教育活动的条件、过程、内容、方法、结果等所做的评价等等。狭义的教育评价专指对学校教育活动的评价,包括学校教育活动的条件、过程、结果以及这一活动所依据的内容、方式方法等因素。在教育实践中,人们对教育评价概念的使用,有时也特指教学活动中教师对于学生学业成绩的检查与评定。在这里,我们用的是狭义的教育评价概念。

(二) 教育评价的意义

1. 教育评价是学校教育工作的一个基本环节

教育是教育者按照一定社会发展的要求,以有目的、有计划、有组织地影响青少年身心发展为直接目的的社会实践活动。而教育评价则是根据一定的客观尺度,对学校教育过程进行定性、定量综合评判的过程。教育评价是学校教育过程的必然要求。教育具有明确的目的性,为达到目的而要采取各种各样的方法。方法是否有效,目的是否达到,没有正确的科学的评价是无法知道的。只有通过评价,分清哪些是正确的、哪些是错误的、哪些是成绩、哪些是问题,才能促进整个教育工作的改进、加强和创新。因此,教育评价是学校教育全过程中不可缺少的重要一环,而且在教育中有评价,在评价中有教育,教育与评价相互影响、相互促进,不断地推动整个教育工作走向深入。

2. 教育评价是实现育人科学化的一个基本要求

育人科学化是指学校教育的目标化、规范化、定量化、理论化和系统化。教育工作从计划、内容到方式、方法,都要符合学生的身心发展的客观规律。由于学生的发展是一个多因素组合的动态系统，要了解这个复杂的系统，必须有精确的定量分析和描述，必须研究学生身心发展中诸多因素的量、量的关系及其变化。任何质量都表现为一定的数量，没有数量就没有质量。加强和改进学校教育工作，必须从实际出发，对教育活动进行科学的评述和估价，弄清其指导思想、内容、要求、原则、途径和方法是否合理以及在多大程度上合理或不合理。只有这样，领导部门和教育者才能根据评价所得的数量关系来衡量和评判优劣，对评价对象做出全面的、客观的、充分的评价，并在实际工作中调整工作部署和安排，使教育工作收到理想的效果。因此，教育评价是实现育人科学化的重要手段。

3. 教育评价是教育理论体系建立和发展的需要

实践和理论的对立统一是科学发展的动力。任何一门学科的形成和发展，都要经历由实践到理论、由理论到实践，这样多次反复、多次修改、总结和提高。教育理论是在各种教育实践活动中形成并又随着教育实践的发展而发展的。它是否正确、有效以及它的价值如何，需要在实践中受到检验。实践经验是发展教育理论和方法的直接基础和丰富源泉，但丰富的教育经验需要系统的总结、探讨和精确的定量分析，成为正确的理论才具有普遍的指导意义。因此，开展教育评价工作，借助科学的定量分析方法和教学过程的高度结合，必然会促进教育理论体系的建立和完善。

教育评价对教育活动具有诊断功能，能够帮助被评价者认识自己存在的问题，并寻找改进和补救的办法；具有导向功能，引导教育目的的实现；具有鉴定功能，对评价对象与指标相适应的程度做出区分和认定；具有选择功能，对符合某种程度和标准要求的评价对象所进行的筛选；具有调节功能，由于教育评价具有诊断、导向、鉴定、选择等功能，经过反馈之后，会对以后的教育活动产生调节作用。

二、教育评价的原则

教育评价的原则，是根据对教育评价规律的认识而提出的在评价过程中必须遵循的要求。确立教育评价的原则就是要统一教育评价工作的指导思想和操作方式。

（一）方向性原则

方向性原则就是教育评价必须体现社会主义教育方向，以我国社会主义教育方针和教育目标为基本依据，以教育改革和发展方向作为评价工作的指南。教育受一定社会制度和历史条件的制约，不同社会的学校评价有不同的指导思想。我国学校评价首先要看学校的社会主义办学方向和学校整体育人的质量与水平。评价要充分发挥对评价客体的导向作用，促进评价客体的自我调节和自我控制，保证教育活动始终沿着社会主义方向前进。

在教育评价中，必须处理好培养目标与到达具体目标的关系。教育评价要以学校的培养目标为根据。一般来说，目标具有很高的概括性，带有较大程度的抽象性。在实践过程中，需要依据青少年学生年龄、学龄的有序特点，研究和确立具体的培养目标，然后进一步分解为更具体的行为目标，把它们层次化、具体化、细目化，逐步朝方向性目标前进。因此，在教育评价时要从具体目标入手，要把具体目标的到达提高到方向性的高度来认识。

（二）科学性原则

科学性原则就是在进行教育评价时，要坚持实事求是、一切从实际出发的科学态度，以现代教育统计学的方法为工具来进行教育评价。

要保证教育评价的科学性，必须正确处理教育理论与实践的关系。理论来源于实践，而又指导和服务于实践。在进行教育评价时，既要以理论为指导，又要从实际出发，不可机械地强调理论，也不可盲目实践。要保证教育评价的科学性，在制定指标体系和处理结果时，必须体现教育的客观规律和发展趋势，依据相关的科学理论，使教育评价建立在科学的基础上，有充分的科学依据，具有可靠性、可信度。评价目标的分解要有理论依据，指标体系应忠实于评价目标，不仅体现目标的整体，而且每一条指标都应当保持与目标的一致性；指标体系内同一层次的各项指标必须是相互独立的，不相互包含，不存在因果关系；指标体系的设计还应具有可测性、可比性和简易可行性，既要考虑指标体系本身的科学内涵，又要切合设计，便于测量，还要便于使用，力求具体、明确。在评价方法上，要保证获得各项指标达到状态的信息可靠和准确。在结果处理上，要运用教育统计、教育测量、概率论、模糊数学等有关理论和方法，获取信息，处理数据，使评价结果具有较高的信度、效度。

（三）客观性原则

客观性原则就是在教育评价时要尊重客观事实，克服评价的随意性，尽量使不同评价者的评价差异缩小到最低程度。

教育评价必须采取客观的实事求是的态度，不能主观臆断或掺杂个人的感情。因为教育评价是依据教育目标对活动效果以及学生身心发展水平进行科学的判定，这种判定如果是客观的，可以推进学校教育工作的开展；如果不客观，就会妨碍学校教育工作的开展，影响评价对象的积极性，造成与评价目的相反的结果。因此，在教育评价时，一定要从教育工作的实际出发，注意教育过程与教育效果的关系，科学地组织各种有关教育工作的检测，积累和整理大量的信息，以保证教育评价的质量。

（四）全面性原则

全面性原则就是在教育评价时要从全局出发，从系统整体出发，考虑各种因素的影响和制约，考虑整体与各因素以及各因素之间的复杂联系和作用，从而对教育工作进行客观、科学的评估。

学校教育活动的效果是综合多种因素形成的，如果过分地强调某一因素，就会导致系统失去平衡，失去平衡就会遭到损失，所以教育评价必须强调全面性原则。

坚持教育评价的全面性原则，就必须对教育活动的各要素进行全面的考查了解，不仅要看其一时一事，而且要看其全部历史；不仅要看其现象，而且要看其本质；不仅要看其动机，而且要看其效果。在全面了解的基础上，进行综合分析判断，从而得出科学的结论，进行客观的评价。只有坚持教育评价的全面性原则，才能增强评价的民主性、准确性，才能透过现象看本质，从而科学地、客观地评估教育的整体功能和作用。

（五）定性分析与定量分析相结合的原则

定性分析与定量分析相结合的原则就是在教育评价时既需要定性分析，又需要定量分析，而且要把二者有机地结合起来。

定性分析是对教育过程中的结果的性质进行分析，侧重于质的方面。定量分析是对教育过程中的数量方面进行分析，侧重于量的方面。在教育评价中，必须把数量与质量统一起来进行分析。一般来说，只有对事物做出性的规定，才能对事物做出量的规定。没有性的规定，也就没有量的规定。但从人对事物认识的程度来说，性的规定还是不精确的，而量的规定又可作为检验性的规定正确与否的一个尺度。因此，定性与定量分析两者互相补充，是认识事物的两种重要方法。所以，在教育评价中，定性分析与定量分析必须有机地结合起来。

（六）过程性评价与终结性评价相结合的原则

过程性评价，是指在学校教育活动进程中所做的及时评价，其功能在于改善和发展正在进行中的活动。终结性评价，是指在学校教育活动完成一个大的阶段之后，对活动结果进行的评价，它是对评价对象已经达到的水平或已经具备的条件进行判断，衡量评价对象是否达到了某种标准。教育的产品是人才，对学校培养人才的质量即教育工作的成果进行终结性评价是必要的，但教育活动的结果都是在教育活动过程中形成的，所以科学有效的教育评价更应突出强调形成性的评价。只有将过程性评价与终结性评价结合起来，才能及时获得反馈信息，随时改进工作，提高教育质量。

三、教育评价的程序

（一）确定评价目的

评价首先要确定为什么评价。评价的目的不同，具体的目标就不同，收集资料的范围和工具就不同，对资料的处理、利用也就不同。所以，确定评价目的，是实施评价的第一步工作。

（二）分析评价目标

评价目的确定之后，下一步便是分析评价目标，使之具体化。所谓目标分析和具体化，就是首先要把握教育的大目标、总目标，即国家的教育宗旨、培养目标，然后逐步确定各分目标，使目标细目化。

（三）收集评价资料

评价资料的收集包括两方面的工作：一是选定收集资料的情境和时机，二是选择制作和利用评价工具。

1. 选定收集资料的情境和时机

资料收集的情境主要包括观察场面和考试测验场面两个方面。评价方法主张全面考察学习效果，所以资料收集的情境和时机的选定，也应是多方面的。凡是可用测验或考试方法考察的，应当以考试或测验来考察；至于像学习态度、道德、行为、鉴赏之类不能用考试来考察的，则以行动观察法、评定法、问卷法、访谈法等种种技术加以评量。

2. 选择制作与利用评价工具

收集评价资料时最重要的工作便是选择最适宜的评价工具。如要测量学生的智力，就必须要有智力测验工具。若没有评价工具和评价技术，评价工作就无法进行。一个适当的评价工具应当具有高效度、高信度、能包含问题的全部、评分客观、容易实施、记录方便、解释利用具体，其中以效度和信度最为重要。一种评价工具若无效度，便失去评价意义；若无信度，则无利用价值。故效度和信度乃是评价工具的生命。

效度，即评价的“结果”和当初所要评价的“目标”两者之间的关联度是否很高，即这种评价的工具能否正确测量所欲测量的学力或能力。

信度，即评价的结果是否有一致性或安定性，即一种测验是否能测得可靠的结果。

（四）评价资料的处理、解释与利用

评价的最后一步工作，即是解释与利用评价资料。评价资料经过正确处理和解释，利用统计技术与统计理论诊断分析教育活动中产生错误的原因、程度及应改进的地方，这些可用来改进教育思想、观念和计划，促进教育教学的改革，这正是教育评价的意义和目的所在。

评价资料的处理及评价结果的解释方式有如下三种：

1. 相对解释法

相对解释法，又叫相对评价法。相对评价法就是以全体评价对象的成绩从最优至最劣依次排列，每个评价对象在集体中所占的位置排在最前面的部位即为最好，较前面的部位即为良好，中间的部位为普通，最后的部位为最差。这种以相对比较的概念为评价的方法，叫作相对评价法。相对评价法的优点是评定比较客观、公平；其缺点是不易顾及个性特点，如学生个人智力、性格、兴趣、环境等因素，看不到评价对象的努力状况及发展情况，缺少激励作用。

2. 绝对解释法

绝对解释法，又叫绝对评价法。绝对评价法是以社会文化的要求、教育课程的要求、教师的要求或标准测验的要求为标准，将每个学生（或一班、或学期）的成绩和既定的标准进行对照进行评定。绝对评价法的优点是如果标准定得正确可靠，学生的程度也能获得正确的评定，学生也可因绝对评价而便于了解自己的程度；其缺点是绝对评价标准的主观性太大，多半要受教师主观的影响，过于注重标准，同样容易忽视个性。

3. 个人内差异评价法

个人内差异评价法，即根据个体的智力、兴趣、态度、环境、努力与进步状况等情形，将所得成绩作一研究判断，不与别人去比较。有时是将个人的各科成绩或一学科内的各评价项目作横的比较，有时是比较个人现在的成绩与过去的成绩等。个人内差异评价法的优点是适合于个性教育之原理，能把个人的长处、短处显示出来，有助于教育诊断，可观察过去与现在之进步状况；其缺点是因未与他人作比较，故其缺点不甚客观，容易使个人自我满足。因此，个人内差异评价须与相对评价或绝对评价相辅而行。

四、当前我国教育评价发展的基本特点

当前，我国素质教育正全面推进，基础教育课程改革稳步开展，教育评价也同步发展，使教育评价具有了新的特点。

（一）重视发展，淡化甄别与选拔，实现评价功能的转化

随着新技术的进步和社会的快速发展以及知识的无限丰富与急剧增长，原有的以传授知识为主的基础教育课程及其功能受到了极大的挑战，转而注重培养学生的综合能力及促进学生全面发展，如学生积极的学习态度、创新意识和实践能力以及健康的身心品质等多方面的综合发展，注重为学生的终身发展奠定基础。

（二）重综合评价，关注个体差异，实现评价指标的多元化

这一特点就是指从过分关注学业的成就逐步转向对综合素质的考查。学业成就曾经是考查学生发展、教师业绩和学校办学水平的重要指标。但随着社会的发展，人们越来越认识到，

仅仅掌握知识与技能已远远不能适应现代社会对人的发展的要求，于是在关注学业成就的同时，开始关注个体发展的其他方面，如创新精神、分析和解决问题的能力以及正确的人生观、价值观等，从考察学生学到了什么，到对学生是否学会学习、学会生存、学会合作、学会做人等进行考察和综合评价。

（三）强调质性评价，定性与定量相结合，实现评价方法的多样化

这一特点就是指从过分强调量化逐步转向关注质的分析与把握。学生发展的生动活泼和丰富性、学生的个性特点、学生的努力和进步都不能完全用一组组抽象的数据来说明。单纯量化的评价把复杂的教育现象简单化，就丢失了教育中最有意义、最根本的内容。质性评价的内容和方法则以其全面、深入、真实再现评价对象的特点和发展趋势而成为近年来世界各国课程改革所倡导的评价方法。

（四）强调参与互动，自评与他评相结合，实现评价的多元化

这一特点就是指被评价者从被动接受评价逐步转向主动参与评价，一改以往以管理者为主的单一评价主体的现象，评价逐步成为由教师、学生、家长、管理者、专业研究人员共同参与的交互过程。

（五）注重过程，终结性评价与形成性评价相结合，实现评价重心的转移

这一特点就是指从过分关注结果逐步转向对过程的关注。传统的评价往往只要求学生提供问题的答案，而对于学生是如何获得这些答案的却关注不够，这样就会导致学生只重结论，忽视过程，不注重科学的探究过程。因此，教育评价不仅要注重终结性评价，更应关注形成性评价，注重培养学生科学探究的习惯和严谨的科学态度与精神。

综合练习题

一、选择题

1. 教育科研活动的起始环节是______。
   A. 搜集整理材料　　B. 选择课题
   C. 提出假设　　D. 制订科研计划
2. 教育研究活动的最后一个环节是______。
   A. 教育科研选题　　B. 搜集整理材料
   C. 撰写教育科研报告　　D. 制订科研计划
3. 在常态（不加控制）条件下对研究对象进行记录的一种教育科研方法为______。
   A. 调查法　　B. 观察法　　C. 实验法　　D. 统计法
4. 对研究的情境条件加以适当的控制，排除无关因子的干扰，突出所要研究的因子，从而比较准确地探索出事物间的因果关系的教育科研方法为______。
   A. 调查法　　B. 观察法　　C. 实验法　　D. 统计法
5. 对某类教育现象在不同情况下的表现进行研究，找出教育的普遍规律及特殊本质的方法为______。
   A. 调查法　　B. 比较法　　C. 实验法　　D. 统计法
6. 教育评价的程序首先是______。

A. 评价目的的确定　　B. 收集评价资料

C. 评价目标的细化　　D. 评价资料的处理

7. 比较个人现在的成绩与过去的成绩的评价方法为______。

A. 相对解释法　　B. 绝对解释法

C. 个人内差异评价法　　D. 相对评价法

8. 以全体评价对象的成绩从最优至最劣依次排列的评价方法为______。

A. 相对解释法　　B. 绝对解释法

C. 个人内差异评价法　　D. 绝对评价法

9. 将每个学生的成绩和既定的标准进行对照评定的评价方法为______。

A. 相对解释法　　B. 绝对解释法

C. 个人内差异评价法　　D. 相对评价法

二、简答题

1. 什么是教育科研？

2. 中小学校开展教育科研的意义是什么？

3. 教育科研的一般模式是什么？常用的方法有哪些？

4. 什么是教育评价？现代教育评价发展的特点是什么？

三、论述题

1. 试运用教育科研的知识就某一教育问题进行研究并撰写一篇小论文。

2. 试运用教育评价的知识分析一所学校的教育评价工作。